FINIS JENNINGS DAKE

APOCALIPSE EXPLICADO

MISTÉRIOS ETERNOS SIMPLIFICADOS

MOABEL S. PEREIRA
FABIO L. ABREU
MOISES A. PEREIRA

Finis Jennings Dake

**Apocalipse Explicado
Mistérios Eternos Simplificados**

Finis Jennings Dake

Apocalipse Explicado / Finis Jennings Dake

Título original: Revelation Expounded

ISBN 978-1-55829-027-3

Copyright © 2016 por

Moabel S. Pereira

Fabio L. Abreu

Moises A. Pereira

ISBN 978-0-9908300-0-9

Copyright © 1950, 1977, 1987, 1991 by Dake Publishing, Inc.

Todos os direitos reservados. Nenhuma parte deste livro pode ser reproduzida, arquivada ou transmitida por qualquer meio – eletrônico, mecânico, fotocopias, etc. – sem a devida permissão dos editores, podendo ser usada apenas para citações breves.

APOCALIPSE EXPLICADO

ou

MISTÉRIOS ETERNOS SIMPLIFICADOS

Finis Jennings Dake

Esta exposição completa do livro de Apocalipse e das partes proféticas do livro de Daniel é ponderada, bíblica e sem especulação sensacionalista e descabida acerca dos acontecimentos proféticos. Literalmente, milhares de perguntas de importância vital acerca de acontecimentos futuros e eternos são respondidas totalmente de acordo com a Escritura Sagrada.

Mais de seis mil referências à Escritura Sagrada confirmam as verdades apresentadas neste livro

Um livro para a sala de aula e para o lar

Dake Publishing, Inc.

Escrito pelo

Reverendo Finis Jennings Dake

PREFÁCIO

O manuscrito original de Apocalipse explicado foi escrito em 1926, quando o autor tinha apenas 24 anos de idade, e nos anos que se seguiram houve muita especulação sensacionalista e descabida entre os professores de profecia. Este livro foi escrito para refutar esse sensacionalismo e apresentar os ensinos verdadeiros da Bíblia acerca dos acontecimentos proféticos.

Apesar das mudanças no mundo, ascensão e queda de muitos governos, e do surgimento e desaparecimento de homens aclamados como o Anticristo, as verdades essenciais apresentadas em Apocalipse explicado não tiveram de ser ajustadas nas edições posteriores. Esse fato por si mesmo comprova que o livro é idôneo, possui conteúdo íntegro e bíblico.

O autor confia no princípio fundamental da interpretação bíblica — tomar a Bíblia em sentido literal sempre que for possível. E, quando uma passagem não pode ser literal, o próprio texto deixa claro que se trata de linguagem figurada. É assim por toda a Escritura. Devemos nos lembrar, entretanto, de que toda linguagem figurada transmite uma verdade literal.

Quando jovem, ensinaram ao autor muitas coisas que eram contrárias às verdades claras da interpretação bíblica literal. Ele teve de tomar a decisão de crer que Deus foi inteligente o bastante para se exprimir em linguagem humana, como todo mundo faz (e foi o que Ele realmente fez) ou crer que Deus se expressou em termos diferentes, para confundir deliberadamente a humanidade quanto ao real significado de sua revelação. O autor não podia conceber essa segunda atitude como proveniente de Deus, portanto teve de se firmar no fato de que Ele quis dizer o que disse e disse o que quis dizer. A Bíblia é entendida com clareza quando no sentido literal, como costumamos fazer com a linguagem de qualquer outro livro.

O autor também percebeu que não podia concordar com todas as opiniões dos professores de Bíblia, até porque eles já divergiam amplamente entre si. Por isso, decidiu seguir um novo curso: considerar a Bíblia a própria Palavra de Deus e a Revelação dEle à humanidade — não pela interpretação pessoal, mas por permitir que a Bíblia interpretasse a si mesma. Ele percebeu que, ao agrupar e harmonizar todas as passagens sobre um determinado assunto, a Escritura Sagrada se torna clara sem a necessidade de interpretação adicional. Após decidir tomar esse rumo, ele fez um pacto com Deus: jamais ensinar coisa alguma que não pudesse comprovar por pelo menos duas ou três passagens da Sagrada Escritura.

Na tentativa de encontrar nas Escrituras provas do que lhe haviam ensinado, muitas vezes, ele se deparou com a verdade sendo o oposto do que lhe ensinaram. Para se manter honesto com Deus e sua Palavra, ele teve de tomar a decisão de ensinar o que a Bíblia ensinava, e não o que os homens ensinavam. Ele descobriu então que a maior parte do ensino de hoje sobre a profecia não tinha base bíblica, como veremos na exposição a seguir.

A primeira edição do livro teve larga aceitação, e muitas cartas de elogio foram recebidas de ministros proeminentes de várias denominações. O livro foi saudado como:

- "uma exposição com base bíblica";
- "um livro de estudo bíblico de verdadeiro mérito";
- "um livro mais interessante que o habitual [...] uma profusão de material bem organizado";
- "um livro excepcional [...] [que] apresenta explanações notáveis e muito úteis";
- "[um livro com] as características de uma pesquisa diligente e de verdadeiro conhecimento";
- "[um livro] apoiado por uma profusão de textos das Escrituras";
- "o melhor livro já publicado sobre profecia".

Uma revista escreveu: "Se alguém o ler com a ideia de que as suas teorias preconcebidas não serão invalidadas, a leitura será inquietante, já que ele afirma muitas coisas e as comprova com uma lista alarmante de provas. O livro dá testemunho de um assombroso volume de trabalho inteligente".

Foi feita uma oração fervorosa para que a distribuição desta segunda edição de Apocalipse explicado seja uma bênção para todos os que desejam saber a verdade acerca dos acontecimentos que terão lugar de 1948 até a eternidade.

O autor não reivindica para si qualquer revelação especial acerca das muitas novas verdades que descobriu durante as mais de 75 mil horas de estudo diligente de toda a Palavra de Deus — verdades que o leitor comum poderá constatar por si mesmo, escritas com a clareza em sua Bíblia. Para permitir ao leitor uma compreensão melhor do que a Bíblia diz, mais de 6 mil referências são apresentadas, sendo que ao menos dois ou três versículos são citados para comprovar cada ponto. Deixe a própria Escritura ser a palavra final de autoridade diante de qualquer pergunta. Se o leitor tiver inteligência suficiente para entender o que está escrito, será capaz também de crer no que está escrito, e isso é tudo o que se faz necessário.

Finis Jennings Dake

SUMÁRIO

INTRODUÇÃO	1
CAPÍTULO UM	5
Fatos essenciais quanto à interpretação bíblica	5
I. Perguntas pertinentes e a importância do livro de Apocalipse	5
II. Escolas de interpretação	6
III. Literalidade do livro	6
IV. Símbolos contidos no livro de Apocalipse e sua interpretação	7
V. A chave para a interpretação do livro de Apocalipse	10
VI. A divisão do livro por classes (1Co 10.32)	11
VII. A ordem sequencial de Apocalipse	11
VIII. Como interpretar a profecia	12

CAPÍTULO DOIS — 27

Notas introdutórias — 27
I. A introdução (Ap 1.1-3) — 27
1. O título — 27
2. A origem de Apocalipse — 28
3. De que trata o livro de Apocalipse — 28
4. O propósito de Apocalipse — 29
5. A transmissão de Apocalipse — 30
6. A autoria de Apocalipse — 31
7. A tripla autenticidade de Apocalipse — 31
8. A natureza do Apocalipse — 32
9. As bem-aventuranças de Apocalipse — 33
II. A saudação às sete igrejas — 34
III. A exaltação de Jesus Cristo — 35
IV. O tema principal de Apocalipse — 36
V. A eternidade do Filho de Deus — 36
VI. O profeta — João — 37

CAPÍTULO TRÊS — 41

A visão de Cristo — 41
As oito características de Cristo — 42
O efeito da visão sobre João — 43
Os símbolos da visão interpretados — 43
PARTE II "As coisas que são" — 44

CAPÍTULO QUATRO — 45

As sete igrejas — 45
A tripla aplicação das cartas — 45
Pontos semelhantes nas cartas — 47
1. A igreja em Éfeso — 48
2. A igreja em Esmirna — 49
3. A igreja em Pérgamo — 49
4. A igreja em Tiatira — 50
5. A igreja em Sardes — 51
6. A igreja em Filadélfia — 51
7. A igreja em Laodiceia — 52

CAPÍTULO CINCO	54
A Septuagésima Semana de Daniel e a Tribulação	54
A visão das Setenta Semanas (Dn 9.24-27)	54
A Tribulação (Ap 6.1—19.21)	58
1. A época e a duração da Tribulação	58
2. As divisões da Tribulação	59
3. O propósito da Tribulação	60
4. O caráter da Tribulação	60
5. Por que a Tribulação não abrangerá o mundo inteiro?	61
CAPÍTULO SEIS	62
O arrebatamento da igreja	62
I. O fato e o modo do Arrebatamento	63
II. Objetivo do Arrebatamento	66
III. Qualificações dos que farão parte do Arrebatamento	68
IV. A data do Arrebatamento	70
V. Os sinais do Arrebatamento	70
VI. Praticidade das doutrinas do Arrebatamento e da Segunda Vinda	70
CAPÍTULO SETE	73
Razões para o arrebatamento da igreja apresentadas em Ap 4.1	73
Doze argumentos bíblicos que comprovam o arrebatamento antes da Septuagésima Semana de Daniel	73
CAPÍTULO OITO	84
Exposição de Mateus 24 e 25	84
Sinais da segunda vinda de Cristo	85
A parábola da figueira	89
"Esta geração" — que geração?	90
A tolice de estabelecer datas	90
Arrebatamento ou destruição?	91
A parábola das dez virgens	93
PARTE III "As coisas que depois destas devem acontecer"	98

CAPÍTULO NOVE — 99

O tabernáculo celestial — 99
1. A porta celestial — 99
2. O trono celestial — 100
3. Os 24 anciãos — 102
4. O mar de vidro — 106
5. As quatro criaturas viventes — 107
6. A adoração no céu por causa da criação — 108
7. O livro selado com sete selos — 109
8. O Cordeiro — 110
9. A adoração no céu por causa do Cordeiro — 111
A primeira parte da Semana — 114

CAPÍTULO DEZ — 115

Os seis primeiros selos — 115
1. O primeiro selo: o surgimento do Anticristo — 115
2. O segundo selo: guerra — 117
3. O terceiro selo: fome — 118
4. O quarto selo: Morte e Inferno — 119
5. O quinto selo: os mártires da "pequena tribulação" — 119
6. O sexto selo: a ira de Deus — 121

CAPÍTULO ONZE — 125

Os dois grupos de remidos — 125
I. 144 mil judeus são selados (Ap 7.1-8) — 125
II. Os santos da "grande tribulação" — 129

CAPÍTULO DOZE	132
O sétimo selo e as seis primeiras trombetas	132
7. O sétimo selo: silêncio no céu	132
Os anjos das sete trombetas e o anjo sacerdotal	132
1. A primeira trombeta: saraiva, fogo e sangue	135
2. A segunda trombeta: meteoro em chamas	136
3. A terceira trombeta: a estrela Absinto	136
4. A quarta trombeta: o Sol, a Lua e as estrelas são afetados	137
O anúncio	137
5. A quinta trombeta: o primeiro ai	138
Esses gafanhotos não são comuns porque:	140
Eles são literais porque:	141
6. A sexta trombeta: o segundo ai	142
A metade da Semana	144
CAPÍTULO TREZE	145
O anjo forte	145
Apocalipse 10	150
NÃO é a posse formal da Terra por Cristo	150
O segredo de Deus é a expulsão de Satanás	151
CAPÍTULO CATORZE	153
O templo de Deus e as duas testemunhas	153
I. O templo de Deus	153
II. As duas testemunhas	155
A identidade das duas testemunhas	161
Moisés não poderia ser uma das duas testemunhas	162
Enoque será a outra testemunha	164
CAPÍTULO QUINZE	167
7. A sétima trombeta: o terceiro ai	167
CAPÍTULO DEZESSEIS	171
A mulher vestida do sol	171
I. A identificação da mulher	171
II. As dores de parto da mulher	173
III. A perseguição, fuga e proteção da mulher	175

CAPÍTULO DEZESSETE — 182

O filho varão — várias interpretações — 182
I. O filho varão — Cristo — 182
II. O filho varão — a verdadeira igreja — 184
III. O filho varão — a parte "noiva" da igreja — 186
IV. O filho varão — os batizados com o Espírito Santo — 191

CAPÍTULO DEZOITO — 193

O filho varão — a verdadeira interpretação — 193

CAPÍTULO DEZENOVE — 207

O dragão, a guerra no céu e o remanescente — 207
I. O dragão — 207
II. A guerra no céu — 209
Fatos sobre a guerra no céu (Ap 12.7-12) — 211
III. O remanescente da mulher — 213

CAPÍTULO VINTE — 215

A besta que subiu do mar — 215

CAPÍTULO VINTE E UM — 235

A extensão do reino do Anticristo — 235

CAPÍTULO VINTE E DOIS — 250

A besta que subiu da terra — 250
As três marcas que os seguidores do Anticristo poderão escolher — 254
Não existe a trindade satânica — 255
A Babilônia Mística destruída — 256
A última divisão da Semana da Tribulação — 256

CAPÍTULO VINTE E TRÊS	257
As sete declarações parentéticas	257
I. O Cordeiro sobre o monte Sião com os 144 mil judeus	257
II. O primeiro anjo mensageiro: o evangelho eterno	258
III. O segundo anjo mensageiro: a queda da Babilônia	259
IV. O terceiro anjo mensageiro: a condenação dos adoradores da besta	260
V. A morte dos santos	261
VI. A ceifa da terra: Armagedom	262
VII. A vindima da terra: Armagedom	263
CAPÍTULO VINTE E QUATRO	265
Os sete anjos, o mar de vidro e o tabernáculo celestial	265
I. Os sete anjos	265
II. O mar de vidro	266
III. O tabernáculo celestial	267
Há duas palavras hebraicas para a nossa palavra "templo"	268
Há duas palavras gregas para a nossa palavra "templo"	268
Há duas palavras hebraicas para a nossa palavra "tabernáculo"	269
Há duas palavras gregas para a nossa palavra "tabernáculo"	269
CAPÍTULO VINTE E CINCO	271
As sete taças e os três espíritos imundos	271
1. A primeira taça: chagas malignas	272
2. A segunda taça: o mar transformado em sangue	273
3. A terceira taça: os rios de sangue	274
4. A quarta taça: calor intenso	275
5. A quinta taça: escuridão	276
6. A sexta taça: o Eufrates se seca	277
Os três espíritos imundos	280
7. A sétima taça: um grande terremoto e uma grande saraiva	282
CAPÍTULO VINTE E SEIS	284
A Babilônia Mística (Ap 17.1-18)	284
Pontos de contraste entre as duas Babilônias (Ap 17 e 18)	287
Pontos de semelhança entre as duas Babilônias	290

CAPÍTULO VINTE E SETE — 291

A identidade da Babilônia Mística — 291
I. A Prostituta é identificada por sua história — 292
A ascensão da Igreja Católica Romana — 293

CAPÍTULO VINTE E OITO — 301

A identidade da Babilônia Mística (continuação) — 301
II. A Prostituta é identificada por seus nomes — 301
O antigo culto babilônico — 302
Como o antigo culto babilônico se expandiu — 303
A religião babilônica e a cristandade romana unidas — 305
Os efeitos dessa união sobre o cristianismo organizado — 306

CAPÍTULO VINTE E NOVE — 312

A identidade da Babilônia Mística (continuação) — 312
II. A Prostituta é identificada por seus nomes (continuação) — 312
Lista de heresias — 314
III. A Prostituta é identificada por sua indumentária — 323
IV. A Prostituta é identificada por sua embriaguez — 323
V. A Prostituta é identificada pelo seu destino — 324
15 razões por que a Babilônia é a cidade em questão — 328

CAPÍTULO TRINTA — 332

A besta que a traz (a mulher) — 332
60 fatos fundamentais históricos e proféticos — 333
A besta simboliza três coisas — 338

CAPÍTULO TRINTA E UM — 340

A besta que subiu do abismo — 340

CAPÍTULO TRINTA E DOIS — 345

A identificação da besta do abismo — 345

CAPÍTULO TRINTA E TRÊS — 354

As sete cabeças da besta — 354

CAPÍTULO TRINTA E QUATRO — 362

Os sete montes-reinos e Israel — 362
I. O primeiro monte-reino e Israel — 362
II. O segundo monte-reino e Israel — 363
III. O terceiro monte-reino e Israel — 364
IV. O quarto monte-reino e Israel — 365
V. O quinto monte-reino e Israel — 366
VI. O sexto monte-reino e Israel — 369
VII. O sétimo monte-reino e Israel — 370

CAPÍTULO TRINTA E CINCO — 372

Os dez chifres e a própria besta — 372
I. Os dez chifres: o sétimo reino ou a Roma restaurada — 373
II. A própria besta: o oitavo reino — 379
Irá a Rússia, o Anticristo ou Cristo governar o mundo inteiro? — 380
Haverá pelo menos mais três guerras europeias antes da Segunda Vinda — 380
As três derrotas da Rússia — 382
Não haverá paz mundial nem prosperidade sob o governo do Anticristo — 384
Que participação as Américas terão nessas guerras? — 384
Dois reinos futuros — não apenas um — 384

CAPÍTULO TRINTA E SEIS — 386

Os "tempos dos gentios" — 386
I. O significado da palavra "gentios" — 386
II. A origem das diferentes nações — 386
III. O que significam os "tempos dos gentios"? — 387
IV. A duração dos "tempos dos gentios" — 387
V. Quando começam e terminam os "tempos dos gentios"? — 388

CAPÍTULO TRINTA E SETE — 390

A Babilônia literal — 390
30 provas bíblicas de que a Babilônia será reconstruída — 391
O julgamento da Babilônia literal — 396
A acusação contra a Babilônia literal — 396
O veredicto contra a Babilônia literal — 398
Lamentação pela destruição da Babilônia literal — 399
No ambiente governamental — 399
No ambiente comercial — 400
No ambiente marítimo — 401
Alegria pela destruição da Babilônia literal — 402
Os motivos da completa destruição da Babilônia literal — 403
Os diferentes motivos da queda da Babilônia — 403

CAPÍTULO TRINTA E OITO — 405

As Bodas do Cordeiro — 405
Nenhuma ceia nos ares — 407

CAPÍTULO TRINTA E NOVE — 409

A segunda vinda de Cristo — 409
1. A segunda vinda de Cristo — 410
2. Algumas teorias sobre a Segunda Vinda — 411
3. O tempo da Segunda Vinda — 412
4. Razões para uma Segunda Vinda pré-milenar — 413
5. Os sinais da segunda vinda de Cristo — 414
6. Como será a segunda vinda de Cristo — 415

CAPÍTULO QUARENTA — 418

A batalha do Armagedom ou a "ceia do grande Deus" — 418
I. O lugar da batalha do Armagedom — 418
II. O tempo da batalha do Armagedom — 420
III. Os combatentes no Armagedom — 421
IV. O objetivo do Armagedom — 421
V. A duração do Armagedom — 422
VI. Os resultados do Armagedom — 422
Maneiras em que os exércitos do Anticristo serão destruídos — 422
VII. A "ceia do grande Deus" — 423
1. Os convidados — 423
2. A ceia é anunciada — 423
3. A ceia é reunida — 423
4. A ceia é morta e preparada — 424
5. A ceia é comida — 424

CAPÍTULO QUARENTA E UM — 425

O Milênio: os mil anos e depois deles — 425
I. Satanás é expulso da Terra — 425
II. O reino milenar de Cristo e seus santos — 426
1. Definição — 428
2. Duração (Ap 20.1-10) — 429
3. O início favorável — 429
(1) O reino anunciado — 430
(2) Quando o reino será estabelecido? — 430
(3) Será um reino terrestre literal? — 432
(4) Qual será a forma de governo? — 433
(5) Onde será a sede do governo? — 434
(6) Qual será a extensão do reino? — 434
(7) Quem será e quem não será súdito do reino? — 435
(8) Haverá leis para os súditos do reino? — 436
(9) Que leis haverá? — 437
(10) Quem irá executar essas leis? — 439
(11) Onde as diferentes nações estarão situadas? — 439
(12) Como a "possessão perpétua" será dividida? — 439
(13) Os judeus terão um templo durante o Milênio? — 439
(14) O rio do templo milenar — 440
(15) Haverá sacerdotes no templo milenar? — 440
(16) Haverá ofertas no futuro templo? — 441
(17) As festas de Jeová serão observadas no Milênio? — 443
(18) Quais serão as condições espirituais do Milênio? — 443
(19) Quais serão as condições de vida durante o Milênio? — 445
4. O teste (Sl 2; Ap 5.10; 11.15; 20.1-10) — 448
5. O propósito de Deus nessa dispensação — 448
6. Os meios para alcançar esse propósito — 449
III. Carreira pós-milenar e derrocada de Satanás — 449

CAPÍTULO QUARENTA E DOIS   452

O julgamento do grande trono branco   452
I. Os juízes   453
II. Os casos que serão julgados   453
III. O momento do Juízo Final   454
IV. O lugar do julgamento   454
V. O propósito do julgamento   454
VI. A base do julgamento   454
VII. A natureza do julgamento   455
VIII. O resultado do julgamento   455
IX. A extensão do julgamento   456

CAPÍTULO QUARENTA E TRÊS   457

A renovação da Terra pelo fogo   457

CAPÍTULO QUARENTA E QUATRO   465

O estado perfeito e eterno   465
O novo céu e a nova terra   465
Os novos povos e as novas condições   468

CAPÍTULO QUARENTA E CINCO — 476

A noiva de Cristo — 476
1. Os nomes da cidade — 476
A noiva de Cristo é composta apenas da igreja do Novo Testamento? — 479
A igreja do Novo Testamento está casada com Cristo? — 480
2. A procedência da nova Jerusalém — 487
3. A preparação da nova Jerusalém — 487
4. O local definitivo (eterno) da nova Jerusalém — 491
5. A aparência externa da nova Jerusalém — 492
6. O muro, as portas e os fundamentos da nova Jerusalém — 492
7. As medidas da nova Jerusalém — 494
8. Os materiais da nova Jerusalém — 495
9. As ruas da nova Jerusalém — 495
10. O templo da nova Jerusalém — 496
11. A luz da nova Jerusalém — 496
12. O tráfego da nova Jerusalém — 497
13. A água da nova Jerusalém — 498
14. A comida da nova Jerusalém — 498
15. Os governantes da nova Jerusalém — 500
A eternidade é apenas a continuação do tempo — 500
Não haverá estado perfeito antes da nova Terra — 501
A conclusão do Apocalipse — 502
1. A confirmação de Apocalipse — 502
2. Um erro comum na adoração — 502
3. As últimas instruções aos "seus servos" — 503
4. A última promessa e a última oração no livro e na Bíblia — 503

INTRODUÇÃO

Previsões de coisas que hão de vir
Mais de cem maravilhas proféticas desde 1948 até a eternidade

Este livro responde a centenas de perguntas sobre os acontecimentos proféticos e revela um grande número de novas verdades, além de garantir pela Escritura Sagrada a comprovação das seguintes verdades:

- Haverá ao menos mais três guerras europeias antes da segunda vinda de Cristo e da batalha do Armagedom.
- O automóvel, o avião, a bomba atômica ou qualquer outra invenção moderna não são mencionados sequer uma única vez na Escritura Sagrada.
- O Império Romano jamais será restabelecido.
- O renascimento de reis como soberanos do antigo território do Império Romano tomará o lugar das formas atuais de governo.
- O Anticristo não pode ser um homem da atualidade proeminente em assuntos internacionais.
- O Anticristo não poderá vir do Vaticano, da Itália, da Alemanha, da Rússia nem de lugar algum da Europa, da África, das Américas, da Austrália, nem de alguma ilha, nem do céu, nem do inferno.
- O Anticristo não aparecerá *antes* da formação de dez reinos

no território do antigo Império Romano nem antes do arrebatamento da igreja. E ele jamais conseguirá estabelecer a paz e a prosperidade universais.

- O Anticristo não governará a América nem será um ditador mundial.
- A Rússia não cumprirá nenhuma profecia, como afirmam os estudiosos.
- A Rússia será conquistada pelo Anticristo.
- A marca da besta não chegará à América nem será 666.
- A Tribulação não será mundial.
- A igreja nunca é chamada "noiva de Cristo" nem representada por alguma mulher, senhora ou virgem ou referida por pronomes femininos.
- O Espírito Santo jamais será retirado da Terra.
- A figueira de Mt 24 não representa os judeus.
- A frase: "Então, estando dois no campo, será levado um, e deixado o outro" não se refere ao arrebatamento da igreja.
- As dez virgens não representam classe alguma de cristãos de hoje.
- A mulher vestida do sol e seu filho varão não representam os cristãos de hoje.
- O Anticristo não viveu na Terra em outra época.
- A besta do abismo não será o Anticristo humano.
- O mundo nunca acabará.
- Haverá gerações eternas de pessoas naturais na Terra.
- Deus mudará a sua sede do céu para a Terra.
- O homem terá restaurado o seu domínio original, como antes da queda, e tanto o homem natural quanto o ressuscitado irão

governar o Sol, a Lua, as estrelas e todos os planetas no espaço infinito por toda a eternidade.

- A Terra será perfeita pela terceira e última vez, e nela a retidão prevalecerá eternamente.

Não deixe de ler essas e muitas outras verdades! A sua Bíblia se tornará um novo livro para você!

CAPÍTULO UM

FATOS ESSENCIAIS QUANTO À INTERPRETAÇÃO BÍBLICA

Há certos fatos e princípios de interpretação que devem ser entendidos com clareza para que a pessoa chegue a uma compreensão plena e correta do livro de Apocalipse, que é tão maravilhoso e repleto de significado para quem tem discernimento espiritual (1Co 2.14; 2Tm 3.16, 17).

I. PERGUNTAS PERTINENTES E A IMPORTÂNCIA DO LIVRO DE APOCALIPSE

Sem o livro de Apocalipse, o cânon da Escritura Sagrada seria incompleto. O pecado continuará? Haverá tristeza? Haverá dor? A morte continuará? Onde nos situamos no plano de Deus? O Espírito Santo será retirado do mundo no Arrebatamento? Quando a igreja será arrebatada em relação ao tempo da Tribulação? Quais são as qualificações para o Arrebatamento? Cristo virá à Terra? Que acontecimentos devemos esperar na Terra antes de sua chegada? Qual a ordem dos acontecimentos dos últimos dias que estão por vir? Onde Cristo irá reinar durante o Milênio? Ele reinará depois disso? Quem irá reinar com Ele? E quanto à Septuagésima Semana de Daniel e a Tribulação? Quem é Anticristo? De onde ele virá? Quando ele será revelado? Ele reinará sobre a América? E quanto às uniões de igrejas? Roma e Grécia serão restauradas? Quando ocorrerá a batalha do Armagedom e quem irá participar? A vida natural na Terra será perpétua? O mundo acabará? Os santos passarão a eternidade no céu? A Terra e o céu atuais deixarão de existir? A Jerusalém celestial é literal? Serão todos os salvos glorificados? Quais as condições do novo céu e da nova Terra? Estas e outras perguntas indispensáveis não são respondidas satisfatoriamente em lugar algum fora do livro de Apocalipse, que consideraremos nesta exposição.

II. ESCOLAS DE INTERPRETAÇÃO

1. A *escola preterista* afirma que o Apocalipse foi cumprido nas lutas dos judeus e dos primeiros cristãos e nas conquistas da Grécia e Roma.
2. A *escola histórica* insiste em que as profecias do livro estão sendo progressivamente cumpridas e que a maior parte foi cumprida desde Jesus Cristo.
3. A *escola espiritual* crê que o Apocalipse representa o conflito espiritual entre Jesus Cristo e Satanás, entre o bem e o mal.
4. A *escola futurista* acredita que o Apocalipse é ainda o futuro, isto é, que os três primeiros capítulos descrevem a igreja na presente era e que o restante da profecia será cumprido após o arrebatamento da igreja. Esse é o método mais lógico e bíblico da interpretação do livro, conforme o significado literal da linguagem da Escritura Sagrada e a devida consideração à construção gramatical.

III. LITERALIDADE DO LIVRO

O livro de Apocalipse é reconhecidamente literal e simbólico, mas deve ser entendido como literal sempre que possível. Ou seja, uma afirmação deve, em princípio, significar o que está escrito, a menos que tal interpretação seja muito improvável ou viole os princípios fundamentais de retórica e da razão espiritualmente esclarecida ou ainda contradiga outras citações da Sagrada Escritura que tratam do mesmo assunto. Se a passagem não comportar a interpretação literal, então devemos pesquisar outras passagens bíblicas para obter uma explicação.

Esse é o único método seguro de interpretação, uma vez que o livro é uma "revelação" em si mesmo. Tratá-lo como um mistério ou espiritualizá-lo é negar o que o livro afirma ser. Cada cena e cada verdade apresentadas no livro podem ser claramente entendidas no próprio livro. O leitor deve descobrir primeiro o que o próprio livro diz acerca de suas verdades e revelações antes de recorrer a outras partes da Bíblia para obter ajuda na compreensão de um tema em particular. A profecia de pré-revelação lançará muita luz sobre essas revelações simples e ajudarão no estudo mais detalhado de quase todas as verdades contidas no livro. O livro de Apocalipse está em harmonia perfeita com todas as profecias precedentes e é a conclusão lógica e harmoniosa delas. A tradução correta também iluminará certas partes do livro e ajudará na descoberta do significado exato das palavras e frases encontradas no livro.

IV. SÍMBOLOS CONTIDOS NO LIVRO DE APOCALIPSE E SUA INTERPRETAÇÃO

1. Definição. Símbolo (do grego *sun*, "em conjunto", e *ballo*, "para lançar") é um objeto animado ou inanimado que significa ou representa algo moral, intelectual ou verdadeiro. Como o lobo simboliza a ganância; o cordeiro, a brandura; a pomba, a paz; o cetro, o poder etc.
2. A interpretação dos símbolos. Na análise dos símbolos, como nas parábolas, tipos e outros métodos de ensino da Escritura Sagrada, o método de procedimento deve cotejar uma variedade suficiente de exemplos e então assinalar cuidadosamente os princípios contidos na exposição daqueles que são explicados. Um estudo dos símbolos explicados revela o seguinte:

1. Os nomes de símbolos devem ser entendidos literalmente.
2. Os símbolos sempre denotam algo essencialmente diferente deles próprios.
3. A semelhança, em maior ou menor escala, é determinável

entre o símbolo e a coisa simbolizada. Por exemplo, o vinho e o pão na ceia do Senhor são símbolos do corpo e do sangue de Cristo. Os símbolos não são a representação exata do que eles se prestam a representar. Melhor dizendo, são sinais sugestivos. Por exemplo, os sete castiçais são símbolos das sete igrejas da Ásia (Ap 1.20). Os símbolos são eternos e podem representar algo passado, presente ou futuro. Eles nunca são usados com o objetivo de abolir a coisa simbolizada nem de tornar a verdade menos real do que a expressa na linguagem literal. Eles simplesmente dão variedade de expressão e beleza à coisa expressa. Por exemplo, a palavra "pomba" é usada como símbolo da paz. Mas podemos dizer que não há paz alguma só por causa de tal simbolismo, ou considerar que os pés ou as asas da pomba simbolizam aspectos diferentes da paz? Assim como os símbolos de Apocalipse, o símbolo e a coisa simbolizada devem ser claramente distinguidos e tratados separadamente — só a parte do símbolo que transmite a verdade deve ser ressaltada. Os símbolos são sempre óbvios nas Escrituras, bem como a coisa simbolizada. A mesma linguagem e as afirmações em torno do assunto formam a base para distinguir o símbolo e a coisa simbolizada e transmitem a verdade desejada, que é sempre clara na própria passagem ou em passagens paralelas sobre o mesmo tópico. Por isso, nenhuma confusão precisa surgir.

1. Os símbolos de Apocalipse. São compostos de números, cores e formas animadas e inanimadas, como segue:

(1) Os números de Apocalipse usados como símbolos

1. "Quatro ventos" (Ap 7.1-3). Ocasiões em que o número quatro não é simbólico: Ap 4.6-8; 7.1; 9.13-15; 20.8.
2. "Sete castiçais de ouro" (Ap 1.12,13, 20); "sete estrelas" (Ap 1.16, 20); "sete lâmpadas de fogo", "sete pontas [chifres]" e "sete olhos" (Ap 1.4; 4.5; 5.6); "sete cabeças" (Ap 12.3; 13.1;

17.8-11); "sete diademas [coroas]" (Ap 12.3); "sete montes" (Ap 17.8-11). Ocasiões em que o número sete não é simbólico: Ap 1.4; 5.1; 8.2; 10.3; 11.13; 15.1-8; 16.1; 17.1,10; 21.9.
3. "Dez chifres" (Ap 12.3; 13.1; 17.12-17); "dez diademas [coroas]" (Ap 13.1; 17.12). Ocasiões em que o número dez não é simbólico: Ap 2.10; 5.11; 17.12.
4. "Doze estrelas" (Ap 12.1). Ocasiões em que o número doze não é simbólico: Ap 7.5-8; 21.12, 14, 16, 21; 22.2.

(2) As cores de Apocalipse usadas como símbolos

1. Branco (Ap 3.18; 19.8)
2. Vermelho (Ap 6.4; 12.3)
3. Púrpura (Ap 17.4; 18.12, 16)
4. Preto (Ap 6.5)
5. Verde-pálido (Ap 6.8)

Estas cores em todas as outras passagens são literais, não simbólicas, porque são usadas em linguagem literal.

(3) Formas animadas de Apocalipse usadas como símbolos

1. O Cordeiro: veja o capítulo 7, seção 6 (2)
2. A besta do Apocalipse mencionada nos capítulos 11, 13, 14, 16, 17, 19 e 20
3. A mulher vestida do sol (Ap 12.1-17)
4. O dragão (Ap 12.2-12; 13.2; 16.13; 20.1-10)
5. A besta com chifres semelhantes aos de cordeiro (Ap 13.11-18; 16.13; 19.20)
6. A Grande Prostituta (Ap 17.1-18)
7. O cavaleiro do cavalo branco (Ap 6.1, 2)
8. O cavaleiro do cavalo vermelho (Ap 6.3, 4)
9. O cavaleiro do cavalo negro (Ap 6.5, 6)
10. Os cavaleiros dos cavalos pálido e vermelho (Ap 6.4, 8)
11. O filho varão (Ap 12.5)

(4) Coisas inanimadas de Apocalipse usadas como símbolos
Além do que já foi relacionado na seção (1) acima:
Odores (Ap 5.8; 8.2-5)
Duas oliveiras e dois castiçais (Ap 11.3-13)
A vara de ferro (Ap 2.26; 12.5; 19.15)
A ceifa e vindima (Ap 14.14-20; 19.11-21)
Muitas águas (Ap 12.15; 17.1, 15)
Linho fino (Ap 19.8)
A espada (Ap 2.12, 16; 19.15, 21)

À parte desses 35 símbolos, todo o livro é literal, portanto tudo deve ser entendido no sentido literal, como em qualquer outro livro. Mesmo os símbolos transmitem verdades literais, e são verdades que devemos entender, em vez de tropeçar nos próprios símbolos.

V. A CHAVE PARA A INTERPRETAÇÃO DO LIVRO DE APOCALIPSE

"Escreve as coisas que tens visto, e as que são, e as que depois destas hão de acontecer" (Ap 1.19).

1. Parte I. "As coisas que tens visto", ou seja, Cristo no meio dos sete castiçais (Ap 1.12-18,20), conforme visto por João antes que ele começasse a escrever.
2. Parte II. "As coisas que são", ou seja, as coisas acerca das igrejas então existentes e das que existirão em toda a era da igreja até a ocasião do Arrebatamento. Essa divisão limita-se a Ap 2 e 3.
3. Parte III. "As coisas que hão de acontecer", ou seja, os acontecimentos posteriores ao arrebatamento da igreja. Essa divisão abrange toda a seção de Ap 4—22. O leitor só terá de reconhecer que essa tripla divisão natural compreende todo o livro de Apocalipse, sobretudo no que concerne ao tempo do cumprimento das coisas em cada divisão. Se essas divisões forem ignoradas, remanejadas ou se misturaram no conjunto, o resultado será a confusão. O leitor não

conseguirá entender a ordem divina dessas verdades, expressas já em sequência, nem a intenção do livro. É imperativo que nos abstenhamos de confundir essas divisões se desejamos a real compreensão dessas verdades.

VI. A DIVISÃO DO LIVRO POR CLASSES (1CO 10.32)

1. Ap 1—3 trata da igreja, principalmente na Terra.
2. Ap 4 e 5 retrata a igreja e os santos do Antigo Testamento com Deus no céu depois do Arrebatamento, representados pelos 24 anciãos.
3. Ap 6—19 trata principalmente de Israel sob a última opressão dos gentios em cumprimento à profecia da Septuagésima Semana de Daniel após o arrebatamento da igreja.
4. Apocalipse 20—22 diz respeito às três classes: a igreja, os judeus e os gentios. Os judeus terrestres serão os chefes de todos os gentios na Terra, e a igreja reinará com Cristo sobre ambos para sempre.

VII. A ORDEM SEQUENCIAL DE APOCALIPSE

O Apocalipse é uma sucessão de acontecimentos consecutivos do começo ao fim, não um livro assistemático e confuso. Os acontecimentos devem ser tomados na ordem comunicada por Deus, não de acordo com as nossas ideias finitas sobre tais ocorrências. É quase universalmente reconhecido que Ap 1—5 e 19—22 formam uma história consecutiva. Em vista disso, uma vez que o livro inicia com fatos da época de João e termina com acontecimentos da nova Terra, podemos concluir que os incidentes registrados entre o começo e o fim são consecutivos também. Se os acontecimentos de Apocalipse não forem sequenciais, sobre que base iremos fixar um padrão de harmonia e onde obteremos outro padrão autorizado e autêntico tão evidente quanto o do próprio livro? Por que confundir desesperadamente uma profecia clara da parte do Senhor acerca de "coisas que hão de acontecer" e modificar a ordem de acontecimentos revelada pelo Senhor? Sem dúvida, Ele revelou os acontecimentos na devida ordem, a fim de não confundir aqueles a quem os fatos do Apocalipse são comunicados.

Quando falamos da ordem consecutiva, omitimos necessariamente as passagens parentéticas, que ocorrem como afirmações explicativas das coisas que resultam da ordem principal de acontecimentos e são inseridas entre os acontecimentos consecutivos. Essas passagens são destacadas do texto principal no que diz respeito ao recebimento e ao cumprimento da profecia, mas são necessárias ao pleno entendimento do assunto em foco.

São passagens claras quanto ao tempo de seu cumprimento, como veremos na exposição e estão inseridas entre os capítulos 6 e 19 de Apocalipse, porque se cumprirão na Septuagésima Semana de Daniel, como observaremos mais adiante. Em Ap 6—19, a ordem principal dos acontecimentos é esta: os sete selos, as sete trombetas e as sete taças, cujo teor se desenvolve em sucessão, do começo ao fim da Semana. A ordem consecutiva e as passagens parentéticas podem ser distinguidas no traçado do livro, apresentado na seção IX deste capítulo. As passagens inseridas como parênteses não representam necessariamente uma sucessão de fatos. Algumas são assim, outras não.

VIII. COMO INTERPRETAR A PROFECIA

Milhares de pregadores e professores de Bíblia insistem na afirmação de que a profecia é difícil entender. Sem dúvida, é difícil entender se tentarmos harmonizar as muitas especulações e interpretações sobre o assunto. Mas graças a Deus não é difícil entender se seguirmos as poucas regras de bom senso enumeradas abaixo:

1. Dê às palavras da profecia a mesma significação dada às palavras da história, isto é, aplique às palavras encontradas *no texto da* Bíblia a mesma significação que é dada a essas palavras fora dela. É uma suposição comum de que as

palavras encontradas na profecia ou em outras partes da Bíblia possuem todas significado místico e não devem ser entendidas em sentido literal. Essa teoria é equivocada. Por exemplo, a palavra "ano" é geralmente tomada para significar um "dia" e um "dia" para significar um "ano". Nessa base, os 2.300 dias de Dn 8.14 são transformados em 2.300 anos; os 1.260 dias de Ap 11.3 e 12.6 são interpretados como 1.260 anos etc. Por que um Deus sábio diria "anos" quando realmente queria dizer "dias" e diria "dias" quando de fato queria dizer "anos"? Não faz sentido esse jogo de palavras. Não é o que Ele quis dizer. Ele sabe o que "dias" e "anos" significam, exatamente como nós sabemos, porém muitos alteram de modo arbitrário os dias para anos na tentativa de comprovar a data profética de certos acontecimentos.

Na mesma base, os "tempos dos gentios" são transformados em 2.520 anos quando se interpreta a expressão "sete vezes" de Lv 26.18 como se segue: um "tempo" significa um ano de 360 dias; 360 dias significam 360 anos; assim, sete vezes 360 anos são 2.520 anos. O curioso nesse raciocínio é que a expressão "sete vezes" ocorre quatro vezes: em Lv 26.18, 21, 24, 28, e os chamados 2.520 "anos" deveriam preceder cada um dos quatro períodos em que Deus espalhou os judeus entre as nações. Isso significaria um total de 10.080 anos da violação da Lei por Israel no tempo de Moisés até o ano 70 d.C., quando eles foram espalhados outra vez pelo mundo, mas não foi o que aconteceu. Os "tempos dos gentios" não começaram com a Babilônia, por volta de 606 a.C., e sim com a escravidão no Egito, mais de mil anos antes da época de Nabucodonosor, como veremos no capítulo 36. Portanto, toda a datação profética baseada nessa teoria falsa não condiz com a Bíblia.

O fato de Deus ter dito que Israel iria vagar no deserto quarenta anos segundo o número de dias da missão dos espias em Canaã não é base para transformar "dias" em "anos" ou "anos" em "dias". Nesse caso, tanto os dias quanto os anos foram literais e continuarão sendo. Se interpretarmos todas as ocorrências da expressão "sete vezes" na Bíblia como 2.520 anos, então teremos de afirmar que Jacó se curvou diante de Esaú durante 2.520 anos (Gn 33.3); que em Israel se aspergiu sangue no Dia da Expiação durante 2.520 anos (Lv 4.6,17; 8.11); que o leproso purificado passaria por um processo de 2.520 anos até a confirmação da cura (Lv 14.7,16,27,51); que Israel marchou em volta do Jericó durante 2.520 anos (Js 6.4,15); que o servo de Elias procurou sinais de chuva por 2.520 anos (1Rs 18.43); que o menino ressuscitado espirrou por 2.520 anos (2Rs 4.35).

O sensacionalismo profético pode objetar a esse raciocínio pelo fato de a expressão "sete vezes" nesses versículos achar-se na seção histórica da Bíblia, não na profética, como em Lv 26. Mas usemos o mesmo raciocínio com a profecia. Teríamos de crer que Naamã deveria mergulhar no rio Jordão durante 2.520 anos, já que a profecia afirmava que se ele fizesse isso ficaria limpo (pode ser que alguém fique limpo depois de mergulhar tantas vezes num rio, 2Rs 5.10,14); que Nabucodonosor comeu grama com os animais do campo durante 2.520 anos (Dn 4.16, 23, 25, 32); que a aliança de sete anos entre o Anticristo e Israel irá durar 2.520 anos (Dn 9.27); que da mesma forma, durante 1.260 anos que terminam na segunda vinda de Cristo; as duas testemunhas deverão profetizar; Jerusalém deverá ser devolvida aos gentios; a mulher fugirá para o deserto, e o seu filho varão será arrebatado; no céu, o Diabo será lançado à Terra; a besta reinará sobre os dez reinos da Roma restaurada, quando dará aos homens uma marca ou irá matá-los (Ap 11.1-3; 12.5, 6, 14; 13.5, 16-18).

1. Não troque o sentido literal pelo espiritual ou simbólico. Um escritor moderno, em seu livro de conferências sobre o Apocalipse, é um bom exemplo da tendência moderna de conferir a palavras e frases de significação literal qualquer sentido que venha a satisfazer a imaginação de alguém. Ele interpreta a palavra "terremoto", do sexto selo (Ap 6.12-17),

como a destruição da sociedade, em vez de um terremoto literal; o Sol negro como um saco de cilício significaria um tipo de Cristo rejeitado e Deus destronado; a Lua tornada em sangue seria a destruição da autoridade constituída; as estrelas em queda simbolizariam a apostasia dos líderes religiosos nos céus eclesiásticos (seja lá o que isso signifique); os céus retirados como um pergaminho que se enrola indicariam a destruição de toda a cristandade organizada.

Ele afirma também que os juízos das trombetas não são literais. A erva citada na primeira trombeta (Ap 8.7) são as pessoas simples, e as árvores, a dignidade humana. Portanto, em vez de a erva e de um terço das árvores serem literalmente queimados, conforme claramente afirmado na Bíblia, todos os seres humanos comuns, mas apenas um terço de sua dignidade serão destruídos.

Em vez de um terço do mar que se torna em sangue, um terço da criação que morre e um terço dos navios destruídos na segunda trombeta de Ap 8.8-9 (a montanha ardente que causa isso), ele afirma que a montanha significa a forma da Babilônia espiritual no mar das nações que é destruída pelos povos.

Em vez de as águas se tornarem amargas por uma estrela que cai do céu e causa a morte de muita gente, na terceira trombeta, em Ap 8.10,11, ele afirma que a estrela que cai do céu é o papa ou algum dignitário religioso. Mas como o papa pode cair do céu nas águas e envenená-las? Como ele irá ao céu para depois cair de lá na Tribulação? Como ele poderá envenenar as águas potáveis se cair nelas? Por certo, ele não tem esse veneno todo.

A terça parte do Sol, da Lua e das estrelas que se torna escura na quarta trombeta (Ap 8.12) para ele significa a escuridão espiritual, em vez do escurecimento literal de parte da terra.

Esse escritor explica a quinta trombeta (Ap 9.1-12) como segue. A estrela que cai do céu com a chave do abismo é o papa ou o líder religioso apóstata da terceira trombeta. (Isso faria o papa cair do céu duas vezes, uma vez sob a terceira trombeta e outra sob a quinta trombeta.) A chave é o sistema que abre o abismo. A fumaça da cova é a sujeira fora da luz verdadeira no céu espiritual dos homens causada pelos poderes demoníacos quando as religiões falsas dominarem a Terra, depois que o Espírito Santo for retirado. Os gafanhotos não são literais, mas simbolizam as falsas religiões, que irão proliferar como gafanhotos. O tormento das picadas dessas criaturas é a aflição causada pelas religiões. O rosto de homem indica inteligência e racionalidade (mas se não são criaturas verdadeiras, como exercerão tais faculdades?). O cabelo, que tem aparência de cabelo de mulher, significa uma vida profana, e as couraças de ferro simbolizam a consciência destruída. A erva e as árvores aqui não são simbólicas como na primeira trombeta. Os cinco meses durante os quais as criaturas atormentam homens não são literais, e não se sabe o que significam. Assim, nada é literal se crermos nesse método de interpretação.

A sexta trombeta (Ap 9.13-21), ele diz, também não é literal: os 200 milhões de criaturas são as hordas asiáticas que atravessaram a Europa e a Palestina por muitos séculos.

Ele afirma que as duas testemunhas não são dois homens, mas simbolismos do remanescente judaico que servirão de testemunho. O varão é Cristo; a mulher, Israel; o Sol, a honra do Novo Testamento; a Lua, a honra do Antigo Testamento; as doze estrelas, as doze tribos. Os 1.260 dias de Apocalipse 12.6 representam a primeira parte da Septuagésima Semana de Daniel, quando a mulher foge, ou seja, quando Israel é disperso entre as nações. Os "tempos" de Apocalipse 12.14 representam segunda metade da Semana, e a água lançada pela boca do dragão é a falsa doutrina, mas Israel fugirá desses ensinos e será o único testemunho favorável a Deus.

Ele diz que a besta de Apocalipse 13 é o Império Romano redivivo, as sete cabeças são as sete colinas sobre as quais a cidade de Roma foi construída e a cabeça ferida de morte é a Roma imperial restaurada. Mas como poderia uma das colinas literais da Roma imperial ser reanimada se é parte da terra em que a cidade foi construída? (Ver nos capítulos 20 e 36 a prova de que esse raciocínio é incorreto.)

Ele diz também que as sete taças (Ap 16.2-21) não são literais, exceto a quarta e a quinta, mas quem é ele para decidir que esses são os únicos juízos literais dos selos, trombetas e taças? Ele explica as chagas da primeira taça como uma peste espiritual. Na interpretação dele, a segunda e a terceira taças são a secagem da fonte de vida (seja lá o que isso signifique), não o mar e os rios literalmente tornados em sangue. A sexta taça representa a destruição do Império Turco, não a seca literal do rio Eufrates, mas por que não dar a esse rio a mesma significação em outras passagens da Escritura Sagrada (p. ex., Gn 2.14; 15.18; Jr 13.4-7; 46.2-10; 51.63; Ap 9.14) e ver como seria ridículo? Ele diz ainda que o "terremoto" da sétima taça, que destrói a Babilônia e outras cidades, não é literal, mas significa a destruição de todas as instituições religiosas e civilizações que temos hoje.

Esse método da interpretação de Apocalipse deveria ser chamado "como não interpretar a profecia", porque anula o significado literal da própria revelação de Deus e a substitui por teorias humanas. Se essas ideias expressam o real conteúdo do que Deus quis revelar, por que Ele não esclareceu isso no livro, em vez de nos dar tais revelações? Por que esperar até agora para nos fazer entender o que Ele de fato pretendia transmitir?

1. Não tente encontrar ou acrescentar significados ocultos à Escritura Sagrada. Contente-se com o que Deus julgou conveniente revelar e nunca tente ler nas entrelinhas ou acrescentar algo às suas palavras para entendê-las. Por exemplo, nos anos recentes, alguns estudiosos escolheram cerca de 35 homens do passado e alguns ainda vivos e transliteraram seus nomes para o grego a fim de verificar se algum deles somava 666 e assim descobrir quem poderia ser o Anticristo. O nome que igualasse esse número seria o Anticristo mencionado em Ap 13.18. Esqueça! Tudo isso

não passa de especulação louca e não comprova coisa alguma acerca da marca ou do nome do Anticristo, como veremos.

Os outros enxergam os Estados Unidos na profecia tomando as letras USA do nome Jerusalém (JER-USA-LEM). Se essa for a única maneira de situar os Estados Unidos na profecia, melhor esquecer também. O fato é que os Estados Unidos não são mencionados uma única vez na profecia, em lugar algum. Isaías 18 refere-se aos habitantes do Sudão, "que está além dos rios da Etiópia", não aos Estados Unidos. O cavaleiro do cavalo branco de Ap 6 e o falso profeta de Ap 13.11-18, 19.20 e 20.10 não se refere aos Estados Unidos, como veremos nos capítulos 10 e 22.

Outros ainda enxergam a marca da besta nas efígies da moeda de prata de dez centavos americana, na guarda do domingo como o sábado dos judeus, cartões de sindicatos, nos números do seguro social, no racionamento e em muitas outras coisas ridículas. Essas e muitas outras teorias sem sentido são constantemente pregadas às massas ignorantes, que as adotam e espalham pelo mundo, enquanto a verdade é clara como o dia. Quanto mais tolo e sensacionalista for o homem, mais ele encontra as chamadas significações ocultas nas Sagradas Escrituras, mais proclamado como inteligente ele passa a ser por homens que deveriam ter mais discernimento. E o Diabo afasta-se e ri de tal especulação descabida e da modificação da Palavra de Deus, já que ele sabe que tais interpretações tolas repugnam homens inteligentes e fazem com que muitos descartem a profecia e sejam céticos em relação à verdade quando eles a ouvem.

1. Creia que a profecia pode ser entendida como é, sem quaisquer modificações ou adições, e que ela constitui simplesmente um registro de coisas ainda por acontecer algum dia após a sua declaração. A profecia deve ser entendida tão literalmente quanto entendemos a história. Assim, enquanto a história é o simples registro do que

aconteceu, a profecia é o registro do que está para acontecer. Ambos os tipos de registro são feitos na linguagem do cotidiano e devem ser entendidos na mesma base. Deus espera que os entendamos da forma em que são escritos, e Ele nos julgará se não usarmos a inteligência normal para entendê-los.

2. Esqueça a ideia de que a profecia deve ser cumprida antes que possa ser entendida. Se o cumprimento da profecia é necessário para o seu entendimento, então ela falhou em seu objetivo, que é revelar com antecedência ao ser humano o que deve acontecer. Muitos autores se desculpam por não terem certeza sobre o que escrevem e declaram que as profecias não poderão ser entendidas até o seu cumprimento final. Seria preferível que tais homens não escrevessem nada a escrever sobre o que não têm certeza. Se alguém afirma: "Assim diz o Senhor", é para que mais tarde não tenha de pedir desculpas.

Toda a profecia verdadeira é clara acerca do que acontecerá e tão claramente entendida antes que o fato aconteça quanto depois de cumprida. Por exemplo: buscar nas "invenções modernas" o cumprimento de antigas profecias. A humanidade não imaginava o automóvel, e jamais interpretou a passagem de Na 2.3-4 relacionada a um deles, até ele ser inventado. Não se concebiam aviões, rádios nem locomotivas, e jamais alguém interpretou a Escritura Sagrada como um prenúncio de tais invenções até elas serem inventadas. Foi pouco depois de tais coisas serem inventadas que aqueles estudiosos anunciaram tê-las descoberto em passagens proféticas da Bíblia. Antes da Segunda Guerra Mundial, ninguém imaginava a bomba atômica. Mas logo que foi inventada, os arautos do sensacionalismo profético despertaram do longo sono da ignorância e "encontraram" a energia atômica registrada na profecia. Não demorou muito para que quase toda a cristandade (como se esses sensacionalistas merecessem crédito) entendesse que o lançamento da bomba atômica foi o cumprimento de várias profecias e que também várias outras profecias iam se cumprir. A bomba atômica, dizem esses homens, não só resultará no fim do mundo, como também será a causa de muitas outras coisas.

Quanto antes removermos o apêndice do sensacionalismo profético, melhor será para nós, e mais cedo o bom nome da profecia será restaurado. A verdadeira profecia será outra vez respeitada conforme estabelecida por Deus. Voltemos ao fato de que nenhuma invenção moderna é especificamente mencionada na Bíblia. O "automóvel" de Na 2.3,4 é, na verdade, uma referência aos carros romanos puxados por cavalos pertencentes ao rei de Nínive e a Nabucodonosor durante o combate ocorrido nas ruas daquela cidade, então sob o domínio do império assírio. É o que Na 2.1-4,13 mostra com clareza. Em 3.1-3, são mencionados o "açoite", o "ruído das rodas", os "cavalos [que] atropelam" e os "cavaleiros". A "locomotiva" de Jó 41 é o "rei sobre todos os filhos de animais altivos", como explica o último versículo. A frase "como as aves voam", de Is 31.5, não se refere ao avião, mas à segunda vinda de Cristo, como prova a própria passagem. Ele afirma que "como as aves voam", Deus descerá para lutar por Israel, e naquele tempo cada homem lançará fora os seus ídolos para sempre — e todos nós sabemos que isso não aconteceu em 1917, quando o general Allenby tomou Jerusalém dos turcos. Essa profecia será cumprida quando os exércitos do céu vierem com Jesus "como as aves voam" (como em Zc 14.1-5; 2Ts 1.7-10; Jd 14; Ap 19.11-21 etc.). Isso pode até combinar com alguma invenção em particular que os estudiosos tenham vislumbrado nos acontecimentos proféticos, mas o contexto comprova que o assunto da passagem não se trata de uma invenção moderna. Dn 12.4 é o único versículo da Bíblia inteira que faz referência às invenções modernas. Quem quiser que use esse versículo para pregar a respeito dessas coisas e assim evitará o sensacionalismo e as especulações descabidas em torno de passagens que não têm relação alguma com as invenções dos dias de hoje.

1. Não reinterprete nenhum símbolo ou profecia que já tenha a própria interpretação de Deus nem modifique o significado que Ele já expressa com clareza. Deus sempre interpreta os símbolos que utiliza, como se vê claramente em Dn 2.38-44; 7.17, 23-26; 8.20-23; 9.20-27; 11.2-45; 12.1-13; Ap 1.20; 12.9; 13.18; 17.8-18 etc. A profecia clara e literal não precisa de interpretação alguma, visto que ela é simplesmente a história escrita com antecedência. Se Deus usar uma palavra ou figura de linguagem (ou qualquer outra forma de expressão humana) num sentido diferente do que em geral se conhece, temos o direito de esperar que Ele nos dê uma explicação. Exceto nesses casos, devemos interpretar as palavras como são geralmente utilizadas e entendidas. Quando não temos a explicação de um símbolo ou de uma figura de linguagem, devemos dar por certo que eles são claros em si mesmos, bem como é claro o seu emprego em outras partes das Escrituras, sobretudo quando harmonizados com todas as outras passagens que tratam do mesmo assunto.
2. Dê uma única significação — literal e clara — a uma passagem, a menos que haja o esclarecimento de que uma significação dupla deve ser entendida. Duas ações devem ser observadas para a correta interpretação de algumas profecias.

(1) A lei da dupla referência. Em algumas passagens, duas pessoas se distinguem: a pessoa visível, que é manipulada ou guiada, e a pessoa invisível, que está usando a visível como um instrumento. Em Gn 3.14,15, a serpente (o instrumento de Satanás, a pessoa invisível) é manipulada, porém ela também pode ser uma referência ao próprio Satanás, que foi derrotado pela semente da mulher. Em Is 14.4-27 e Ez 28.11-19, os reis da Babilônia e de Tiro são aqueles manipulados, mas nessas passagens Satanás também aparece caindo "do céu", é acusado de invadi-lo com a intenção de se parecer com o Altíssimo (Is 14.12-14) e descrito

como perfeito na beleza e em seus caminhos desde a sua criação, até que ele pecou (Ez 28.12-17). Em Mt 16.23, Pedro fala a Jesus, mas é Satanás quem utiliza Pedro como instrumento para impedir Cristo de ir à cruz.

O método de distinguir a pessoa visível da invisível nessas passagens permite interpretar as afirmações que não podem ser aplicadas à primeira como referentes à segunda. O rei da Babilônia e o rei de Tiro não podem ser a pessoa mencionada em Is 14.12-14 e Ez 28.12-17, respectivamente, porque nenhum deles foi lançado fora do céu ou criado como anjo ou querubim. Pedro não pode ser o próprio Satanás, embora Jesus tenha dito: "Para trás de mim, Satanás". Ele só podia estar se referindo a Satanás, embora o restante do versículo possa ser aplicado tanto a ele quanto ao discípulo.

(2) A lei de perspectiva profética. Essa lei é a descrição de futuros acontecimentos como contínuos e sucessivos, embora possa haver um intervalo de milhares de anos entre eles. Por exemplo, em Is 61.1-3, conforme registrado em Lc 4.17-20, Cristo interrompe a profecia na expressão "o ano aceitável do Senhor". Ele fecha o livro e declara: "Hoje se cumpriu esta Escritura em vossos ouvidos". Se Ele tivesse continuado a ler a profecia — "... e o dia da vingança do nosso Deus" — e então anunciado que ela estava se cumprindo naquele dia, a sua afirmação seria falsa, porque "o dia da vingança" ainda não chegou. Já se passaram cerca de dois mil anos desde "o ano aceitável do Senhor". O dia da vingança ainda não veio, e não virá até a futura Tribulação. Ambos os acontecimentos são citados em um único versículo de Isaías, e apenas uma conjunção os separa. Isso parece indicar que ambos os acontecimentos seguem um a outro em sucessão, mas não é assim.

Ou seja, os profetas veem coisas na mesma visão como alguém que olha para vários picos de montanha sem perceber os vales entre eles. Devemos aprender a considerar cada acontecimento em separado na profecia e reunir em conjunto tudo que é dito a respeito dele em toda a Bíblia para então descobrir quando será cumprido em relação a outros acontecimentos. Isso é manejar bem a palavra da verdade (2Tm 2.15).

1. A chave para a interpretação de muitas profecias é considerar o profeta um pregador de justiça. O profeta não era um adivinho, mas um vidente. Ele era um arauto de Deus com a missão de repreender, instruir e corrigir o povo de sua época e predizer certos acontecimentos. Ele tinha capacidade de discernimento e de presciência e era mais que um vidente. Era-lhe permitido enxergar as circunstâncias e os objetivos de Deus em relação a elas. O presente era apenas um momento no plano divino em execução, cujo propósito era estabelecer o Reino de Deus outra vez na Terra a fim de libertá-la de toda rebelião. Desse modo, o profeta era um professor, um reformador social e um político, bem como um arauto do futuro Reino. Muitas de seus pronunciamentos eram de fato sermões pregados conforme a ocasião exigia. Isso se verificava especialmente nos tempos de Isaías, Jeremias e Ezequiel e dos Profetas Menores, embora muitas profecias sobre o tempo futuro estejam registradas nesses livros. Daniel e João foram profetas que anunciaram acontecimentos futuros, embora em seus livros haja também o elemento de vidência, como se vê em Dn 2; 4—6 etc.; Ap 2 e 3.
2. É importante entender a história do escritor, bem como a época e as circunstâncias nas quais ele escreveu. Deve-se procurar entender a época em que o escritor viveu, o objetivo de suas previsões, as pessoas a quem ele se dirige e o assunto de sua mensagem. Conhecer o contexto histórico, os costumes da época, o povo a quem o profeta escreveu, os idiomas e expressões humanas de seu tempo e o objetivo que ele tinha em mente evitará que o estudante da profecia bíblica cometa equívocos na interpretação dos acontecimentos proféticos.

1. **Esboço do livro de Apocalipse**

Observações introdutórias (Ap 1.1-11,19)

1. Introdução (Ap 1.1-3)
2. Saudação (Ap 1.4, 5a)
3. Exaltação (Ap 1.5b, 6)
4. Tema principal (Ap 1.7)
5. A eternidade do Filho de Deus (Ap 1.8)
6. O profeta — João (Ap 1.9-11)
7. A chave para a interpretação (Ap 1.19)

1. "As coisas que tens visto" (Ap 1.12-18, 20)

1. A visão de Cristo (Ap 1.12-18)
2. Os símbolos da visão interpretados (Ap 1.20)

1. "As coisas que são" (Ap 2.1—3.22)

1. Éfeso (Ap 2.1-7)
2. Esmirna (Ap 2.8-11)
3. Pérgamo (Ap 2.12-17)
4. Tiatira (Ap 2.18-29)
5. Sardes (Ap 3.1-6)
6. Filadélfia (Ap 3.7-13)
7. Laodiceia (Ap 3.14-22)

1. "As coisas que depois destas devem acontecer" (Ap 4.1—22.5)

1. O tabernáculo celestial: os santos arrebatados (Ap 4.1—5.14)

(1) A porta celestial (Ap 4.1)
  (2) O trono celestial (Ap 4.2-3, 5)
  (3) Os anciãos celestiais (Ap 4.4)
  (4) O mar celestial de vidro (Ap 4.6a)
  (5) As criaturas celestiais (Ap 4.6b-8)
  (6) A adoração celestial por causa da criação (Ap 4.9-11)

(7) O livro celestial (Ap 5.1-4)
(8) O cordeiro celestial (Ap 5.5-7)
(9) A adoração celestial ao Cordeiro, por merecimento (Ap 5.8-14)

1. A Septuagésima Semana de Daniel (Ap 6.1—19.21)

(1) Os seis primeiros selos (Ap 6.1-17)
  (Parêntese, 7.1-17)
(2) O sétimo selo e seis trombetas (Ap 8.1—9.21)
  (Parêntese, 8.2-6, 13; 10.1—11.13)
(3) A sétima trombeta (11.14—13.18)
  (Parêntese, 14.1-20)
(4) As seis primeiras taças (Ap 15.1—16.12)
  (Parêntese, 15.2-4; 16.13-16)
(5) A sétima taça (Ap 16.17—18.24)
  (Parêntese, 17.1-18)
(6) As Bodas do Cordeiro, o Segundo Advento e o Armagedom (Ap 19.1-21)
  (Parêntese, 19.1-10)

1. Os mil anos e depois (Ap 20.1-15)

(1) Satanás expulso da Terra (Ap 20.1-3)
  (2) O reino milenar de Cristo e seus santos (Ap 20.4-6)
  (3) A carreira pós-milenar de Satanás e seu destino final (Ap 20.7-10)
  (4) O Juízo Final (Ap 20.11-15)

1. O perfeito estado eterno — O tempo dos tempos (Ap 21.1—22.5)

(1) O novo céu (Ap 21.1)
  (2) A nova Terra (Ap 21.1)
  (3) A nova Jerusalém (Ap 21.2, 9-21)
  (4) Os novos povos (Ap 21.3)
  (5) As novas condições da Terra (Ap 21.4-8)

(6) O novo templo (Ap 21.22)
(7) A nova luz (Ap 21.23-27)
(8) O novo paraíso (Ap 22.1-5)

1. Conclusão (Ap 22.6-21)

1. A revelação confirmada (Ap 22.6, 7)
2. Um equívoco no objeto da adoração (Ap 22.8, 9)
3. Últimas instruções (Ap 22.10-19)
4. Última promessa e última oração (Ap 22.20, 21)

CAPÍTULO DOIS

NOTAS INTRODUTÓRIAS

Ap 1.1-11

Nestas notas, iremos considerar a introdução, a saudação, a exaltação, o tema principal, a eternidade do Filho de Deus e o profeta — João.

I. A INTRODUÇÃO (AP 1.1-3)

Revelação de Jesus Cristo, a qual Deus lhe deu, para mostrar aos seus servos as coisas que brevemente devem acontecer; e pelo seu anjo as enviou, e as notificou a João, seu servo, o qual testificou da palavra de Deus, e do testemunho de Jesus Cristo, e de tudo o que tem visto.

Bem-aventurado aquele que lê, e os que ouvem as palavras desta profecia, e guardam as coisas que nela estão escritas; porque o tempo está próximo (Ap 1.1-3).

1. O TÍTULO

Os homens chamam o livro "A revelação de são João, o Divino"; Deus intitula-o "A revelação de Jesus Cristo". O significado da palavra "revelação" deve ser entendido. As palavras "revelação" e "apocalipse" são sinônimos, derivados do termo grego *apokalupsis*, que significa "desvelar", "revelar", "descobrir" e ocorre em Lc 2.32; Rm 2.5; 8.19; 16.25; 1Co 1.7; 14.6, 26; 2Co 12.1, 7;

Gl 1.12; 2.2; Ef 1.17; 3.3; 2Ts 1.7; 1Pe 1.7, 13. Significa "levantar uma cortina" para mostrar o que estava encoberto. Não há mais desculpa para interpretações diferentes desse livro do que há para interpretações do descerramento de outras coisas.

2. A ORIGEM DE APOCALIPSE

O livro de Apocalipse teve a sua origem na mente de Deus. As coisas nele contidas estavam em sua mente desde a eternidade, mas não foram transmitidas a Cristo até Ele ser exaltado como Cabeça da igreja. Deus "deu" a Jesus essa revelação. Essa afirmação exprime a doutrina, muitas vezes reiterada, segundo a qual Cristo pôs de lado todos os seus poderes e atributos divinos ao assumir a forma humana e não foi onisciente "nos dias da sua carne", mas cresceu em sabedoria e compreensão e no favor com Deus e dos homens (Lc 2.40, 52). Tanto os profetas quanto os apóstolos ensinaram que Cristo esteve limitado como homem e não pôde fazer um único milagre sem a unção do Espírito Santo (Is 11.1-7; 42.1-7; 50.4-7; 61.1, 2; At 10.38; Fp 2.5-8; Hb 2.5-18; 4.14-16; 5.7-9).

O próprio Jesus ensinou que só pelo Pai e pelo Espírito Santo vivendo nEle foi que pôde realizar as suas obras sobrenaturais (Mt 12.18-32; Lc 3.21,22; 4.1, 14-21; Jo 5.19, 20, 27, 30; 6.38; 7.16, 28; 8.26-29; 12.49; 14.10 etc.). Houve coisas que Cristo desconhecia durante a sua vida terrestre (Mc 6.5, 6; 13.32; Jo 5.19, 30; 8.28, 29; 12.49; 14.10 etc.). Com esses fatos em mente, podemos entender por que o livro de Apocalipse contém verdades que o Filho desconhecia até que o Pai lhe revelasse. Daí em diante, o livro tornou-se a *sua* revelação, depois tê-lo recebido do Pai por meio do Espírito Santo (Jo 17.2-8; Ef 1.20, 21; Fp 2.5-11; Mt 28.18).

3. DE QUE TRATA O LIVRO DE APOCALIPSE

O título dado por Deus não sugere que Cristo e seus ofícios e poderes sejam o tema do livro mais do que o título artificial sugere que João e seu ministério sejam o assunto de Apocalipse.

Não se trata do desvelamento da pessoa inteira de Cristo, seus ofícios e sua glória em medida maior que a revelada no restante da Bíblia, mas tão somente de uma revelação das "coisas que brevemente devem acontecer" (Ap 1.1). Cristo é apenas uma das muitas personagens ativas do livro. Há muitas "coisas" no livro que não dizem respeito a Cristo diretamente. As "coisas" que estão por vir não implicam necessariamente a revelação de "pessoas", mas de novas "coisas" acerca de "pessoas" que, com poucas exceções, já foram mostradas com clareza nos escritos dos antigos apóstolos e profetas. É a realização lógica de muitas profecias antigas, seu cumprimento e resposta aos muitos mistérios do Antigo Testamento, que não poderiam ser respondidos sem o auxílio de Apocalipse. A Tribulação e a Septuagésima Semana de Daniel são mencionadas em outros livros, mas aqui elas são explicadas em detalhes; o destino dos santos arrebatados já foi afirmado, mas aqui é descrito em minúcias; a conversão final e a restauração de Israel já foram preditas, mas aqui é explicado o método que Deus usará para conduzi-los ao pleno arrependimento, cumprindo assim os pactos firmados com os seus ancestrais. Essas e muitas outras verdades são ampliadas, e o cumprimento de muitas profecias anteriores recebe um relato detalhado. Há também revelações de "coisas" nunca antes afirmadas, que serão esclarecidas na exposição do texto.

4. O PROPÓSITO DE APOCALIPSE

O objetivo de Apocalipse é "mostrar aos seus servos [de Deus] as coisas que brevemente devem acontecer" (Ap 1.1; 22.6). Tudo no livro deve estar perfeitamente claro para os "seus servos", sejam eles pessoas destacadas ou não. A palavra "coisas" é usada cerca de dezessete vezes para acentuar o propósito do livro. "As coisas encobertas são para o Senhor, nosso Deus; porém as reveladas são para nós e para nossos filhos, para sempre, para cumprirmos todas as palavras desta lei" (Dt 29.29; 1Co 2.14; 2Tm 3.16,17).

O livro interpreta a si mesmo, já que o próprio conteúdo é

suficiente para explicá-lo. A explicação de cada cena será encontrada em alguma parte do livro. Antes de tudo, portanto, devemos procurar o que o próprio livro diz acerca de suas revelações antes de recorrer a outros livros da Bíblia em busca explicação para as verdades nele contidas. As verdades de Apocalipse geralmente podem ser entendidas com base no próprio conteúdo do livro, embora algum aspecto possa estar mais pormenorizado em outras passagens das Sagradas Escrituras. Muitas verdades que permaneceram envoltas em mistério nos tempos passados, isto é, até para os profetas do Antigo Testamento, são reveladas agora nesse livro. João viu certas coisas pela perspectiva profética e entendeu o significado daqueles escritos, enquanto os outros profetas não entenderam boa parte de suas profecias (Ap 22.10; 1Pe 1.10-12).

5. A TRANSMISSÃO DE APOCALIPSE

A revelação foi transmitida de Deus aos homens desta maneira: Deus transmitiu a revelação a Cristo; Cristo entregou-a ao seu anjo; o anjo enviou-a a João; João comunicou-a aos seus "conservos". Foi transmitida em linguagem essencialmente simbólica, pois "pelo seu anjo as enviou e as notificou [as 'coisas'] a João, seu servo", como é afirmado em Ap 1.1. Há mais símbolos nesse livro que em qualquer outro livro da Bíblia. Ninguém pode entender Apocalipse plenamente se não entender a interpretação dos símbolos.

A palavra "anjo" nesse versículo não se refere a um dos anjos de Deus, mas a um homem, visto que quando João se ajoelhou para adorá-lo o anjo disse: "Olha, não faças tal; sou teu conservo e de teus irmãos que têm o testemunho de Jesus; adora a Deus; porque o testemunho de Jesus é o espírito de profecia" (Ap 19.10; 22.8,9). Ele pode ser algum dos antigos profetas que morreram antes de João ter recebido a revelação, pois Cristo "levou cativo o cativeiro", e todas as almas justas foram então para o céu, onde esperam a ressurreição do corpo. Deus usou Moisés no monte para falar dos sofrimentos de Cristo (Mt 17.1-9). Moisés não podia ter um corpo ressuscitado na época, porque Cristo ainda não se havia tornado "a primícia" da ressurreição. Se Deus pôde usar Moisés em sua "alma corporal" (1Co 15.44) e se as "almas" podem ser vistas no céu e no inferno sem o corpo ressuscitado (Ap 6.9-11; Lc 16.22-24), sem dúvida Ele pode usar algum dos profetas mortos que foram residir no céu sem o corpo ressuscitado. O anjo também pode ser um dos "muitos" santos que surgiram corporalmente depois da ressurreição de Cristo e que possivelmente foram levados para o céu depois que Cristo subtraiu todas as almas salvas do submundo espiritual dos mortos (Ef 4.7-11). Não sabemos ao certo quantos dos anjos vistos em Apocalipse são homens remidos, mas não há dúvida de que alguns deles o são, como veremos mais adiante.

6. A AUTORIA DE APOCALIPSE

João, discípulo querido e apóstolo de Jesus, é o autor do livro de Apocalipse, não no sentido de ter criado os seus conteúdos, mas de ser o cronista deles (Ap 1.1, 4, 9, 11, 19; 2.1, 8, 12, 18; 3.1, 7, 14; 22.8-10). O pronome "eu" é usado mais de setenta vezes no livro. Isso constitui um forte contraste com o evangelho de João, que não usa esse pronome. Os primeiros pais da igreja são unânimes em afirmar a autoria do apóstolo João. A data da escrita, pelo consenso quase unânime dos primeiros escritores da igreja, é o período final do reinado do imperador Domiciano, por volta do ano 96 d.C., época da segunda perseguição aos cristãos promovida pelos imperadores romanos. Foi originariamente enviado aos pastores das sete igrejas da Ásia (Ap 1.11, 20; 2.1, 8, 12, 18; 3.1, 7, 14).

7. A TRIPLA AUTENTICIDADE DE APOCALIPSE

(1) "Da palavra de Deus" (Ap 1.2). Essa expressão é usada com o mesmo sentido em ambos os Testamentos (1Sm 3.7; 1Cr 17.3; Jr 1.4; Hb 4.12).

(2) "Do testemunho de Jesus Cristo", que "é o espírito de

profecia" (Ap 1.9; 6.9; 19.10; 2Tm 1.8). Esse testemunho é tanto a respeito dEle quanto dEle próprio.

(3) "De tudo o que tem visto". Isso se relaciona a João como o receptor da revelação de Deus ao homem (Ap 1.1). Foi João quem fez o registro da Palavra de Deus, do testemunho de Jesus Cristo e de todas as coisas que ele mesmo viu. O penúltimo versículo do evangelho de João poderia muito bem ser citado aqui como prova da autenticidade de Apocalipse, bem como de seu evangelho. "Este é o discípulo que testifica dessas coisas e as escreveu; e sabemos que o seu testemunho é verdadeiro" (Jo 21.24). A autenticidade de Apocalipse, portanto, baseia-se no testemunho de Deus, o Pai, de Jesus Cristo, o Filho, e de João, que foi conduzido pelo Espírito Santo (Ap 1.10; 4.2; 17.3; 19.10; 21.9,10) para registrar "tudo o que tem visto" do Pai e o Filho. A força do verbo "ver" (do grego *eidon*) expressa não só o mero ato de olhar, mas a percepção real do objeto. É usado 45 vezes no livro.

8. A NATUREZA DO APOCALIPSE

Apocalipse não é história, provérbio, charada, mistério, cântico, alegoria, tipo, fábula, enigma ou parábola, mas pura profecia, transmitida de forma literal, simbólica e dramatizada. À exceção de algumas partes dos capítulos 1 e 22, o livro é uma mensagem profética do começo ao fim, como fica provado pelo seguinte:

(1) A "bênção" prometida em Ap 1.3 deixa claro que o livro inteiro é uma profecia.

(2) "O propósito de Apocalipse", mencionado anteriormente, comprova que se trata de uma profecia.

(3) O termo "palavra de Deus", também já mencionado, demonstra uma comunicação profética direta.

(4) A expressão "testemunho de Jesus", que "é o espírito de profecia" (Ap 19.10), comprova que tudo é profecia, já que "a palavra de Deus" e "o testemunho de Jesus Cristo" compõem "tudo o que tem visto".

(5) As expressões "desta profecia" (Ap 1.3), "as palavras da

profecia deste livro" e "as coisas que em breve hão de acontecer" (Ap 22.6-10) comprovam que se trata de uma profecia.

(6) As mensagens às sete igrejas comprovam que o livro é profético, já que elas apelam a indivíduos de toda a nossa era. Se isso não fosse verdade, essas mensagens não fariam sentido algum para quem hoje se deparasse com elas. Também não fariam sentido algum passagens como Ap 1.3; 22.7-10, 16-19.

(7) "O tempo está próximo" (Ap 1.3; 22.10) claramente indica que o cumprimento começa e continua no decorrer de toda a nossa era até o tempo da nova Terra.

(8) O livro tem 404 versículos inseridos em 22 capítulos. Cinquenta e quatro versículos são história e 350 versículos são profecia. Dez desses 350 versículos já foram cumpridos, mas o restante está para se cumprir.

9. AS BEM-AVENTURANÇAS DE APOCALIPSE

As bênçãos de Apocalipse são sete e baseiam-se em certas exigências de Deus, como segue:

(1) A primeira bem-aventurança (Ap 1.3) é para todos e tem por base a tripla aplicação pessoal da "profecia": em primeiro lugar, ela deve ser lida; em segundo lugar, deve ser ouvida (observada, Mt 13.11-16); em terceiro lugar, deve ser guardada (feita uma regra de fé e prática, Tg 1.22-25; Ap 3.10; 22.7, 9). Ver o sentido da palavra "ouvir" em 1.3; 2.7, 11, 17, 29; 3.6, 13, 20, 22; 9.20; 13.9.

(2) A segunda baseia-se na fidelidade até a morte sob o governo do Anticristo (Ap 14.13; cf. Ap 6.9-11; 7.9-17; 13.16, 17; 15.2; 20.4-6).

(3) A terceira baseia-se na vigilância em face do Segundo Advento (Ap 16.15; cf. Mt 25.1-13).

(4) A quarta baseia-se na prontidão diante do convite para as bodas do Cordeiro (Ap 19.9).

(5) A quinta baseia-se na retidão durante esta vida (Ap 20.6; Jo 5.28,29; cf. 1Jo 1.7-9; Ap 19.8).

(6) A sexta baseia-se na guarda das palavras da profecia (Ap 22.7; cf. Ap 1.3; 3.10; 22.7-9).

(7) A sétima baseia-se na guarda dos mandamentos de Deus (Ap 22.14), ou seja, os do Novo Testamento (Jo 14.15, 21; 15.10; At 1.2).

II. A SAUDAÇÃO ÀS SETE IGREJAS

João, às sete igrejas que estão na Ásia: Graça e paz seja convosco da parte daquele que é, e que era, e que há de vir, e da dos sete Espíritos que estão diante do seu trono; e da parte de Jesus Cristo, que é a fiel testemunha, o primogênito dos mortos e o príncipe dos reis da terra (Ap 1.4, 5a).

O livro é dirigido às sete igrejas na Ásia, o que mostra uma relação pessoal entre o escritor e essas igrejas (cf. a saudação pessoal de outros escritores em 1Co 1.1-3; Gl 1.1-3; Ef 1.1, 2; 1Pe 1.1-3 etc.). É o único dos cinco livros de João que menciona o seu nome. Ap 1.4, 9-11 deixa claro que João havia sido ministro nessas igrejas antes dessa revelação. O livro é dirigido às sete igrejas, porém é aplicável a todos os povos do tempo presente (2Tm 3.15-17). Nesses versículos, temos a origem de Apocalipse estendida até o Deus trino:

1. "Daquele que é, e que era, e que há de vir". Essa expressão remete a Deus, o Pai, que é espírito infinito, eterno, imutável em seu ser, sabedoria, poder, santidade, justiça, bondade e verdade, em quem todas as coisas têm a sua fonte, sustentação e fim. Deus é visto em todas as partes do livro sentado no trono e como o centro de todas as ações do livro em seu processo de recepção e cumprimento.

2. "Dos sete Espíritos que estão diante do seu trono". Alguns intérpretes escolheram sete títulos para o Espírito Santo que acreditam corresponder a esses sete Espíritos. Os nomes geralmente apontados são: Espírito de Deus, Espírito de seu Filho, Espírito de amor, Espírito de santidade, Espírito de sabedoria, Espírito da graça e Espírito de glória. O problema com essa interpretação é que muitos outros títulos poderiam

ser selecionados. Qualquer um pode escolher aleatoriamente sete desses muitos títulos e estar tão certo quanto eles em sua escolha. Quem é capaz de determinar quais os sete títulos dentre esses muitos devem ser empregados? O número sete nessa conexão denota a perfeição espiritual e representa a plenitude do Espírito na vida e no ministério de Cristo (veja 4.5; 5.6; veja também as seções 1 e 2 acima).

3. "De Jesus Cristo", que é representado de modo tríplice:

(1) Como "a fiel testemunha" (do grego *martus*), termo que ocorre 28 vezes no Novo Testamento, com relação a Deus, a Cristo, aos apóstolos e a outros (Ap 1.5; 3.14; 11.3; At 22.15; 26.16; Rm 1.9; Hb 12.1; 1Pe 5.1 etc.) Refere-se ao ministério de ensino, pregação e cura de Cristo na Terra, bem como ao de profeta e testemunha de Deus nos últimos dias (Dt 18.15-19; Is 55.4; Mt 4.23; 8.17; Hb 1.1-3; 3.1).

(2) Como "o primogênito dos mortos" (cf. Rm 8.29; Cl 1.15-18; 1Co 15.20-23; Hb 1.6). Isso comprova que nem Enoque, nem Moisés, nem Elias, nem pessoa alguma teve o corpo ressuscitado e glorificado antes do advento de Cristo.

(3) Como "o príncipe dos reis da Terra". A palavra "príncipe" significa "soberano", como em Jo 12.31; Dn 10.13-20; Sl 2.6-12; 89.27,37.

III. A EXALTAÇÃO DE JESUS CRISTO

Àquele que nos ama, e em seu sangue nos lavou dos nossos pecados, e nos fez reis e sacerdotes para Deus e seu Pai, a ele, glória e poder para todo o sempre. Amém! (Ap 1.5b, 6).

Aqui João apresenta um maravilhoso estímulo para que tributemos toda honra e domínio a Deus. Esses versículos referem-se a três benefícios inexprimíveis que são essenciais na Bíblia:

1. Ele "nos ama". Esse é o tema central da Bíblia, ao qual capítulos inteiros são dedicados (Jo 3.16; Rm 5.8, 9; 1Co 13; 1Jo 3 e 4 etc.).

2. Ele "em seu sangue nos lavou [livrou] dos nossos pecados".

Esse foi o pensamento predominante na mente de Deus desde a queda do homem (Mt 26.28; Rm 3.25; 5.8-11; 2Co 5.19-21; Hb 8—10; 1Jo 1.7 etc.).

3. Ele "nos criou". Isso se refere ao trabalho da recriação, pelo amor de Cristo e a lavagem no sangue dEle (1Co 15.10; 2Co 5.17; Rm 8.1-13). O homem, em seu estado natural pecaminoso, está afastado do Criador e é moralmente indigno e incapaz de aceitar bênçãos de Deus (Rm 1.18—3.30; 5.12-21; 7.5-25; Ef 2.1-3), por isso precisa ser feito nova criatura pela obra expiatória de Cristo. Quando isso ocorre, ele se torna coerdeiro com Cristo e, por essa razão, rei e sacerdote. Com Ele, o homem possuirá todas as coisas e administrará os assuntos do Universo (Rm 8.14-25; Hb 1.1-3; 2.5-8; Sl 8.3-6; Dn 7.18-27; Is 9.6, 7; 1Co 4.8; 6.2; 2Tm 2.12; Ap 5.9-10; 20.4-6 etc.).

IV. O TEMA PRINCIPAL DE APOCALIPSE

Eis que vem com as nuvens, e todo olho o verá, até os mesmos que o traspassaram; e todas as tribos da terra se lamentarão sobre ele. Sim! Amém! (Ap 1.7).

A segunda vinda de Cristo é o tema principal do livro. Os acontecimentos importantes que ocorrem entre os selos, trombetas e taças estão no plano preparatório de Deus para a chegada de Cristo. Ela é anunciada no início (Ap 1.7), no meio (Ap 11.15-18) e no fim da profecia (Ap 22.20). O Segundo Advento é mencionado muitas vezes no livro e é descrito em cores vívidas em Ap 19.11-21. O verbo "ver", em 1.7, não é a palavra comum que indica uma olhada rápida, mas tem o sentido de fixar o olhar ou fitar com os olhos atentos algo notável, que cause espanto ao observador e produza medo, ódio ou reverência, o que for (sobre esse assunto, veja o capítulo 37.)

V. A ETERNIDADE DO FILHO DE DEUS

Eu sou o Alfa e o Ômega, o Princípio e o Fim, diz o Senhor, que é, e que era, e que há de vir, o Todo-poderoso (Ap 1.8).

Nesse versículo, Jesus reclama a igualdade com o Pai em

eternidade, essência, poder e senhorio, como é afirmado acerca do Pai em Ap 1.4; 4.8; 11.17; 15.3; 16.7,14; 19.6, 15; 21.22; 2Co 6.18. Nessas passagens, o termo grego *Pantokrator*, que é um título para Deus como Criador, na expressão de seu relacionamento com toda a criação e de seu poder sobre toda a sua obra, é usado e sempre traduzido por "Todo-poderoso", exceto em Ap 19.6, onde Ele é o "Onipotente" em algumas versões bíblicas. Cristo é também o Criador de todas as coisas (Ap 3.14; Ef 3.9; Cl 1.15; Hb 1.1-3). A expressão "Alfa e Ômega" é usada em Ap 1.8,11; 21.6; 22.13, sempre com outra expressão: "o Primeiro e o Último" ou "o Princípio e o Fim". As últimas expressões são usadas em Ap 1.8, 11, 17; 2.8; 21.6; 22.13, sempre com referência ao Filho, exceto em Ap 21.6, onde se referem ao Pai. Elas exprimem tanto a eternidade quanto a autoridade divinas (cf. Sl 90.2; Mq 5.2).

VI. O PROFETA – JOÃO

Eu, João, que também sou vosso irmão e companheiro na aflição, e no Reino, e na paciência de Jesus Cristo, estava na ilha chamada Patmos, por causa da palavra de Deus e pelo testemunho de Jesus Cristo. Eu fui arrebatado em espírito, no dia do Senhor, e ouvi detrás de mim uma grande voz, como de trombeta, que dizia: O que vês, escreve-o num livro e envia-o às sete igrejas que estão na Ásia: a Éfeso, e a Esmirna, e a Pérgamo, e a Tiatira, e a Sardes, e a Filadélfia, e a Laodiceia (Ap 1.9-11).

Temos aqui uma biografia resumida de João em seu relacionamento com as sete igrejas da Ásia (Ap 1.1, 2, 4-6). Sobre esse relacionamento, veja também a seção "A saudação às sete igrejas". Essa passagem é clara em si mesma, por isso nos limitaremos a lembrar que as igrejas sofriam perseguição pelos imperadores romanos; que João foi apenas coparticipante nessa tribulação e foi banido para Patmos, uma pequena ilha rochosa da costa ocidental da Anatólia situada cerca de 48 quilômetros a sudoeste de Éfeso; que ele fosse banido por causa da Palavra de Deus; que, estando lá, ele foi arrebatado pelo Espírito e recebeu a revelação de coisas "que brevemente devem acontecer" (Ap 1.10; 4.2; 17.3; 21.10).

A expressão "o dia de Senhor" significa o primeiro dia da semana, o dia da ressurreição do Senhor (Mt 28.1; Jo 20.19; At 20.7; 1Co 16.2). Esse foi o dia separado pelos cristãos para adoração, como deixam claro essas passagens. Não há base alguma para crer que esse dia do Senhor se refere ao futuro "dia do Senhor", o Milênio, ou para não crer que João não estivesse tão somente num estado da exaltação espiritual no primeiro dia da semana. Ser transportado em Espírito ao futuro "dia do Senhor" para ver as coisas que irão acontecer então não parece bíblico porque:

1. Trata-se de um mal-entendido em torno do "dia do Senhor", que não é chamado assim em nenhuma outra passagem. A expressão "dia do Senhor" começou a ser usada na época de João para designar o dia dedicado à adoração ao Senhor. Até pouco tempo, supunha-se que a palavra de modificação, "Senhor", era puramente cristã, contudo já se provou que o seu uso era comum no Império Romano antes da época de Cristo. Significava "imperial" ou "pertencente ao senhor (imperador)", e assim a sua adoção pelos cristãos como o nome de um dia "pertencente ao Senhor" foi muito natural. Temos razões para crer que a igreja usou a palavra "Senhor" em protesto contra a adoração a César e a expressão "dia do Senhor" em oposição ao "dia augustiniano", que denotava um dia especialmente dedicado para honrar César. A expressão "dia do Senhor" não ocorre só na Bíblia: há muitas referências a esse dia na literatura pós-apostólica, e sempre associadas com o domingo, o dia da ressurreição do Senhor, guardado pelos cristãos. Veja o nosso livro *God's Plan for Man* [O plano de Deus para o homem], lição 32.

2. A expressão "dia do Senhor" é encontrada em Is 2.12; 13.6-13; 34.8; Jl 1.15; 2.1-31; 3.1-21; Am 5.18; Sf 1.8-18; Zc 14.1-21; Ml 3 e 4; 1Ts 5.1-11; 2Pe 3.3-10; 2Ts 2.1-12; Ap 16.14 — e sempre se refere ao Milênio, que começa com o Segundo

Advento e termina com a última rebelião de Satanás (Ap 20.7-10). Depois disso, será o "dia de Deus", quando o Pai será tudo em todos (1Co 15.24-28; 2Pe 3.10-13). Assim, anula-se a teoria de que João viu as coisas que acontecerão durante o "dia do Senhor", porque tudo em Ap 1.1—20.3 e 20.11—22.21 se cumpre antes e depois disso.

3. Não há necessidade de desvirtuar o significado que já está subentendido e projetar o que João viu dois mil anos além de seu tempo. Se ele podia ser transportado em espírito até o "dia do Senhor" e testemunhar os acontecimentos desse dia, por que, na visão que recebeu na ilha de Patmos, não poderia visualizar outros acontecimentos futuros? Isaías e outros profetas viram acontecimentos que só iriam se concretizar no futuro, e ninguém contesta isso. Eles foram transportados no Espírito através do tempo, até a época em que aqueles fatos iriam se cumprir. Eles viram e experimentaram coisas no Espírito da mesma forma que João em Patmos (Ez 1.1, 28; 2.1, 2; 3.12-14, 24; 8.3; Dn 7.1-16; 8.16-19; 9.20-23; 10.5-12 etc.).

A voz que falou a João é chamada "grande voz". Observe as muitas outras coisas "grandes" no livro: Ap 1.10; 6.4, 12, 15, 17; 7.9, 14; 8.8, 10; 9.2; 11.8, 11-13, 15, 17-19; 12.1, 3, 9, 12; 13.2, 5, 13, 16; 14.2, 8, 19; 15.1; 16.1, 9, 12, 14, 17-19, 21; 17.1, 6, 18; 18.1, 2, 10, 16-19, 21, 23; 19.1, 2, 5, 6, 17,18; 20.1, 11, 12; 21.3,10, 12.

A chave para o livro de Apocalipse

1. Parte I: "Escreve *as coisas que tens visto*", isto é, a visão de Cristo em Ap 1, que ele viu antes que lhe fosse ordenado escrever as três divisões do livro (Ap 1.19; 4.1).

2. Parte II: "Escreve *as coisas que são*", isto é, as coisas acerca das igrejas, sobre as quais João escreve em Ap 2 e 3 (Ap 1.19; 4.1). Essa é a única parte do livro inteiro de Apocalipse que está sendo cumprida agora. Depois que a igreja é arrebatada, antes do começo do cumprimento de qualquer detalhe de Ap 4—22, naturalmente as mensagens às igrejas deixarão de apelar à igreja. A era da igreja terminou, e as coisas que devem acontecer depois disso começarão a ser cumpridas.

3. Parte III: "Escreve as coisas *que depois destas hão de acontecer*", isto é, as coisas que devem acontecer após a era da igreja. Para confirmar a tripla divisão afirmada em Ap 1.19, depois que João escreveu "as coisas que são" acerca das igrejas, em Ap 2 e 3, disseram-lhe: "Sobe aqui (ao céu), e mostrar-te-ei *as coisas que depois destas devem acontecer*", isto é, depois da era da igreja (Ap 4.1). Isso significa que cada detalhe mostrado a João em Ap 4—22 irá se cumprir depois da era da igreja, isto é, depois do Arrebatamento.

A tradução literal de Ap 4.1 é "as coisas que devem ser depois destas coisas". Significa que as "coisas" de Ap 4—22 irão se cumpridas depois das "coisas" da igreja, não ao mesmo tempo.

O segredo de uma compreensão clara e bíblica de todas essas coisas é mantê-las nas respectivas divisões do livro a que pertencem, em vez de inserir coisas de uma divisão em outra. Se isso for feito, a unidade da verdade será mantida, ao passo que a mistura de fatos históricos com acontecimentos proféticos seria insensatez, como veremos, começando do próximo capítulo.

PARTE I
"As coisas que tens visto"
Ap 1.12-18, 20

CAPÍTULO TRÊS

A VISÃO DE CRISTO

Ap 1.12-18, 20

Virei-me para ver quem falava comigo. E, virando-me, vi sete castiçais de ouro; e, no meio dos sete castiçais, um semelhante ao Filho do Homem, vestido até aos pés de uma veste comprida e cingido pelos peitos com um cinto de ouro. E a sua cabeça e cabelos eram brancos como lã branca, como a neve, e os olhos, como chama de fogo; e os seus pés, semelhantes a latão reluzente, como se tivessem sido refinados numa fornalha; e a sua voz, como a voz de muitas águas. E ele tinha na sua destra sete estrelas; e da sua boca saía uma aguda espada de dois fios; e o seu rosto era como o sol, quando na sua força resplandece. E eu, quando o vi, caí a seus pés como morto; e ele pôs sobre mim a sua destra, dizendo-me: Não temas; eu sou o Primeiro e o Último e o que vivo e fui morto, mas eis aqui estou vivo para todo o sempre. Amém! E tenho as chaves da morte e do inferno (Ap 1.12-18).

A pessoa dessa visão é Cristo, o Filho do Homem. O título "o Filho do Homem" ocorre 88 vezes com referência a Cristo e sempre traz o artigo definido. É usado no Antigo Testamento 111 vezes no singular (100 vezes em Ezequiel) e 39 vezes no plural, quase sempre sem o artigo definido. Com relação a Cristo, denota "o último Adão", que tomou o lugar do primeiro Adão por obra de Deus (Sl 8.4-8; 1Co 15.24-28; Hb 2.5-9).

A posição de Cristo aqui é "no meio" das sete igrejas — na verdade, de todas as igrejas, uma vez que Ele é o Chefe da igreja (Ef 1.20-23; 2.19-22; 5.21-32). Seu ministério agora no céu é o de nosso Sumo Sacerdote (Rm 8.34; Hb 4.14-16; 5.1-10; 6.20—10.39; 12.1-3, 18-24).

AS OITO CARACTERÍSTICAS DE CRISTO

1. Seu corpo estava "vestido até aos pés de uma roupa comprida e cingido pelos peitos com um cinto de ouro". Não há necessidade de especular se Cristo é aqui um juiz, um rei ou um sacerdote. Determinar isso não é o objetivo da visão. Outros profetas tiveram visões semelhantes quando começaram a receber revelações, e não tentamos descobrir nem determinar o ofício da personagem que apareceu. Não poderia Cristo estar descrito aqui com a roupa que lhe é usual em seu estado glorificado, sem que especulemos significações ocultas nos detalhes? As únicas coisas simbólicas na visão são os castiçais, as estrelas e a espada. O resto é simples descrição do que João viu — o Cristo glorificado que lhe comunicava essas coisas (cf. Is 6; Ez 1; 10; Dn 10.5-10).

2. "A sua cabeça e cabelos eram brancos como lã branca, como a neve" (cf. Ez 1.7; Dn 7.9-14; 10.5-10).

3. "Seus olhos, como chama de fogo" (cf. Hb 4.12,13).

4. "Os seus pés, semelhantes a latão reluzente, como se tivessem sido refinados numa fornalha" (cf. Dn 10.6).

5. "A sua voz como a voz de muitas águas". As seguintes passagens exemplificam essa característica divina: Ap 1.10; 8.5; 10.3, 4; 11.15; 14.2; 16.17-18; 19.6; Jr 25.30; Sl 29; Ez 1.24; 43.2; Hb 12.26.

6. "Ele tinha na sua destra sete estrelas" (cf. Êx 15.6; Sl 17.7; 20.6; Is 21.10-13; 48.13). Cristo aqui é apresentado como Sustentador do ministério da igreja (At 20.26-30; Rm 12.5-8; 1Co 12.27-30; Ef 2.19-22; 4.7-16).

7. "Da sua boca saía uma aguda espada de dois fios", que é o símbolo do poder destrutivo da Palavra de Deus (Ap 2.12,16;

19.15, 21; Ef 6.17; 2Ts 2.8; Hb 4.12; cf. Sl 55.21; 57.4; 59.7; Is 11.4; 49.2).

8. "O seu rosto era como o sol, quando na sua força resplandece" (cf. Hb 12.29; 1Tm 6.16; Dn 10.6.

O EFEITO DA VISÃO SOBRE JOÃO

Essa visão de Cristo foi algo novo para João. O apóstolo já o tinha visto e andara com Ele (Jesus) durante os dias de sua vida terrena, mas isso nunca lhe causou o temor que a visão agora produzia. Sem dúvida, João sentiu-se pouco à vontade com a presença impressionante do Filho de Deus. Abalado, caiu como morto aos pés de Cristo. Ele não permaneceu muito tempo nesse estado, uma vez que Cristo pôs a sua mão sobre ele e disse: "Não temas". O efeito da visão sobre João foi o mesmo experimentado por outros que tiveram um vislumbre da glória de Deus (Is 6.1-8; Ez 1.28—2.3; Dn 8.27; 10.5-10, 17, 18; At 9.3-8 (cf. o comportamento das criaturas celestiais diante de Deus: Ap 4.6-11; 5.8-14; 7.9-17; 11.15-18; 14.1-5; 15.2-4; 19.1-10).

A frase "não temas" ocorre oitenta vezes na Bíblia, geralmente proferida por Deus para acalmar o temor do homem diante da presença divina. O cristão verdadeiro não precisa temer. A atitude de João aqui contradiz o que ele ensinou (1Jo 4.18), o que demonstra que ele ainda não atingira a plenitude no amor. O que ele sentiu foi medo de verdade, não reverência, do contrário Cristo não se oporia a que ele reverenciasse a Deus.

OS SÍMBOLOS DA VISÃO INTERPRETADOS

O mistério das sete estrelas, que viste na minha destra, e dos sete castiçais de ouro. As sete estrelas são os anjos das sete igrejas, e os sete castiçais, que viste, são as sete igrejas (Ap 1.20).

A palavra "anjo" significa "mensageiro" e aqui se refere aos pastores das sete igrejas. É usada para se referir a homens em Ap 1.1, 20; 2.1, 8, 12, 18; 3.1, 7, 14; 15.1, 6, 8; 16.1-17; 17.1; 21.9, 17; 22.8-10; Jd 13. As estrelas literais são luminares nos céus para iluminar a Terra. Nesse aspecto, eles se encaixam no simbolismo como homens que devem "resplandecer como astros no mundo" (Fp 2.15). Os castiçais aqui não são aqueles dos tabernáculos terrestre e celestial, mas simbolizam as igrejas num duplo aspecto: em primeiro lugar, para manifestar a Cristo no interior; em segundo lugar, para manifestar a Palavra da vida neste mundo tenebroso (Fp 2.16). Os castiçais são lâmpadas portáteis e aparecem sete vezes no livro (Ap 1.12, 13, 20; 2.1, 5; veja também Ap 18.23; 22.5).

PARTE II "AS COISAS QUE SÃO"

Apocalipse 2.1—3.22

CAPÍTULO QUATRO

AS SETE IGREJAS

Ap 2.1—3.22

As mensagens às sete igrejas são comunicadas imediatamente após a visão de Cristo no meio das igrejas. Os capítulos 2 e 3 de Apocalipse contêm apenas "as coisas que são", isto é, as coisas concernentes à igreja na Terra e ao seu arrebatamento.

A TRIPLA APLICAÇÃO DAS CARTAS

1. Aplicação local — às igrejas da época de João. As sete epístolas, em conjunto, retratam as condições reais de sete igrejas locais na Ásia. As próprias mensagens deixam isso claro, bem como Ap 1.4, 11, 20.
2. Aplicação profética — a todas as igrejas desta dispensação até o Arrebatamento. Revela a condição espiritual de igrejas locais e de seus membros. O fato de o livro ser uma "profecia" confirma esse ponto. Essas cartas, portanto, são aplicáveis aos salvos até o fim dos tempos tanto quanto as outras epístolas do Novo Testamento e outros livros das Sagradas Escrituras (2Tm 3.16, 17).

Elas revelam a vontade de Deus com relação aos salvos desta era até o Arrebatamento. Parece claro que as "coisas que são" não podem ser contemporâneas das "coisas que depois destas devem acontecer" (Ap 1.19; 4.1). Aquelas deverão terminar antes que estas comecem. As sete cartas não permitem unicamente uma aplicação local, a exemplo das outras epístolas também dirigidas a igrejas locais e a povos e indivíduos (cf. 2Tm 3.16, 17). Todo o livro é dirigido às sete igrejas, e se esse livro lhes fosse enviado e não houvesse mais nada a se cumprir, ele perderia o seu caráter peculiar de "profecia" de "coisas que brevemente devem acontecer": seria puramente histórico. Além disso, o Senhor não se dirige a todas as igrejas da Ásia do tempo de João, mas escolhe sete dentre muitas, porque as condições locais nelas encontradas são características do curso desta era e exemplos concretos para as igrejas locais de toda esta dispensação. Mais uma vez, se as cartas fossem enviadas apenas a essas sete igrejas, não haveria nenhum "mistério" (Ap 1.20) e nenhuma necessidade de um chamado universal a indivíduos de toda esta era para ouvir e vencer.

1. Aplicação individual — ao indivíduo, para alertá-lo por meio dos erros revelados nas cartas e para que ele possa, valendo-se do aviso, encontrar encorajamento nas promessas feitas ao vencedor.

A aplicação dispensacional dessas cartas, isto é, o pensamento de retratarem sete períodos ou fases da história da igreja, baseia-se apenas em teoria humana. Não há texto nas Escrituras Sagradas que comprove essa teoria em nenhum aspecto. A semelhança com certas fases da história da igreja não comprova nada. Pode-se até encontrar semelhanças entre a história da igreja e de Israel, assim como incontáveis semelhanças podem ser encontradas na história entre praticamente duas coisas, quaisquer que sejam, que nos propusermos comparar. Não é seguro algo baseado apenas em teoria humana, além de ser uma prática enganosa e não bíblica. Se fizéssemos tal aplicação a essas cartas, encontraríamos em cada uma delas duas ou três passagens condizentes com algum período definido da história.

Muita confusão e muitos ensinos falsos são baseados nesse método de interpretação. Alguns ensinos afirmam o seguinte: estamos no período filadelfiano ou no período laodiceano; o arrebatamento da igreja pode ocorrer em qualquer um desses dois períodos; o tempo da igreja termina em Filadélfia; Laodiceia diz respeito a fatos posteriores ao Arrebatamento; o período efesiano terminou com os apóstolos, e muitas outras teorias não bíblicas. Ainda temos as condições de Éfeso e das outras nas igrejas locais de hoje. Essas condições existiam nos dias de João e continuarão existindo enquanto a igreja estiver na Terra. Por esse prisma, existe base bíblica para uma aplicação local, profética e individual, e qualquer coisa que se diga acerca de uma aplicação dispensacional está apoiada em teoria humana e pode levar a uma variedade infinita de interpretações, por isso é melhor esquecer essa prática.

Com as sete cartas às sete igrejas na Ásia (Ap 2.1—3.22), encerramos o que o livro diz concernente às igrejas na Terra. De Ap 4.1 em diante, tudo diz respeito às coisas que acontecerão após o arrebatamento da igreja.

PONTOS SEMELHANTES NAS CARTAS

1. Em quase todas as mensagens, há referência a uma ou a várias das oito características de Cristo enumeradas em Ap 3.
2. Os cabeçalhos das cartas dirigidas aos vários pastores correspondem a essas características.
3. Cristo elogia todas as igrejas por suas "obras" e outras características virtuosas, exceto a última.
4. Cristo repreende todas as igrejas, exceto a segunda e a sexta.
5. A primeira, terceira, quinta e sétima igrejas recebem ordem de se arrepender, mas não a segunda, a quarta e a sexta. A segunda e a sexta não têm nada de que se arrepender, pois foram purgadas pela perseguição. A quarta cometeu maldade suficiente para se arrepender, mas se tornou réproba e sem chance de redenção.
6. Todas as igrejas recebem uma advertência de juízo, exceto a segunda e a sexta.
7. Cada igreja é mais corrupta que a anterior, exceto a segunda

e a sexta. A última é a mais corrupta de todas, sem uma única virtude a elogiar. Existem cerca de dez motivos de elogio a favor da primeira igreja e o mesmo número de condenações contra a última.
8. Há uma promessa ao vencedor em cada carta.
9. A mesma admoestação é dada a cada igreja: "Quem tem ouvidos, ouça o que o Espírito diz às igrejas".
10. Em cada carta, é dito a João: "Escreve". Isso mostra que ele está sendo orientado por Cristo. Quando uma carta termina, a carta seguinte começa. Isso torna evidente a ordem consecutiva das "coisas" do livro. Quando a última carta é concluída, João recebe ordem de escrever acerca das "coisas que depois destas devem acontecer". Assim, temos uma nova ordem de "coisas" após as igrejas, que não concernem à igreja na Terra, já que ela está no céu durante o cumprimento de Ap 4.1; 19.10. A igreja voltará à Terra com Cristo por ocasião do Segundo Advento, conforme descrito em Ap 19.11-21.

Não tentaremos discutir cada aplicação ou cada detalhe das cartas. As cartas são claras por si mesmas e representam apelos aplicáveis a qualquer cristão ou igreja local na atual dispensação, onde quer que as mesmas condições existam. Vencer e ser recompensado é a mensagem ao crente de qualquer igreja local durante todo este período. Todas essas condições existiram nas igrejas locais desde então e sempre irão existir. Portanto, o dever de cada pessoa que lê as cartas é claro o bastante para dispensar comentários. Com isso, teremos espaço para discutir as verdades mais importantes do livro.

1. A IGREJA EM ÉFESO

Escreve ao anjo da igreja que está em Éfeso: Isto diz aquele que tem na sua destra as sete estrelas, que anda no meio dos sete castiçais de ouro: Eu sei as tuas obras, e o teu trabalho, e a tua paciência, e que não podes sofrer os maus; e puseste à prova os que dizem ser apóstolos, e o não são, e tu os achaste mentirosos;

e sofreste e tens paciência; e trabalhaste pelo meu nome e não te cansaste. Tenho, porém, contra ti que deixaste a tua primeira caridade. Lembra-te, pois, de onde caíste, e arrepende-te, e pratica as primeiras obras; quando não, brevemente a ti virei, e tirarei do seu lugar o teu castiçal, se não te arrependeres. Tens, porém, isto: que aborreces as obras dos nicolaítas, as quais eu também aborreço. Quem tem ouvidos, ouça o que o Espírito diz às igrejas: Ao que vencer, dar-lhe-ei a comer da árvore da vida, que está no meio do paraíso de Deus (Ap 2.1-7).

Essas promessas ao vencedor (e também Ap 2.17; 19.9; Mt 26.29; Lc 24.29, 30, 41-43; Jo 21.5-14) mostram que os santos irão comer quando estiverem em estado glorificado.

2. A IGREJA EM ESMIRNA

E ao anjo da igreja que está em Esmirna, escreve: Isto diz o Primeiro e o Último, que foi morto, e reviveu: Eu sei as tuas obras, e tribulação, e pobreza (mas tu és rico), e a blasfêmia dos que se dizem judeus, e não o são, mas são a sinagoga de Satanás. Nada temas das coisas que hás de padecer. Eis que o diabo lançará alguns de vós na prisão, para que sejais tentados; e tereis uma tribulação de dez dias. Sê fiel até à morte, e dar-te-ei a coroa da vida. Quem tem ouvidos, ouça o que o Espírito diz às igrejas: O que vencer não receberá o dano da segunda morte (Ap 2.8-11).

Ao vencedor é prometido que ele não será lançado no lago de fogo (Ap 14.9-11; 19.20; 20.13-15; 21.8).

3. A IGREJA EM PÉRGAMO

E ao anjo da igreja que está em Pérgamo escreve: Isto diz aquele que tem a espada aguda de dois fios: Eu sei as tuas obras, e onde habitas, que é onde está o trono de Satanás; e reténs o meu nome e não negaste a minha fé, ainda nos dias de Antipas, minha fiel testemunha, o qual foi morto entre vós, onde Satanás habita. Mas umas poucas coisas tenho contra ti, porque tens lá os que seguem a doutrina de Balaão, o qual ensinava Balaque a lançar tropeços diante dos filhos de Israel para que comessem dos sacrifícios da idolatria e se prostituíssem. Assim, tens também os que seguem a doutrina dos nicolaítas, o que eu aborreço. Arrepende-te, pois; quando não em breve virei a ti e contra eles batalharei com a espada da minha boca. Quem tem ouvidos ouça o que o Espírito diz às igrejas: Ao que vencer darei eu a comer do maná escondido e dar-lhe-ei uma pedra branca, e na pedra um novo nome escrito, o qual ninguém conhece senão aquele que o recebe (Ap 2.12-17).

Aqui o vencedor tem a promessa do privilégio de comer o maná escondido ("escondido" como em Mt 13.44; Jo 12.36; 1Tm 5.25; Hb 11.23; Ap 6.15, 16), que é real e será comido tanto quanto o fruto da árvore da vida. Também lhe darão uma pedra branca com um novo nome nele. A pedra branca era conhecida pelos antigos como uma pedra "de vitória". Todas essas coisas são literais, não espirituais, já que somos abençoados agora com "*todas* as bênçãos espirituais" (Ef 1.3). Aquelas são coisas dadas como recompensa, não como bênçãos (compare esse maná com Êx 16.14; Sl 78.24, 25; compare também o "novo nome escrito" com Ap 3.12; Is 62.2; 65.15; At 15.17).

4. A IGREJA EM TIATIRA

E ao anjo da igreja de Tiatira escreve: Isto diz o Filho de Deus, que tem os olhos como chama de fogo, e os pés semelhantes ao latão reluzente: Eu conheço as tuas obras, e a tua caridade, e o teu serviço, e a tua fé, e a tua paciência, e que as tuas últimas obras são mais do que as primeiras. Mas tenho contra ti o tolerares que Jezabel, mulher que se diz profetisa, ensine e engane os meus servos, para que se prostituam e comam dos sacrifícios da idolatria. E dei-lhe tempo para que se arrependesse da sua prostituição; e não se arrependeu. Eis que a porei numa cama, e sobre os que adulteram com ela virá grande tribulação, se não se arrependerem das suas obras. E ferirei de morte a seus filhos, e todas as igrejas saberão que eu sou aquele que sonda as mentes e os corações. E darei a cada um de vós segundo as vossas obras. Mas eu vos digo a vós, e aos restantes que estão em Tiatira, a todos quantos não têm esta doutrina e não conheceram, como dizem, as profundezas de Satanás, que outra carga vos não porei. Mas o que tendes, retende-o até que eu venha. E ao que vencer e guardar até ao fim as minhas obras, eu lhe darei poder sobre as nações, e com vara de ferro as regerá; e serão quebradas como vasos de oleiro; como também recebi de meu Pai, dar-lhe-ei a estrela da manhã. Quem tem ouvidos ouça o que o Espírito diz às igrejas (Ap 2.18-29).

Ao vencedor é prometida autoridade sobre as nações, como se prometeu a Cristo (Sl 2; Ap 19.15), ao "varão" (Ap 12.5), e aos santos da Tribulação (Ap 20.4-6) e a todos os santos de todos os tempos (Sl 149.6-9; Ap 20.4-6; Dn 7.18). Ele também terá "a estrela de manhã" (Ap 22.16).

5. A IGREJA EM SARDES

E ao anjo da igreja que está em Sardes escreve: Isto diz o que tem os sete Espíritos de Deus, e as sete estrelas: Eu sei as tuas obras, que tens nome de que vives e estás morto. Sê vigilante e confirma o restante que estava para morrer, porque não achei as tuas obras perfeitas diante de Deus. Lembra-te, pois, do que tens recebido e ouvido, e guarda-o, e arrepende-te. E, se não vigiares, virei sobre ti como um ladrão, e não saberás a que hora sobre ti virei. Mas também tens em Sardes algumas pessoas que não contaminaram suas vestes e comigo andarão de branco, porquanto são dignas disso. O que vencer será vestido de vestes brancas, e de maneira nenhuma riscarei o seu nome do livro da vida; e confessarei o seu nome diante de meu Pai e diante dos seus anjos. Quem tem ouvidos ouça o que o Espírito diz às igrejas (Ap 3.1-6).

Aqui o vencedor tem a promessa de que usará roupas brancas e terá seu nome perpetuamente no Livro da Vida e confessado diante de Deus e dos anjos.

6. A IGREJA EM FILADÉLFIA

E ao anjo da igreja que está em Filadélfia escreve: Isto diz o que é santo, o que é verdadeiro, o que tem a chave de Davi, o que abre, e ninguém fecha, e fecha, e ninguém abre: Eu sei as tuas obras; eis que diante de ti pus uma porta aberta, e ninguém a pode fechar; tendo pouca força, guardaste a minha palavra e não negaste o meu nome. Eis que eu farei aos da sinagoga de Satanás (aos que se dizem judeus e não são, mas mentem), eis que eu farei que venham, e adorem prostrados a teus pés, e saibam que eu te amo. Como guardaste a palavra da minha paciência, também eu te guardarei da hora da tentação que há de vir sobre todo o mundo, para tentar os que habitam na terra. Eis que venho sem demora; guarda o que tens, para que ninguém tome a tua coroa. A quem vencer, eu o farei coluna no templo do meu Deus, e dele nunca sairá; e escreverei sobre ele o nome do meu Deus e o nome da cidade do meu Deus, a nova Jerusalém, que desce do céu, do meu Deus, e também o meu novo nome. Quem tem ouvidos ouça o que o Espírito diz às igrejas (Ap 3.7-13).

Aqui é prometido ao vencedor que ele será feito um pilar ("autoridade" como em Gl 2.9; veja também 1Tm 3.15; Ap 10.1) no templo de Deus com nomes escritos nele. Isso é literal, como qualquer outra escrita. O *grapho* grego ocorre 186 vezes no Novo Testamento, e significa gravar ou escrever e sempre se refere à escrita visível, nunca a gravuras espirituais das leis de Deus no interior humano (cf. Ap 13.16; 14.1, 11; 19.20; 20.4; 22.4; Is 62.2; 65.15).

7. A IGREJA EM LAODICEIA

E ao anjo da igreja que está em Laodiceia escreve: Isto diz o Amém, a testemunha fiel e verdadeira, o princípio da criação de Deus. Eu sei as tuas obras, que nem és frio nem quente. Tomara que foras frio ou quente! Assim, porque és morno e não és frio nem quente, vomitar-te-ei da minha boca. Como dizes: Rico sou, e estou enriquecido, e de nada tenho falta (e não sabes que és um desgraçado, e miserável, e pobre, e cego, e nu), aconselho-te que de mim compres ouro provado no fogo, para que te enriqueças, e vestes brancas, para que te vistas, e não apareça a vergonha da tua nudez; e que unjas os olhos com colírio, para que vejas. Eu repreendo e castigo a todos quantos amo; sê, pois, zeloso e arrepende-te. Eis que estou à porta e bato; se alguém ouvir a minha voz e abrir a porta, entrarei em sua casa e com ele cearei, e ele, comigo. Ao que vencer, lhe concederei que se assente comigo no meu trono, assim como eu venci e me assentei com meu Pai no seu trono. Quem tem ouvidos ouça o que o Espírito diz às igrejas (Ap 3.14-22).

Aqui é prometido um trono ao vencedor. Veja o capítulo 41, seção (4).

CAPÍTULO CINCO

A SEPTUAGÉSIMA SEMANA DE DANIEL E A TRIBULAÇÃO

A falta de espaço não permitirá uma análise detalhada desses assuntos, mas o breve estudo a seguir ajudará o leitor a entender como eles estão ligados ao livro de Apocalipse.

9. A VISÃO DAS SETENTA SEMANAS (DN 9.24-27)

A expressão "setenta semanas" literalmente significa "setenta setes" de anos. Se fossem dias, isso estaria expresso como em Dn 10.3. A oração de Daniel, à qual essa visão foi uma resposta, não consiste em dias, mas em anos (Dn 9.2). Assim, sabemos também pelas Escrituras Sagradas que a última Semana (Dn 9.27) está dividida em duas partes de três anos e meio cada (Dn 7.25; 12.7; Ap 11.2, 3; 12.6, 14; 13.5). O período inteiro de "setenta setes" é 490 anos que são "determinados" ou "separados" de todos os outros anos e concernem apenas a "teu povo" (Israel) e à "tua santa cidade" (Jerusalém), pelos quais Daniel orava (Dn 6.10; 9.1-23). Seis acontecimentos devem realizar-se durante esses 490 anos concernentes a Israel e a Jerusalém, com seis objetivos:

1. "Para cessar a transgressão", do hebraico *pasha*, que significa "revoltar-se", "rebelar-se", "pecado contra autoridade legal". Muitas vezes esse termo é traduzido por "transgressão" (Sl 51.13; Is 43.27 etc.). Essa transgressão tem referência a Israel em sua rebelião contra Deus. A profecia prediz o fim dessa rebelião. A Lei foi instituída por causa da transgressão até

que a Semente viesse e ela serviu de guia para levar Israel a Cristo (Gl 3.17-25). Israel não recebeu o Messias e, por causa da incredulidade, perdeu o favor divino como nação. Israel só será reintegrado na segunda vinda de Cristo, que desviará de Jacó as impiedades ao mesmo tempo em que fará surgir uma nação (Rm 11.25-29; Is 66.7-10; Ez 36.24-30).

2. "Para dar fim aos pecados". Os pecados de Israel, se reunidos na forma da matéria concreta, encheriam a terra inteira, visto que desde seu início até o momento do regresso de Cristo, quando se dará o cumprimento dessa profecia, a nação esteve e estará em rebelião contínua contra Deus. O "fim dos pecados" só ocorrerá no final da Tribulação, e a partir daí Israel obedecerá a Deus para sempre (Ez 36.24-30; 37.24-27; Zc 14.1-21).

3. "Para expiar [pagar o preço] da iniquidade" do hebraico *avon*, que significa "perversidade", "ser curvado ou arrancado naturalmente" (1Sm 20.30; 2Sm 19.19; Jó 33.27). O preço foi pago na cruz pelo mundo inteiro, mas Israel, como nação, ainda não se apropriou de seus benefícios e não o fará até a segunda vinda de Cristo (Zc 13.1-7; Rm 11.25-27).

4. "Para trazer a justiça eterna". Quando a transgressão terminar e tiverem fim os pecados, quando os benefícios da expiação forem absorvidos por Israel, a justiça eterna os guiará (Is 9.6, 7; 12.1-6; Dn 7.13, 14, 18, 27; Mt 25.31-46).

5. "Para selar a visão e a profecia", isto é, para pôr termo a elas em face do cumprimento das profecias a respeito de Israel e de Jerusalém. A palavra "profecia" deve ser substituída por "profeta", como em outras passagens, porque não haverá mais necessidade de homens inspirados para repreender Israel ou se esforçar para levá-los ao caminho da retidão "porque todos me conhecerão, desde o menor até ao maior deles, diz o Senhor".

6. "Para ungir o Santíssimo". Isso se refere à purificação do Santíssimo, do templo e da cidade de Jerusalém, por causa da abominação da desolação e do sacrilégio dos gentios, e ao

estabelecimento e unção do templo milenar de Ez 40—43; Zc 6.12, 13. O termo "Santíssimo" jamais é usado para designar uma pessoa, e os judeus nunca o associaram ao seu Messias, que se distingue na passagem de Daniel por esse título. Essa visão não precisa de outra explicação além da que já foi apresentada pelo anjo. Tudo que precisamos é entender essa explicação, associá-la com outras passagens das Escrituras concernentes ao mesmo assunto e identificar o tempo de seu cumprimento.

Os 490 anos são divididos em três períodos:

1. O primeiro período é composto de sete setes ou 49 anos, tempo durante o qual a Cidade Santa, com suas ruas e muralhas serão construídas, "em tempos angustiosos" (Dn 9.25). Os 490 anos começam com a "ordem para restaurar, e para edificar a Jerusalém, até ao Messias". Houve três decretos de restauração da cidade. O primeiro foi promulgado no primeiro ano do reinado de Ciro, rei da Pérsia (Ed 1.1-4; 3.8; Is 44.28—45.1-4; 46.11. Ciro reinou nove anos, e Cambises, seu filho, reinou sete anos. Durante o reinado de Cambises, as obras do templo e da cidade foram interrompidas (Ed 4.1-24). Dario I, da história profana, reinou 35 anos. No segundo ano de seu reinado, ele ratificou o decreto de Ciro, e as obras foram reiniciadas. O Templo foi concluído no sexto ano de seu reinado, mas a cidade não foi restaurada, embora tivessem decorrido 57 anos desde o primeiro decreto, promulgado por Ciro (Ed 6.1-15). Xerxes reinou 21 anos (Dn 11.1-3), e durante esse tempo a cidade ainda não foi reconstruída. Artaxerxes, que sucedeu a Xerxes, reinou vinte anos e logo promulgou o terceiro decreto, que autorizava Neemias a restaurar Jerusalém para o Messias (Ne 2.1—6.19; Dn 9.25, 26). Depois que chegou a Jerusalém, Neemias restaurou as muralhas em 52 dias, mas isso não significou de modo algum a restauração completa.

Cumpriram-se sete setes ou 49 anos após o terceiro decreto, por volta de 452 a.C.

Cremos que o terceiro decreto é aquele mencionado na visão como o ponto de partida dos 490 anos, porque os primeiros dois não cumpriram a profecia que previa exatos 49 anos para a restauração completa de Jerusalém. Passaram-se 57 anos entre a primeira ordem de construção e a conclusão das obras do Templo. E, se foram necessários tantos anos para construir o Templo, a construção da cidade por certo exigiria muito mais. De fato, 92 anos se passaram desde o primeiro decreto e 72 anos do segundo decreto até o terceiro, e a cidade ainda não fora totalmente restaurada. A existência de três decretos comprova que a cidade só teve sua restauração concluída após o terceiro decreto. Se os 49 anos forem contados a partir dos dois primeiros decretos, então a profecia não se cumpriu. Mais uma vez, Ne 4.1-23 registra os únicos "tempos angustiosos" da época desses decretos, quando o trabalho continuou, apesar da oposição, e isso ocorreu sob o terceiro decreto. Esdras trata da restauração do Templo, e Neemias, da restauração da cidade.

1. O segundo período compõe-se de 62 setes ou 434 anos. Começou imediatamente após o primeiro período de sete setes ou 49 anos e continuou sem intervalo até o Messias ter sido "tirado" ou crucificado (Dn 9.26). O termo vem do hebraico *karath* e significa "tirar na morte" (Gn 9.11; Dt 20.20; Jr 11.19; Sl 37.9). Os 49 anos somados aos 434 perfazem 483 anos desde o terceiro decreto até a crucificação do Messias, ou 69 dos setenta setes, o que deixa um período de sete anos concernente a Israel e a Jerusalém a ser cumprido após a crucificação.
2. O terceiro período será de sete anos, mais conhecido como a Septuagésima Semana de Daniel. A crucificação do Messias marcou o fim da Sexagésima Nona Semana, e Deus deixou de tratar Israel como nação. Eles foram banidos por causa de sua incredulidade e sua cidade foi destruída, conforme

predito nessa mesma visão das Setenta Semanas (Dn 9.26) e por Jesus (Mt 21.43; 23.37-39; 24.2; Lc 21.20-24; veja também At 13.45-49; Rm 11). A Septuagésima Semana será cumprida quando Israel, parcialmente reunido, passar a existir outra vez como nação na posse de Jerusalém. Que Jerusalém estará em posse deles novamente é provado pelo fato de ela ser entregue de novo aos gentios, no meio da Semana (Ap 11.1,2). Nenhum dos seis acontecimentos mencionados acima foi cumprido. Eles dizem respeito ao futuro. A Septuagésima Semana será a última desta dispensação e coincidirá com o convênio de sete anos entre o Anticristo e Israel (Dn 9.27). Será a época em que os acontecimentos de Ap 6.1—19.21 serão cumpridos, quando toda a Tribulação tiver seu curso. Os acontecimentos dessa Semana não foram revelados em detalhes a Daniel, mas foram detalhados a João. Essa semana de anos começará após o arrebatamento da igreja, fim no momento do Segundo Advento, e cumprirá todos os seis acontecimentos mencionados acima, concernentes a Israel. Entre a Sexagésima Nona Semana e a Septuagésima, o tempo da rejeição de Israel, teve lugar a era da igreja, que se cumprirá antes da Septuagésima Semana, que diz respeito a Israel, como as primeiras 69 Semanas.

6. A TRIBULAÇÃO (AP 6.1–19.21)

1. A ÉPOCA E A DURAÇÃO DA TRIBULAÇÃO

A Tribulação começará a afetar Israel antes que a Septuagésima Semana comece. Quanto tempo antes, não se sabe, mas na ascensão do Anticristo, no início da Semana, Israel estará sofrendo a perseguição pela Prostituta e pelos dez reis da Roma restaurada, que são dominados pela Prostituta até o meio da Semana. O Anticristo surgirá de um desses dez reinos e fará com Israel um acordo de sete anos, proteção que lhe garantirá a continuidade como nação (Dn 9.27). Mas os judeus não aceitarão a Prostituta quando ela passar a influenciar outra vez as nações do Velho Mundo e a matar os hereges, como fez no passado. Em face dessa recusa, haverá uma perseguição generalizada aos judeus, e eles serão "odiados de todas as nações" durante o tempo denominado "o princípio de dores", quando o Anticristo estará diligenciando para conquistar essas nações (Mt 24.4-12). O Anticristo precisará do apoio financeiro e moral judaico para dominar essas nações, por isso fará uma aliança com eles que durará sete anos. A época da Tribulação, portanto, será toda a Septuagésima Semana (Dn 9.27). Ela terminará por ocasião do Segundo Advento (Mt 24.29-31).

2. AS DIVISÕES DA TRIBULAÇÃO

1. A primeira divisão compreende os primeiros três anos e meio da Septuagésima Semana e é denominada "pequena tribulação", porque não será tão intensa quanto nos últimos três anos e três anos e meio, por causa da proteção do Anticristo a Israel naquele período. A perseguição a Israel, portanto, terá uma fonte diferente na segunda parte, quando Israel será perseguido pela Prostituta e pelos dez reis, como já foi afirmado. Essa primeira parte é o cumprimento de Ap 6.1—9.21. Os juízos do sexto selo e das primeiras seis trombetas ocorrem nesse período, que assim comprovam um tempo de angústia.
2. A segunda e última divisão compreende os últimos três anos e meio da Semana e é denominada "grande tribulação" porque a perseguição a Israel será mais severa nesse período. O Anticristo, que protegerá Israel nos primeiros três anos e meio, quebrará o acordo no meio da Semana e se tornará seu pior inimigo. A tentativa de destruir Israel atrairá os juízos das sete taças dos últimos três anos e meio. A segunda parte da Tribulação é o cumprimento de Ap 10.1—19.21. Jesus, Daniel, Jeremias e muitos outros descrevem esse período turbulento como o pior da história de Israel, como nunca

houve na Terra e nunca haverá (Dn 12.1; Jr 30.4-11; Mt 24.21, 22; Ap 11.1, 2; 12.14-17; 13.5-7 etc.)

3. O PROPÓSITO DA TRIBULAÇÃO

1. Purificar Israel e colocá-lo de volta numa condição onde Deus possa cumprir as alianças eternas feitas com os ancestrais da nação (Is 2.6—3.26; 16.1-5; 24.1-23; 26.20, 21; Ez 20.33, 34; 22.17-22; Rm 11.25-29).
2. Separar dentre Israel todos os rebeldes (Ez 20.33, 34; 22.17-22; Zc 13.8, 9; Ml 3.3, 4).
3. Pleitear com Israel e atraí-lo para o compromisso da Nova Aliança (Ez 20.33, 34; 36.24-28; Jr 30.3-11; Zc 12.10—13.9; Ml 4.3, 4).
4. Julgar Israel e puni-lo pela rejeição ao Messias, de modo que o aceitem quando Ele vier pela segunda vez (Ez 20.33,34; Zc 12.10—13.9; 14.1-15; Mt 24.15-31).
5. Julgar as nações por perseguirem Israel (Is 63.1-5; Jl 3; Ap 6.1—19.21).
6. Conduzir Israel ao pleno arrependimento (Zc 12.10—13.9; Rm 11.26-29; Mt 23.39).
7. Cumprir Dn 9.24-27; Ap 6.1—19.21; Mt 24.15, 29 etc.
8. Forçar Israel, perseguido pelas nações, a fugir para o deserto de Edom e Moabe, de modo que se volte para Deus e clame por ajuda (Is 16.1-5; Ez 20.33-35; Dn 11.40—12.7; Os 2.14-17; Mt 24.15-31; Ap 12).

4. O CARÁTER DA TRIBULAÇÃO

O caráter da tribulação pode ser facilmente entendido como a ira de Deus lançada sobre a humanidade por causa da maldade e da corrupção que irão exceder até os dias de Noé e Ló (Gn 6; Mt 24.37-39; Lc 17.22-37; 2Tm 3.1-12). A humanidade será refratária à verdade até que Deus a entregue à "grande ilusão" do Anticristo, que a fará crer numa mentira e a levará à condenação (2Ts 2.8-12; 2Pe 3.1-9). Contudo, mesmo depois que Deus derramar seus juízos sobre os homens, eles ainda o desafiarão

(Ap 9.20, 21; 16.2-11; 17.1-18; 18.1-24). Palavras não podem descrever a rebelião e a maldade absolutas dos homens durante o período da luta final entre Deus e o Diabo pela posse da Terra (Ap 11.15; 12.7-12; 19.11-21; 20.1-3.

5. POR QUE A TRIBULAÇÃO NÃO ABRANGERÁ O MUNDO INTEIRO?

A velha teoria de que a Tribulação alcançará o mundo inteiro não é afirmada em nenhuma passagem das Escrituras. Ao contrário, a Bíblia deixa claro que o Anticristo não irá governar o mundo, apenas os dez reinos que se formarão nos limites do antigo Império Romano (veja os capítulos 21 e 35). A maioria dos juízos das trombetas e taças é executada sobre a terça ou a quarta parte da Terra (Ap 8.7-12), sobre os homens "que tinham o sinal da besta" e "sobre o trono da besta e o seu reino" (Ap 16.2, 10, 12). Nada é dito, porém, quanto à limitação dos gafanhotos demoníacos ou da extensão da ira do Diabo depois que ele é banido (Ap 9.1-11; 12.7-12). A sexta trombeta mata apenas a terça parte da humanidade (Ap 9.12-21).

Quando falamos de tribulação, devemos entender as angústias experimentadas pelo povo de Deus, especialmente os judeus, ao passo que a Septuagésima Semana de Daniel diz respeito apenas a Israel e à cidade deles, Jerusalém. A última metade da Semana será um "tempo de angústia para Jacó", esse sofrimento está, antes de tudo, relacionado a Israel.

CAPÍTULO SEIS

O ARREBATAMENTO DA IGREJA

O arrebatamento da igreja também é denominado "vinda do Senhor", mas nunca "segunda vinda de Cristo". Em sua vinda, Jesus não irá aparecer de forma visível na Terra, mas virá "nos ares", para arrebatar os santos vivos e mortos, que subirão juntos para se encontrar com Ele. Há tantas concepções em torno dessas duas vindas que hoje é difícil distinguir uma da outra. Há muitos textos bíblicos mal aplicados, e não é de admirar que muitos se vejam num labirinto de dificuldades, do qual são incapazes de sair. Essa vinda é uma doutrina exclusiva do Novo Testamento, revelada pela primeira vez a Paulo de modo especial (1Co 15.51-58), enquanto a segunda vinda de Cristo não é uma doutrina encontrada apenas no Novo Testamento, mas um dos temas principais do Antigo Testamento. Os profetas do Antigo Testamento jamais contemplaram a igreja do Novo Testamento, muito menos a viram arrebatada.

As duas vindas não podem ser misturadas e ainda assim entendidas com clareza. O texto das Escrituras que se aplica a uma não é aplicável à outra. Nenhuma das passagens sobre o Segundo Advento, no capítulo 39, se refere ao arrebatamento da igreja, e nenhuma das passagens analisadas neste capítulo diz respeito à segunda vinda do Senhor, como a análise de cada uma delas comprovará. Não há uma passagem na Bíblia que se refira a ambos os acontecimentos, como se fossem um só. São duas vindas distintas, separadas por um intervalo de vários anos, não duas fases ou etapas da mesma chegada. O Arrebatamento ocorre vários anos antes do advento literal de Cristo sobre a Terra. Quando Cristo encontrar os santos nos ares, Ele os arrebatará para o céu e os apresentará ao Pai, e permanecerão ali enquanto a Tribulação estiver em curso da Terra. Os santos estarão no céu perante Deus, não nos ares, desde o Arrebatamento até retornarem com Cristo para reinar como reis e sacerdotes. Isso parece claro pelo fato de que os santos serão julgados, receberão sua recompensa e participarão das Bodas do Cordeiro no céu, não nos ares. No momento de sua chegada à Terra, Cristo parte do céu, não dos ares (Ap 19.11-21; 2Ts 1.7-10). O Arrebatamento precisa ocorrer antes, a fim de que Cristo possa voltar à Terra com seus santos. No Arrebatamento, o Senhor virá do céu pelos ares, ou seja, os céus terrestres, e os santos irão "encontrar o Senhor nos ares". Nessa ocasião, o Senhor não será arrebatado, mas os santos. Na Segunda Vinda, os santos não serão arrebatados, nem Cristo, mas ambos voltarão juntos para a Terra. O Arrebatamento ocorre antes da Tribulação, enquanto o Segundo Advento se dá após a Tribulação. O arrebatamento da igreja pode ocorrer a qualquer momento. O Segundo Advento não pode ocorrer sem que todos os sinais comentados no capítulo 39 e algumas profecias tenham se cumprido.

Separamos as duas vindas, como deve ser, por questão de clareza e porque elas são sempre distintas nas Escrituras. Esse assunto não se destaca no tema principal de Apocalipse, mas integra o conteúdo do livro. As seções a seguir ajudarão o leitor a distinguir o Arrebatamento da Segunda Vinda e entender pela Bíblia essa revelação do Novo Testamento.

I. O FATO E O MODO DO ARREBATAMENTO

Não devemos ignorar esse assunto, uma vez que ele se destaca e é revelado em muitas passagens do Novo Testamento. O fato e o modo do Arrebatamento são claramente observados nas seguintes passagens das Escrituras: Lc 21.34-36; Jo 14.1-3; 1Co 15.23, 51-58; 2Co 5.1-8; Ef 5.27; Fp 3.11, 20, 21; 1Ts 2.19; 3.13;

4.13-17; 5.9, 23; 2Ts 2.1, 7, 8; Cl 3.4; Tg 5.7, 8; 1Jo 2.28; 3.2; 1Pe 5.4. Nenhuma dessas passagens se refere ao Segundo Advento. Não mencionamos nenhum versículo de Mt 24 e 25 nessa conexão porque nada nessas passagens se refere ao Arrebatamento, como será visto no capítulo 8. Analisaremos aqui apenas as passagens que se referem ao Arrebatamento e que só podem ser explicadas consistentemente nessa conexão. Há duas palavras gregas usadas na maior parte das passagens sobre o Arrebatamento, como segue:

1. *Parousia* significa "chegada pessoal" ou "aparição", termo usado tanto para o Arrebatamento quanto para a revelação de Cristo. No Arrebatamento, Cristo aparecerá pessoalmente nos ares para se encontrar com os santos, enquanto no Segundo Advento Ele se manifestará em pessoa, com seus santos, à humanidade na Terra. Essa palavra é geralmente traduzida por "vinda", razão pela qual tanto a revelação quanto o Arrebatamento são chamados "vinda do Senhor", mas são duas vindas diferentes, com objetivos diferentes. A palavra é usada nessa conexão em 1Co 15.20-23; 1Ts 2.19; 3.13; 4.15; 5.23; 2Ts 2.1; Tg 5.7, 8; 1Jo 2.28. Todas essas passagens são claras referências ao Arrebatamento, mas 1Ts 3.13; 5.23; 2Ts 2.1 são às vezes usados com relação ao Segundo Advento. As passagens de 1Ts 3.13; 5.23 referem-se ao tempo em que o Pai irá declarar os santos "irrepreensíveis" diante de seu trono no céu depois que Cristo tiver se encontrado com os santos nos ares e os levado ao céu e apresentado "diante de nosso Deus".

A "vinda de nosso Senhor Jesus Cristo, com todos os seus santos", nessas passagens, refere-se; portanto, ao seu regresso ao céu com os salvos no Arrebatamento, não à ocasião em que Ele vier à Terra com os santos, no Segundo Advento. Nós nos tornamos "irrepreensíveis" a fim de sermos conservados para sempre nesse estado a partir do Arrebatamento, não do momento da revelação (1Jo 3.1-3; Fp 3.21; 1Ts 3.13; 5.23; Cl 3.4). A última referência

(2Ts 2.1) diz respeito ao Arrebatamento também, como prova o termo grego *esposunagoge*, que significa uma coleção completa ou a reunião de todos os mortos e vivos em Cristo, de todas as partes da Terra e de todas as denominações e dispensações, com Ele nos ares. Seremos reunidos com Cristo no Arrebatamento, não na revelação (Lc 21.34-36; Jo 14.1-5; 1Co 15.51-58; 2Co 5.1-8; 1Ts 4.13-18; 2Ts 2.6-8).

Este acontecimento é chamado "ressurreição dentre os mortos" em Fp 3.11 ou literalmente "ressurreição externa", isto é, a ressurreição de fora entre os mortos. A expressão "ressurreição dentre os mortos" é bastante usada no Novo Testamento e inclui a ressurreição do justo e do injusto (Jo 5.29; At 24.15). A "ressurreição externa" só é mencionada na passagem acima e consiste na ressurreição de alguns, a mais antiga das duas classes, enquanto os outros são deixados para trás (Ap 20.1-7). Esses mortos "ressuscitarão primeiro", depois os vivos que são salvos serão "arrebatados juntamente com eles nas nuvens, a encontrar o Senhor nos ares" (1Ts 4.13-18). Todas as passagens sobre o Arrebatamento, as mencionadas acima e as que serão citadas a seguir, podem ser facilmente harmonizadas pelo estudante da Bíblia com estas poucas considerações sobre o assunto.

1. *Phaneros*, que significa "brilhar", "ser evidente", "manifesto" ou "ser visto", é usado em 1Jo 2.28; 3.2; 1Pe 5.4; Cl 3.4. Em nosso idioma, é traduzido por "aparecer" e significa que Cristo deverá ser visível aos santos nos ares por ocasião do Arrebatamento, mas só se mostrará ao mundo na Segunda Vinda.

O Arrebatamento incluirá os santos do Antigo Testamento e os da igreja que foram salvos no escopo da redenção desde Adão até o Arrebatamento (1Ts 4.13-18; 2Ts 2.1, como explicado acima). Não queremos com isso dizer que o alcance da redenção termina no Arrebatamento, já que é eterno, como veremos nos cinco últimos capítulos desta exposição.

O "triunfo de Deus" (1Ts 4.16) não é o mesmo da sétima

trombeta de Ap 11.15; 13.18. Um diz respeito ao arrebatamento da igreja e dos santos do Antigo Testamento, enquanto o outro está ligado ao arrebatamento do varão; um é a trombeta de Deus, o outro é a trombeta do sétimo anjo; um anuncia um acontecimento único que se realiza "num abrir e fechar de olhos" (1Co 15.51-58), o outro proclama acontecimentos que se estendem por vários dias (Ap 10.7); um é uma trombeta da bênção, o outro é uma trombeta de aflição (Ap 8.13; 12.12); um está situado no início ou antes do início da Septuagésima Semana, o outro situa-se no meio da Semana; um ocorre antes que os santos, representados pelos 24 anciãos, sejam arrebatados, o outro ocorre depois que os anciãos já estão no céu; um acontece antes dos sete selos e das seis primeiras trombetas (Ap 6.1—9.21), o outro acontece depois disso. Portanto, não precisamos confundir a trombeta do Arrebatamento com a sétima trombeta, a do arrebatamento do varão.

II. OBJETIVO DO ARREBATAMENTO

O objetivo do Arrebatamento é retirar todos os santos do mundo antes que venha a Tribulação e ressuscitar os justos que morreram, de modo que seja cumprido neles o propósito para o qual Deus os salvou. Jesus disse aos discípulos que alguns iriam escapar às coisas terríveis que aconteceriam na Terra nos últimos dias. Ele disse: "Vigiai [...] orando, para que sejais havidos por dignos de evitar todas essas coisas [de Mt 24 e 25; Lc 21.1-19, 25-28] que hão de acontecer e de estar em pé diante do Filho do Homem" (Lc 21.34-36). Essa passagem, em essência, diz praticamente o mesmo que Jo 14.1-3.

Essas duas passagens são as únicas nos Evangelhos que dizem respeito ao Arrebatamento. Jesus não revelou esse mistério: ele foi revelado a Paulo muitos anos depois (1Co 15.51). Os discípulos não tinham a menor ideia de como iriam escapar, a menos que pensassem que Cristo os livraria dessas coisas pelo seu poder. O "como" não foi revelado nem mencionado antes que Paulo o explicasse. Agora, à luz do mistério revelado, podemos ver que o Arrebatamento é o que Cristo tinha em mente quando afirmou que alguns seriam dignos de evitar "essas coisas". Os tessalonicenses foram ensinados que os vivos seriam tomados do mundo, mas alguns não tinham certeza se os crentes mortos teriam parte no Arrebatamento, por isso Paulo explica na primeira epístola que tanto os vivos quanto os mortos serão arrebatados para se encontrar com Cristo nos ares (1Ts 4.13-18). Nessa passagem, temos expressado o objetivo do Arrebatamento: "... e assim estaremos sempre com o Senhor". O Arrebatamento permitirá que os santos escapem da Tribulação e sirvam a Deus por toda a eternidade, conforme o que Ele determinar.

Esse arrebatamento é primeiro de uma série de arrebatamentos que irão ocorrer durante a primeira ressurreição. Haverá o arrebatamento do varão (Ap 7.1-3; 12.5; 14.1-5), o arrebatamento da "multidão" de santos de Tribulação (Ap 6.9-11; 7.9-17; 15.2-4; 20.4), e o arrebatamento das duas testemunhas (Ap 11.3-13). O ensino dos vários arrebatamentos não só é necessário e afirmado nas passagens mencionadas acima, como também se prestam a esclarecer a expressão de Paulo "cada um por sua ordem" (1Co 15.20-23). O grego para "ordem" é *tagma* e ocorre apenas aqui. É usado na *Septuaginta* para designar um grupo de soldados e um exército (Nm 2.2; 2Sm 23.13). O termo significa uma comitiva ou um grupo de indivíduos. Se pessoas serão arrebatadas "cada um por sua ordem" ou grupo, é porque há diferentes grupos de remidos arrebatados em períodos diferentes (sobre quatro grupos diferentes de remidos, veja o capítulo 9, seção 3).

O objetivo do Arrebatamento pode ser assim resumido:

1. Receber os santos (Jo 14.1-3; Ef 5.27; 2Ts 2.1).
2. Ressuscitar os mortos "em Cristo" dentre os mortos perdidos (1Co 15.21-23, 51-58; 1Ts 4.13-17; Fp 3.11, 20, 21; Ap 20.4-6).
3. Levar os santos ao céu, onde serão julgados pelas obras que realizaram por meio do corpo, receberão sua recompensa

e participarão da ceia de casamento, ou seja, das Bodas do Cordeiro (Jo 14.1-3; Cl 3.4; 1Ts 3.13; 2Co 5.10; Ap 19.1-11).
4. Transformar os corpos de santos para a imortalidade (1Co 15.21-23, 51-58; Fp 3.20, 21).
5. Apresentar os santos perante Deus Pai, a fim de estarem para sempre com Ele (1Ts 3.13; 4.13-17).
6. Tornar os santos "irrepreensíveis" em corpo, alma e espírito (1Ts 3.13; 5.23). A palavra grega traduzida por "para" em 1Ts 5.23 deveria ter sido traduzida por "em" a fim de esclarecer a passagem, como em 1Ts 2.19; 3.13.
7. Receber o fruto da chuva temporã e serôdia (Tg 5.7).
8. Livrar os santos da Tribulação e de "todas estas coisas" para estarem diante do Filho do Homem (Lc 21.34-36; 2Ts 2.7, 8; Ap 4.1; 1Ts 5.9).
9. Revelar o "iníquo" (2Ts 2.1-8).
10. Permitir a manifestação do Anticristo (2Ts 2.1-8).

III. QUALIFICAÇÕES DOS QUE FARÃO PARTE DO ARREBATAMENTO

As qualificações de quem fará parte do Arrebatamento também são reveladas nas passagens citadas na seção anterior. A única exigência, quer dos mortos, quer dos vivos, é estar "em Cristo" (1Ts 4.16, 17; 2Co 5.17; 1Co 15.23). Essa qualificação é expressa de um modo nônuplo nas Escrituras. A pessoa deve:

1. Ser "de Cristo" (1Co 15.23; Gl 5.24).
2. Estar "em Cristo" (1Ts 4.16, 17; 2Co 5.17).
3. Ser "bem-aventurado e santo" (Ap 20.4-6).
4. Ter feito "o bem" (Jo 5.28, 29).
5. Estar "no caminho, na verdade, e na vida" (Jo 14.1-6).
6. Ser "digno" (Lc 21.34-36).
7. Fazer parte da "igreja" ou do "corpo de Cristo" (Ef 5.27; 1Co 12.13). "Corpo de Cristo" e "igreja" são a mesma coisa (Ef 1.22, 23; Cl 1.18, 24).

8. Purificar "a si mesmo, como também ele é puro" (1Jo 3.2, 3; 2Co 7.1; Gl 5.16-24; Hb 12.14).
9. Apresentar-se "sem mácula, nem ruga" (Ef 5.27).

Se essas qualificações forem encontradas em alguém, de que mais ele precisa? Isso significa que a pessoa que sobe no Arrebatamento está andando "na luz, como ele na luz está" (1Jo 1.7; 2.6, 9-11; 3.8-10; 5.4, 18). Estar "em Cristo" significa ser "nova criatura é: as coisas velhas já passaram; eis que tudo se fez novo. E tudo isso provém de Deus, que nos reconciliou consigo mesmo por Jesus Cristo" (2Co 5.17, 18). Mais uma vez, "os que são de Cristo crucificaram a carne [de Gl 5.19-21] com as suas paixões e concupiscências" (Gl 5.24). Que outra qualificação Deus iria exigir? Observe que as nove qualificações citadas nas Escrituras definitivamente dizem respeito ao arrebatamento da igreja. Se houvesse outras qualificações mais específicas e importantes, elas iriam constar das passagens concernentes ao Arrebatamento. Concluímos que não se exigem outras experiências, quaisquer que sejam ou quão bíblicas venham a ser, como qualificação para subir no Arrebatamento além do apoio de um andar sagrado e de uma vida pura "em Cristo", seja na hora do Arrebatamento, seja no momento da morte.

Por que alguns serão protegidos e outros terão de passar pela Tribulação e pelo martírio? É fácil responder a essa questão, se considerarmos que no Arrebatamento todos os que estão "em Cristo" serão levados — nenhum cristão verdadeiro será deixado para trás. Sofrerão martírio na Tribulação alguns dentre os que se recusaram a andar na luz e a viver "em Cristo" e que não estavam prontos para subir no Arrebatamento, do contrário teriam sido arrebatados como todos os outros que estavam "em Cristo". Eles serão salvos após o Arrebatamento se reconhecerem que estavam errados em não atentar para os muitos avisos sobre a necessidade de estarem preparados. Eles deverão se mostrar fiéis até a morte, que será a sua única maneira de ter parte na primeira ressurreição. Os que não forem martirizados, mas que passarem pela Tribulação e estiverem na Terra por ocasião da segunda vinda de Cristo poderão ingressar no Milênio como parte da população terrestre sob o domínio do Reino de Cristo, no qual os santos arrebatados irão reinar para sempre.

IV. A DATA DO ARREBATAMENTO

A data do Arrebatamento, assim como a da Segunda Vinda, não está determinada quanto ao dia e hora, mas sabemos que acontecerá antes da Tribulação e da manifestação do Anticristo, como será demonstrado no capítulo 7.

V. OS SINAIS DO ARREBATAMENTO

Podemos dizer, em pleno acordo com a Bíblia, que não há nenhum sinal a se cumprir antes do Arrebatamento, como temos para a Segunda Vinda. Nenhum dos sinais e profecias mencionados no capítulo 39 sobre o tema da Segunda Vinda se refere ao Arrebatamento. Não há sinal necessário como cumprimento de alguma profecia antes que ele ocorra. O Arrebatamento poderia ter acontecido a qualquer tempo no passado, desde a época dos apóstolos, e pode ocorrer a qualquer momento hoje ou no futuro, sem um sinal ou profecia que ainda deva se cumprir. Se houver algo a se cumprir antes do Arrebatamento então é isso que devemos buscar primeiramente, em vez de esperar pelo arrebatamento da igreja. É possível que alguns dos sinais e profecias já mencionados possam acontecer antes do Arrebatamento, mas isso ainda está por vir. De fato, sabemos por certas indicações que alguns deles estão começando a se cumprir, o que nos mostra que a Segunda Vinda está próxima — e, se ela está próxima, o Arrebatamento está mais próximo ainda, já que ocorrerá pelo menos sete anos antes do Segundo Advento, como observaremos mais adiante.

VI. PRATICIDADE DAS DOUTRINAS DO ARREBATAMENTO E DA SEGUNDA VINDA

As doutrinas das duas vindas do Senhor (o Arrebatamento e

Segundo Advento) estão entre as mais práticas e produtivas das Escrituras. Esses ensinos constituem verdadeiro incentivo à santidade (1Jo 3.1-3); à fidelidade e à vigilância (Mt 24 e 25; 1Jo 2.28); à paciência (Tg 5.7, 8); à mortificação do eu (Cl 3.3-5); à persistência (1Pe 1.7; 4.13); à conversação saudável e piedosa (2Pe 3.11-13); à sobriedade e retidão (Tt 2.11-13); à consolação (1Ts 4.13-18); ao livramento da culpa (1Co 1.4-8); à diligência e pureza pastorais (1Pe 5.1-4); à sinceridade (Fp 1.9,10); à brandura (Fp 4.5, 6); à esperança (1Co 15). O Arrebatamento representará para os santos o começo da eternidade, proporcionando sempre cada vez mais alegria e glória. A Segunda Vinda representará para Israel e todas as nações honradas em seu modo de viver o início de uma eternidade de bênçãos e de favor divino cada vez maiores.

Antes de considerar as muitas provas de que o arrebatamento da igreja se dará antes que se cumpra qualquer um dos acontecimentos revelados em Ap 4—22, convém relembrar a importância da divisão tripla do livro de Apocalipse, conforme definida pelo próprio Jesus Cristo.

Se "essas coisas" (de Ap 4—22) irão acontecer "depois destas coisas" (de Ap 1—3), as quais concernem às igrejas, então "essas coisas" deverão ocorrer em época *posterior* à das igrejas. Por isso, qualquer interpretação que misture as "coisas" das igrejas com as "coisas" que devem acontecer *depois* das igrejas é falsa e contradiz de forma direta a definição do Senhor e o ensino da tripla divisão de Ap 1.19; 4.1.

Assim, é um equívoco, por exemplo, situar o nascimento histórico e a ascensão de Jesus Cristo em Ap 12, identificando-o como o varão, quando o varão e tudo relacionado a ele estão entre as "coisas" que deverão ocorrer depois das igrejas. Pela mesma razão, é um erro afirmar que qualquer selo, trombeta ou taça do livro já se cumpriu ou que os 144 mil são os adventistas do sétimo dia, as Testemunhas de Jeová ou qualquer outro grupo religioso.

Por isso, devemos ter em mente que o cumprimento de todas

as "coisas que depois destas devem acontecer" — as "coisas" concernentes às duas testemunhas, às bestas, à marca da besta, a Prostituta e muitas outras — irão ocorrer *depois* das igrejas. Qualquer ensino que vá contra esse fato, em qualquer grau, levará a uma compreensão incorreta do livro de Apocalipse.

CAPÍTULO SETE

RAZÕES PARA O ARREBATAMENTO DA IGREJA APRESENTADAS EM AP 4.1

DOZE ARGUMENTOS BÍBLICOS QUE COMPROVAM O ARREBATAMENTO ANTES DA SEPTUAGÉSIMA SEMANA DE DANIEL

Cremos que a igreja e os santos do Antigo Testamento serão arrebatados no cumprimento de Ap 4.1, fato prenunciado pela ascensão corpórea de João ao céu, e que os santos arrebatados são representados no céu pelos 24 anciãos em todas as passagens do restante de Apocalipse. Todas as profecias, especialmente acerca das "coisas que depois destas devem acontecer", isto é, depois da era da igreja, na terceira divisão do livro, irão ocorrer após os dias de João, mas foram mostradas na visão e dramatizadas como se eles já se tivessem cumprido antes da época do apóstolo e no tempo dele. Devemos distinguir entre o momento em que João recebeu a revelação e o cumprimento real das "coisas" desde o tempo do apóstolo até os novos céus e nova Terra. Na conjuntura do recebimento da revelação, temos na ascensão corpórea de João ao céu uma visão profética do arrebatamento da igreja, que deverá ocorrer no processo de cumprimento de Apocalipse. Oferecemos como prova o seguinte:

1. Há uma clara alteração nas atitudes de Deus com relação à humanidade em geral, de misericórdia (Ap 1—3) para juízo (Ap 6—19). Ap 4 e 5 retrata a igreja arrebatada e os santos

do Antigo Testamento com Deus no céu antes da Tribulação. Sabemos que o período desde a inauguração da igreja até seu arrebatamento é de extensa misericórdia e leniência, sem juízos do céu; mas, após o Arrebatamento e até a segunda vinda de Cristo, os juízos serão predominantes. Os selos e as seis primeiras trombetas (Ap 6.1—9.21) realizam-se na primeira parte da Tribulação, ou seja, durante os primeiros três anos e meio da Semana, a "pequena tribulação". O sexto selo e todas as sete trombetas, assim como as sete taças, revelam os terríveis juízos do céu executados sobre a terra nos últimos três anos e meio da Semana, a "grande tribulação". Os desígnios infernais do Anticristo, inspirados pelo dragão e pelo príncipe satânico surgido do abismo (Ap 11.7; 17.8) constituem a última tribulação, que atrai os juízos das taças de Deus. Os maus desígnios da Prostituta e dos dez reis da Roma restaurada, antes que o Anticristo passe a dominar esses reis e destrua a Prostituta (Ap 17.12-17), são a causa da primeira tribulação, que atraem os juízos do sexto selo e das sete trombetas de Deus. Os juízos em si, em qualquer parte da Semana, não causam a Tribulação: eles são enviados por causa dela.

São poucos os que acreditam que a igreja passará pela Tribulação. Os que creem que a igreja será arrebatada na metade da Semana cometem o erro de situar os selos e as trombetas nos últimos três anos e meio, a fim de ajustá-los à sua convicção de que a igreja não estará aqui quando se cumprirem.

É certo que a igreja não sofrerá esses juízos, mas situá-los nos três últimos anos e meio ou removê-los de seu lugar original só para comprovar que a igreja não passará por eles compromete a harmonia e a disposição consecutiva e clara de Apocalipse. É fato que a igreja não sofrerá esses juízos, mas também é fato que esses juízos acontecerão na ordem exata, do começo ao meio da Semana, quando a sétima trombeta irá tocar e o varão será arrebatado. Esses acontecimentos comprovam que a igreja será arrebatada em Ap 4.1, antes do início da Semana, não em Ap 12.5, como o varão, no meio da Semana. Assim, o varão não é símbolo da igreja. Parece inconsistente interpretar esses acontecimentos fora de lugar, transferidos dos primeiros três anos e meio para os últimos três anos e meio da Semana, quando essa não é a ordem em que são apresentados.

Aceita-se de modo geral que os acontecimentos de Ap 11.15—13.18 ocorrerão no meio da Semana e que a sétima trombeta também irá tocar no meio da Semana. Se isso é compreensível, por que não o fato de que os sete selos e as seis primeiras trombetas ocorrem antes da sétima trombeta? Deus não os apresenta numa ordem lógica, como diz que irá fazer (Ap 1.1, 19; 4.1)? Se os sete selos e as seis primeiras trombetas terão lugar após a sétima trombeta, e se a sétima trombeta irá tocar no meio da Semana, então ela não será a sétima trombeta, mas a primeira. O fato de os selos e as trombetas revelarem condições terríveis na Terra e os juízos divinos vindos do céu sobre os homens durante os primeiros três anos e meio comprova que há tribulação durante esse tempo. Uma vez que a igreja não passará por essas coisas nem parte alguma da Tribulação, então o Arrebatamento ocorrerá antes do início da Semana, em Ap 4.1. Concluímos, portanto, que Ap 4 e 5 retrata os santos arrebatados com Deus, representados pelos anciãos, e que Ap 6—19 mostra a Septuagésima Semana de Daniel.

1. Se as divisões naturais do livro devem ser aceitas, como se afirma em Ap 1.19 e 4.1, não pode haver outra alternativa: o Arrebatamento ocorre em Ap 4.1. Por que então transferi-lo para Ap 12? Se a expressão "coisas que depois destas devem acontecer", isto é, depois da era da igreja, for literal e aplicada a Ap 4.1, onde ocorre, então não se pode aplicá-la ao meio da Semana, em Ap 12.5. Se a terceira divisão do livro trata da metade da Semana em diante, porque a expressão estaria no começo?
2. Nunca as palavras "igreja" ou "igrejas" são mencionadas no

livro depois de Ap 3.22, exceto na conclusão, após a revelação das "coisas que em breve hão de acontecer" (Ap 22.6-21). Se a igreja estivesse na Terra durante a Semana, seguramente teria sido mencionada alguma conexão. As duas palavras ocorrem dezenove vezes em Ap 1—3. E, se a igreja ainda está na Terra, por que é mencionada tantas vezes nesses capítulos, mas nem sequer uma vez depois disso?

3. Os anciãos entronizados representam os santos arrebatados e sempre são vistos no céu depois de Ap 4.1, como se vê no capítulo 9, seção 3.
4. Não encontramos texto algum da Escritura Sagrada escrito para mostrar a igreja na Terra durante qualquer parte da Semana.
5. Um indivíduo é reconhecido e identificado pelas suas características. Um grupo de pessoas também é identificado por suas peculiaridades. Assim, se a igreja estivesse na Terra durante o cumprimento de Ap 4—19, deveria haver algum sinal dela. Mas não encontramos nada. Já as evidências da presença de Israel são vistas em toda parte depois de Ap 4.1 — um fato notável, uma vez que Israel não é mencionado em Ap 1—3. Isso mostra que duas instituições diferentes são abordadas em partes diferentes do livro. Em primeiro lugar, a igreja na época de seu arrebatamento (Ap 1—30; em segundo lugar, Israel depois do arrebatamento da igreja até a segunda vinda de Cristo (Ap 6—19). O livro foi escrito em grego, mas seus pensamentos e expressões são hebraicos. Isso vem a conectá-lo com o Antigo Testamento e mostra que seu grande objetivo é declarar o procedimento final de Deus em relação aos judeus. O caráter hebraico do livro depois de Ap 3 é visto como segue:

1. Em Mateus, o evangelho hebraico, há cerca de 92 citações e referências ao Antigo Testamento. Na epístola aos Hebreus, há 102. Em Apocalipse, há cerca de 285. Isso, sem dúvida,

confere ao livro uma íntima relação com o Antigo Testamento e com Israel.
2. A palavra "Cordeiro" é usada como símbolo de Cristo 27 vezes depois de Ap 1—3, mas nem uma vez nessa seção, que diz respeito às igrejas. Também nunca é usada nas Epístolas Paulinas com referência às igrejas. Fora de Apocalipse, a palavra só ocorre em Jo 1.29, 36; At 8.32; 1Pe 1.19 — e sempre com relação ao Messias de Israel e antítipo dos sacrifícios judaicos.
3. As expressões "Leão da tribo de Judá" e "Raiz de Davi" (Ap 5.5) mostram a mesma conexão judaica que o Cordeiro.
4. São judeus os 144 mil de Ap 7.1-8; 14.1-5.
5. Os acontecimentos causados por selos, trombetas e taças irão reproduzir em parte as pragas do Egito, e com o mesmo objetivo: julgar as nações pelo tratamento que dispensaram a Israel. Eles cumprirão um grande número de profecias acerca de Israel e seus inimigos nos últimos dias. Nenhuma profecia afirma que tais castigos se abaterão sobre a humanidade pelo tratamento dispensado aos cristãos gentios ou à igreja. Veja o capítulo 7, seção 1.
6. A Tribulação diz respeito principalmente a Israel, e, como ela se estende por toda a passagem de Ap 6—19, é Israel que está em evidência nesses capítulos. Veja o capítulo 5, seção II.
7. A Septuagésima Semana de Daniel incluirá o cumprimento de tudo que está registrado em Ap 6—19, após o arrebatamento da igreja. A Septuagésima Semana diz respeito a Israel, como as primeiras 69 Semanas. O período da igreja, como geralmente se admite, situa-se entre a Sexagésima Nona e Septuagésima Semana, não entre a Sexagésima Nona e a última metade da Septuagésima Semana. Não faz sentido crer que a era da igreja é parentética — entre a Sexagésima Nona e Septuagésima Semana — e ao mesmo tempo alegar que ela será arrebatada no meio da Septuagésima Semana. Não é possível conciliar

as duas coisas. Como não perceber que Deus, na Septuagésima Semana, segue a mesma política de procedimentos com relação aos judeus das primeiras 69 Semanas, se as Setenta Semanas dizem respeito a Israel? Não está claro também que isso exclui a possibilidade de a mulher ou varão serem a igreja? Veja o capítulo 5.

8. A "multidão" de Ap 7.9-17 e 15.2-4 e os 144 mil de Ap 7.1-8 e 14.1-5 são os únicos grupos de remidos visto na Terra durante os acontecimentos de Ap 6—19. É claro que eles não são a igreja e, desde que a igreja não é vista exceto quando representada pelos anciãos no céu, está claro que ela foi arrebatada antes do cumprimento desses capítulos.

9. O ministério do anjo em volta do altar (Ap 8.2-5) e as "pontas do altar" (ocorre 26 vezes no Antigo Testamento, mas em nenhuma epístola à igreja) estão relacionados apenas com Israel.

10. O "segredo de Deus" (Ap 10.7), prometido pelos antigos profetas, é judaico, pois os "dias da sétima trombeta" só revelam coisas concernentes a Israel, como se vê em Ap 11—13. Tal mistério nunca foi revelado à igreja, pois os profetas não a conheciam.

11. Em Ap 11, o templo, o altar, a adoração no templo, o átrio do templo, a Cidade Santa, as oliveiras, a arca da aliança e outros são todos elementos judaicos, como se vê no capítulo 14.

12. Depois que "os reinos do mundo" (Ap 11.15) se tornarem possessão de Deus e de Jesus Cristo, serão cumpridas as profecias acerca da restauração nacional de Israel. Todas as profecias revelam um reino judaico com sua capital em Jerusalém. Veja o capítulo 41.

13. A mulher e o varão são judaicos, como será provado nos capítulos de 16 a 18.

14. O dragão e a besta (Ap 12; 13; 17) não se ajustam aos símbolos relacionados com a igreja, uma vez que ela não existiu, como Israel, em todas as etapas do cumprimento

dos sete impérios mundiais representados pelas sete cabeças. Esses símbolos sempre foram relacionados com Israel, como veremos nos capítulos de 16 a 35.
15. Miguel (Ap 12.7) sempre interage com Israel (Dn 10.13-21; 12.1-9) e nunca é mencionado com relação à igreja.
16. O remanescente (Ap 12.17) é judaico. Nem a igreja nem parte dela são definidas como "remanescente", apenas Israel, como se vê no capítulo 19, seção III.
17. É dito que a Babilônia literal (Ap 18) dos últimos dias mantém uma relação com Israel, mas nunca com a igreja. Veja o capítulo 37.
18. A batalha do Armagedom e o Segundo Advento (Ap 14.14-20; 19.11-21) não visam à libertação da igreja, mas à de Israel, como se vê no capítulo 39.
19. O Milênio, a nova Terra e outras coisas mencionadas em Ap 20—22, por demais numerosas e detalhadas para listar aqui, se cumprirão conforme o grande número de profecias judaicas do Antigo Testamento. Os demais povos não são excluídos, mas Israel será o maioral de todos sempre. Por isso, cremos que a igreja é arrebatada em Ap 4.1, antes que todas essas coisas concernentes a Israel venham a acontecer.

1. Não se vê no livro o arrebatamento da igreja e dos santos do Antigo Testamento, senão em Ap 4.1. O varão representa o único grupo de santos arrebatados entre o começo e o meio da Semana, e esse grupo não é a igreja, como veremos. O outro único grupo de santos a ser alcançado durante a Semana é o da "multidão" que será torturada durante a Semana, e não pode ser a igreja. Por isso, a igreja é arrebatada em Ap 4.1, e seu arrebatamento não é mais mencionado em Apocalipse. Se ela fosse arrebatada durante a Semana, por certo esse fato seria mencionado pouco antes, em conexão com Ap 6—19, que trata dessa Semana.
2. Em Lc 21.34-36, temos a promessa de Jesus de que alguns serão considerados "dignos de evitar todas essas coisas

[mostradas em Mt 24.4-26; Lc 21.5-19] que hão de acontecer e de estar em pé diante do Filho do Homem". Quem pode ser esses "dignos", senão os santos vivos que estiverem na Terra quando essas coisas estiverem prestes a acontecer? Não podem ser os 144 mil judeus e a "multidão", pois estes são salvos e arrebatados após o arrebatamento da igreja, como será provado mais adiante. Se os crentes vivos, que estiverem na Terra nessa época, tiverem de passar por essas coisas e sofrer os juízos da Septuagésima Semana, a esperança deles é falsa.

3. Em 2Ts 2.6-8, temos a prova conclusiva de que a igreja será arrebatada antes da Semana e antes da revelação do Anticristo no início da Semana. "Agora, vós sabeis o que o detém, para que a seu próprio tempo seja manifestado [...]; somente há um que agora resiste ("impede", Is 43.13; Rm 1.13) até que do meio seja tirado; e, então, será revelado o iníquo", não antes.

O que além dos governos, da igreja e do Espírito Santo está impedindo os poderes das trevas de terem pleno domínio e assim obstando a revelação do Anticristo? Nada! Portanto, o obstáculo tem de ser um deles. Os governos estarão mais em evidência durante o reinado restrito do Anticristo do que agora, contudo não irão impedir sua revelação. O Espírito não será retirado durante a Tribulação, depois do Arrebatamento, como demonstra Jl 2.28-32; At 2.17-21; Zc 12.10; Jo 14.16; Ap 7.9-17 etc. (observe o contexto dessas passagens ambientados na Tribulação). Ap 7.9-17 comprova que multidões serão salvas durante a Tribulação, e sustentamos que nenhum ser humano foi ou será salvo, senão pelo ministério do Espírito Santo (Jo 3.5-8; 16.7-11; Rm 8.9; Ef 2.18; 1Co 6.11; Tt 3.5 etc.). At 2.16-21 comprova o derramar do Espírito durante a Tribulação. Uma vez que os governos e o Espírito Santo permanecerão na Terra durante a Tribulação, segue-se, pela lógica da eliminação, que a igreja é o obstáculo mencionado, o qual será removido pela simples razão de que a igreja e cada pessoa nascida do Espírito serão arrebatadas. Então o Anticristo será revelado.

A Tribulação na Terra não afetará o Espírito, então por que Ele iria embora e deixaria aqui os santos que precisarão dele desesperadamente? Como poderiam resistir a essas coisas e ser salvos? Depois do arrebatamento de todos os crentes fiéis, o Espírito permanecerá aqui e salvará multidões, todavia não impedirá que os poderes das trevas executem seus planos, em cumprimento das profecias. O pronome "ele", nessa passagem, pode remeter tanto à igreja quanto ao Espírito, já que a igreja é comparada a um "homem" (Ef 2.15; 4.13). A igreja pode ser um "homem" porque é o Corpo de Cristo, que é homem (1Co 12.12, 13, 27; Ef 1.20-23; 2.14-22; 4.12-16; Cl 1.18-24 etc.). Por isso, tendo em vista que Espírito Santo não irá embora daqui e a igreja é chamada "homem", o gênero masculino pode ser empregado em relação a ela e, como já foi provado, a igreja será arrebatada deste mundo, concluímos que "o que o detém" e "do meio [será] tirado" é a igreja, não o Espírito Santo.

Essa passagem deixa claro que o Anticristo não pode ser revelado enquanto a igreja não sair do caminho. Agora vem a pergunta: o Anticristo será revelado no começo ou no meio da Semana? Se for possível provar que ele será revelado no começo, não no meio da Semana, então se poderá provar também que a igreja será arrebatada antes do começo, não no meio da Semana, como o varão. Os seguintes pontos comprovam que o Anticristo será revelado no início da Semana:

1. Em Dn 9.27, temos um argumento incontestável de que ele será revelado no início da Semana, já que fará um pacto de sete anos com Israel, não de três anos e meio. A quebra da aliança no meio da Semana não é a revelação dele, mas um desdobramento do que ele fará no meio da Semana, três anos e meio após a sua revelação. Essa passagem fornece as únicas indicações bíblicas pelas quais podemos saber quem é o Anticristo e quando ele será revelado.

2. O cavaleiro do cavalo branco de Ap 6.1, 2, o "chifre pequeno" de Dn 7.8-11, 20-26 e 8.23-25 e o "rei" obstinado de Dn 11.35-45 são a mesma pessoa e mostram a ascensão do Anticristo fora dos dez reinos da Roma restaurada no início da Semana e antes dos selos e das trombetas dos primeiros três anos e meio da Semana. Ele conquistará três dos dez reis e vencerá os outros no meio da Semana, quando, sob a sétima trombeta, for visto saindo do mar com os dez reis sob o seu controle (Ap 13.1-8). Uma vez que a igreja estará livre dos selos, das trombetas e das taças e será tomada antes da revelação do Anticristo, que será revelado no início da Semana, a igreja será arrebatada antes do começo da Semana.

1. Se a igreja for arrebatada no meio da Semana, há um tempo definido para o Arrebatamento e temos de deixar de esperá-lo a qualquer hora e procurar os fatos que marcam o advento da Septuagésima Semana. Se a igreja tiver de passar pelos acontecimentos terríveis dos selos e das trombetas, então a promessa de Jesus de que o crente fiel irá "evitar todas essas coisas" é contraditória. Também é equivocado o ensino Paulo segundo o qual a igreja é tomada antes da revelação do Anticristo, já que o Anticristo estará aqui três anos e meio antes da metade da Semana. Contudo, uma vez que entendemos que a igreja pode ser arrebatada em qualquer dia e que não há tempo definido para esse evento, então podemos ensinar conscientemente que as pessoas devem estar preparadas para o Arrebatamento a todo e a qualquer momento.
2. Em 1Ts 5.1-11, outra clara promessa nos assegura de que os santos evitarão a ira que precede o Dia do Senhor. "Deus não nos destinou para a ira, mas para a aquisição da salvação (livramento da ira), por nosso Senhor Jesus Cristo, que morreu por nós, para que, quer vigiemos, quer durmamos,

vivamos juntamente com ele". O Segundo Advento marca o início do Dia do Senhor.

Essa ira é revelada em Mt 24 e 25, Lc 21, Ap 6.1—19.21 e se cumprirá durante a Septuagésima Semana. Se os santos irão evitar essa ira, então a igreja será arrebatada antes da Semana, ou seja, em Ap 4.1.

1. As razões definitivas para entendermos que Arrebatamento ocorre em Ap 4.1 e antes da Semana são encontradas na exposição de Mt 24 e 25 a seguir.

CAPÍTULO OITO

EXPOSIÇÃO DE MATEUS 24 E 25

O estudo a seguir lançará muita luz sobre a segunda vinda de Jesus, corrigirá equívocos acerca do Arrebatamento e facilitará a compreensão do fim dos tempos e do cumprimento de Ap 6—19 durante a Septuagésima Semana. Esses capítulos estão entre os mais fáceis de entender, porém, inexplicavelmente, ainda estão entre os capítulos mais mal compreendidos e confundidos da Bíblia. Eles descrevem acontecimentos consecutivos, na mesma ordem em que são mostrados. A ocasião desse discurso foi quando os discípulos mostraram a Cristo as belezas do Templo. Jesus então declarou: "Em verdade vos digo que não ficará aqui pedra sobre pedra que não seja derrubada". Essa declaração suscitou três perguntas:

I. "Quando serão essas coisas?"

Essa pergunta refere-se à declaração de Jesus acerca da destruição de Jerusalém pelos romanos, que ocorreu em 70 d.C. (Dn 9.26; Lc 21.20-24). A pergunta e a resposta são bastante claras, portanto, restringiremos as nossas observações às duas últimas perguntas, que são plenamente respondidas em Mt 24 e 25, bem como em Mc 13 e Lc 21.

II. "Que sinal haverá da tua vinda?"

Essa pergunta não diz respeito ao Arrebatamento, mas à segunda vinda de Cristo à Terra com os seus santos. Os discípulos nada sabiam do Arrebatamento: Paulo é que foi incumbido dessa revelação (1Co 15.51-58), como vimos no capítulo 6. Eles tinham ouvido falar muitas vezes da segunda vinda de Cristo (Mt 18.1; 19.28 etc.), fato também provado em Lc 21.29-33. Essa pergunta é plenamente respondida em Mt 24.4-26, 37-39, bem como em Mc 13.5-23 e Lc 21.8-19. Essas passagens registram os sinais da segunda vinda de Cristo, relacionados com a resposta a essa pergunta.

SINAIS DA SEGUNDA VINDA DE CRISTO

1. Falso messias manifesto antes do meio da Semana ou estabelecimento da abominação da desolação (Mt 24.4, 5, 15; Mc 13.5, 6; Lc 21.8; Dn 9.27).
2. Guerras e rumores de guerras (Mt 24.6; Mc 13.7; Lc 21.9).
3. Nação contra nação (Mt 24.7; Mc 13.8; Lc 21.10).
4. Fome, pestes e terremotos (Mt 24.7; Mc 13.8; Lc 21.11).
5. Perseguição aos judeus em todas as nações (Mt 24.9; Mc 13.9-11; Lc 21.12).
6. Muitos serão escandalizados e haverá muitas traições (Mt 24.10; Mc 13.12,13; Lc 21.16).
7. Surgirão falsos profetas antes do meio da Semana (Mt 24.11,15; Dn 9.27).
8. Abundância de iniquidade e esfriamento do amor (Mt 24.12).
9. O evangelho do Reino será pregado outra vez em testemunho às nações (Mt 24.13,14).
10. Estabelecimento da abominação da desolação (Mt 24.15; Dn 9.27; 12.7-11; Ap 13.1-18; 14.9-11; 20.4-6).
11. Fuga de Israel para o deserto (Mt 24.16-20; Mc 13.14-18; Is 16.1-5; Ez 20.33-35; Os 2.14-16; Sl 60.8-10).
12. Os dias de grande aflição (Mt 24.21,22; Mc 13.19,20).
13. Surgirão falsos messias depois do meio da Semana (Mt 24.23-26; Mc 13.21,22).
14. Surgirão falsos profetas depois do meio da Semana (Mt 24.23-26; Mc 13.22).
15. As condições semelhantes aos dias de Noé (Mt 24.37-39).
16. Coisas espantosas e sofrimento na Terra (Lc 21.11).

17. Grandes sinais nos céus (Lc 21.11; At 2.16-21).

Todos esses sinais e os que estão listados no capítulo 39, seção 5, e muitos outros irão ocorrer antes da segunda vinda de Cristo, a qual os discípulos tinham em mente. Isso comprova que a pergunta dos discípulos não era sobre o arrebatamento da igreja, mas sobre o Segundo Advento. Por isso, devemos entender que Mt 24 e 25 tem em vista a segunda vinda de Cristo, não o Arrebatamento. Os primeiros nove sinais se cumprirão até o meio da Semana, quando a abominação da desolação estiver instalada, como afirmado em Mt 24.15. Os quatro primeiros sinais foram anunciados, e Jesus acrescentou: "Todas essas coisas são o princípio das dores". A palavra "dores" significa "dores de parto" e refere-se às agonias de Israel causadas pelos dez reis e pela Prostituta na primeira metade da Semana. As "dores de parto" irão continuar até Israel "nascer" no final da Semana. Isso significa, então, que entre o primeiro sinal e o último haverá um aumento dessas dores. Elas devem durar a Semana inteira. Talvez tenham início até um pouco antes da Semana, pois parece que Israel já enfrenta perseguição quando o Anticristo firma com a nação uma aliança para protegê-la durante sete anos (Dn 9.27). Três questões surgem naturalmente nessa conjuntura, em vista deste método da exposição:

1. Como saber se esses capítulos tratam de Israel, não da igreja ou dos cristãos? As razões são as seguintes:

(1) Jesus está falando aos judeus em resposta a uma questão puramente judaica, já que concerne ao seu Messias e à sua chegada para livrá-los da opressão dos gentios (Mt 25.34; Lc 21.12; 22.29; At 1.6).

(2) O engodo do falso Messias diz respeito principalmente a Israel.

(3) O quinto sinal — perseguição promovida por todas as nações — só pode ser harmonizado com as profecias a respeito de Israel. Esse sinal está associado ao tempo das "dores de parto" de Israel pela palavra "então", e isso demonstra que o tempo de seu cumprimento corresponde ao tempo das dores.

(4) O sexto, sétimo, oitavo e nono sinais também estão associados aos dias das "dores de parto" por conjunções. Isso mostra que os nove primeiros sinais serão cumpridos entre o início das dores e o fim da Semana (Mt 24.4-14).

(5) A época do cumprimento de todas essas coisas será durante uma geração, no fim desta era, pois os que enfrentam essas dores só serão abençoados sob a condição de resistir até o fim (Mt 24.13). Mas como poderia alguém resistir até o fim dos tempos se não viver nessa época? E como poderiam essas coisas ser vividas pela geração do final dos tempos, se elas pudessem acontecer a qualquer momento, não apenas no fim desta era? Quem além dos judeus será tratado de modo diferente no final dos tempos? Os santos da Tribulação serão torturados, mas não podem ser a referência aqui. Os santos da igreja já estarão arrebatados; portanto, o texto também não se refere a eles. Cristo está respondendo a uma pergunta judaica acerca dos judeus, não relativa a mártires gentios ou aos santos da igreja.

(6) "O evangelho do Reino" é judaico, a boa notícia de que a Reino dos céus está às portas, por causa da proximidade do Rei dos judeus. Esse evangelho será pregado durante a Tribulação "em testemunho a todas as gentes", e logo em seguida virá o fim.

(7) A abominação da desolação comprova a conexão judaica (Mt 24.15; Dn 9.24-27).

(8) A fuga dos judeus que estiverem na Judeia comprova a conexão judaica (Mt 24.16-20; Is 16.1-5; Ez 20.23; Os 2.14; Sl 60.8-10; Ap 12.6-17; Dn 11.41-45).

(9) O "sábado" dos judeus, que limitaria a fuga diante do Anticristo a uma milha (1.600 metros), comprova a conexão judaica (Mt 24.20-22; Jr 30.1-7; Dn 12.1).

(10) A "grande tribulação" diz respeito principalmente a Israel (Mt 24.21, 22; Jr 30.1-7; Dn 12.1).

(11) Os "escolhidos", em Mt 24.21-26, são os judeus, como comprovam Mt 24.31 e Is 11.11.

(12) A vinda de Cristo, mencionada na pergunta, irá

libertar Israel e cumprir todas as profecias acerca de sua restauração (Jl 3; Zc 14.1-21; Rm 11.24-29).

(13) O juízo das nações será baseado na maneira em que elas trataram os judeus, os "irmãos" (Mt 25.31-46).

(14) A igreja não pode ser inserida nessas passagens, uma vez que ela será arrebatada antes de "todas essas coisas" (Lc 21.34-36). Essa passagem é uma promessa de Jesus aos crentes depois que Ele respondeu a todas as perguntas, por isso não está incluída nas respostas. Ele mostra que alguns "evitarão" tudo que se mencionou nessas respostas. Ainda que se creia que a igreja será arrebatada no meio da Semana, não há como inserir a igreja em Mt 24.15—25.46, pois o meio da Semana é mencionado em Mt 24.15 e tudo que se lê depois desse versículo concerne às coisas que acontecerão após o meio da Semana. Isso é provado pelo advérbio "então" e outros, que ocorrem em todas as partes desses capítulos depois de Mt 24.15.

2. Essas coisas serão cumpridas numa determinada geração? Pelo que se segue, é evidente que elas irão se cumprir na última geração desta era:

(1) "Os dias de Noé" referem-se a uma única geração (Mt 24.37-39; Gn 7.1).

(2) Esses capítulos se referem a uma única geração, como é afirmado em Mt 24.34 e como ensina a parábola da figueira, que veremos mais adiante.

(3) Jesus garante que alguns evitarão "todas essas coisas", portanto não é possível que tudo se cumpra ao longo desta era.

(4) Alguns irão "perseverar até o fim", e isso não pode acontecer, a menos que tais pessoas vivam no fim desta era.

(5) A abominação da desolação irá se estabelecer no meio da Semana, ou seja, três anos e meio antes do fim da era, assim os nove sinais precedentes podem muito bem ocorrer na mesma geração (Mt 24.15).

3. Se essas coisas irão se cumprir durante a última geração desta era, que sinais estão se cumprindo hoje e mostrando que podemos ser arrebatados a qualquer momento e que estamos

perto da segunda vinda de Cristo? Os sinais já mencionados dizem respeito a um período definido imediatamente antes do fim desta era e posterior ao arrebatamento da igreja, como já se provou. Se a igreja irá evitar "todas essas coisas", então todos esses sinais irão ocorrer após o arrebatamento da igreja. Há evidências suficientes em outras passagens para comprovar que o Segundo Advento está próximo e que estamos vivendo os últimos dias. Veja o capítulo 39, seção 5, itens (4), (5), (9) e (12).

A resposta à questão dos sinais da vinda de Cristo à Terra pode ser assim resumida: em Mt 24.4-14, temos os acontecimentos que antecedem a abominação da desolação. Os sinais e os fatos de Mt 24.15-26 terão lugar depois do surgimento da abominação até o fim da era, quando então Cristo virá, como registra Mt 24.27-31. No momento de sua vinda a resposta à terceira questão irá se concretizar.

III. "Que sinais haverá do fim do mundo?"

O fim do mundo é o mesmo "fim" mencionado em Mt 24.13, 14. Era uma expressão conhecida dos discípulos, como também a sua vinda, já que Ele muitas vezes lhes havia falado de ambos. Sobre o fim dos tempos e a segunda vinda de Cristo, veja Mt 13.37-42,49,50; 22.13; 24.3; 25.31-46. Essa terceira pergunta é plenamente respondida em Mt 24.27—25.46, Mc 13.24-37 e Lc 21.24-33.

A PARÁBOLA DA FIGUEIRA

Mt 24.32, 33

Essa parábola costuma ser aplicada à nação judaica e à sua restauração, de modo que em geral se acredita ser essa a significação verdadeira, mas um estudo cuidadoso revelará que não se trata disso, em absoluto. A restauração de Israel não foi inquirida pelos discípulos, por isso não pode ser o assunto da parábola. Trata-se tão somente de uma ilustração acerca da proximidade da vinda de Cristo, que é o mesmo tema de Mt 24.4-31. "Aprendei, pois, esta parábola [ilustração] da figueira [Lucas acrescenta: 'todas as árvores', 21.29]; quando já os seus ramos se tornam tenros e brotam folhas, sabeis que está próximo o verão. Igualmente, quando virdes todas essas coisas [todos os sinais da vinda de Cristo mencionados acima] sabei que ele [o Segundo Advento] está próximo, às portas". O que pode ser mais claro? Não há por que usar essa parábola como base para a doutrina da restauração de Israel. Muitas passagens ensinam isso com clareza. Pode-se usar essa parábola como ilustração dessa verdade ou de alguma outra que desejemos ilustrar com ela, mas não podemos afirmar que a figueira representa os judeus, pois não há nenhuma pista que aponte para isso. A parábola deixa evidente que todos os acontecimentos de Mt 24.4-26 irão se cumprir numa determinada geração e que todos os sinais aparecerão num curto espaço de tempo, já que nenhuma árvore produz folhas em todas as estações.

"ESTA GERAÇÃO" – QUE GERAÇÃO?

Em Mt 24.34, temos a prova definitiva de que a geração que verá "todas essas coisas" não passará "até sem que todas essas coisas aconteçam" (Mt 10.23; 16.28; 23.39). "Aconteçam" é uma referência ao primeiro sinal, bem como ao último. A expressão "esta geração" ocorre dezesseis vezes no Novo Testamento (Mt 11.16; 12.42; 23.36; 24.34; Lc 17.25 etc.) e diz respeito a uma determinada geração, como se percebe em cada passagem em que ela ocorre. Jamais significa uma raça, já que todos os povos são eternos, como é provado no capítulo 44. Veja também Mt 12.39-45; 16.4; 17.17; At 2.40 etc. — que falam de uma determinada geração que rejeitou o Messias.

A TOLICE DE ESTABELECER DATAS

Em Mt 24.35, temos a incontestável confirmação dessa verdade. Mt 24.36 afirma que ninguém saberá o dia nem a hora do Segundo Advento, o que também expressa Mt 24.42, 44 e é o pensamento ilustrado pelas parábolas em Mt 24.36-51 e 25.1-30. Em Mt 24.37-39, temos uma exortação à vigilância numa comparação entre os dias de Noé e a época em que Cristo virá à Terra. A vinda de Cristo será como o Dilúvio: trará juízo e destruição sobre o mundo. O Arrebatamento não trará destruição. Trata-se unicamente da libertação de santos, e isso comprova que esses capítulos só se aplicam ao Segundo Advento, não ao arrebatamento da igreja.

ARREBATAMENTO OU DESTRUIÇÃO?

Em Mt 24.40-42, temos os três versículos mais mal compreendidos de toda a Bíblia, pelo fato de alguns entenderem a passagem como uma referência ao Arrebatamento, em vez de aplicá-la aos acontecimentos em torno da segunda vinda de Cristo. O contexto deixa claro que o Arrebatamento não está em questão. Mais uma vez, lembramos que o Arrebatamento não está envolvido nas perguntas dos discípulos. Esses versículos estão conectados com a "vinda do Filho do Homem", ou seja, o Segundo Advento, pelo advérbio "então": "Então [no momento da segunda vinda de Cristo à Terra com os seus santos], estando dois no campo, será levado um, e deixado o outro [...]. Vigiai, pois, porque não sabeis a que hora há de vir o vosso Senhor".

Por que aplicar esses versículos fora de seu contexto, o momento em que Cristo virá à Terra com os seus santos, à vinda de Cristo nos ares para se encontrar com os santos? Não é necessário recorrer a essa passagem para provar que haverá um Arrebatamento. Há outras provas, como as sugeridas nos capítulos de 6 a 8. Então, por que basear uma doutrina numa passagem que não diz respeito ao assunto? Se esses versículos se referem à vinda literal de Cristo, então o que significam? Para onde essas pessoas serão levadas? Essas perguntas são respondidas em outras passagens, que mostram ser o ajuntamento dessas pessoas uma reunião de nações, homens e mulheres, para a batalha do Armagedom.

Em Lc 17.34-37, temos uma passagem paralela a esses versículos que, comprova ainda mais tratar-se da vinda de Cristo à Terra, não do Arrebatamento. O texto de Lucas é a conclusão de um discurso acerca do "dia em que o Filho do Homem se há de manifestar", quando dois estarão aqui e dois ali, quando "será levado um, e deixado o outro". Era um ensino novo, por isso os discípulos perguntaram: "Onde, Senhor?". Ou seja: "Onde estão esses corpos?". A resposta foi: "Onde estiver o corpo, aí se ajuntarão as águias". A resposta em Mt 24.28 é esta: "Pois onde estiver o cadáver, aí se ajuntarão as águias". Mateus e Lucas associam o cumprimento dessa profecia à vinda de Cristo à Terra (Segundo Advento), não ao Arrebatamento.

"Carcaça", no grego, é *ptoma* e quer dizer "um corpo caído na morte", "uma carcaça morta". O grego para "corpo" é *soma* e quer dizer "cadáver". Mateus e Lucas usam a mesma palavra grega (*aetoi*) para "águias", que são as águias e os pássaros naturais. Se essas passagens se referissem do Arrebatamento, teríamos de considerar Cristo uma carcaça sem vida ou um cadáver, e os santos seriam as aves que sobrevoam a carcaça. Isso está além de nossa concepção. Nem Cristo nem os santos são retratados dessa forma na Bíblia. Esses versículos, portanto, referem-se à batalha do Armagedom, quando o "anjo que estava no sol" bradou às aves do céu a fim de reuni-las para comer os cadáveres dos homens anteriormente reunidos para a batalha, um daqui e outro dali, que foram mortos por Cristo e seu exércitos (Ap 19.11-21; Ez 39.17-21). Águias reunidas em torno dos mortos no campo de batalha era uma cena familiar aos discípulos. Jó 39.27-30 descreve esse quadro com muita clareza.

A mobilização das multidões para o Armagedom, onde encontrarão a morte e se tornarão a ceia das aves e das feras, é registrada em Jl 3.1-21; Zc 14.1-21; Ap 16.13-16; 19.11-21 etc. Depois dessa batalha, os cadáveres de toda essa gente estarão espalhados pelas montanhas da Palestina (Ez 38.16; 39.2-5,17-21), para a grande ceia descrita nas passagens mencionadas acima. "Onde estiver o cadáver [no campo de batalha], aí se ajuntarão as águias". Essa destruição é ilustrada e comparada com a destruição ocorrida na época do Dilúvio. Assim como o Dilúvio chegou "e os levou a todos" ("os consumiu a todos", Lc 17.27), o Filho do Homem virá trazendo a "repentina destruição" sobre os seus inimigos (Mt 24.39; 1Ts 5.1-11; 2Ts 1.7-10; Jd 14, 15). Assim como oito almas não foram "levadas", ou seja, destruídas pelo Dilúvio, alguns escaparão da morte na batalha do Armagedom. Os que sobreviverem à batalha do Armagedom irão povoar a Terra outra vez, no Milênio, assim como os "sobreviventes" do Dilúvio se multiplicaram na Terra (Zc 14.16; Mt 25.31-46). Mt 24.27-31 descreve a vinda de Cristo à Terra no fim dos tempos, enquanto Mt 24.32—25.46 pode ser considerado um texto suplementar, que apresenta detalhes de coisas que irão se realizar no momento de sua chegada e emite fortes advertências acerca da vigilância e da fidelidade em vista de sua chegada. A passagem em questão (Mt 24.40-42) faz parte da seção suplementar e registra o simples fato da mobilização da humanidade ao Armagedom para lutar contra Cristo. Desse modo, em vez de ensinar a retirada dos piedosos dentre os ímpios no Arrebatamento, esses versículos descrevem uma convocação de homens e mulheres ímpios do meio das nações, numa campanha supostamente triunfante, porém desastrosa na hora de enfrentar a Cristo e seus santos. No Arrebatamento, você desejará ser "levado"; no Segundo Advento, você desejará ser "deixado".

Em Mt 24.43-51, temos outras duas parábolas, a do pai de família e a do servo fiel e prudente. Assim, temos três parábolas em Mt 24. A parábola da figueira ilustra a proximidade da volta de Cristo; a parábola do pai de família, a prontidão; a parábola do servo fiel e prudente, a fidelidade em vista de sua chegada.

A PARÁBOLA DAS DEZ VIRGENS

Mt 25.1-13

Das afirmações sobre Mt 24 e 25, pode-se ver que os acontecimentos ocorrem um após o outro, numa ordem lógica, e que estão unidos pelo uso de expressões como "então", e assim por diante. A parábola das dez virgens é uma continuação da resposta à terceira pergunta dos discípulos, ligada pelo advérbio "então" ao tema da "vinda do Filho do Homem", ou seja, a segunda vinda de Cristo à Terra. Esses termos de ligação sem dúvida foram inspirados tanto quanto as demais palavras, possivelmente para evitar que viéssemos a confundir esses acontecimentos com fatos de natureza semelhante. O assunto ilustrado por essa parábola, portanto, é o Segundo Advento, não o Arrebatamento.

Tomada como uma referência ao Segundo Advento, como comprova o advérbio e como um estudo de ambos os capítulos irá revelar, a parábola assume um significado divergente da maneira em que geralmente é compreendida. "Então [Quando? No momento da chegada literal de Cristo à Terra, como todo o capítulo 24 esclarece!], o Reino dos céus será semelhante a dez virgens". A verdade ilustrada pela parábola é a vigilância, como se vê em Mt 25.13: "Vigiai, pois, porque não sabeis o Dia nem a hora em que o Filho do Homem há de vir". Desde que essa é a verdade ilustrada por Jesus na cerimônia de casamento oriental, não há definitivamente outra verdade delineada por Ele aqui. Por que, então, basear outras doutrinas nessa ilustração?

A parábola é uma ilustração simples de alguma verdade moral ou espiritual, e os detalhes não devem ser explorados além do que se deve. Eles são necessários apenas para complementar a história que ilustra a verdade, mas não há motivo para lhes creditar significados místicos e ocultos. Construíram-se de forma imprudente tantas doutrinas não bíblicas sobre essa parábola que é oportuno mostrar, por meio desse exemplo, a inconsistência de basear qualquer doutrina nos detalhes de uma parábola ao mesmo tempo em que se ignoram as passagens que realmente tratam do assunto.

Acredita-se, quase universalmente, que o óleo na parábola das dez virgens simboliza o Espírito Santo e que as virgens representam diferentes classes de cristãos ou grupos da cristandade. Alguns insistem em que as virgens sábias são as que receberam o batismo com o Espírito Santo e as loucas são as que não foram batizadas. Isso implica que tanto as sábias quanto as loucas possuem a salvação (lâmpadas), mas só as sábias têm o

Espírito Santo (óleo). Os outros vão além e ensinam que só os que forem batizados com o Espírito serão levados no Arrebatamento e que os cristãos que não tiveram aquela experiência serão deixados aqui para enfrentar a Tribulação. Outros ainda afirmam que ninguém é salvo sem o batismo do Espírito Santo, mas que esse batismo é no corpo espiritual de Cristo, como sugere 1Co 12.12, 13 (sobre essa teoria, veja o capítulo 17, seção IV).

Muitos pregam essas doutrinas como um estímulo à busca da experiência do batismo com o Espírito, mas apesar da boa intenção de tal mensagem, pode-se afirmar, à luz de outras claras passagens bíblicas, que essas doutrinas são equivocadas. Esse tipo de ensino se mostra desastroso por dois motivos. Em primeiro lugar, muitos cristãos devotos e de coração puro são arbitrariamente condenados por falta de esclarecimento, em consequência do ensino ministrado por tal escola doutrinária, segundo a qual quem ainda não recebeu o batismo com o Espírito Santo não está vivendo uma vida de santidade. Em segundo lugar, cria-se um padrão diferente da purificação pela lavagem no sangue. Por fim, são estabelecidas qualificações para o Arrebatamento e para a participação no Corpo de Cristo que não são ensinadas em passagem alguma das Escrituras Sagradas.

Essas interpretações variam em cada ponto quando confrontadas com os detalhes da parábola e com outras passagens das Escrituras. As lâmpadas não simbolizam a salvação, a profissão de fé ou algo dessa natureza, como comprova o uso da palavra em várias passagens (p. ex., Êx 27.20; 1Sm 3.3; 2Sm 22.29; Sl 119.105; Pv 13.9; 20.20; Ap 4.5; 8.10). Nessas passagens, a palavra "lâmpada" simboliza a Palavra de Deus e a perfeição do Espírito Santo, mas nunca a salvação ou o corpo humano. Além disso, a palavra "óleo" aqui não se refere ao Espírito, como também nestas passagens: Gn 28.18; Pv 5.3; Jr 41.8; Os 12.1; Mq 6.7; Lc 7.46; 16.6, e assim por diante (sobre o uso bíblico da palavra "louco", veja Mt 7.24-29; Lc 12.16-22).

Como poderia uma pessoa salva e cheia do Espírito achar-se em tal letargia, como as dez virgens, loucas ou sábias? A respeito dessa pessoa, o Senhor declara: "Vomitar-te-ei da minha boca" (Ap 3.16; veja Rm 13.11; 1Co 15.34; Ef 5.14). Deve-se observar, além disso, que na hora do Arrebatamento ninguém terá tempo para encher ou reacender a sua lâmpada (salvação) como fazem as virgens, uma vez que o Arrebatamento ocorrerá "num abrir e fechar de olhos" (1Co 15.51-58). Se depois do Arrebatamento alguém ainda é digno de receber o batismo com o Espírito (óleo), como Cristo poderá lhe dizer: "Não vos conheço", como foi dito às cinco virgens loucas que chegaram mais tarde com o óleo? Assim, fica evidente que a busca de significados nos detalhes dessa ilustração não encontra harmonia com as doutrinas bíblicas. Não devemos nos esquecer de que qualquer tentativa de basear uma doutrina nos detalhes de uma parábola deve ser evitada, uma vez que a verdade que ela está ilustrando é afirmada na própria parábola.

No livro *Bible Lands* [Terras bíblicas], de Henry J. Van Lennep, pp. 548-552, encontramos a descrição de uma cerimônia de casamento oriental semelhante à que Cristo usou para ilustrar a necessidade de vigilância na expectativa de sua segunda vinda. É oportuno mencionar aqui que nos casamentos orientais a noiva era sempre acompanhada por algumas virgens. Na ilustração de Mt 25, está claro que as dez virgens não são a noiva, e sim a comitiva da noiva. Assim como as virgens deviam estar prontas para executar a sua parte na cerimônia de casamento, Jesus adverte que os cidadãos do Reino dos céus, se desejam alguma recompensa após o Arrebatamento, deverão estar preparados para a sua chegada à Terra (Mt 13.40-43; 24.42-51; 25.14-46). Não nos é informado quem são a noiva e o noivo ou as virgens, mas sem dúvida eram pessoas que viviam nos dias de Cristo, as quais Ele usou para ilustrar a "vigilância" em face do Segundo Advento — e essa é toda a lição que devemos extrair dessa antiga história de casamento.

Em Mt 25.14-30, temos a última parábola desses capítulos, que mostra como será o julgamento de cada um no Reino dos céus pela qualidade do serviço prestado. Ao mesmo tempo, ela está relacionada com a parábola anterior. Depois dessa quinta e última parábola, vem o juízo das nações, que mostra como Cristo deve julgar o povo do Reino dos céus, como mencionado nas parábolas anteriores (25.31-46). Note o resultado do juízo em todas as passagens.

Assim, as duas perguntas acerca dos sinais da vinda de Cristo e sobre o que acontecerá no fim dos tempos são respondidas para comprovar que a igreja será arrebatada antes "todas essas coisas". Isso significa, como já se afirmou, que o Arrebatamento ocorre em Ap 4.1.

Começaremos agora um estudo da última seção do livro, as "coisas que depois destas devem acontecer", isto é, depois da igreja (Ap 4—22). Deixamos a era da igreja, porque nada é dito a respeito dela no restante do livro até o fim da revelação, exceto as admoestações de Ap 22.6-21. Durante o cumprimento de todo de Ap 4.1-19.10, ela já terá sido arrebatada e estará no céu e voltará como parte dos exércitos do céu (Ap 19.11-21) a fim de reinar para sempre (Ap 20.1—22.5).

Nessa última divisão do livro, são vistas cenas ocorridas no céu e na Terra durante os sete anos finais da Septuagésima Semana de Daniel, acontecimentos que têm lugar entre o arrebatamento da igreja e a segunda vinda de Cristo à Terra com a igreja a fim de reinar para sempre (Ap 6.1—22.5).

Não existe um único pormenor em Ap 4.1—19.21 que corresponda a algo que tenha se cumprido na Terra até agora: todos serão cumpridos depois do Arrebatamento e antes e no momento da segunda vinda de Cristo. Ap 20 revela o reinado de mil anos de Cristo na Terra, ocasião em que porá todos os inimigos debaixo dos pés e dará um fim a toda rebelião (Ap 20.1-10; Ef 1.10; 1Co 15.24-28). Ap 21.1—22.5 revela o reinado eterno de Deus, Cristo e os santos na Terra depois que toda rebelião for suprimida.

Se alguém tomar todos esses acontecimentos como literais e na ordem consecutiva de seu cumprimento, não encontrará mistério algum no livro de Apocalipse, e não será difícil entendê-lo. Contudo, lembramos que, se você não tiver em mente que tudo que se lê em Ap 4—22 ocorrerá após a era da igreja — depois do Arrebatamento — você ficará confuso quanto ao cumprimento das "coisas que depois destas devem acontecer".

PARTE III "AS COISAS QUE DEPOIS DESTAS DEVEM ACONTECER"

Ap 4.1—22.5

CAPÍTULO NOVE

O TABERNÁCULO CELESTIAL

Ap 4.1—5.14

Nesses capítulos, temos um quadro quase completo do tabernáculo celestial de acordo com o qual o tabernáculo terrestre foi construído (Hb 8.1-5; 9.1-10, 22-24; 10.1). Comparemos as ilustrações dos tabernáculos terrestre e celestial na relação a seguir. Estes nove pontos resumem as verdades que esse lugar representa:

1. A PORTA CELESTIAL

Depois destas coisas, olhei, e eis que estava uma porta aberta no céu; e a primeira voz, que como de trombeta ouvira falar comigo, disse: Sobe aqui, e mostrar-te-ei as coisas que depois destas devem acontecer (Ap 4.1).

As três primeiras palavras, "depois destas coisas", são a tradução da frase grega *metatouta*. Ela ocorre nas seguintes passagens no livro e é traduzida (na ARC) como segue: 1.19, "depois"; 4.1 "depois destas coisas" e "depois"; 7.1, "depois destas coisas"; 7.9, "depois destas coisas"; 18.1, "depois destas coisas"; 19.1, "depois destas coisas"; 20.3, "depois". O termo *meta* no acusativo sempre significa "depois" com relação ao tempo, como deixam claro essas passagens e também em muitas outras fora do livro (p. ex., Mt 17.1; 26.32; Jo 13.7). Ap 4.1 literalmente quer dizer: "Depois destas coisas" [que concernem às igrejas], olhei [...] e a primeira voz [...] disse: Sobe aqui, e mostrar-te-ei as coisas que depois destas devem acontecer", isto é, depois da era da igreja.

Isso ressalta a terceira e última divisão natural do livro, que inclui "coisas" que "devem acontecer" depois do arrebatamento da igreja. As três divisões não são sobrepostas nem simultâneas: assim que uma termina, tem início a outra. "Depois destas coisas", isto é, depois de ver Cristo no meio dos castiçais e após a visão da história da cristandade até o arrebatamento da igreja, João viu uma porta aberta no céu. Ele viu a porta do tabernáculo celestial, que foi o modelo da porta para o tabernáculo terrestre (Hb 8.5; 9.23, 24).

É razoável supor que essa porta seja literal, conforme a descrição feita aqui (veja também Ap 11.19; 14.15-18; 15.5-8; 16.1, 17). Não há porta espiritual alguma aqui. A palavra "céu" é usada 52 vezes em Apocalipse, sempre no singular, exceto em Ap 12.12. Não há qualquer indicação de que se trate de um céu espiritual. Portanto, se ele é literal, a porta também deve ser.

A mesma voz metálica, como de trombeta, que falou a João na primeira parte do livro (Ap 1.10) fala com ele aqui: "Sobe aqui, e mostrar-te-ei as coisas que depois destas devem acontecer". João sem dúvida foi levado ao céu em pessoa, à semelhança de Enoque (Gn 5.21-24; Hb 11.5), Elias (2Rs 2) e provavelmente Paulo (2Co 12.1-10). "Sobe aqui" é uma frase usada apenas mais uma vez no livro, e logo ocorre a ascensão corpórea das duas testemunhas ao céu (Ap 11.12).

2. O TRONO CELESTIAL

E logo fui arrebatado no Espírito, e eis que um trono estava posto no céu, e um assentado sobre o trono. E o que estava assentado era, na aparência, semelhante à pedra jaspe e sardônica; e o arco celeste estava ao redor do trono, e parecia semelhante à esmeralda. [...] E do trono saíam relâmpagos, e trovões, e vozes; e diante do trono ardiam sete lâmpadas de fogo, as quais são os sete espíritos de Deus (Ap 4.2, 3, 5).

A primeira coisa que João viu no céu foi o trono de Deus, o

Pai, que lhe pareceu feito de "pedra jaspe e sardônica". A pedra jaspe, segundo Plínio, o Velho, é semitransparente. Em Ap 21.11, diz-se que a luz da nova Jerusalém é "semelhante a uma pedra preciosíssima, como a pedra de jaspe, como o cristal resplandecente". A pedra sardônica é de cor vermelha. João viu um arco celeste de um tom verde-esmeralda rodeando o trono (cf. 10.1; Gn 9.13; Ez 1.28). Esse trono é o centro de toda as ações registradas no livro. Ele é visto por todo o livro até 21.22—22.5, onde está associado ao trono do Cordeiro. O trono é tão literal quanto a porta: as mesmas coisas que comprovam a literalidade de uma mostram que o outro é também literal. Algumas pessoas não podem conceber um Deus que se assenta num trono físico, mas não há trono espiritual. Não temos nenhuma base para considerar essas cenas simbólicas ou irreais, diferentes de como foram vistas por João. Nossa concepção errônea acerca de alguma coisa não serve para refutar a sua existência.

Se os santos, sem o corpo, podem ser vestidos e existir na forma espiritual e habitar um lugar literal e se os espíritos podem ser confinados a lugares literais como o Tártaro (2Pe 2.4; Jd 6,7), o Hades (Lc 16.19-31; Ap 20.11-15), o altar no céu (Ap 6.9-11) ou o abismo (Ap 9.1-21; 20.1-3), parece razoável e sem dúvida compreensível que Deus, sendo Espírito, possa sentar-se num trono literal, como é visto muitas vezes (Is 6.1; Jo 5.37; At 7.55 etc.). Se Deus tem a capacidade de criar tronos literais, céus e planetas, Ele pode muito bem sentar-se em qualquer um desses lugares, conforme desejar. A revelação de Deus em Apocalipse refuta a ideia de que os homens jamais verão o Pai face a face. Ele foi visto por João diversas vezes nessas visões e o livro afirma que os homens "verão o seu rosto" na nova Terra (Ap 21.3; 22.4).

A palavra "trono" é usada 173 vezes em ambos os Testamentos e quase sempre diz respeito a um trono literal. É usada mais de quarenta vezes em Apocalipse e sempre em sentido literal, como se depreende das próprias passagens. As afirmações inconfundíveis acerca do trono celestial no livro comprovam que se trata mais que mera soberania ou poder (p. ex., Ap 3.21;

22.1-5). Em Ap 4.5, os relâmpagos, os trovões e as vozes provêm do trono, e sete "lâmpadas de fogo", que simbolizam o Espírito Santo, ardem diante dele. Ver "A saudação às sete igrejas", no capítulo 2.

3. OS 24 ANCIÃOS

E ao redor do trono havia vinte e quatro tronos; e vi assentados sobre os tronos vinte e quatro anciãos vestidos de vestes brancas; e tinham sobre a cabeça coroas de ouro (Ap 4.4).

Vinte e quatro anciãos ocupam 24 tronos literais, não assentos ordinários, como às vezes se traduz nesse versículo. A mesma palavra grega é traduzida como "trono" em Ap 4.2 e, em algumas traduções, como "assento" em Ap 4.4, talvez porque os tradutores pensem que o trono de Deus difere em substância desses 24 tronos. Mas se um dos 25 tronos é literal, os demais também devem ser. Os anciãos estão posicionados "ao redor" do trono de Deus (cf. Dn 7.9, 10).

A questão da identidade dos anciãos é muito importante, porque ajuda a esclarecer o conteúdo de Apocalipse. Desenvolvemos os seguintes pontos para comprovar que eles são homens remidos e representam os santos arrebatados e glorificados.

(1) Eles usam coroas de ouro e estão assentados em tronos. Na Escritura Sagrada, Deus, Cristo e os homens são os únicos seres vistos assentados em tronos ou a quem são prometidos tronos no céu perante Deus. Nesse livro, Cristo é o único que usa uma coroa (Ap 14.14; 19.12), além dos anciãos (Ap 4.4, 10). Os anjos não ocupam tronos nem usam coroas. Nada disso é prometido a eles no livro. Coroas e tronos são prometidos aos homens não só nesse livro, mas em outras passagens do NT, se forem "vencedores" (Ap 2.10; 3.21; 20.4; Mt 19.28; 1Co 9.25-27; 2Tm 4.8). Uma vez que a terceira seção do livro diz respeito às "coisas" futuras, que terão lugar após o Arrebatamento, os anciãos parecem ter sido arrebatados antes do cumprimento dessas "coisas" e são vistos no céu desfrutando as recompensas

prometidas aos santos vencedores. Os anjos são relacionados com tronos apenas duas vezes na Bíblia inteira (Is 14.13; Cl 1.16).

(2) As "vestes brancas" nunca são usadas por anjos em Apocalipse, mas sempre por Cristo e seus santos (Ap 3.5, 18; 6.11; 7.9, 13; 15.6; 19.8, 14).

(3) Os anjos aparecem muitas vezes no livro, mas sempre distintos dos homens, e sua identidade é sempre inconfundível. Como os anciãos não são definidos como anjos, a conclusão natural é que eles são homens.

(4) Em seus discursos, são feitas referências à Terra e às nações, o que parece associá-los com a Terra e com a humanidade (Ap 4.9-11; 5.8-10; 7.13, 14; 11.16-19).

(5) Eles são distintos dos anjos tanto quanto os "quatro animais", portanto devem ser homens (Ap 5.11-14).

(6) A palavra "ancião" jamais indica um anjo ou qualquer outro ser que não seja o homem. Na maioria das 152 ocorrências no Antigo Testamento, a palavra indica o chefe e representante de uma família, cidade, tribo ou nação. Portanto, não há dúvida de que os 24 anciãos são representantes dos santos remidos. O termo grego *presbuteros*, traduzido aqui por "anciãos", ocorre 66 vezes no Novo Testamento — 12 em Apocalipse — e sempre significa "o mais velho", "ancião" ou "presbítero", aplicado a homens. Os anjos não se tornam mais idosos, como os humanos, por isso esses anciãos devem ser homens.

(7) Um argumento irrefutável, no sentido de que eles são homens remidos, é encontrado em Ap 22.8, 9. Ali o "anjo" que mostra as revelações a João (Ap 1.1) não é um anjo comum, mas um dos profetas, possivelmente um dos profetas do Antigo Testamento, que no livro, como um dos anciãos, fala com João e lhe mostra várias coisas (Ap 5.5-7; 7.13-15). Assim se esse ancião em particular, o "anjo" de Ap 1.1 e 22.8, 9, é homem, os outros também devem ser. Veja também o capítulo 24, seção I.

(8) Que se trata de homens remidos é a conclusão mais natural e lógica, pois essa visão está em harmonia com todas as outras

passagens acerca dos anciãos como se provará enquanto prosseguimos.

Se eles são homens remidos e representantes dos santos arrebatados e glorificados, que tomam parte no cumprimento das "coisas" que terão lugar após o Arrebatamento, que grupo ou grupos eles representam? Antes que essa pergunta seja respondida, devemos distinguir os diferentes grupos de remidos. Há quatro grupos de salvos, de épocas diferentes, desde os tempos de Adão até o fim da primeira ressurreição:

(1) Os santos do Antigo Testamento. João Batista encerra esse grupo (Mt 11.1-12; Jo 3.29). Jesus e João reconheceram-no como alguém distinto dos santos da igreja (veja também At 7.38; Hb 11.1-4; 12.1).

(2) Os santos da igreja. Comprova-se que a igreja do Novo Testamento não começou antes do ministério de Cristo na Terra, já que Ele é o seu chefe e fundador, em passagens como: Mt 16.18; 1Co 12.27, 28; Ef 1.20-23; 2.14-22; 4.12-16; 5.21-32; Cl 1.18, 24.

(3) Os 144 mil judeus são identificados como um grupo distinto em Ap 7.1-8 e 14.1-5. Veja os capítulos 11 e 18.

(4) A "multidão" de santos da Tribulação é comprovadamente um grupo distinto dos três mencionados acima: Ap 7.9-17; 14.13; 15.2-4; 20.4. Veja o capítulo 11.

Os 24 anciãos pertencem a um desses quatro grupos. Mas não fazem parte de nenhum dos dois últimos grupos, como provam as passagens de Ap 7.11-14 e 14.1-5, onde os anciãos são vistos à parte de ambos os grupos. Nem podem ser o varão, que representa um dos quatro grupos, pois são vistos no céu por ocasião do toque da sétima trombeta, que inclui o arrebatamento do varão (Ap 11.15—13.18). Por isso, o grupo ao qual eles pertencem é o dos arrebatados no começo da Semana (ou antes), não no meio. Nas passagens mencionadas acima, fica evidente que os 144 mil e a "multidão" não são arrebatados no início da Semana, pois os 144 mil são selados após o sexto selo. Eles são protegidos dos juízos da trombeta, no meio da Semana. A "multidão" é martirizada durante a Semana, por isso há razão para pensar que os anciãos pertencem a um dos dois primeiros grupos — a igreja e os santos do Antigo Testamento — ou a ambos. Seria possível os santos do Antigo Testamento serem arrebatados no início da Semana, e a igreja, o varão arrebatado no meio da Semana? Tal coisa só faria sentido se a igreja fosse o varão e se os 144 mil e a "multidão" fossem também arrebatados durante a Semana. Mas não há como conciliar essa ideia com as passagens acerca do arrebatamento da igreja e dos santos do Antigo Testamento, as quais os descrevem como os primeiros grupos a ser arrebatados.

Desse modo, a igreja e os santos do Antigo Testamento não podem ser o varão, portanto, resta identificar os anciãos como a igreja e os santos do Antigo Testamento arrebatados antes da Semana. Essa conclusão está em harmonia com todo o livro de Apocalipse e as demais passagens das Sagradas Escrituras, como veremos.

Mas por que 24 anciãos? Não é difícil entender, se considerarmos as doze tribos de Israel e os doze apóstolos do Cordeiro, ambos mencionados na descrição da nova Jerusalém (21.10-14). Os anciãos são apenas 24 homens dentre os santos arrebatados antes da Semana e vistos em 24 tronos perante Deus durante o cumprimento da última divisão do livro, na Septuagésima Semana. O sacerdócio da época de Davi era representado ou encabeçado por 24 indivíduos, de acordo com o que Deus havia ordenado (1Cr 24.1-19). Os 24 anciãos sem dúvida foram alçados de modo permanente aos 24 tronos para servir na mais alta esfera oficial do Reino de Deus. É possível que eles sejam os chefes de todos os remidos, assim como aqueles 24 indivíduos lideravam todo o sacerdócio.

A ideia de que a posição mais alta perante Deus na eternidade será concedida aos que pertencem à igreja do Novo Testamento e que eles serão exaltados acima de qualquer santo do Antigo Testamento é refutada pelo fato de que Davi, Abraão, Isaque, Jacó e outros estarão em posição mais elevada que a maioria dos que pertencem à igreja (Jr 30.9; Ez 34.24; 37.24,25; Dn 7.18; Os 3.5; Mt 8.11; Gl 3.7, 9; Rm 4.1, 12-16; Hb 11 etc.). Os que pertencem à igreja não serão todos exaltados à mesma posição. As passagens mencionadas acima falam de Abraão, "nosso pai", e mostram que muitos virão para se sentar à mesa com Abraão, Isaque e Jacó, em vez de sugerir que eles se sentarão com pessoas de posição mais elevada que eles. Davi reinará sobre todo o Israel, enquanto os doze apóstolos terão uma tribo cada um (Lc 22.30), portanto Davi será exaltado acima dos apóstolos. Todos os santos terão a sua parte no plano eterno de Deus, determinada pela sua vida presente, caráter, conduta, frutos, feitos, obra de Deus, conformidade com Ele etc. Veja o capítulo 17, seção I.2.)

Alguns acreditam que os anciãos são espíritos angélicos quem deixarão vagos os tronos para os santos, mas isso contradiz o objetivo, o plano e o caráter de Deus: Ele não remiu os homens para que assumissem as posições mantidas fielmente pelos anjos através das eras. Os anjos irão exercer as mesmas funções de hoje como servos de Deus. Essa doutrina de promoções não existe na Bíblia. No livro, os 24 anciãos:

(1) sentam-se em tronos e usam coroas e vestuário branco (Ap 4.4; 19.7, 8);

(2) cultuam a Deus com voz audível (Ap 4.9-11; 5.8-10);

(3) lançam as suas coroas diante do trono de Deus (Ap 4.10);

(4) prostram-se diante do trono (Ap 4.10; 5.8, 14; 11.16; 19.4);

(5) cantam e tocam harpas de ouro (Ap 5.8-10);

(6) exercem funções sacerdotais (Ap 5.8);

(7) explicam certos mistérios a João (Ap 5.5; 7.13, 14).

Eles estão associados com Deus, o Cordeiro, os quatro animais, os anjos e outros povos remidos, por isso devem ser diferentes deles (Ap 5.6, 11; 14.3; 19.4).

4. O MAR DE VIDRO

E havia diante do trono um como mar de vidro, semelhante ao cristal (Ap 4.6a).

O mar de vidro não representa os mares da Terra: é outra

parte real do tabernáculo celestial e se assemelha ao "cristal". Está posicionado diante do trono. Aparece vazio aqui, mas em Ap 15.2-4 é ocupado pela "multidão". Ele lembra o "mar de fundição" que substituía o lavatório do tabernáculo terrestre no templo de Salomão (1Rs 7.23-26; 2Cr 4.2-15). O mar do vidro por certo é de vasta dimensão, pois acomoda "uma multidão, a qual ninguém podia contar" (Ap 7.9-17; 15.2-4).

5. AS QUATRO CRIATURAS VIVENTES

... e, no meio do trono e ao redor do trono, quatro animais cheios de olhos, por diante e por detrás. E o primeiro animal era semelhante a um leão; e o segundo animal semelhante a um bezerro; e tinha o terceiro animal o rosto como de homem; e o quarto animal era semelhante a uma águia voando.

E os quatro animais tinham, cada um, respectivamente, seis asas e, ao redor e por dentro, estavam cheios de olhos; e não descansam nem de dia nem de noite, dizendo: Santo, Santo, Santo é o Senhor Deus, o Todo-poderoso, que era, e que é, e que há de vir (Ap 4.6b-8).

"Animais/bestas" é a tradução do grego *zoa*, porém "criaturas viventes" é o mais correto, como na *Revised Version* (versão em inglês) e nas notas marginais de muitas Bíblias. Não é a mesma palavra grega, *therion*, traduzida por "besta" em Ap 13—17, 19 e 20, que significa "besta selvagem". Essas *zoa* são distintas dos remidos (Ap 4.9-11); dos serafins (Is 6.1-8); dos querubins (Ez 1.4-28; 10.1-22); dos anjos (Ap 5.11, 12); dos outros seres do mundo espiritual. Um exame dessas passagens revelará as diferenças. Apenas uma passagem (Ap 5.8-10) parece dar a entender que as criaturas viventes faziam parte dos remidos, mas isso não procede, como veremos nesta exposição.

Já se tentou fazer dessas *zoa* representantes dos pássaros, das bestas e do homem, porque seu rosto é semelhante a cada um deles. Mas se for assim, as bestas do campo têm mais representantes que o homem e as aves, enquanto os répteis e os peixes ficam sem representação. Deus firmou uma aliança com

Noé e com "tudo o que vive", não só com as bestas, as aves e o homem. Essa aliança é eterna, por isso não faria sentido se algum dos implicados não fosse eterno. Por isso, essa representação incompleta é uma teoria sem respaldo bíblico. Por que não os considerar apenas quatro criaturas viventes, como os seres mencionados em Isaías e Ezequiel, criados com o objetivo de proclamar a glória e a santidade de Deus? Eles proclamam: "Santo, Santo, Santo é o Senhor Deus, o Todo-poderoso, que era, e que é, e que há de vir". A palavra "santo" é a primeira de dezessete declarações celestiais no livro (Ap 4.8, 11; 5.9, 10, 12-14; 7.10, 12; 11.15, 17; 12.10-12; 14.13; 15.3; 19.1-7 (cf. o Deus Todo-poderoso aqui com o Filho Todo-poderoso em Ap 1.8). No livro, as *zoa*:

(1) proclamam a santidade de Deus (Ap 4.4-8);
(2) prostram-se diante do Cordeiro (Ap 5.8-10);
(3) cantam e tocam harpas de ouro (Ap 5.8-10);
(4) exercem funções sacerdotais (Ap 5.8-10);
(5) conclamam os cavaleiros dos quatro primeiros selos a "vir" (Ap 6.1-8).
(6) entregam as sete taças aos sete anjos (Ap 15.7).

Esses seres estão associados com Deus, o Cordeiro, os anciãos, os anjos e todas as classes de remidos, sempre separados deles, por isso devem ser distintos de todos eles (Ap 5.6, 11,14; 7.11; 14.3; 19.4).

6. A ADORAÇÃO NO CÉU POR CAUSA DA CRIAÇÃO

E, quando os animais davam glória, e honra, e ações de graças ao que estava assentado sobre o trono, ao que vive para todo o sempre, os vinte e quatro anciãos prostravam-se diante do que estava assentado sobre o trono, adoravam o que vive para todo o sempre e lançavam as suas coroas diante do trono, dizendo: Digno és, Senhor, de receber glória, e honra, e poder, porque tu criaste todas as coisas, e por tua vontade são e foram criadas (Ap 4.9-11).

Aqui Deus é adorado pelas criaturas viventes e pelos anciãos por causa da criação e de seu propósito. Antes disso, as criaturas viventes dão glória ao Deus que se senta no trono e vive "para todo o sempre". Em seguida, os anciãos lançam as suas coroas diante do trono e se prostram em adoração a Deus. É dito aqui que o propósito da criação é o prazer de Deus, conforme a vontade dEle.

7. O LIVRO SELADO COM SETE SELOS

E vi na destra do que estava assentado sobre o trono um livro escrito por dentro e por fora, selado com sete selos. E vi um anjo forte, bradando com grande voz: Quem é digno de abrir o livro e de desatar os seus selos? E ninguém no céu, nem na terra, nem debaixo da terra, podia abrir o livro, nem olhar para ele. E eu chorava muito, porque ninguém fora achado digno de abrir o livro, nem de o ler, nem de olhar para ele (Ap 5.1-4).

O livro celestial estava na mão de Deus, para ser entregue a alguém que se achasse digno de abri-lo. Estava escrito "por dentro e por fora" e lacrado com sete selos. Isso significa que era um livro selado a ser aberto por alguém digno dele. O grego traduzido por "selado" é usado só aqui e em Jó 9.7 e 37.7 na *Septuaginta*. "Um anjo forte" clama com uma grande voz: "Quem é digno de abrir o livro e de desatar os seus selos?". Esse é o primeiro anjo literal de Apocalipse. As criaturas viventes são seres angélicos, mas diferentes de anjos comuns. Há cerca de 26 anjos não identificados nas ações registradas em Apocalipse além dos quinze anjos identificados como homens, Cristo (Ap 8.2-6; 10.1—11.3), Lúcifer (Ap 12.1-9), Miguel (Ap 12.7-10) e os anjos inumeráveis ao redor do trono (Ap 3.5; 5.11; 7.11). Esse anjo é "forte", é isso é significativo, pois, se ele não foi capaz de abrir o livro com a sua força, quem poderia fazê-lo? Entretanto, "ninguém no céu, nem na terra, nem debaixo da terra, podia abrir o livro, nem olhar para ele". Esse fato teve um efeito esmagador sobre João, e ele "chorava muito". Que momento de suspense e de aflição! Teria o plano fracassado? Será que não se encontraria ninguém capaz de abrir, e o mistério permaneceria para sempre?

Nessa passagem, temos a primeira das nove perguntas feitas no livro. As outras perguntas são encontradas em Ap 6.10, 17; 7.13; 13.4; 15.4; 17.7.

O anjo fez a proclamação com "grande voz", e essa expressão é encontrada treze vezes no livro: Ap 5.2, 12; 6.10; 7.2, 10; 8.13; 10.3; 12.10; 14.7, 9, 15, 18; 19.17.

8. O CORDEIRO

E disse-me um dos anciãos: Não chores; eis aqui o Leão da tribo de Judá, a Raiz de Davi, que venceu para abrir o livro e desatar os seus sete selos.

E olhei, e eis que estava no meio do trono e dos quatro animais viventes e entre os anciãos um Cordeiro, como havendo sido morto, e tinha sete pontas e sete olhos, que são os sete Espíritos de Deus enviados a toda a terra. E veio e tomou o livro da destra do que estava assentado no trono (Ap 5.5-7).

As palavras do ancião e a aparência de "um Cordeiro como havendo sido morto" imediatamente trouxeram alívio a João, bem como a todos os seres celestiais, pois quando o Cordeiro tomou o livro, a adoração a ele começou com as quatro criaturas viventes e os 24 anciãos e alcançou toda a criação. Cristo é chamado aqui "o Leão da tribo de Judá", em cumprimento a profecias perenes (Gn 49.9,10; Nm 24.17-19; Mq 5.1, 2). Também o chamam "a Raiz de Davi", de acordo com várias profecias (2Sm 7.8-17; Sl 89.35-37; Is 9.6, 7; 11.1-9; Jr 23.5, 6). A palavra "venceu" é a tradução da mesma palavra grega nas mensagens às igrejas, em Ap 2 e 3. A palavra grega *arnion*, traduzida por "Cordeiro", significa "cordeirinho" (Jo 21.15). Os sete chifres e os sete olhos simbolizam a unção completa do Espírito Santo sobre Cristo em sua obra redentora. Veja o capítulo 2, seções I.2 e II.2.

O livro não trata da redenção, pois as expressões "venceu", "um Cordeiro como havendo sido morto" e "o Cordeiro, que foi morto" (Ap 5.6, 9, 12) comprovam que a redenção já fora realizada e nada mais precisava ser feito nesse sentido. Tudo que se tem a fazer agora é apropriar-se dos benefícios da redenção.

A ideia é que o Cordeiro, por haver vencido e concluído a obra da redenção, tornou-se digno de tomar o livro das "coisas que depois destas devem acontecer", desatar os selos e revelar o que está escrito nele.

O livro contém a parte da revelação que Deus deu a Jesus após a exaltação. O conteúdo dos selos é revelado em Ap 6.1—8.1, e as coisas nele escritas são reveladas na última parte de Apocalipse, como veremos no capítulo 13. Isso comprova que se trata de um livro de juízos, não de redenção. Tudo aqui, inclusive esse livro e o seu conteúdo, acontece "depois" da era da igreja, depois que Cristo consumou a redenção (Jo 17.1-5; 19.30; Ef 1.19-23; Fp 2.5-11). O conteúdo do livro são "coisas" que irão acontecer depois do Arrebatamento e durante a Semana, já que no cumprimento da revelação o Cordeiro só começa a desatar os selos e abrir em Ap 6.1, após a era da igreja. Esses fatos também comprovam que o livro não é um documento de propriedade sobre a terra, porque não encontramos tal doutrina nas Escrituras. Deus não precisa de documento para algo que Ele mesmo criou, para a sua glória.

9. A ADORAÇÃO NO CÉU POR CAUSA DO CORDEIRO

E, havendo tomado o livro, os quatro animais e os vinte e quatro anciãos prostraram-se diante do Cordeiro, tendo todos eles harpas e salvas de ouro cheias de incenso, que são as orações dos santos. E cantavam um novo cântico, dizendo: Digno és de tomar o livro e de abrir os seus selos, porque foste morto e com o teu sangue compraste para Deus homens de toda tribo, e língua, e povo, e nação; e para o nosso Deus os fizeste reis e sacerdotes; e eles reinarão sobre a terra. E olhei e ouvi a voz de muitos anjos ao redor do trono, e dos animais, e dos anciãos; e era o número deles milhões de milhões e milhares de milhares, que com grande voz diziam: Digno é o Cordeiro, que foi morto, de receber o poder, e riquezas, e sabedoria, e força, e honra, e glória, e ações de graças. E ouvi a toda criatura que está no céu, e na terra, e debaixo da terra, e que está no mar, e a todas as coisas que neles há, dizer:

Ao que está assentado sobre o trono e ao Cordeiro sejam dadas ações de graças, e honra, e glória, e poder para todo o sempre. E os quatro animais diziam: Amém! E os vinte e quatro anciãos prostraram-se e adoraram ao que vive para todo o sempre (Ap 5.8-14).

Esses versículos retratam a adoração universal a Deus e ao Cordeiro pelo fato de o Cordeiro ser digno de abrir o livro. No futuro, quando o Cordeiro tomar o livro, as criaturas viventes e os anciãos se prostrarão diante do Cordeiro com salvas cheias de incenso e com harpas e oferecerão as orações dos santos. Então eles cantarão um novo cântico ao Cordeiro, por causa da redenção efetuada.

A letra desse hino, segundo a maioria dos textos gregos, é: "Digno és de tomar o livro e de abrir os seus selos, porque foste morto, e com o teu sangue compraste para Deus homens de toda tribo, e língua, e povo, e nação; e para o nosso Deus os fizeste [os santos, cujas orações estão sendo oferecidas] reis e sacerdotes; e eles reinarão sobre a terra". Não há dúvida de que essa é a compreensão correta e o pensamento original, como reconhecem vários estudiosos do grego do Novo Testamento, como Lachmann (1842-1850), Tischendorf (1865-1872), Alford (1862-1871) e Wordsworth (1870). Todos omitem o primeiro "nos" da *Authorized Version*, e Griesbach (1805), Tregalles (1857-1872), Lachmann, Tichendorf, Alford e Wordsworth omitem o segundo "nos" no grego dos Novos Testamentos que traduziram e usam "lhes". Portanto, todos aceitam e omitem o "nos" de Ap 5.10 e acrescentam "lhes", em relação ao antecedente de 5.8, os "santos", cujas orações estão sendo oferecidas pelas *zoa* e pelos anciãos.

Essa é a única tradução que se harmoniza com o restante das passagens em torno das *zoa* e dos anciãos, as quais ensinam que os anciãos são remidos e as *zoa* não. Tanto as *zoa* quanto os anciãos oferecem as orações dos santos e proclamam a dignidade do Cordeiro com os demais seres de Ap 5.11-14. O objetivo do hino cantado pelas *zoa* e pelos anciãos não é mostrar que alguém foi remido, mas dar glória ao Cordeiro vitorioso, pois os anjos e outros seres cantam a mesma canção (Ap 5.11-14), e sabemos que eles não são remidos.

A dignidade de Deus e do Cordeiro parece ser o tema de vários hinos nesses capítulos, não só em Ap 5.8-14, mas também em 4.6-11 e 5.1-6. Em Ap 5.8-14, são dadas atribuições diferentes a Deus e ao Cordeiro. Outras atribuições são encontradas nas seguintes passagens: Ap 1.5, 6, 17; 7.9-12; 11.15-18; 14.2, 3; 15.2-4; 19.1-7.

Passaremos agora às "coisas" do Apocalipse que se cumprirão — na Terra, principalmente — durante os últimos sete anos da presente era, ou seja, a Septuagésima Semana de Daniel (Ap 6.1—19.21).

Os sete selos, dois grupos de remidos e as seis primeiras trombetas terão lugar durante a primeira metade da Semana (Ap 6.1-9.21). Então um anjo descerá do céu para anunciar o que irá acontecer quando a sétima trombeta for tocada, no meio da Semana (Ap 10). Também no meio da Semana, aparecerão as duas testemunhas na Terra, e terão lugar os acontecimentos que envolvem a mulher vestida do sol e seu filho varão, a guerra no céu, que lança fora Satanás, e as duas bestas (Ap 11.1—13.18), bem como a destruição da Prostituta (Ap 17).

Durante a segunda metade da Semana, terão lugar todos os acontecimentos de Ap 14 e 15. As sete taças, a destruição total da Babilônia literal, as Bodas do Cordeiro e o Segundo Advento irão se realizar em Ap 16.1—19.21.

Se tomarmos os acontecimentos em sentido literal, em vez de tornar tudo simbólico e místico, e na ordem em que são revelados (a menos que se afirme algo diferente), não haverá confusão alguma quanto ao que acontecerá e quando acontecerá. O elemento temporal ficará bem claro. Só haverá confusão se tomarmos acontecimentos históricos ou fatos da era da igreja, anteriores ao Arrebatamento, e os misturarmos com acontecimentos futuros, posteriores à era da igreja.

A PRIMEIRA PARTE DA SEMANA

Ap 6.1—9.21

CAPÍTULO DEZ

OS SEIS PRIMEIROS SELOS

Ap 6.1-17

Os sete selos e as seis primeiras trombetas têm lugar em sucessão nos primeiros três anos e meio da Tribulação ou do início até o meio da Semana. A sétima trombeta ocorre no meio da Semana. Sobre as razões de os selos e as trombetas não serem misturados com as taças da parte final da Semana, depois de capítulo 12, veja o capítulo 1, seções V e VII, e capítulo 7, seções 1, 2, 6 e 9. A ordem dos acontecimentos no livro é clara, e não temos autorização para modificá-la. Se o meio da Semana fosse anterior aos selos e às trombetas, estaria registrado antes deles, não depois, como é o caso.

1. O PRIMEIRO SELO: O SURGIMENTO DO ANTICRISTO

E, havendo o Cordeiro aberto um dos selos, olhei e ouvi um dos quatro animais, que dizia, como em voz de trovão: Vem e vê! E olhei, e eis um cavalo branco; e o que estava assentado sobre ele tinha um arco; e foi-lhe dada uma coroa, e saiu vitorioso e para vencer (Ap 6.1, 2).

A expressão "vem" (Ap 6.1, 3, 5, 7) é usada na ordem aos cavaleiros dos selos para que se apresentem. As palavras "e vê" não aparecem nos textos originais. A frase "vem e vê" não pode se referir a João, uma vez que ele já está contemplando cada cena. O cavaleiro não pode ser Cristo, porque Ele é quem desata os selos. Ele não pode ser ao mesmo tempo quem os desata e o seu conteúdo. O pequeno livro de Ap 5 contém "coisas" nunca antes reveladas, as quais homem algum é capaz de trazer à luz, somente Cristo.

Esse cavalo branco não deve ser confundido com os de Ap 19.11-21, pois esse é simbólico, enquanto os cavalos de Ap 19 são literais. O fato de serem brancos em ambas as passagens não é prova de que sejam símbolos de Cristo ou de sua justiça mais do que os cavalos brancos de Zc 1.8 e 6.3-6. Cristo é simbolizado por um Cordeiro em Apocalipse, não por um cavaleiro num cavalo branco. Nenhuma passagem bíblica corrobora a ideia de que Cristo aparecerá no início da Semana "vitorioso, e para vencer".

De acordo com Hc 3.8, 9, essa cena não pode ser o símbolo de uma grande revivificação da Palavra de Deus, pois aquela passagem, que está no tempo passado, é uma oração do profeta que traz à lembrança o procedimento de Deus para com Israel em tempos antigos, quando os conduziu para fora do Egito. No Novo Testamento, espelho, carne, ablução, luz, pão, semente e espada são símbolos da Palavra de Deus, mas nunca um arco. Nenhum período definido de revivificação nacional é simbolizado na Bíblia. As razões a seguir são apresentadas como prova de que o cavaleiro do cavalo branco simboliza a futura ascensão do Anticristo, no início da Semana:

1. É claro que o símbolo aponta para um indivíduo, já que ele tem um arco, recebe uma coroa e sai "vitorioso, e para vencer". Esse fato cumpre Dn 7.8, 24-26, 8.8-10, 20-25 e 11.35-45, que prevê a ascensão do Anticristo dentre os dez reinos da Roma restaurada. Com as suas conquistas, ele irá sobressair a todos os outros reinos no meio da Semana. O doador da coroa não é mencionado aqui, mas o gesto simboliza apenas a ascensão do Anticristo ao poder como rei entre os dez reis, por meio da operação de poderes satânicos (2Ts 2.8-12; Ap 13.1-4; Dn 8.25; 11.36-39).

2. Está claro que esse cavaleiro é responsável pelas guerras, fome e pestilência e pela chegada da Morte e do Inferno nos três selos seguintes. Essas nódoas sempre seguem o conquistador ambicioso, e o Anticristo é descrito como tal em Dn 7, 8 e 11.
3. O Anticristo é o único nas profecias que sairá "vitorioso, e para vencer" no início da Semana. Ele não deve se manifestar necessariamente montado num cavalo branco, porém surgirá como o falso messias de Israel (Mt 24.4, 5; Jo 5.43; Dn 9.27). Se esse cavaleiro não for um símbolo do Anticristo, então é uma porção obscura de Apocalipse. No entanto, considerando-se que essa passagem está em perfeita harmonia com as profecias já mencionadas acerca da ascensão do Anticristo ao poder acima dos dez reis da Roma restaurada, essa parte de Apocalipse é tão clara quanto o restante do livro.
4. Se ele não for o Anticristo, então não estaria situado no livro no período anterior ao meio da Semana. Teríamos então dois indivíduos saindo "vitoriosos, e para vencer" no início da Semana — um em Daniel e o outro aqui. A esfera de sua conquista é bem definida em Daniel, a do outro, não. Um pode ser identificado, e o outro, não. Ambos são bem-sucedidos na conquista e alcançam proeminência bastante para receber menção da parte de Deus, mas só o de Daniel tem a sua ascensão, tempo de reinado, poder e final de reinado explicados em detalhes. Mas se presumirmos que o cavaleiro de Apocalipse é também o Anticristo, as discrepâncias desaparecem.

2. O SEGUNDO SELO: GUERRA

E, havendo aberto o segundo selo, ouvi o segundo animal, dizendo: Vem e vê! E saiu outro cavalo, vermelho; e ao que estava assentado sobre ele foi dado que tirasse a paz da terra e que se matassem uns aos outros; e foi-lhe dada uma grande espada (Ap 6.3, 4).

O cavaleiro de cavalo vermelho recebe uma grande espada para tirar a paz da Terra e causar morte, guerras e derramamento de sangue entre os homens. Não pode haver qualquer dúvida quanto ao que é simbolizado aqui. A guerra será o resultado natural da ascensão do Anticristo, que sairá "vitorioso, e para vencer" (Dn 7.24; 11.40-45; Mt 24.6, 7). A "espada" é um símbolo comum da guerra, de derramamento de sangue e de conflitos nacionais, civis e de toda espécie. Não devemos esperar a paz até que o Príncipe da Paz venha reinar sobre todo o mundo (Is 2.2-4; 9.6, 7).

3. O TERCEIRO SELO: FOME

E, havendo aberto o terceiro selo, ouvi o terceiro animal, dizendo: Vem e vê! E olhei, e eis um cavalo preto; e o que sobre ele estava assentado tinha uma balança na mão. E ouvi uma voz no meio dos quatro animais, que dizia: Uma medida de trigo por um dinheiro; e três medidas de cevada por um dinheiro; e não danifiques o azeite e o vinho (Ap 6.5, 6).

O cavaleiro do cavalo negro traz uma balança na sua mão com o objetivo de pesar a comida — um símbolo da fome. O pão por medida e peso significa escassez de alimento (Ez 4.10-17). O dinheiro mencionado corresponde ao salário de um dia (Mt 20.1-16) e uma medida (quase um quarto) de grãos era a ração diária de um escravo, quantidade que se podia comprar por um oitavo de um "dinheiro". Era possível comprar oito medidas de trigo ou 24 medidas da cevada por um "dinheiro", mas agora, pelo mesmo valor, só se podia obter uma medida de trigo ou três medidas da cevada. Isso significa comida ao preço oito vezes maior que o habitual. Deixe um conquistador ambicioso tomar o poder, e a paz será tirada da Terra. A fome, portanto, é o resultado natural da falta de homens para cultivar o solo e produzir colheitas. A azeitona e a uva não precisam de nenhum cultivo, por isso a destruição é proibida aos invasores na ordem: "Não danifiques o azeite e o vinho". Essa situação é a mesma de Mt 24.6, 7, que se cumprirá na primeira parte da Semana, durante as guerras do Anticristo.

4. O QUARTO SELO: MORTE E INFERNO

E, havendo aberto o quarto selo, ouvi a voz do quarto animal, que dizia: Vem e vê! E olhei, e eis um cavalo amarelo; e o que estava assentado sobre ele tinha por nome Morte; e o inferno o seguia; e foi-lhes dado poder para matar a quarta parte da terra, com espada, e com fome, e com peste, e com as feras da terra (Ap 6.7, 8).

A Morte e o Inferno são personificados aqui. Esses dois cavaleiros recebem um nome porque não são reconhecíveis pelo homem, como os primeiros três. O nome Morte indica uma grande pestilência que será enviada à Terra após a ascensão do Anticristo, depois que as guerras e a fome tiverem cobrado o seu tributo de vidas humanas. A referência a isso acha-se em Mt 24.6, 7. O termo grego *choloros* significa "verde" e é traduzido assim em Ap 8.7 e 9.4 e em Mc 6.39. A cor do quinto cavalo não é informada, mas é possível que seja vermelho, já que o nome do cavaleiro é Inferno. A comoção causada pela Morte e pelo Inferno sobre a quarta parte da terra será o resultado natural da ação dos cavaleiros dos três primeiros selos. A espada e a fome referem-se ao segundo e ao terceiro selos, aos quais se seguem a Morte e o Inferno. Os corpos de homens mortos pelos cavaleiros dos quatro primeiros selos serão devorados pelos animais selvagens (cf. Ez 14.21).

5. O QUINTO SELO: OS MÁRTIRES DA "PEQUENA TRIBULAÇÃO"

E, havendo aberto o quinto selo, vi debaixo do altar as almas dos que foram mortos por amor da palavra de Deus e por amor do testemunho que deram. E clamavam com grande voz, dizendo: Até quando, ó verdadeiro e santo Dominador, não julgas e vingas o nosso sangue dos que habitam sobre a terra? E a cada um foi dada uma comprida veste branca e foi-lhes dito que repousassem ainda um pouco de tempo, até que também se completasse o número de seus conservos e seus irmãos que haviam de ser mortos como eles foram (Ap 6.9-11).

Aqui João viu as almas de muitos mártires abaixo do "altar de ouro" de Ap 8.3-5 (também 9.13; 14.18; 16.7). Os mártires são pessoas que foram mortas e salvas a partir do arrebatamento da igreja e dos santos do Antigo Testamento (Ap 4.1) até o quinto selo. O texto deixa claro que todos aqui são mártires, não uma mistura de mártires e de pessoas que morreram de morte natural, uma vez que todos clamam por vingança contra os seus inimigos na terra. Esse clamor é exclusivo da Tribulação, não da atual era da graça e da misericórdia. Os mártires serão mortos pela Prostituta e pelos dez reis durante aquele período. Eles "foram mortos por amor da palavra de Deus e por amor do testemunho que deram". Veja "A Tribulação", capítulo 5, seção II; veja também capítulo 8 e capítulo 29, seção IV.

A dúvida se os santos da Tribulação irão subir individual ou coletivamente, como um grupo, é respondida nessa passagem. Foi dito a eles que repousassem "ainda um pouco de tempo, até que também se completasse o número de seus conservos e seus irmãos que haviam de ser mortos como eles foram". Isso implica que os mártires dos sete anos da Tribulação ou mais subirão todos juntos, como um dos grupos de santos (veja Ap 7.9-17; 15.2-4; 20.4; veja também capítulo 6, seção II). Eles devem esperar até que todos os que pertencem a esse grupo sejam martirizados durante aqueles anos, para serem arrebatados em conjunto no final da Semana. Essa passagem refuta a teoria do sono da alma, já que depois do martírio essas almas se apresentam sem o corpo, que aguarda o tempo da ressurreição, mas durante todo esse tempo estão conscientes: podem falar, ver, lembrar-se, sentir e fazer tudo que é possível a um ser consciente. As almas dos mártires desejam que os seus assassinos sejam julgados, e isso demonstra que o martírio é recente e que os seus executores ainda vivem (cf. Lc 16.19-31). Eles são mártires da "pequena tribulação" porque foram mortos durante a primeira parte da Tribulação, os primeiros três anos e meio da Septuagésima Semana de Daniel.

6. O SEXTO SELO: A IRA DE DEUS

E, havendo aberto o sexto selo, olhei, e eis que houve um grande tremor de terra; e o sol tornou-se negro como saco de cilício, e a lua tornou-se como sangue. E as estrelas do céu caíram sobre a terra, como quando a figueira lança de si os seus figos verdes, abalada por um vento forte. E o céu retirou-se como um livro que se enrola; e todos os montes e ilhas foram removidos do seu lugar. E os reis da terra, e os grandes, e os ricos, e os tribunos, e os poderosos, e todo servo, e todo livre se esconderam nas cavernas e nas rochas das montanhas e diziam aos montes e aos rochedos: Caí sobre nós e escondei-nos do rosto daquele que está assentado sobre o trono e da ira do Cordeiro, porque é vindo o grande Dia da sua ira; e quem poderá subsistir? (Ap 6.12-17).

Sob o sexto selo revela-se pela primeira vez a ira de Deus, que não é manifesta nos cinco primeiros selos, uma vez que eles revelam apenas as consequências naturais da ascensão de um conquistador e a perseguição ao povo de Deus. Mas aqui, por causa da terrível perseguição empreendida contra os que não se conformam com o sistema religioso romano, Deus começa a manifestar a sua grande ira e o juízo sobre os perseguidores. O derramar da ira de Deus produzirá grandes modificações físicas na Terra e nos céus e causará terrível aflição à humanidade. Sete acontecimentos principais resultarão do sexto selo:

1. "Um grande tremor de terra". Jesus falou da ocorrência de terremotos em diversos lugares como sinal de seu regresso à Terra (Mt 24.7). Vários terremotos também são mencionados na história da Bíblia (Am 1.1; Zc 14.5; Mt 27.51; 28.2; At 16.26). Ocorreram muitos outros desde então. E, durante a Septuagésima Semana de Daniel, ocorrerão quatro grandes terremotos, que estão registrados em Apocalipse:

1. O terremoto do sexto selo, que ocorrerá antes da perseguição aos 144 mil, do sétimo selo, das trombetas e das taças (Ap 6.12).
2. O terremoto que ocorrerá após a abertura do sétimo selo e antes da primeira trombeta (Ap 8.5).
3. O terremoto que ocorrerá sob a sétima trombeta, no meio da Semana (Ap 11.19). Assim, temos três terremotos do sexto selo à sétima trombeta, ou seja, durante os primeiros três anos e meio e a metade da Semana.
4. O terremoto que ocorrerá no momento da ascensão das duas testemunhas, no final dos últimos três anos e meio da Semana (Ap 11.13; 16.17-21; Zc 14.4-8).

1. "O sol tornou-se negro como saco de cilício". Esse fenômeno ocorre três vezes na história bíblica (Gn 1.2; Êx 10.21-23; Mt 27.45). Houve um dia escuro na Nova Inglaterra, em 19 de maio de 1880, quando as estrelas brilharam e as galinhas se recolheram ao poleiro, porém nada que se compare à escuridão dessa cena. O Sol escurece total ou parcialmente em cinco ocasiões durante a Tribulação:

1. Durante o sexto selo, no início da Semana, o Sol escurecerá (Ap 6.12).
2. Durante a quarta trombeta, um terço do Sol será escurecido (Ap 8.12).
3. Durante a quinta trombeta, o Sol ficará escurecido pela fumaça do poço do abismo (Ap 9.2).
4. Durante a quinta taça, na última da Semana, o sol escurecerá outra vez (Ap 16.10).
5. "Depois da aflição daqueles dias, o sol escurecerá" (Mt 24.29; Is 13.10; 24.23; Ez 32.7; Jl 2.31; 3.15). Todas essas passagens falam do mesmo acontecimento, o chamado "dia do Senhor".

1. "A lua tornou-se como sangue". Em cinco ocasiões, a Lua será afetada, as mesmas do escurecimento do Sol, como vimos anteriormente.

2. "As estrelas do céu caíram sobre a terra". Também as estrelas serão afetadas em cinco ocasiões, como nas passagens relacionadas ao Sol e à Lua, mas apenas duas vezes se diz que elas cairão sobre a terra: a primeira vez durante o sexto selo; a segunda vez por ocasião da vinda de Cristo, após a Tribulação (Mt 24.29-31). Vários anos se passam entre os dois acontecimentos. As estrelas que caem do céu não são aqueles corpos gigantes, todos muitas vezes maiores que a terra, e sim meteoros, que não são estrelas no sentido mais estrito, mas pequenos corpos que entram em nossa atmosfera e se tornam luminosos por alguns momentos, por causa do atrito. Os meteoros não são meras perturbações atmosféricas, como já se acreditou, e sim corpos de natureza planetária que viajam ao redor do Sol em órbitas tão definidas quanto a da própria Terra, e nesse sentido são chamados "estrelas". São pequenos corpos de ferro, cujo tamanho varia de uma pequena partícula de pó a 30 toneladas. Em geral, os meteoros são pequenos demais para serem vistos a olho nu, mas quando entram na atmosfera da Terra — milhares deles, todos os dias — eles se tornam visíveis por causa do atrito com os gases da atmosfera terrestre. Os menores se queimam ainda longe da superfície da Terra, conhecidos como estrelas cadentes, que são vistos muitas vezes no céu noturno. Os maiores conseguem chegar à Terra: são os meteoritos, muitos do quais podem ser vistos em museus. Uma chuva de meteoros ocorreu no dia 14 de novembro de 1866, mas não se trata do cumprimento dessa profecia (cf. Is 34.4).
3. "O céu retirou-se como um livro que se enrola". Isso não significa que os céus serão extintos, tanto quanto a mesma expressão em Ap 20.11 e 21.1, pois o céu é visto outras vezes depois disso (Ap 8.1, 10, 13; 9.1 etc.; cf. At 15.39).
4. "Todos os montes e ilhas foram removidos dos seus lugares". Isso não significa que eles foram extintos, já que são vistos outra vez anos depois, num processo de modificação

semelhante (Ap 16.20). Simplesmente parece a João que eles foram removidos inteiramente de seu lugar em consequência do grande terremoto que ocorre sob esse selo. Eles não são retirados, porque os homens imploram que os montes caiam sobre eles (Ap 6.16).

5. "É vindo o grande Dia da sua ira". Depois que o céu é retirado como um rolo de pergaminho, os tronos de Deus e do Cordeiro passam a ser vistos pelos homens na Terra, e eles, aterrorizados, pedem a morte, pois percebem que chegou o momento em que Deus irá julgá-los por seus pecados. Há sete classes de homens mencionados aqui, todos conscientes de que a ira de Deus se aproxima. O "grande Dia da sua ira" não é o mesmo de Rm 2.5, 14, 15, que se refere ao Juízo Final (Ap 20.11-15). Essa ira começa no sexto selo, nos primeiros três anos e meio da Tribulação, e continua através dos juízos das trombetas e das taças, até o final da Semana. O que revelam os juízos das trombetas e das taças, senão a ira de Deus? Essa ira remete a um período em que muitos juízos são executados, como se deduz de Ap 6.17; 11.18; 15.1, 7; 16.1, 19 etc. Sinais físicos acompanham o sexto selo e o Segundo Advento, mas isso não prova que se trata do mesmo acontecimento ou que ambos ocorrerão ao mesmo tempo. Entre o sexto selo e o Segundo Advento, cumpre-se toda seção de Ap 7.1—19.10, inclusive as passagens parentéticas. Não temos autorização para deslocar esse selo para a ocasião da sétima taça, o Segundo Advento, pois é o sexto de 21 acontecimentos consecutivos: sete selos, sete trombetas e sete taças. O termo "forte" é usado duas vezes nessa passagem (veja também o seu uso (em algumas versões) em Ap 10.1; 16.18; 18.10, 21; 19.6, 18).

CAPÍTULO ONZE

OS DOIS GRUPOS DE REMIDOS

Ap 7.1-17 (passagem parentética)
O capítulo 7 de Apocalipse é a primeira passagem parentética do livro. Está inserido entre o sexto e o sétimo selos e contém a matéria explicativa sobre coisas que resultarão depois do sexto selo por meio do resto da Semana, e que não são contidas nos selos, nas trombetas e nas taças. É reconhecido que esta passagem é parentética, já que em vez da ordem natural de acontecimentos com o sétimo selo vindo logo a seguir do sexto, esta explicação de dois Grupos dos remidos é dada, de uma forma que muda o ensino os selos e explica certas coisas que resultarão na e entre a ordem principal de acontecimentos.

I. 144 MIL JUDEUS SÃO SELADOS (AP 7.1-8)

E, depois destas coisas, vi quatro anjos que estavam sobre os quatro cantos da terra, retendo os quatro ventos da terra, para que nenhum vento soprasse sobre a terra, nem sobre o mar, nem contra árvore alguma. E vi outro anjo subir da banda do sol nascente, e que tinha o selo do Deus vivo; e clamou com grande voz aos quatro anjos, a quem fora dado o poder de danificar a terra e o mar, dizendo: Não danifiqueis a terra, nem o mar, nem as árvores, até que hajamos assinalado na testa os servos do nosso Deus. E ouvi o número dos assinalados, e eram cento e quarenta e quatro mil assinalados, de todas as tribos dos filhos de Israel. Da tribo de Judá, havia doze mil assinalados; da tribo de Rúben, doze mil; da tribo de Gade, doze mil; da tribo de Aser, doze mil; da tribo de Naftali, doze mil; da tribo de Manassés, doze mil; da tribo de Simeão, doze mil; da tribo de Levi, doze mil; da tribo de Issacar, doze mil; da tribo de Zebulom, doze mil; da tribo de José, doze mil; da tribo de Benjamim, doze mil.

Os quatro anjos de Ap 7.1 são anjos divinos, pois é "outro anjo" que fala a eles a respeito de "nosso Deus", o Deus vivo.

Eles serão os primeiros quatro dos sete anjos das trombetas e receberão poder para ferir a Terra, o mar e as árvores. Uma comparação entre os juízos executados por esses anjos e os juízos dos quatro primeiros anjos das trombetas (Ap 8.7-12) comprova que são os mesmos anjos, embora tenhamos dois conjuntos de juízos idênticos. A diferença é que o tempo de um é revelado e o do outro não. A expressão "os quatro ventos [cantos ou confins] da terra" (Ap 7.1; Is 11.12) são os quatro pontos cardeais (Mt 24.31; Ap 20.8). Os ventos aqui se referem aos juízos divinos a serem executados pelos anjos das trombetas logo após o sétimo selo (cf. Dn 7.2; 8.8; 11.4; Zc 2.6; 6.5).

Assim como Deus, no tempo de Elias, reservou 7 mil homens que não adoravam Baal, Ele reservará 144 mil judeus que não se curvarão aos desejos infernais da Prostituta na primeira parte da Semana, durante a ascensão do Anticristo sobre os dez reis. Um número tão definido proveniente de doze das treze tribos de Israel não apresenta nenhuma dificuldade, já que tal seleção se baseia no decreto, na soberania e no governo divinos. Eles serão todos judeus, como o texto deixa claro, 12 mil selados de cada uma das tribos exceto uma. Esse grupo não tem relação alguma com a igreja, pois nenhuma tribo é mencionada em conexão com os judeus salvos na igreja. Além disso, está claro que todos eles serão selados com o mesmo selo depois do Arrebatamento da Igreja e antes dos juízos das trombetas. Todos os mortos e santos vivos "em Cristo" e, portanto, os judeus salvos serão arrebatados, mas os 144 mil ainda estarão aqui durante os selos e as trombetas, o que comprova que não foram levados no Arrebatamento.

Eles foram selados com o objetivo urgente de serem preservados durante os juízos das trombetas, na primeira parte da Semana, porque o anjo que os sela clama ao primeiro dos quatro anjos com as trombetas: "Não danifiqueis a terra, nem o mar, nem as árvores, até que hajamos assinalado nas suas testas os servos do nosso Deus". A orientação de não ferir os 144 mil é dada por ocasião da quinta trombeta (Ap 9.4) e se aplica também à sexta trombeta. Eles serão levados ao céu na sétima trombeta, visto que logo após as trombetas serem tocadas eles são vistos no céu, diante do trono de Deus (Ap 14.1-5). O anjo sela os 144 mil antes que as trombetas comecem a tocar. As trombetas têm lugar imediatamente após os selos e continuam até o meio da Semana. Portanto, os 144 mil devem ter sido selados em meados dos primeiros três anos e meio da Semana e entre o sexto selo e a primeira trombeta. O selo aqui não é o mesmo do crente selado pelo Espírito Santo (Ef 1.13, 14; 4.30) nem a guarda do sábado, nem qualquer bênção espiritual. Será literal e visível porque:

1. Não há nada que contradiga esse fato na passagem.
2. Os gafanhotos que saem do abismo conseguem vê-lo (Ap 9.4).
3. O selo da aliança abraâmica foi literal (Rm 4.11).
4. O sinal da Páscoa dos judeus foi literal (Êx 12.13).
5. A marca da besta será literal (Ap 13.16-18; 14.9; 20.4).
6. Não pode ser a salvação ou qualquer outra marca espiritual, porque os 144 mil já são servos de Deus.
7. Afirma-se expressamente que eles serão selados "na testa" (Ap 7.3; 14.1). As bênçãos espirituais nunca são recebidas na testa, mas esse selo ou marca é sem dúvida o nome de Deus "escrito" na testa deles (Ap 14.1).
8. A promessa é feita ao vencedor que tiver escrito sobre a fronte alguns nomes literais (Ap 3.12; 22.4; cf. Ap 9.4; 13.16-18; 14.9; 20.4).

O Anticristo, enfurecido, talvez pela selagem na fronte desses servos de Deus, tentará destruir os 144 mil no meio da Semana e começará a selar os seus servos na mão direita ou na fronte. A fuga dos 144 mil às pragas das trombetas será outra causa da ira da humanidade contra eles, e, quando a perseguição começar, o grupo será arrebatado ao céu. O selo do Deus vivo protegerá esses judeus das pragas das trombetas até o seu arrebatamento, no meio da Semana.

Nenhum judeu sabe hoje ao certo a tribo a que pertence, mas os seladores divinos saberão. Nas tribos mencionadas, os nomes de Dã e Efraim são omitidos — Levi e José tomam o lugar deles. Para explicar essa omissão, tem-se apelado para Lv 24.10-16; Jz 18.2-31; 1Rs 12.26-33; Os 4.17. Essas passagens denunciam o pecado de idolatria dessas tribos, motivo de terem sido eliminadas, de acordo com Dt 29.18-21. Mas tal explicação não é bíblica nem lógica, pois qual das outras tribos não se envolveu com os ídolos ao longo dos séculos? Se formos eliminar Dã e Efraim por esse motivo, para ser justos teríamos de descartar também todas as outras tribos, pelo mesmo pecado (1Rs 14.23; 18.21,22; Is 2.8-20; 10.11 etc.). Essa omissão, no entanto, não é difícil de entender se considerarmos que os dois filhos de José foram incluídos, o que elevou o número das tribos de Israel para treze (Js 14.4; Nm 17.1-5), e que os selados serão selecionados de doze das treze tribos, conforme indicado. Na verdade, somente a tribo de Dã é omitida, pois um dos filhos de José foi nomeado no lugar de Efraim, como acontece em muitas passagens do Antigo Testamento, nas quais José é substituído por Manassés ou Efraim (Nm 1.10). Em vários textos que falam dos últimos dias, José é substituído por Efraim (Ez 37.16-19; 47.13). A tribo de Levi nunca esteve entre as doze tribos que compunham a nação de Israel. Era a tribo sacerdotal, que viviam dos dízimos das outras doze (Nm 1.47-54; 18.21-24).

Nas passagens que falam da Jerusalém restaurada, a nova Jerusalém, só Levi e José são mencionados, nunca Efraim ou Manassés, porque estes não estavam entre os doze filhos originais de Jacó (Ez 48.30-35; Ap 21.12). Na distribuição perpétua da terra entre as doze tribos, nem José nem Levi são mencionados, apenas os dois filhos de José (Ez 48.1-29).

Esses fatos parecem indicar que o motivo de a tribo de Dã não ser mencionada entre os 144 mil é que não haverá nenhum servo de Deus pertencente a essa tribo na ocasião. Uma vez que Deus fará dos 144 mil judeus um povo celestial, Ele não é obrigado a salvar ninguém ou nenhuma das doze tribos de Israel em particular, mas pode selar a quem desejar dentre os que irão se submeter a ele nas treze tribos. Se ninguém da tribo de Dã se salvar na primeira parte da Semana, então não deve ser tão difícil de crer na simples revelação de um fato. A aceitação desse fato resolve todos os problemas. Então por que complicá-los?

II. OS SANTOS DA "GRANDE TRIBULAÇÃO"

Depois destas coisas, olhei, e eis aqui uma multidão, a qual ninguém podia contar, de todas as nações, e tribos, e povos, e línguas, que estavam diante do trono e perante o Cordeiro, trajando vestes brancas e com palmas nas suas mãos; e clamavam com grande voz, dizendo: Salvação ao nosso Deus, que está assentado no trono, e ao Cordeiro.

E todos os anjos estavam ao redor do trono, e dos anciãos, e dos quatro animais; e prostraram-se diante do trono sobre seu rosto e adoraram a Deus, dizendo: Amém! Louvor, e glória, e sabedoria, e ações de graças, e honra, e poder, e força ao nosso Deus, para todo o sempre. Amém!

E um dos anciãos me falou, dizendo: Estes que estão vestidos de vestes brancas, quem são e de onde vieram? E eu disse-lhe: Senhor, tu sabes. E ele disse-me: Estes são os que vieram de grande tribulação, lavaram as suas vestes e as branquearam no sangue do Cordeiro. Por isso estão diante do trono de Deus e o servem de dia e de noite no seu templo; e aquele que está assentado sobre o trono os cobrirá com a sua sombra. Nunca mais terão fome, nunca mais terão sede; nem sol nem calma alguma cairá sobre eles, porque o Cordeiro que está no meio do trono os apascentará e lhes servirá de guia para as fontes das águas da vida; e Deus limpará de seus olhos toda lágrima (Ap 7.9-17).

A expressão "depois destas coisas" mostra que esse grupo é diferente do anterior, porque a mesma expressão em Ap 7.1 introduz os 144 mil como um assunto separado dos selos, entre os quais está inserido. A passagem acima retrata o segundo e último grupo de santos remidos visto no livro, após a cena da igreja e dos santos do Antigo Testamento com Deus no céu, representados pelos anciãos (Ap 4—19). O primeiro grupo são todos os mártires, enquanto o segundo é um grupo vivo. Os primeiros são martirizados durante a Semana e arrebatados no final, enquanto o segundo grupo é protegido das trombetas e arrebatado a Deus e ao seu trono no meio da Semana. Eles não se livraram da Tribulação como os santos vivos arrebatados, porque não foram salvos nem estavam atentos para escapar com a igreja.

Sob o quinto selo, vimos que as almas "debaixo do altar" pertencem aos que morreram desde o Arrebatamento até esse selo. Foi-lhes dito que descansassem por mais um tempo, "até que também se completasse o número de seus conservos e seus irmãos que haviam de ser mortos como eles foram". Isso implica que eles deverão se juntar a todos os outros mártires da Tribulação e formar um só grupo com eles.

Esse grupo é retratado com "vestes brancas", e no livro só Cristo e a humanidade remida aparecem vestidos assim. Esses mártires também carregam "palmas em suas mãos", que é sempre um símbolo de alegria e vitória. Eles são vistos distintamente dos anciãos, dos quatro animais, dos anjos e de todos os outros seres celestiais. Eles emergem da "grande tribulação" ou, literalmente, da "tribulação, a grande", que se refere à futura Tribulação. Eles serão salvos no mesmo sentido que hoje, na condição mártires da Palavra de Deus e do testemunho de Cristo e deles próprios, como é afirmado dos mártires do quinto selo (Ap 6.9-11). Eles serão salvos após o Arrebatamento, porque se estiverem em Cristo na ocasião, serão arrebatados também. A maioria deles será morta pelo Anticristo (Ap 13.7, 15-18; 15.2-4; 20.4).

São estas as recompensas para quem for fiel até a morte durante a Tribulação: estar diante do trono de Deus; servir a Deus continuamente em seu templo; ter Deus no meio deles; nunca mais sentir fome ou sede; jamais sofrer com o calor abrasante do sol (Ap 16.9); ser alimentado pelo Cordeiro (guardado, pastoreado); ser conduzido à fonte da água da vida; ter as lágrimas enxugadas por Deus; descansar de suas obras e ser elogiados por causa delas; empunhar as harpas de Deus e cantar sobre o mar de vidro; reinar com Cristo para sempre (Ap 7.14-17; 14.13; 15.2-4; 20.4).

CAPÍTULO DOZE

O SÉTIMO SELO E AS SEIS PRIMEIRAS TROMBETAS

Ap 8.1—9.21

7. O SÉTIMO SELO: SILÊNCIO NO CÉU

E, havendo aberto o sétimo selo, fez-se silêncio no céu quase por meia hora (Ap 8.1).

Nesse versículo, os sete selos são resumidos após o intervalo entre o sexto e o sétimo selos ocasionado pela passagem parentética dos dois grupos de remidos (Ap 7.1-17). Esse selo é uma conclusão singular para as coisas terríveis dos primeiros seis selos e um interlúdio adequado entre eles e os terríveis acontecimentos das sete trombetas. O "silêncio no céu" não precisa de interpretação fantasiosa porque é tão literal quanto o conteúdo dos outros selos e tanto quanto a linguagem pode expressar. Sem dúvida, podemos conceber meia hora de silêncio no planeta celestial, como deixa claro o verbo "fez-se", o qual mostra que, depois da abertura do sétimo selo, todo o conteúdo dos seis primeiros foi concluído, e então haverá silêncio "no céu", não em outro lugar.

OS ANJOS DAS SETE TROMBETAS E O ANJO SACERDOTAL

Ap 8.2-6 (passagem parentética)

E vi os sete anjos que estavam diante de Deus, e foram-lhes dadas sete trombetas.

E veio outro anjo e pôs-se junto ao altar, tendo um incensário de ouro; e foi-lhe dado muito incenso, para o pôr com as orações de todos os santos sobre o altar de ouro que está diante do trono. E a fumaça do incenso subiu com as orações dos santos desde a mão do anjo até diante de Deus. E o anjo tomou o incensário, e o encheu do fogo do altar, e o lançou sobre a terra; e houve depois vozes, e trovões, e relâmpagos, e terremotos. E os sete anjos, que tinham as sete trombetas, prepararam-se para tocá-las (Ap 8.2-6).

Essa passagem também deve ser considerada parentética porque é uma inserção da matéria explicativa referente ao cenário de preparação para o soar das sete trombetas após a conclusão do sétimo selo. A ocasião de seu cumprimento é informada aqui: antes do início das sete trombetas.

Os sete anjos aqui mencionados parecem ser especiais, pois estão sempre diante de Deus. São entregues a eles as sete trombetas, mas não se revela por quem — talvez por uma das criaturas viventes (cf. Ap 15.7). O livro apócrifo de *Enoque*, no capítulo 20, cita o nome de seis arcanjos: Uriel, Rafael, Raquel, Miguel, Saracael e Gabriel (cap. 20), e no capítulo 54 menciona outro, chamado Fanuel. Em Tobias 12.15, outro livro apócrifo, Rafael é mencionado como um dos sete anjos que apresentam as orações dos santos diante de Deus. A despeito de serem esses arcanjos reais ou não, sabemos que os anjos vistos por João existem — se pertencem a uma ordem oficial ou superior à dos anjos comuns, não é revelado. Nenhuma das trombetas que eles recebem está relacionada com o arrebatamento da igreja, como já demonstramos no capítulo 6, nem com qualquer fato do Antigo Testamento. São sete trombetas que serão tocadas por sete anjos, numa determinada ordem, após os sete selos e antes das sete taças. Enquanto cada uma estiver sendo tocada, certos juízos e acontecimentos terão lugar na Terra. Elas serão tocadas em sucessão, depois que a precedente estiver concluída. A primeira trombeta será tocada logo após o sétimo selo, e a última, no meio da Semana. Portanto, os sete selos e as sete trombetas são catorze acontecimentos consecutivos desde o início até o meio da Semana.

Após a visão dos sete anjos e da entrega das sete trombetas, "outro anjo" aproximou-se do altar de ouro para ministrar, como a citação acima dá a entender, a qual, combinada com Hb 4.14-16, 6.20—7.28 e 13.15, indica que esse anjo é Cristo no exercício de seu atual ministério como nosso Sumo Sacerdote. O "incensário" é sempre mencionado em conexão com o Sumo Sacerdote (cf. Lv 16.12; Hb 9.4; para fatos ligados a esse oficio, veja Lv 10.1; Nm 16.1-19; 2Cr 26.19; Ez 8.11. Esse anjo apresenta as orações dos santos, como fazem as criaturas viventes e os anciãos (Ap 5.8-10 mostra que quem apresenta as orações dos santos não são necessariamente remidos.

Após a ministração de Cristo no altar, os sete anjos preparam-se para fazer soar as trombetas. Eles se revezam ao tocá-las, e isso demonstra que as trombetas não são simultâneas com os selos nem estão contidas neles.

Não há motivo para crer que as sete trombetas estejam contidas no sétimo selo ou que as sete taças façam parte da sétima trombeta. Se fosse assim, em que ponto exatamente estariam inseridas? Pelo contrário, na visão, os sete selos cessam antes que João veja as sete trombetas, e estas, por sua vez, cessam antes que ele veja as sete taças. O mesmo se aplica ao seu cumprimento. Esses simples fatos também descartam a ideia de que algum dos selos ou alguma das trombetas se estenda além dos limites uns dos outros. Se isso ocorresse, João teria visto os acontecimentos dessa forma. Se formos inserir as sete trombetas no sétimo selo e as sete taças na sétima trombeta, todos estariam contidos no sétimo selo. Então, qual seria o objetivo das trombetas e taças se elas não passassem do mero conteúdo de um dos selos? Por que não tratar o restante de Apocalipse também como o conteúdo de um dos selos? Se temos autoridade para estabelecer uma coisa, também temos para outra. Se esses fatos não devem ser entendidos da maneira em que são apresentados, então o livro deixa de ser uma revelação das "coisas que depois destas devem acontecer" e passa a ser o registro misterioso de incidentes a serem tratados como simples fantasia. Os intérpretes propagadores de tais ideias afirmam que os primeiros cinco ou seis selos são diferentes e seguem um ao outro. Se isso for verdade ou mesmo algo aceitável para eles, por que motivo estariam todos os selos, trombetas e taças na ordem que vemos aqui, como 21 acontecimentos separados?

Quanto à literalidade dos acontecimentos desencadeados pelas trombetas, eles devem ser tão reais quanto a descrição deles e tão literais quanto o conteúdo dos selos. Por que espiritualizar a explicação de simples fatos? Eles são tão literais quanto os julgamentos previstos e já cumpridos na história de Israel e simplesmente mostram o que irá acontecer outra vez (Êx 34.10; Dt 28.10, 59; 30.1-10; Is 11.15, 16; Mq 7.13-15; Jr 23.7, 8). As pragas do Egito foram literais, por que não essas? Israel viverá na Tribulação as mesmas condições que nos dias do Egito, então por que não crer que os juízos futuros serão literais, como os que foram executados contra o Egito?

1. A PRIMEIRA TROMBETA: SARAIVA, FOGO E SANGUE

E o primeiro anjo tocou a trombeta, e houve saraiva e fogo misturado com sangue, e foram lançados na terra, que foi queimada na sua terça parte; queimou-se a terça parte das árvores, e toda a erva verde foi queimada (Ap 8.7).

Essa praga será semelhante à sétima praga do Egito e também literal, como a de Êxodo 9.22-26. A única diferença aqui é a inserção de sangue e a exceção de vida animada. Essa praga afetará apenas um terço da vegetação da terra, enquanto no Egito ela afetou toda a vegetação, homens e animais. As árvores são literais, tanto aqui quanto em Ap 7.1, 3 e 9.4, e serão queimadas, como em Ap 17.16; 18.8. Durante essa praga, o progresso agrícola será impossível. Há um exemplo moderno dessa praga. Relata-se que, em 1921, em Cheh Shae, Yunnan, China, fogo e granizo misturado com sangue caíram sobre os campos.

2. A SEGUNDA TROMBETA: METEORO EM CHAMAS

E o segundo anjo tocou a trombeta; e foi lançada no mar uma coisa como um grande monte ardendo em fogo, e tornou-se em sangue a terça parte do mar. E morreu a terça parte das criaturas que tinham vida no mar; e perdeu-se a terça parte das naus (Âp 8.8, 9).

Esse monte, evidentemente, é um grande meteoro em chamas que cairá no mar. Para João, parecia uma montanha. O mar mencionado aqui talvez seja o Mediterrâneo, uma vez que os acontecimentos em torno dos selos e as pragas das trombetas e das taças serão derramados especialmente sobre o mundo então conhecido — o Império Romano —, que faz divisa com esse mar. Apenas um terço do mar se tornará sangue, e um terço das criaturas que vivem no mar e dos navios serão destruídos. As transações marítimas serão impraticáveis, e a humanidade começará a perceber que esses juízos provêm de Deus e serão da mesma na natureza que a primeira praga egípcia (Êx 9.14-21, Sl 78.44; 105.29).

3. A TERCEIRA TROMBETA: A ESTRELA ABSINTO

E o terceiro anjo tocou a trombeta, e caiu do céu uma grande estrela, ardendo como uma tocha, e caiu sobre a terça parte dos rios e sobre as fontes das águas. E o nome da estrela era Absinto, e a terça parte das águas tornou-se em absinto, e muitos homens morreram das águas, porque se tornaram amargas (Ap 8.10,11).

Esse juízo cai do céu na forma de uma "estrela" e queima "como uma tocha". Sem dúvida, é outro meteoro, cujos vapores gasosos serão absorvidos por um terço das águas dos rios e das fontes. Eles se tornarão amargosos como o absinto e causarão a morte de muita gente. O absinto é uma erva perene e muito amarga, utilizada na fabricação da bebida de mesmo nome. Também já foi usado como vermífugo. Esse acontecimento contrasta com as águas amargas tornadas doces e saudáveis por Deus (Êx 15.22-27; veja Jr 9.13-15; 23.15; Lm 3.15).

4. A QUARTA TROMBETA: O SOL, A LUA E AS ESTRELAS SÃO AFETADOS

E o quarto anjo tocou a trombeta, e foi ferida a terça parte do sol, e a terça parte da lua, e a terça parte das estrelas, para que a terça parte deles se escurecesse, e a terça parte do dia não brilhasse, e semelhantemente a noite (Ap 8.12).

Esse versículo mostra o que acontecerá no âmbito da quarta trombeta. Esses acontecimentos são semelhantes aos do sexto selo e aos que ocorrerão no derramamento da quinta taça, mais adiante. Não se diz quanto tempo essa escuridão irá durar, mas não pode ser muito, porque na trombeta seguinte o Sol é escurecido outra vez, pela fumaça do abismo. É mais uma prova de que os selos, as trombetas e as taças constituem uma sucessão de acontecimentos, cada um concluído antes que o outro comece. Esse julgamento corresponde à nona praga egípcia — a escuridão que durou três dias, trevas que podiam ser apalpadas (Êx 10.21-23).

As condições dos planetas aqui não é a mesma predita pelo Senhor Jesus Cristo em Mt 24.29, Mc 13.24 e Lc 21.25, que se referem à vinda do Senhor "logo depois da aflição daqueles dias [a Tribulação]" e pelo menos três anos e meio após a quarta trombeta. É bem provável que os planetas sejam afetados em épocas diferentes e de maneiras diferentes durante esse período, mas também podem ser afetados de uma só vez (veja o sexto selo).

Assim, vemos que os quatro primeiros juízos das trombetas estão relacionados com pragas que afetam a vegetação, mares, rios e planetas, como indica a mensagem aos primeiros quatro anjos das trombetas (Ap 7.1-3). Os três últimos não afetaram a matéria, e sim a criação moral.

O ANÚNCIO

Ap 8.13 (passagem parentética)
E olhei e ouvi um anjo voar pelo meio do céu, dizendo com grande voz: Ai! Ai! Ai dos que habitam sobre a terra, por causa

das outras vozes das trombetas dos três anjos que hão de ainda tocar! (Ap 8.13).

Esse versículo é parentético: trata-se de uma inserção de material explicativo concernente ao anúncio dos três ais sob a quinta, a sexta e a sétima trombetas, as quais infundirão tal terror que um anjo voará sobre o céu para alertar sobre as três pragas "dos três anjos que hão de ainda tocar". Os três ais das últimas três trombetas são:

1. A praga de gafanhotos demoníacos que saem do abismo (Ap 9.1-12).
2. A praga de cavaleiros demoníacos que saem abismo (Ap 9.13-21).
3. O lançamento de Satanás sobre Terra (Ap 11.14—13.18).

5. A QUINTA TROMBETA: O PRIMEIRO AI

E o quinto anjo tocou a trombeta, e vi uma estrela que do céu caiu na terra; e foi-lhe dada a chave do poço do abismo. E abriu o poço do abismo, e subiu fumaça do poço como a fumaça de uma grande fornalha e, com a fumaça do poço, escureceu-se o sol e o ar. E da fumaça vieram gafanhotos sobre a terra; e foi-lhes dado poder como o poder que têm os escorpiões da terra. E foi-lhes dito que não fizessem dano à erva da terra, nem a verdura alguma, nem a árvore alguma, mas somente aos homens que não têm na testa o sinal de Deus. E foi-lhes permitido, não que os matassem, mas que por cinco meses os atormentassem; e o seu tormento era semelhante ao tormento do escorpião quando fere o homem. E naqueles dias os homens buscarão a morte e não a acharão; e desejarão morrer, e a morte fugirá deles. E o aspecto dos gafanhotos era semelhante ao de cavalos aparelhados para a guerra; e sobre a sua cabeça havia umas como coroas semelhantes ao ouro; e o seu rosto era como rosto de homem. E tinham cabelos como cabelos de mulher, e os seus dentes eram como de leão. E tinham couraças como couraças de ferro; e o ruído das suas asas era como o ruído de carros, quando muitos cavalos correm ao combate. E tinham cauda semelhante à dos escorpiões e aguilhão na cauda; e o seu poder era para danificar os homens por cinco meses. E tinham sobre si rei, o anjo do abismo; em hebreu era o seu nome Abadom, e em grego, Apoliom. Passado é já um ai; eis que depois disso vêm ainda dois ais (Ap 9.1-12).

A "estrela" que cairá do céu sobre a terra não é uma estrela literal, mas um ser inteligente, como indicam os pronomes e atos pessoais que lhe são atribuídos (Ap 9.1, 2). Só a um ser inteligente pode ser entregue a chave e a autoridade para abrir a porta do abismo. Os anjos de Satanás são chamados "estrelas" (Ap 12.4-9). Está muito claro que o anjo que caiu diante de João realmente caiu do céu, no período da Tribulação, ao soar da quinta trombeta.

Esse anjo, sem dúvida, é o mesmo que prende Satanás no início do Milênio (Ap 20.1-3). Cristo tem as chaves do submundo (Mt 8.29; Lc 8.31; Ap 1.18; 20.11-15). Não parece razoável que Ele fosse confiar a Satanás ou a um dos anjos caídos a chave que mantém milhões de seres cativos sob a autoridade do próprio Satanás, o qual não iria perder a chance de soltar todos os demônios do abismo, a fim de elevar seu poderio em sua última batalha contra Deus antes de ser preso. Deus não confiaria essa chave a seres caídos, uma vez que eles traíram sua confiança quando caíram. Deus delega responsabilidades àqueles em quem Ele pode confiar. Um anjo caído não lançaria Satanás, seu governante, no abismo, e Deus não iria escolher um anjo que estivesse sob a autoridade de Satanás, quando Ele tem muitos anjos em quem pode confiar e que ficariam felizes por essa oportunidade.

Além disso, esse anjo não é o "anjo do abismo" de Ap 9.11, porque evidentemente se trata de um anjo divino, confiável, e não pode ser um líder dos demônios. Parece claro que o anjo do abismo, cujo nome em hebraico é Abadom e na língua grega Apoliom, é um anjo caído, que atuará como o líder dos gafanhotos demoníacos que sairão do abismo nesse terrível ai. Na descrição dos gafanhotos que saem do abismo, a leitura literal é: "Eles têm sobre si um rei (de fora), um anjo do abismo".

Em alguns textos gregos, o artigo definido é posto antes da palavra "anjo", com a observação de que ele deve ser omitido e lido como "um anjo do abismo", o que deixa claro que se trata simplesmente de um dos anjos caídos que estão presos no abismo. Ele é solto com os gafanhotos demoníacos e recebe o nome de Abadom e Apoliom, palavras que significam "destruição" e "destruidor". Esses nomes jamais são usados para Satanás na Bíblia, portanto o anjo não pode ser Satanás, como alguns ensinam.

A palavra Abadom é traduzida em Jó 26.6 por "destruição" (Jó 28.22; 31.12; Sl 88.11; Pv 15.11; 27.20), e essas passagens não se referem a Satanás (veja também Is 16.4; Jr 4.7; 6.26; Dn 8.24, 25; 9.26; 11.44, onde o "destruidor" não é uma referência a Satanás). Esse "destruidor", portanto, não é Satanás nem o Anticristo, mas um anjo que no momento está preso no abismo. Ele será libertado quando o anjo de Ap 9.1 descer do céu e abrir o abismo com a finalidade de soltá-lo e de libertar os gafanhotos demoníacos para atormentar os homens, como é dito aqui.

Quando o abismo for aberto, fumaça subirá dele, "como a fumaça de uma grande fornalha", e irá escurecer o Sol e o ar. Percebe-se aqui que, depois do escurecimento de um terço do Sol, da Lua e das estrelas, sob a quarta trombeta, eles voltaram à normalidade. "E da fumaça vieram gafanhotos sobre a terra; e foi-lhes dado poder, como o poder que têm os escorpiões da terra": a fumaça indica que o abismo é um lugar de fogo, mas não deve ser confundido com o Hades, o Tártaro ou o lago de fogo, mencionados em outras partes das Escrituras. A palavra grega *akris*, aqui traduzida por "gafanhotos", é sempre traduzida dessa forma (Ap 9.3, 7; Mt 3.4; Mc 1.6). Os gafanhotos comuns eram a carne consumida por João Batista. Eles são classificados como alimentos "puros" pela Lei e foram usados como mantimento por séculos (Lv 11.22; Ec 12.5).

ESSES GAFANHOTOS NÃO SÃO COMUNS PORQUE:

(1) Eles não comerão qualquer tipo de vegetal (cf. a oitava

praga egípcia de gafanhotos, que destruiu toda a vegetação, Êx 10.3-20).

(2) Eles têm um rei, e gafanhotos comuns não têm (Pv 30.27).

(3) A descrição demonstra que eles são diferentes.

(4) Eles não são sufocados pela fumaça nem queimados pelo fogo do abismo, como seriam os gafanhotos normais.

(5) Eles surgem das regiões infernais; os gafanhotos comuns não.

(6) Eles são indestrutíveis e não são mortais, do contrário os homens não os temeriam.

ELES SÃO LITERAIS PORQUE:

(1) A linguagem do texto prova isso.

(2) Deus sempre enviou pragas literais e calamidades.

(3) A ordem de não danificar a grama, a erva e as árvores indica que elas são literais. Se não fossem, essa ordem seria desnecessária.

(4) Fumaça, fogo e outros são literais, então os gafanhotos devem ser também.

(5) Eles são inteligentes, pois recebem ordem de não ferir os homens que apresentam o sinal divino na testa (Ap 9.4). Eles "atormentam" todos os outros homens da mesma forma que os escorpiões naturais (Ap 9.5). A picada do escorpião é extremamente dolorosa, e o efeito dura várias horas, mas raramente é fatal (cf. Dt 8.15; 2Cr 10.11-14; Lc 10.19).

(6) Eles são visíveis, pois os homens fugirão deles e preferirão a morte ao contato com eles.

(7) A descrição dos gafanhotos prova que eles são literais. Trata-se de criaturas aladas, semelhantes a cavalos de guerra com coroas de ouro, rosto de homens, cabelo de mulher, dentes de leão, couraça de ferro e cauda de escorpião. Serão em grande número e farão um barulho estrondoso, como só criaturas literais podem fazer.

Assim, vemos que o primeiro ai será uma praga literal de

criaturas demoníacas, cuja aparência exterior é a de um gafanhoto. O período dessa praga será de cinco meses, o mesmo tempo que o Dilúvio prevaleceu (Gn 7.24), na mesma época em que os gafanhotos naturais aparecem, de maio a setembro.

Passado é já um ai; eis que depois disso vêm ainda dois ais (Ap 9.12).

6. A SEXTA TROMBETA: O SEGUNDO AI

E tocou o sexto anjo a trombeta, e ouvi uma voz que vinha das quatro pontas do altar de ouro que estava diante de Deus, a qual dizia ao sexto anjo, que tinha a trombeta: Solta os quatro anjos que estão presos junto ao grande rio Eufrates. E foram soltos os quatro anjos que estavam preparados para a hora, e dia, e mês, e ano, a fim de matarem a terça parte dos homens. E o número dos exércitos dos cavaleiros era de duzentos milhões; e ouvi o número deles. E assim vi os cavalos nesta visão; e os que sobre eles cavalgavam tinham couraças de fogo, e de jacinto, e de enxofre; e a cabeça dos cavalos era como cabeça de leão; e de sua boca saía fogo, e fumaça, e enxofre. Por estas três pragas foi morta a terça parte dos homens, isto é, pelo fogo, pela fumaça e pelo enxofre, que saíam da sua boca. Porque o poder dos cavalos está na sua boca e na sua cauda, porquanto a sua cauda é semelhante a serpentes e tem cabeça, e com ela danificam. E os outros homens, que não foram mortos por estas pragas, não se arrependeram das obras de suas mãos, para não adorarem os demônios e os ídolos de ouro, e de prata, e de bronze, e de pedra, e de madeira, que nem podem ver, nem ouvir, nem andar. E não se arrependeram dos seus homicídios, nem das suas feitiçarias, nem da sua prostituição, nem das suas ladroíces (Ap 9.13-21).

A voz aqui pode ser a de um anjo celestial a quem foi dada a incumbência de ordenar ao anjo da sexta trombeta: "Solta os quatro anjos, que estão presos junto ao grande rio Eufrates". Vozes não identificadas são comuns no livro de Apocalipse (5.2; 7.2; 8.13; 14.7-9,15; 18.2, 4). Além das vozes de anjos, há muitas outras no livro sem referência à natureza de quem fala (Ap 6.6;

10.4, 8; 11.12; 12.10; 14.13; 16.1, 17; 18.4; 19.5; 21.3). Temos ainda a voz de Cristo e outras, como se percebe em várias passagens (Ap 1.10-15; 3.20; 4.1; 5.11, 12; 6.7, 10; 7.10; 10.3; compare com 11.3; 14.2-5; 19.1-6). O sangue sobre as pontas do altar no tabernáculo terrestre simbolizava a misericórdia para com os que pecavam por ignorância (Lv 4), mas aqui a misericórdia foi transformada em juízo por causa da ignorância intencional e da rejeição à Cristo e à verdade.

Os quatro anjos presos junto ao rio Eufrates são anjos caídos, porque nenhum anjo divino está preso. Eles são os líderes dos 200 milhões de cavaleiros demoníacos que serão soltos do abismo depois que cessar a praga dos gafanhotos. Cada um desses quatro anjos comandará 50 milhões de soldados dessa cavalaria infernal. Eles marcharão para os quatro pontos cardeais "a fim de matarem a terça parte dos homens". O Eufrates está relacionado com o julgamento na Tribulação, como deixa claro esse ai. O rio também é mencionado no "dia do Senhor", no Armagedom (Ap 16.13-16; Jr 46.4-10). A leitura literal de Ap 9.15 é: "E foram soltos os quatro anjos que haviam sido preparados para aquela hora, dia, mês e ano, a fim de matarem a terça parte dos homens". A cavalaria demoníaca sairá a matar os seres humanos numa data predeterminada, assim como os primogênitos do Egito foram mortos na noite da Páscoa. Pelo menos um terço do Império Romano será afetado por essa praga, se não um terço de toda a Terra. Cerca de 98 milhões de pessoas serão mortas por esses cavaleiros, se o campo de ação deles estiver limitado às fronteiras do antigo Império Romano. Mas se a ação deles abranger os outros países, hoje controlados pelos 26 Estados de Roma, número será de cerca de 296 milhões de pessoas.[1] Todavia, o fato de que a praga começa nas proximidades do Eufrates mostra que pode estar limitada aos países próximos do rio. Veja o capítulo 5, seção II.5.

Os argumentos apresentados anteriormente para provar que os gafanhotos demoníacos são reais, criaturas demoníacas literais e indestrutíveis, também servem para demonstrar que esses cavaleiros são da mesma natureza, provêm do mesmo lugar e têm o mesmo propósito de trazer desgraça sobre a criação moral. No entanto, os cavaleiros matarão os seres humanos, enquanto os gafanhotos irão apenas atormentá-los. A aparência geral desses demônios será a de cavalos com cabeça de leão. A boca deles expelirá fogo, fumaça e enxofre, as três causas da morte dos humanos nessa praga. Eles possuem uma cauda que se assemelha a uma serpente com a cabeça no fim, com a qual ferem as pessoas. As criaturas que os cavalgam possuem couraças de fogo, jacinto e de enxofre. O segundo ai será na verdade um conjunto de três pragas. "Estas três pragas" e "estas pragas", de Ap 9.18, 20, referem-se ao fogo, à fumaça e ao enxofre. O restante dos humanos que não forem mortos pelas três pragas não irão se arrepender nem darão glória a Deus, tampouco desistirão do Demônio, da adoração ao seu ídolo ou dos pecados vis, por conta dos quais as pragas serão enviadas. Os versículos 20 e 21 retratam as condições morais terríveis de toda a Tribulação.

A teoria de que esses cavaleiros constituem 200 milhões de soldados de vários exércitos que invadiram a Europa nos séculos passados ou a ideia que serão 200 milhões de homens sob o comando do Anticristo no Armagedom não estão em harmonia com a descrição simples que lemos acima. Nenhuma classe de cavaleiros humanos foi ou será como essas criaturas, se interpretarmos a passagem de forma literal. E não há outra maneira de entender o texto, senão em sentido literal, para o cumprimento da sexta trombeta, como declarado aqui.

A METADE DA SEMANA

Ap 10.1—13.18

[1] Devemos lembrar que essas informações correspondem à situação do mundo na década de 1920. [N. do R.]

CAPÍTULO TREZE

Ap 10.1—11.13 (passagem parentética)

O ANJO FORTE

Ap 10.1-11

E vi outro anjo forte, que descia do céu, vestido de uma nuvem; e por cima da sua cabeça estava o arco celeste, e o rosto era como o sol, e os pés, como colunas de fogo; e tinha na mão um livrinho aberto e pôs o pé direito sobre o mar e o esquerdo sobre a terra; e clamou com grande voz, como quando brama o leão; e, havendo clamado, os sete trovões fizeram soar as suas vozes. E, sendo ouvidas dos sete trovões as suas vozes, eu ia escrevê-las, mas ouvi uma voz do céu, que dizia: Sela o que os sete trovões falaram e não o escrevas. E o anjo que vi estar sobre o mar e sobre a terra levantou a mão ao céu e jurou por aquele que vive para todo o sempre, o qual criou o céu e o que nele há, e a terra e o que nela há, e o mar e o que nele há, que não haveria mais demora; mas nos dias da voz do sétimo anjo, quando tocar a sua trombeta, se cumprirá o segredo de Deus, como anunciou aos profetas, seus servos. E a voz que eu do céu tinha ouvido tornou a falar comigo e disse: Vai e toma o livrinho aberto da mão do anjo que está em pé sobre o mar e sobre a terra. E fui ao anjo, dizendo-lhe: Dá-me o livrinho. E ele disse-me: Toma-o e come-o, e ele fará amargo o teu ventre, mas na tua boca será doce como mel. E tomei o livrinho da mão do anjo e comi-o; e na minha boca era doce como mel; e, havendo-o comido, o meu ventre ficou amargo. E ele disse-me: Importa que profetizes outra vez a muitos povos, e nações, e línguas, e reis (Ap 10.1-11).

Ap 10.1—11.13 é a quarta passagem parentética do livro e explica algumas coisas que não são o conteúdo das trombetas ou das taças, mas são cumpridas em conjunto com elas, como indica o próprio texto. A passagem de 10.1-11 é uma visão do "anjo forte", 11.1, 2 do templo e da Cidade Santa e 11.3-13 das duas testemunhas. Essa passagem parentética está separada da visão principal das trombetas e inserida entre a sexta e a sétima trombetas, assim como a primeira passagem parentética está inserida entre o sexto e o sétimo selos. Isso, por si só, já prova que ela é parentética. Quanto aos acontecimentos relatados na passagem, que são claros (10.1-11), eles se cumprirão, como os da primeira parte da primeira passagem parentética (Ap 7.1-8), na ordem em que são revelados. A última parte da passagem parentética (Ap 11.1-13), concernente às duas testemunhas, se cumprirá a partir do meio da Semana, como a última parte da primeira passagem parentética (Ap 7.9-17) e como deixam claro ambas as passagens. Assim, as passagens parentéticas estão inseridas no devido lugar e serão cumpridas na ordem em que foram reveladas, à exceção de alguns trechos, cujo tempo de realização é sempre evidente. É natural entender que elas se cumprem na ordem dos acontecimentos em que estão inseridas, a menos que haja outra indicação.

O "anjo forte" sem dúvida é Cristo. Ele descerá do céu com o livrinho aberto que estava à direita de Deus (Ap 5) e, depois de abrir os sete selos (Ap 6.1—8.1), estará preparado para revelar o conteúdo das coisas "escritas por dentro". A palavra "outro" mostra que esse anjo não é um dos anjos das trombetas, como alguns supõem. Não só a descrição do anjo prova que é Cristo, mas em 11.3 Ele fala das "minhas" duas testemunhas. Tal coisa não poderia ser dita por um anjo comum. Deus é mencionado em conexão com as nuvens cerca de 150 vezes na Bíblia. Em Ap 10.1 e 14.14-16, é o Filho do Homem que é mencionado com as nuvens. Na Bíblia, os anjos comuns nunca são associados com as nuvens. O "arco-íris" nunca é mencionado na Bíblia à parte de Deus, portanto esse anjo deve ser o Filho de Deus. Outros detalhes sobre a aparição desse anjo correspondem à visão de Cristo em Ap 1.12-16. Um anjo comum nunca tem a cabeça, o rosto, os pés ou qualquer outra parte de seu ser descrita, porém Deus é descrito assim várias vezes. Esse anjo clama "como quando ruge um leão", em conexão com o "Leão da tribo de Judá" (Ap 5.5). Algumas passagens mostram Deus rugindo com a fúria de um leão no "dia do Senhor", como Is 31.4, 5; Jr 25.38; Os 11.10, 11; Jl 3.16; Am 3.8. Cristo, portanto, é a única pessoa com a mesma autoridade demonstrada por esse anjo.

O "livrinho" que ele tem na mão é o mesmo livro selado com sete selos, de Ap 5. Não é um documento de resgate ou de propriedade da terra, como alguns acreditam, e sim um livro de julgamento, como se vê a seguir:

1. A linguagem de Ap 5 e 10 não indica algo diferente.
2. O livro de Ap 5 não é um rolo em branco fechado por fora com sete selos, mas está "escrito por dentro". A escrita "por dentro" e os selos "por fora" são coisas diferentes, mas parecem registrar acontecimentos da mesma espécie. Pelo menos, não há nenhuma explicação em contrário. A abertura dos selos não esgota o conteúdo do livro "escrito por dentro", pois um estudo minucioso de Ap 5—8 demonstra que os selos contêm uma descrição de sete acontecimentos que são revelados na abertura dos selos, antes que se revelem as coisas "escritas por dentro". Se as coisas "escritas por dentro" fossem idênticas ao conteúdo dos selos, então por que se fala de um livro "escrito por dentro" e selado por fora com sete selos, uma vez que assim se faz distinção entre os selos e o livro em si?
3. O "livrinho" de Ap 10 será aberto depois que o anjo descer do céu. Evidentemente, a abertura do livro será feita pelo "anjo forte" antes de Ele descer à Terra. Deve-se observar também o triunfo nas ações desse anjo, pois Ele coloca o

pé direito sobre o mar e o pé esquerdo sobre a terra, clama com voz forte e triunfante, levanta a mão para o céu e jura por aquEle que vive para todo o sempre... que não haverá mais demora. Por que essa atitude triunfante "como quando ruge um leão", por parte do "anjo forte"? Porque "o Leão da tribo de Judá, a Raiz de Davi, que venceu para abrir o livro e desatar os seus sete selos" (Ap 5.5).

4. Entre Ap 5 e 10, o Cordeiro (esse anjo poderoso) provou o seu mérito "para abrir o livro e desatar os seus sete selos". Rompidos os selos, Ele estará com o livro aberto. O rompimento dos sete selos é registrado em Ap 6.1—8.1, e, se o "livrinho aberto" de Ap 10 não é o mesmo "livro" de Ap 5 com os selos agora rompidos, então em que outra parte de Apocalipse as coisas "escritas por dentro" são mencionadas? Se o livro de Ap 10 não é o mesmo de Ap 5, então temos outro mistério, e Apocalipse deixou de revelar algo que ele menciona. Mas se entendermos que o livro é o mesmo em ambos os capítulos e foi aberto para revelar as coisas "escritas por dentro", não há mistério ou confusão sobre os livros de Ap 5 e 10.

5. Se o livro de Ap 5 é tão importante que "ninguém no céu, nem na terra, nem debaixo da terra, podia abrir o livro, nem olhar para ele", certamente Cristo não iria revelar os acontecimentos contidos nos selos e deixar as coisas "escritas por dentro" sem uma explicação ou menção em Apocalipse, causando-nos perplexidade. As coisas "escritas por dentro" sem dúvida são importantes o suficiente para serem reveladas também. Se os acontecimentos dos selos são coisas terríveis na terra e eventos importantes no céu, é razoável que as coisas "escritas por dentro" sejam da mesma natureza. Por isso, devem ser reveladas ou então Apocalipse não é uma revelação completa de "coisas que depois destas devem acontecer". Todas essas dificuldades são facilmente

eliminadas pelo reconhecimento de que ambos os capítulos falam do mesmo livro.

6. O efeito que comer o livrinho (um encontro do hebraísmo para o conhecimento) exerce sobre João é prova suficiente de que o livro registra acontecimentos terríveis na terra em conexão com a humanidade. O efeito sobre João foi o mesmo experimentado por Ezequiel e Jeremias, uma prova adicional de que o livrinho contém parte da revelação dos juízos divinos sobre a humanidade (cf. Ez 2.3—3.14; Jr 15.16; 20.7-9; Sl 119.103). A verdade aprendida em todas essas passagens é que as mensagens recebidas de Deus por intermédio do Espírito Santo são sempre doces ao paladar, porém amargas quando o conteúdo é conhecido e proclamado ao povo, especialmente quando se trata de tragédias anunciadas contra o próprio povo do profeta, Israel. É o caso de Ap 6—19, que diz respeito a Israel e se cumpre na Septuagésima Semana de Daniel.

7. O versículo 11 é a chave para o conteúdo do livrinho. Esse versículo não ensina que João será uma das duas testemunhas, como parece sugerir a expressão "outra vez". A tradução literal do texto diz: "Deves profetizar outra vez [ainda] a [ou concernente a] muitos povos, e nações, e línguas, e reis". Isso é exatamente o que João faz no restante de Apocalipse, mais ainda que na primeira parte. Entendemos então que as coisas "escritas por dentro" são direcionadas "a muitos povos, e nações, e línguas, e reis". Imediatamente após João comer o "livrinho", o anjo declara: "Importa que profetizes outra vez", o que prova que o livrinho contém matéria relacionada com a tarefa de João como profeta. Não pode se tratar, portanto, de um documento de resgate ou de propriedade da terra. Por que João profetizaria acerca do resgate, se isso já foi feito? Por que profetizaria sobre escrituras de terra, se tal coisa não é mencionada nas Escrituras? O cenário desse capítulo se descortina entre a sexta e a sétima trombetas, perto meio

da Semana. Esses acontecimentos não significam o domínio formal de Cristo sobre a terra, porque a visão não é simbólica, exceto pela cena em que João recebe conteúdo do livrinho. A intervenção do anjo mostra que os selos ligados ao livro já estavam concluídos nesse momento e que as coisas "escritas por dentro" estão agora prontas para serem cumpridas. A consumação do "segredo de Deus" sob a sétima trombeta não será mais postergada.

APOCALIPSE 10

NÃO É A POSSE FORMAL DA TERRA POR CRISTO

1. Cristo não exercerá domínio sobre a Terra antes de se passarem três anos e meio, quando Ele vier para esse propósito (Dn 7.13, 14, 18; Ap 19.11-21; Zc 14.1-21).
2. Este cenário está associado com a frase "não haverá mais demora" e também com este versículo: "E o sétimo anjo tocou a sua trombeta, e houve no céu grandes vozes, que diziam: Os reinos do mundo vieram a ser de nosso Senhor e do seu Cristo, e ele reinará para todo o sempre" (Ap 10.6; 11.15). Nenhuma dessas afirmações, porém, se refere ao domínio de Deus sobre a Terra no meio da Semana. Isso parece evidente pelo fato de que, se Deus se apossasse da Terra nesse momento, formalmente ou não, o Diabo e o Anticristo não poderiam continuar aqui por mais três anos e meio. Qual seria o propósito desse domínio formal, especialmente se é dito que "não haverá mais demora": como poderia demorar mais três anos e meio?
3. A presença de Cristo na Terra durante a sexta e a sétima trombetas pode ser entendida à parte da ideia de que Ele tomará posse da Terra nesse momento. Ele fará exatamente o que esse anjo fez na presença de João, e está claro nessa passagem que não se trata de assumir o governo da Terra, e sim da consumação do segredo de Deus, que será explicado a seguir.

A expressão "não haverá mais demora" (Ap 10.6) não faz referência ao domínio de Cristo sobre a Terra nesse momento, mas se refere ao cumprimento imediato do "segredo de Deus", mencionado no versículo seguinte, que diz o seguinte, numa tradução literal: "Nos dias da voz do sétimo anjo, quando ele está prestes a soar a trombeta, também deverá ser consumado o segredo de Deus, conforme as boas-novas que ele comunicou aos seus servos, os profetas". O sétimo anjo toca no meio da Semana (Ap 11.15). A duração desses "dias" abrange toda a passagem de Ap 11.14—13.18, como veremos no capítulo 15.

Agora, para determinar quais desses acontecimentos é o segredo que está para ser consumado, devemos ter em mente os seguintes fatos:

1. Será consumado durante os dias da sétima trombeta. A palavra "consumado", do grego *teleo*, é usada em 11.7; 15.1, 8; 17.17; 20.3, 5, 7 e significa aquilo que chegou ao fim.
2. É realmente uma boa notícia.
3. Foi proclamada pelos profetas, desde o princípio do mundo (Lc 1.70; At 3.21; 2Pe 1.21).
4. Foi prorrogada ao longo dos séculos, mas então "não haverá mais demora" em sua conclusão.

O SEGREDO DE DEUS É A EXPULSÃO DE SATANÁS

1. É o único acontecimento mencionado nos dias da sétima trombeta que de fato preenche os quatro requisitos acima. Isso pode ser facilmente observado se analisarmos os acontecimentos da sétima trombeta um por um para ver se estão em consonância com os fatos acima. Nenhum deles se encaixa, exceto a expulsão de Satanás. Alguns fatos são boas-novas menos um, além disso, esse acontecimento foi prorrogado por Deus desde o princípio, como Ele declarou a todos os Seus profetas.
2. A expulsão de Satanás será concluída sob a sétima trombeta, como declara Ap 12.7-12.

3. A expulsão de Satanás é de fato uma boa notícia para todos nos céus, e, embora signifique uma aflição temporária para os habitantes da Terra, após o infortúnio, será uma bênção permanente, pois é a única forma de o plano eterno de Deus ser levado a efeito (Ap 12.10-12).
4. A expulsão de Satanás foi proclamada pelos profetas desde os tempos mais antigos, a começar por Gn 3.15, terminando em Ap 12.7-12. É um tema bíblico tratado de forma direta muitas vezes pelos profetas (Is 24.21; 25.7; 27.1 etc.).
5. É o único acontecimento prorrogado através dos séculos. A mulher, o varão, as bestas e outros não foram protelados por não terem existido ao longo dos séculos.
6. A atitude triunfante do anjo demonstra que um inimigo está envolvido no mistério da prorrogação. Tal atitude não é condizente com nenhum outro acontecimento da sétima trombeta. A própria natureza do caso indica uma vitória adiada e definitiva.
7. O fato de os três ais ocorrerem no âmbito da quinta, sexta e sétima trombetas comprova que a expulsão de Satanás é a referência (Ap 12.12).
8. Essa ideia se harmoniza perfeitamente com o anúncio de que os reinos deste mundo estão para se tornar divinos, como veremos no capítulo 15.

Depois que o anjo colocou os pés na Terra e no mar e clamou com grande voz, sete trovões ressoaram, ou seja, sete pronunciamentos claros e distintos foram proferidos do céu. João estava prestes a escrever essas declarações, quando lhe foi dito que não o fizesse. E, se nenhuma delas foi revelada, qualquer especulação será inútil. Podem ter sido palavras de caráter pessoal, dirigidas a João. Talvez fosse a voz Deus (Sl 29; Jo 12.28,29).

CAPÍTULO CATORZE

Ap 10.1—11.13 (passagem parentética)

O TEMPLO DE DEUS E AS DUAS TESTEMUNHAS

Ap 11.1-13

A passagem parentética (Ap 10.1—11.13) continua com a medição do templo de Deus e a revelação das duas testemunhas, que surgirão na Terra nos últimos três anos e meio da Septuagésima Semana de Daniel.

I. O TEMPLO DE DEUS

E foi-me dada uma cana semelhante a uma vara; e chegou o anjo e disse: Levanta-te e mede o templo de Deus, e o altar, e os que nele adoram. E deixa o átrio que está fora do templo e não o meças; porque foi dado às nações, e pisarão a Cidade Santa por quarenta e dois meses (Ap 11.1, 2).

A cana também é mencionada em Ap 21.15-16. Mede cerca de 3,80 metros e assemelha-se a uma vara ou cetro em outras passagens (Ap 2.27; 12.5; 19.15). Esse cenário indica uma medição para destruir, não para edificar. Há outras passagens que, como com essa, apontam para ideia de uma vara de castigo (2Sm 7.14; Sl 2.9; 89.32; Is 11.4; Lm 2.8; Ez 20.37; 1Co 4.21 etc.).

Esse não é o templo de Herodes, porque este foi demolido no ano 70 d.C., na destruição de Jerusalém, cerca de 25 anos antes dessa visão. E, mais uma vez, não pode ser o templo do Milênio, descrito em Ez 40—48, que não será construído até que

Cristo venha à Terra (Zc 6.12-13). O templo aqui é aquele que será reconstruído pelos judeus antes da Septuagésima Semana de Daniel. Ele será destruído no final da Tribulação, pelo terremoto sob a sétima taça (Ap 16.18-19) ou pelos exércitos do Anticristo na tomada de Jerusalém (Zc 14.1-5). Ambos os Testamentos deixam claro que haverá um templo onde se oferecerão sacrifícios durante pelo menos três anos e meio. Em seguida, o templo será assolado por três anos e meio e corrompido pelo Anticristo e pelos gentios (Dn 9.27; 12.7-12; Mt 24.15; 2Ts 2.2-4).

É notório que o templo, o altar e os adoradores foram todos medidos. Isso demonstra que toda a área judaica do templo e o culto dos judeus passarão sob a vara do juízo e da desolação com a finalidade de quebrar o espírito de Israel. O átrio dos gentios não foi medido para ser pisado por eles, porque já era posse deles. Era considerado impuro pelos judeus e adequado apenas aos gentios. Esse átrio foi deixado de fora no sentido de que não haverá mais adoração ali por parte dos gentios, que só prestarão culto nesse lugar até o momento em que entraram no próprio templo para adorar o Anticristo e sua imagem. Não só o templo será dado aos gentios, para que seja pisado por eles, mas a própria cidade estará em sua posse durante 42 meses literais. A palavra "gentio" provém do termo grego *ethnos*, que ocorre 23 vezes no livro de Apocalipse e é sempre traduzido por "nações", exceto aqui.

A invasão de Jerusalém pelos gentios por 42 meses prova que o tempo dos gentios não acabará até o retorno de Cristo, no fim dos 42 meses. Isso significa que essa era não terminou em 1914, 1917, 1924, 1927, 1936, 1942 ou em qualquer outro ano do século XX. Nem poderia ter findado em 1954, pois os dez reinos do Império Romano restaurado precisam ser formados antes disso, depois dos quais virá o Anticristo e os sete anos da Tribulação. Aliás, se os sete anos fossem começar em 1948, o tempo dos gentios acabaria no mínimo em 1955. Não se sabe quantos anos levarão até os dez reinos serem formados, antes que o Anticristo se manifeste, por isso a teoria de que o tempo dos gentios é de 2.520 anos — baseada nas sete ocasiões em que Israel foi punido (Lv 26) — é falsa. Sem dúvida, essa passagem simples concernente ao tempo dos gentios continuado através dos 42 meses é bastante por si só, à parte de outras referências bíblicas e argumentos. As expressões "quarenta e dois meses", "mil duzentos e sessenta dias" e "tempo, tempos e metade de um tempo" referem-se a um único período de tempo: os últimos três anos e meio da Septuagésima Semana de Daniel, quando o Anticristo reinará supremo (Ap 11.2, 3; 12.6, 14; 13.5; Dn 7.25; 12.7). (Para um estudo sobre o tempo dos gentios, veja as lições 15 e 16 e o capítulo 36 de nosso livro *God's Plan for Man*.)

II. AS DUAS TESTEMUNHAS

E darei poder às minhas duas testemunhas, e profetizarão por mil duzentos e sessenta dias, vestidas de pano de saco. Estas são as duas oliveiras e os dois castiçais que estão diante do Deus da terra. E, se alguém lhes quiser fazer mal, fogo sairá da sua boca e devorará os seus inimigos; e, se alguém lhes quiser fazer mal, importa que assim seja morto. Estas têm poder para fechar o céu, para que não chova nos dias da sua profecia; e têm poder sobre as águas para convertê-las em sangue e para ferir a terra com toda sorte de pragas, quantas vezes quiserem. E, quando acabarem o seu testemunho, a besta que sobe do abismo lhes fará guerra, e as vencerá, e as matará. E jazerá o seu corpo morto na praça da grande cidade que, espiritualmente, se chama Sodoma e Egito, onde o seu Senhor também foi crucificado. E homens de vários povos, e tribos, e línguas, e nações verão seu corpo morto por três dias e meio, e não permitirão que o seu corpo morto seja posto em sepulcros. E os que habitam na terra se regozijarão sobre eles, e se alegrarão, e mandarão presentes uns aos outros; porquanto estes dois profetas tinham atormentado os que habitam sobre a terra. E, depois daqueles três dias e meio, o espírito de vida, vindo de Deus, entrou neles; e puseram-se sobre os pés, e caiu grande temor sobre os que os viram. E ouviram uma grande voz do céu, que lhes dizia: Subi cá. E subiram ao céu em uma nuvem; e os seus inimigos os viram. E naquela mesma hora houve um grande terremoto, e caiu a décima parte da cidade, e no terremoto foram mortos sete mil homens; e os demais ficaram muito atemorizados e deram glória ao Deus do céu (Ap 11.3-13).

Antes de tudo, iremos determinar exatamente o que essa passagem diz a respeito das duas testemunhas, antes de passar a outros textos. Qualquer teoria sobre a identidade delas deve harmonizar-se com essas declarações. Eles são dois homens, não duas alianças, duas dispensações ou qualquer outra coisa, como deixa claro a descrição simples de ambas aqui e em outros lugares. As verdades aqui apresentadas são as seguintes:

1. Elas são "minhas [de Cristo] duas testemunhas" (Ap 11.3).
2. Cristo dará poder a elas (Ap 11.3). Isso exclui o argumento de que foram dois homens que exerceram esses poderes em épocas passadas.
3. Elas profetizarão 1.260 dias, ou seja, durante o período de tempo em que o Anticristo reina supremo, a Cidade Santa é pisada pelos gentios e a mulher foge para o deserto a fim de se proteger (Ap 11.2, 3; 12.6, 14; 13.5). Elas profetizarão durante os últimos três anos e meio, não nos primeiros, como se deduz dos seguintes fatos:

1. Em Daniel e em Apocalipse, todas as passagens sobre os 42 meses, os 1.260 dias e os três anos e meio se referem à última metade da Septuagésima Semana de Daniel.
2. O fato de as duas testemunhas não serem mencionadas até o meio da Semana ou após os selos e as primeiras seis trombetas, prova que elas não profetizarão durante o cumprimento dessas coisas, que terão lugar nos primeiros três anos e meio. Se elas fossem profetizar durante os primeiros três anos e meio, a profecia concernente a elas estaria inserida antes dos acontecimentos desse período, de modo que compreendêssemos naturalmente que eles deveriam profetizar durante esse tempo, não durante os

últimos três e anos e meio. Por que o ministério delas seria revelado em conexão com o meio da Semana, se ele é encerrado no final da Semana?

3. Naturalmente, entendemos que os 1.260 dias ou 42 meses de Ap 11.3 são os mesmos 42 meses de Ap 11.2, pois se referem à mesma profecia. Não há intervalo entre esses versículos, como no caso de dois períodos de tempo. Como a cidade só é pisada pelos gentios na segunda metade da Semana, as duas testemunhas devem profetizar durante esse tempo, não na primeira metade.

4. O anjo de Ap 10 descerá do céu depois da sexta trombeta, no meio da Semana, e pouco antes da sétima trombeta. É esse anjo que afirma: "Darei poder às minhas duas testemunhas". Isso implica o tempo futuro com relação ao momento da descida do anjo. Estabelecer o cumprimento de Ap 11.3-13 retroativamente, durante todos os selos e as trombetas, é situá-lo fora do local determinado e intencionado por Deus.

5. O principal argumento dos que ensinam que as duas testemunhas profetizarão durante os primeiros três anos meio é que a besta, ao sair do abismo no meio da Semana, irá matá-las imediatamente. Mas não há indicação alguma de que a besta sairá do abismo no meio da Semana. E onde está escrito que ela matará as testemunhas imediatamente após a sua ascensão? O versículo 7 não ensina isso, apenas afirma que a besta que sai do abismo irá destruí-las no final de seu testemunho, mas está longe de provar que acontecerá o que se sugere acima. Pelo contrário, fica evidente que a besta sairá do abismo em algum momento antes da Septuagésima Semana e fará surgir o Anticristo do meio dos dez reinos, que por sua vez fará uma aliança de sete anos com Israel (veja os capítulos de 30 a 35). Isso é comprovado pela afirmação de que as duas testemunhas irão resistir ao Anticristo do meio da Semana em diante, com a finalidade de proteger os judeus que não fugiram para o deserto. Não haveria razão para protegê-los durante os primeiros três anos e meio, pois

o próprio Anticristo fará isso. Portanto, não haverá grande necessidade do ministério das duas testemunhas nos primeiros três anos e meio. Durante os últimos três anos e meio, porém, o Anticristo irá se opor à Israel, daí a necessidade de proteção das duas testemunhas. Qual seria o propósito da profecia e da operação de milagres, se Israel não fosse perseguido pelo Anticristo durante o ministério delas? O fato de eles não poderem ser mortos pela besta até que tenham terminado o seu testemunho comprova que a besta, ao sair do abismo, não os destrói imediatamente. Além disso, é mostrado o antagonismo entre a besta e as duas testemunhas durante os 1.260 dias. Deus não tem a intenção de se opor à besta até que ele quebre a aliança com Israel e comece a persegui-lo. Portanto, o ministério das testemunhas seria sem propósito durante os primeiros três anos e meio. Seu ministério se encaixa apenas nos terríveis dias da "grande tribulação", causada pelo Anticristo nos últimos três anos e meio. Deus está retendo esses dois homens no céu para esse fim específico.
6. Se houvesse uma declaração de que as duas testemunhas haviam profetizado nos três anos e meio anteriores ao momento em que a passagem foi revelada a João, então isso estaria esclarecido, mas não existe tal afirmação. A menos que a passagem parentética deixasse claro que ela não seria cumprida no lugar em que foi revelada, como isso não ocorre, podemos ter certeza de que ela se encontra na devida ordem.
7. Ml 4.5, 6 prova que o tempo do ministério delas antecede o grande e glorioso "dia do Senhor", que terá início na vinda de Cristo. Isso situa esse ministério nos últimos três anos e meio.

1. As duas testemunhas são profetas, pois irão profetizar durante três anos e meio (Ap 11.3). Elas deverão profetizar a condenação de Satanás, das bestas do mar e da terra e de

seus seguidores, e outras coisas futuras, mas a ideia principal é que preguem a Israel e tentem converter o coração deles para Deus e de uns para os outros, a fim de evitar o juízo divino (Ml 4.5).

2. Elas estarão vestidas de saco, em sinal de luto pelos juízos que estão para chegar (Ap 11.3; cf. 2Sm 3.31; 1Rs 20.31, 32; Ne 9.1; Et 4.1; Sl 30.11, 35.13; Jn 3.5).
3. Elas "são as duas oliveiras e os dois castiçais que estão [e permanecem] diante do Deus da terra" (Ap 11.4). Esse texto, confrontado com Zc 4.3, 11-14, mostra que as oliveiras representam duas pessoas. Quem quer que sejam, estavam de pé diante de Deus pelo menos desde 500 a.C., quando Zacarias profetizou, e ainda estavam lá na época de João, por volta de 96 d.C. Isso excluiria o apóstolo João de ser uma das duas testemunhas, além do fato de ter sido a pessoa que as viu ali. A expressão "Deus da terra" mostra que Ele é o legítimo proprietário da terra (Js 3.11, 13; Zc 6.5).
4. Elas terão poder (ou autoridade) e liberdade (ou direito) para exercê-lo à vontade (Ap 11.5, 6). Se alguém tentar prejudicá-las, sairá fogo de sua boca e devorará o inimigo. Qualquer que seja a forma em que seus inimigos tentem de feri-las, acabarão mortos. Durante o seu ministério, as duas testemunhas impedirão a chuva, transformarão a água em sangue e ferirão a terra com toda espécie de pragas, quantas vezes quiserem. Isso mostra que ambas exercem o mesmo poder. Pragas semelhantes e muitas outras foram enviadas por Deus em diversas ocasiões por causa do pecado e da idolatria, por isso não é de admirar que sejam enviadas outra vez para punir esses pecados (Êx 7.20-25; 15.26; Lv 26; Dt 11.14-17; 28.1—30.10; 1Sm 6.4; 2Sm 24.15).
5. Quando encerrarem o seu testemunho, elas ficarão à mercê dos inimigos. A besta que subirá do abismo fará guerra contra elas e as vencerá, e então irá matá-las (Ap 11.7). Essa é a primeira menção à besta do abismo. A ascensão dessa besta será comentada em detalhes nos capítulos de 30 a 35. O

verbo "vencer" implica conflito real, e é o mesmo usado pelos vencedores nas cartas à igreja (Ap 2 e 3). Significa que, por fim, a besta irá levar vantagem sobre as duas testemunhas, por causa da retirada do poder de Deus quando o ministério delas terminar. A luta contra elas será travada continuamente por 1.260 dias, até a besta finalmente vencê-las. A frase "e as matará" deixa evidente que se trata de dois homens normais que nunca morreram, mas que morrerão nas mãos da besta. Se isso está claro, então é igualmente claro que ambos foram transladados para estar "diante do Deus da terra", permanecem até agora com o seu corpo natural e serão enviados outra vez à Terra como seres mortais, do contrário não poderiam ser mortos pelo Anticristo. Nada é mais claro a respeito das duas testemunhas que o fato de que irão morrer como qualquer outro ser humano. Isso por si só exclui a ideia de que elas ressuscitaram e possuem um corpo glorificado no céu, agora ou durante o seu ministério na Terra.

6. Depois que elas forem mortas pela besta, os cadáveres ficarão nas ruas de Jerusalém por três dias e meio. Os homens não irão sepultá-las. Irão tripudiar e se alegrar com a morte dos dois profetas, porque estes que os atormentavam e agora estão mortos. Depois de três dias e meio, porém, o Espírito de vida entrará nas duas testemunhas, e elas ficarão de pé e subirão ao céu diante de seus inimigos. Isso produzirá um medo paralisante em seus algozes. Na mesma hora, um grande terremoto sacudirá Jerusalém, 7 mil homens serão mortos e a décima parte da cidade será destruída. O restante da humanidade dará glória a Deus (Ap 11.8-13). Os 7 mil mortos pelo terremoto que ocorrerá após a morte das duas testemunhas estabelecem um forte contraste com os 7 mil fiéis preservados nos dias de Elias, a quem Jezabel queria matar. Aqui Jerusalém é chamada "a grande cidade", indício de um grande crescimento antes dessa época. Ela será reconstruída

apenas para ser destruída outra vez (Zc 14.5; Ap 16.19). É também, nesse ponto, chamada espiritualmente Sodoma e Egito, onde Cristo foi crucificado. Esse conceito tem estreita relação com o Antigo Testamento (Is 1.9, 10; Ez 16.46, 53; 23.3, 8, 19, 27). Esses fatos concernentes às duas testemunhas simplificam a questão da identidade. Em suma, fazem tudo menos nomeá-las, e assim excluem qualquer especulação sobre o assunto.

A IDENTIDADE DAS DUAS TESTEMUNHAS

Após a devida consideração dos fatos acima sobre as duas testemunhas, fica evidente para o leitor que apenas dois homens em toda a Bíblia se encaixam nessa revelação simples. São eles Enoque e Elias. Que Elias será um deles, está muito claro nas Escrituras. Ele deverá retornar à Terra para cumprir Ml 3 e 4. O primeiro versículo de Ml 3 é uma referência tanto a Elias quanto a João Batista, mas depois desse versículo João não é mencionado. João nunca foi Elias em pessoa, como alguns concluem das palavras de Cristo em Mt 11.14. O próprio João afirmou que não era Elias (Jo 1.19-23). Cristo e João falaram a verdade. Quando João declarou que não era Elias, estava afirmando que não era Elias em pessoa, porque não poderia ter sido o filho natural de um tisbita dos dias de Acabe e ao mesmo tempo o filho natural de Zacarias e Isabel (Lc 1). Cristo tinha em mente o simples fato de que João era aquele que viria "no espírito e virtude de Elias" (Lc 1.17). Ml 3.2-5, 13-17 e 4.1-6 fazem referência à segunda vinda de Cristo, porque falam sobre julgamento e tribulação no "dia do Senhor", não sobre graça, como na época de João. Isso parece identificar uma das duas testemunhas como o Elias do Antigo Testamento, que foi transladado para ser mantido a salvo diante de Deus até aquele dia futuro, em que Deus irá precisar dele novamente, dessa vez para resistir ao Anticristo, como fez com Jezabel e Acabe no passado.

MOISÉS NÃO PODERIA SER UMA DAS DUAS TESTEMUNHAS

Moisés jamais se encaixaria nas declarações anteriores acerca das duas testemunhas. Os argumentos para tais ensinos são genéricos demais. Acredita-se que Moisés e Elias foram os únicos dois homens a exercer os poderes das duas testemunhas, porém o argumento do poder antigo é anulado pelo item 2 da seção II deste capítulo. Eliseu obteve porção dobrada do espírito de Elias, mas, de acordo com esse argumento, deveria dar lugar a Elias, porque possuía um poder maior que o deste, mas não deveria. Essa corrente de estudiosos tenta definir os atributos das duas testemunhas ao especificar o poder de Elias sobre a chuva e o poder de Moisés sobre as pragas, porém é refutada pelo item 7 da seção II deste capítulo, onde se demonstra que ambos têm poderes iguais. Argumenta-se ainda que as operações de Moisés e Elias os identificam com o título "minhas duas testemunhas", pois essa era a vocação de ambos, uma vez que testemunharam no monte da Transfiguração (Mt 17.3), junto ao túmulo de Jesus (Lc 24.4-7) e na ascensão de Cristo (At 1.10, 11), sempre vestindo roupas brilhantes. Além disso, afirma-se que Moisés, ressuscitado dentre os mortos, tipifica os santos ressurretos, e Elias, transladado, tipifica os santos transladados vivos e que um ressuscitou e outro foi transladado com o expresso propósito de testemunhar.

Esses argumentos podem parecer razoáveis ao leitor superficial, mas não estão em harmonia com as Escrituras. Parecem fazer de Moisés e Elias as duas únicas testemunhas possíveis na Bíblia, mas eles não são (1Co 15.14, 15; At 1.8; 10.43 etc.).

Nada nas Escrituras sugere que os dois homens que apareceram no túmulo de Jesus e em sua ascensão sejam Moisés e Elias. Ao contrário, a Bíblia menciona "dois anjos", e não há uma passagem que prove que o corpo de Moisés foi ressuscitado dentre os mortos. Jd 9 mostra que ele não ressuscitou, pois Deus, depois de ter resgatado o corpo de Moisés das mãos do Diabo — o qual detém o poder da morte (Hb 2.14, 15) até que

Jesus o venceu —, sepultou Moisés na terra de Moabe (Dt 34.5-8). Se Deus pretendesse ressuscitar Moisés, por certo o teria transladado, como fez a Enoque e Elias, ou pelo menos o teria ressuscitado antes de sepultá-lo. Além disso, o fato de Moisés e Elias usarem vestes resplandecentes quando foram vistos com Cristo no monte não prova que todos os seres que aparecem com roupas brilhantes sejam Moisés e Elias nem confirma que Moisés foi ressuscitado dentre os mortos. No paraíso, todos se vestem com roupas brilhantes, e isso não implica necessariamente que todos foram ressuscitados. Então, por que supor que Moisés ressuscitou simplesmente por ter aparecido com vestes resplandecentes? As almas sob o altar, no céu, também não estão vestidas de branco antes de serem ressuscitadas (Ap 6.9-11)? Moisés não poderia ter ressuscitado dentre os mortos e aparecido com um corpo glorificado no monte, pois isso aconteceu antes de Cristo se tornar "as primícias dos que dormem" (1Co 15.20-23). O fato de a morte de Cristo ter sido o assunto naquele dia (Lc 9.31) parece indicar que a referência à aparição de Moisés e Elias estava em conexão com a Lei e os Profetas, que acenavam para Cristo como o antítipo dos vários sacrifícios do Antigo Testamento.

Moisés não pode ter um corpo glorificado agora, como por certo teria se fosse ressuscitado, e ainda ser um homem mortal, como cada uma das duas testemunhas, para voltar à terra e morrer nas mãos do Anticristo. Um corpo ressuscitado não pode ser morto. "Aos homens está ordenado morrerem uma vez, vindo, depois disso, o juízo" (Hb 9.27). Essa morte predeterminada faz referência ao que ocorre a todos os homens sob maldição. É certo que alguns foram temporariamente ressuscitados dentre os mortos, para mostrar a glória e o poder de Deus, mas nenhuma deles experimentou a corrupção nem sofreu aquela morte predeterminada, e retornou a esta vida para morrer pela segunda vez. Moisés também não poderá viver outra vez em forma corruptível durante a Tribulação, depois de ter passado pela morte predeterminada e experimentado a corrupção. Ele não poderia ter ressuscitado e recebido um corpo antes da ressurreição de Cristo, portanto estava morto, e o seu corpo estava na sepultura cerca de 1.700 anos antes desse tempo. E, se ele não foi um dos "muitos" (Mt 27.52, 53) que ressuscitaram dos mortos após a ressurreição de Cristo, o seu corpo ainda está no túmulo e não será ressuscitado dentre os mortos até o arrebatamento dos mortos e vivos redimidos em Cristo, que subirão ao encontro de Cristo nos ares. Isso exclui Moisés como uma das duas testemunhas, pois ele não poderá ser morto pelo Anticristo, como ambas serão.

Além do mais, não há texto bíblico que comprove que Moisés e Elias foram ressuscitados ou transladados com o propósito expresso de dar testemunho num tempo futuro. Se Elias foi transladado com essa finalidade, então se poderia argumentar também que Enoque foi transladado para esse mesmo fim, e o mesmo tipo de raciocínio pode ser aplicado no caso dos santos arrebatados. Tal conclusão é inevitável quando a prova se apoia nisso.

ENOQUE SERÁ A OUTRA TESTEMUNHA

Uma vez que não parece razoável que Moisés seja a outra testemunha, sugerimos Enoque como a escolha óbvia de Deus, embora não com um definitivo "diz o Senhor", como no caso de Elias (Ml 4.5, 6). Mas é evidente que Enoque e Elias são os únicos que não provaram a morte, ou seja, não passaram pela morte predeterminada na Terra, a qual eles devem experimentar, como todos os outros (Gn 5.21-24; Hb 11.5; 2Rs 2). Ambos eram profetas de julgamento (Jd 14, 15; 1Rs 17 e 18), e sabemos que Elias foi transladado para o céu e agora é uma das duas oliveiras e um dos dois castiçais que estão diante de Deus. Não é razoável que Enoque, o único outro homem transladado para não ver a morte durante a sua vida na Terra, seja, por algum propósito definido, a outra testemunha?

Que ambos deverão voltar e passar pela morte natural e predeterminada nas mãos do Anticristo, além de não ser impossível, é bastante razoável. Alguns argumentam que Enoque foi transladado para não ver a morte "em nenhum aspecto", mas essas palavras não são encontradas em Hb 11.5. O que se diz de Enoque nesse versículo também se poderia dizer de Elias, e sabemos que este deverá voltar e morrer, de acordo com Hb 9.27. Enoque viveu uma vida natural, sob as leis da degeneração, e estava sujeito à lei da morte. Ele não poderia escapar, a menos que estivesse vivo por ocasião do Arrebatamento, quando o mistério do homem transladado sem ver a morte será cumprido.

Paulo desvendou o mistério do Arrebatamento e do ingresso sem morte no estado eterno. E, se isso já foi demonstrado por Enoque, então Paulo não revelou mistério algum. Se o apóstolo, que escreveu sobre a transladação de Enoque, acreditava que este foi transladado sem a possibilidade de ver a morte no futuro, com certeza teria usado esse fato como exemplo, como era seu costume ao ilustrar a sua doutrina de transladação sem morte.

Mais uma vez, se Enoque foi transladado e recebeu um corpo glorificado que não podia ver a morte, isso aconteceu 3.500 anos antes de o próprio Cristo receber um corpo de glória. Nesse caso, Cristo não foi as primícias do estado eterno dentre os filhos dos homens, como deveria ser (Rm 5.12-21; 1Co 15.20-23, 45-49). Como poderia Enoque receber um corpo glorificado "conforme o seu corpo glorioso" (Fp 3.21) antes de Cristo ter adquirido um corpo dessa natureza? Se Enoque obteve um corpo glorificado concedido por Deus antes de Cristo, e isso mediante a fé, então outras pessoas também poderiam, da mesma forma, ter recebido um corpo assim. E, se fosse esse o caso, não haveria necessidade da conquista da morte por Cristo nem de sua vitória na ressurreição e glorificação, pois Deus poderia conceder tais corpos sem a vitória sobre a morte. Hb 1 e 2 também deixa claro que Cristo foi o primeiro a ser exaltado a um estado eterno com um corpo de glória, acima dos anjos e de todos os outros seres. Assim, de acordo com os textos bíblicos acima, uma vez que Enoque não recebeu um corpo glorificado antes de Cristo e como não temos nenhum registro de ocorrência semelhante depois de Cristo, Enoque não poderá residir permanentemente no céu, sem morrer.

Enoque deverá voltar e morrer. E quando será isso, senão na Tribulação? Elias, que nunca morreu, deverá morrer. Enoque, que também nunca morreu, deverá morrer. Se ele não é a outra testemunha, então o mistério rodeia a sua morte e destino, e a sua história está incompleta. Deus disse a Elias que iria arrebatá-lo para um ministério especial no futuro, e pela fé ele creu em Deus e foi arrebatado. Enoque também foi transladado por fé, e isso demonstra que Deus o avisou de que iria arrebatá-lo. Com certeza, havia um propósito na mente de Deus. Isso aconteceu não porque ele agradou a Deus mais que qualquer pessoa, e sim "pela fé" em apropriar-se daquilo que Deus lhe disse. Deus tinha um propósito na transladação de Enoque, assim como na de Elias, e o que seria, senão providenciar a outra testemunha? Elias agradou a Deus e foi transladado pela fé. Enoque agradou a Deus e foi transladado pela fé. Os dois casos são paralelos: ou se afirmam juntos ou juntos caem por terra. Eles são os dois únicos homens em conformidade com a clara descrição das duas testemunhas, em todos os pontos.

Além disso, a tradição apoia a identificação de Enoque e Elias como as duas testemunhas, como se vê em alguns escritos apócrifos que chegaram até nós. (Veja, por exemplo: *História árabe de José, o carpinteiro*; *Evangelho de Nicodemos*, cap. 20; *Apocalipse de João, o Teólogo*, pág. 95 etc.)

CAPÍTULO QUINZE

7. A SÉTIMA TROMBETA: O TERCEIRO AI

Ap 11.14—13.18

É passado o segundo ai; eis que o terceiro ai cedo virá.

E tocou o sétimo anjo a trombeta, e houve no céu grandes vozes, que diziam: Os reinos do mundo vieram a ser de nosso Senhor e do seu Cristo, e ele reinará para todo o sempre. E os vinte e quatro anciãos, que estão assentados em seu trono, diante de Deus, prostraram-se sobre seu rosto e adoraram a Deus, dizendo: Graças te damos, Senhor, Deus Todo-Poderoso, que és, e que eras, e que hás de vir, que tomaste o teu grande poder e reinaste. E iraram-se as nações, e veio a tua ira, e o tempo dos mortos, para que sejam julgados, e o tempo de dares o galardão aos profetas, teus servos, e aos santos, e aos que temem o teu nome, a pequenos e a grandes, e o tempo de destruíres os que destroem a terra.

E abriu-se no céu o templo de Deus, e a arca do seu concerto foi vista no seu templo; e houve relâmpagos, e vozes, e trovões, e terremotos, e grande saraiva (Ap 11.14-19).

A primeira parte dessa passagem anuncia o terceiro ai, que é o último dos três ais anunciados pelo anjo em Ap 8.13, que devem acontecer no âmbito da quinta, sexta e sétima trombetas. O terceiro ai não é o terremoto de Ap 11.13, que tem lugar no momento em que as duas testemunhas são arrebatadas ao céu, mas a expulsão de Satanás para a Terra, sob a sétima trombeta (Ap 12.12). Nem é esse terremoto o segundo ai, porque ocorre sob a sexta trombeta, como anunciado pelo anjo em Ap 8.13. As duas testemunhas não serão arrebatadas sob nenhuma das trombetas, mas no final da Semana. Ap 11.13 encerra a passagem parentética, e Ap 11.14 anuncia o terceiro ai, da mesma forma que o segundo ai foi anunciado pouco antes de seu início (Ap 9.12).

A sétima trombeta é um período de tempo (Ap 10.7) e abrange as afirmações acima, além da visão da mulher, do varão, do dragão, do remanescente, da guerra no céu, das bestas, e assim por diante (Ap 11.14—13.18). Não abrange nenhum outro acontecimento fora desses capítulos. Depois que ela soa, as afirmações acima são feitas por diferentes criaturas, na expectativa do que está para acontecer. O que acontece sob a sétima trombeta, na expulsão de Satanás, torna possível a Deus obter a supremacia sobre o mundo. Isso não significa que Deus se tornará Governante absoluto do mundo durante a sétima trombeta, pois antes disso, para levar a cabo o seu propósito na terra, Ele terá de derrotar os poderes satânicos nas regiões celestiais. Isso mostra que a sétima trombeta não irá se estender necessariamente pelos últimos três anos e meio, como alguns ensinam, pois Deus poderá expulsar o usurpador do mundo e assim ter o mundo como seu sem de fato tomar posse da Terra. Deus se tornará soberano pela derrota de Satanás, mas é preciso tempo para que os resultados dessa vitória sejam sentidos na Terra e compreendido pelos homens. Essa demora necessária de três anos e meio, para que Ele tome posse da Terra em pessoa depois da sétima trombeta, será ocasionada pela conclusão da palavra profética no derramamento da ira de Deus sobre os homens, por perseguirem Israel.

Após o anúncio de que Deus se tornou soberano sobre os reinos deste mundo, temos seis declarações dos anciãos, que serão cumpridas sob a sétima trombeta ou prenunciam o tempo em que cada uma se cumprirá, conforme o caso. As três primeiras declarações cumprem-se de imediato, mas os anúncios concernentes ao julgamento dos mortos, à recompensa dos santos e aos destruidores da terra se cumprirão no devido tempo. Há um tempo determinado para cada um deles, mas esse tempo não é revelado aqui. Sabemos que os mortos serão julgados no Juízo Final, após o Milênio (Ap 20.11-15). A destruição dos que destroem a terra ocorre antes e depois do Milênio (2Ts 1.7-10; Ap 19.11-21; 20.7-10). O julgamento dos santos, terrenos e celestiais, será em algum momento durante a Septuagésima Semana de Daniel, entre o Arrebatamento e a segunda vinda de Cristo, pois todos os santos serão recompensados com o tempo em que reinarão durante o Milênio (Ap 20.4-6).

Após as declarações dos anciãos, João viu o templo de Deus no céu aberto, e a "arca do seu concerto" é avistada. Esse templo é o mesmo estudado nos capítulos 9 e 24. A arca não é aquela feita por Moisés, mas ele construiu a sua seguindo o padrão da arca celestial (cf. os trovões etc. de Ap 11.19 com os de Ap 8.5; 16.17-21).

O arrebatamento do varão, a expulsão de Satanás do céu, a fuga da mulher para o deserto, a perseguição do remanescente, a ascensão da besta do mar e a besta da terra, tudo isso acontecerá e chegará a um termo por ocasião da sétima trombeta. Mas só porque o varão está no céu, a mulher está no deserto, o Diabo está na Terra e as bestas de Ap 13 se mantêm pelos últimos três anos e meio, não significa que a sétima trombeta dure tanto tempo.

A sétima trombeta não é a "última trombeta" do Arrebatamento, como ficou provado no capítulo 6, seção I, item 2. A sétima trombeta soará no meio da Semana, pelo menos três anos e meio após o Arrebatamento. A evidência de que ela soará no meio da Semana é que resta apenas um período de 42 meses (Ap 11.2; 13.5) — 1.260 dias (Ap 11.3; 12.6) ou três anos e meio (Ap 12.14) — a partir do sopro da sétima trombeta até o fim da Semana. Se isso é correto, então é sensato crer que a sexta trombeta será tocada antes da sétima, a quinta antes da sexta, a quarta antes da quinta, a terceira antes da quarta, a segunda antes da terceira e a primeira antes da segunda. Ou seja, as primeiras seis trombetas serão tocadas durante os primeiros três anos e meio da Semana. Além disso, os sete selos acontecem antes da primeira trombeta. Então, podemos concluir que, biblicamente, os sete selos e as seis primeiras trombetas se cumprem antes da sétima trombeta, tocada no meio da Semana. A quinta trombeta terá cinco meses de duração, e as outras, naturalmente, também levarão algum tempo. Desse modo, podemos concluir que os sete selos e as seis primeiras trombetas se estenderão pelos primeiros três anos e meio da Septuagésima Semana de Daniel.

CAPÍTULO DEZESSEIS

A MULHER VESTIDA DO SOL

Ap 12.1, 2, 5a, 6, 13-16

Nessas passagens, é dada a revelação completa a respeito da mulher — sua identificação, maternidade, perseguição, fuga e proteção. Esses temas, associados com outras passagens bíblicas, serão agora analisados em sua ordem lógica.

I. A IDENTIFICAÇÃO DA MULHER

E viu-se um grande sinal no céu: uma mulher vestida do sol, tendo a lua debaixo dos pés e uma coroa de doze estrelas sobre a cabeça (Ap 12.1).

O verbo "ver" aqui traduz a palavra grega *horao* que significa "perceber com os olhos". É próprio da visão física, com especial referência ao objeto visado. A palavra "grande" (ARC) deriva do termo grego *semeion*, que significa "um sinal", e por isso deve ser traduzido assim em todas as passagens em que aparece. Esse termo leva em consideração a importância do trabalho feito, seja em si mesmo, seja no motivo, no objetivo, no modelo ou no ensinamento que se transmite por meio dele. A palavra ocorre 31 vezes em Mateus, Marcos e Lucas, e é traduzida por "milagre" ("sinal", na ARC) apenas uma vez (Lc 23.8). Em João, ocorre dezessete vezes e é traduzida erradamente por "milagre" treze vezes — apenas quatro vezes é traduzida por "sinal". Essa palavra jamais deve ser traduzida por "maravilha", que corresponde ao termo grego *teras* e significa "uma maravilha", no sentido do efeito produzido sobre os que testemunham algum milagre. "Observou-se um grande sinal no céu" é a ideia transmitida aqui. O símbolo foi visto no céu por João, mas o simbolismo da mulher reside na Terra, como se comprova a seguir.

1. O filho varão será arrebatado para o céu após o seu livramento, e isso não poderia acontecer se a mulher estivesse no céu (Ap 12.5).
2. A mulher fugirá para o deserto, que está na Terra (Ap 12.6; veja seção III adiante).
3. Quando o dragão for lançado para a Terra, ele irá perseguir a mulher (Ap 12.13).
4. A terra ajudará a mulher e engolirá a água (o dilúvio) lançado pela boca do dragão para devorá-la. Não se diria isso se ela estivesse no céu (Ap 12.15, 16).

A mulher é um símbolo, por isso devemos tratá-la como tal e fazer clara distinção entre ela própria e o que ela simboliza. Aqui o leitor deve rever a interpretação sobre os símbolos, no capítulo 1. Exceto quando é especificado ou implícito sem sombra de dúvida o contrário, existe apenas uma verdade central comunicada por um símbolo, e os detalhes não devem ser enfatizados. Quando se mencionam detalhes, deve-se dar atenção a todos eles, sempre em harmonia com a verdade principal transmitida. Isso irá eliminar qualquer especulação em torno de outros detalhes do símbolo cujo significado distinto que não seja reconhecido ou compreendido em outras passagens. A mulher aqui não pode ser um símbolo da Virgem Maria, da igreja ou da cristandade, como veremos nas quatro teorias sobre o filho varão, no próximo capítulo.

Acreditamos firmemente que a mulher simboliza a nação de Israel, e com essa expressão queremos dizer todos os israelitas que terão regressado à Palestina durante a Septuagésima Semana e irão formar a nação naquele período (Jl 3; Zc 9.10-16; 12.4-14; 13.8, 9; 14.1-21; Mt 24.15-26; Dn 9.27). Os judeus de todas as outras terras permanecerão como hoje e não serão recolhidos de volta à sua terra até o Segundo Advento (Is 11.11, 12; Ez 37.1-28; Mt 24.31). As razões pelas quais a mulher simboliza Israel são:

1. Israel é comparado muitas vezes no Antigo Testamento a uma mulher casada (Is 54.1-6; Jr 3.1-14). Todo o livro de Oseias é dedicado a mostrar o casamento entre Israel e Deus — a apostasia daquele ao abandonar a Deus e se lançar na prostituição, a sua futura humilhação e quebrantamento no deserto e o retorno para o seu marido (Os 2.14-23; Rm 11; At 15.13-18). Israel aqui é simbolizado por uma mulher casada para mostrar as ações da nação na metade da Semana e por ocasião da vinda de Cristo. Israel é o único grupo de pessoas representado nas Escrituras por uma mulher casada. O grande sistema religioso dos últimos dias é simbolizado por uma prostituta, não por uma mulher casada (Ap 17).
2. A Bíblia reconhece apenas três tipos de pessoas no mundo de hoje: a igreja, os judeus e os gentios (1Co 10.32). A igreja será removida da terra antes que a mulher sofra com dores de parto no meio da Semana e deixará atrás de si apenas as duas últimas classes, como comprovado nos capítulos de 6 a 8. A mulher, naturalmente, não pode ser o mundo gentio nem os judeus espalhados pelo mundo. Ela representa os judeus que deixaram as nações e retornaram para a sua terra a fim esperar o Messias, como veremos.
3. Se o Sol, a Lua e as doze estrelas significam algo, só pode ser a mesma coisa que no sonho de José em Gn 37.9-11, ou seja, os doze chefes tribais e seus pais. Aqui as doze tribos são vistas na restauração nacional, simbolizada na mulher.
4. Israel é o único elemento nas Escrituras capaz de satisfazer as declarações a respeito da mulher, como comprovam os estudos a seguir. (Veja no capítulo sete, seção 6, as dezenove razões pelas quais Israel é o assunto de Ap 6—19, não a igreja; isso prova que a mulher representa Israel.)

II. AS DORES DE PARTO DA MULHER

E estava grávida e com dores de parto e gritava com ânsias de dar à luz. [...] E deu à luz um filho, um varão (Ap 12.2, 5a).

A expressão "dores de parto" provém do grego *odino* e é usada aqui e em Gl 4.19, 27, Mt 24.8; Mc 13.8. Significa "experimentar as dores do parto", literal ou figuradamente. Aqui a expressão tem sentido figurado. A mulher é um símbolo, e as dores, portanto, não podem ser literais. A palavra grega para "dor" significa "tormento", e é traduzida assim em Ap 9.5; 11.10; 14.10; 20.10. Isso nos ajuda a entender que o trabalho de parto e a dor de Israel por toda a Septuagésima Semana são causados pelo mesmo tipo de punição que a nação sempre sofreu sob o domínio gentio. (Sobre a dor ininterrupta de Israel nas duas metades da Semana, veja o capítulo 8.)

As dores de Israel foram abundantes no passado, como revela a história de seus cativeiros e libertações. Começaram com Israel no Egito e no período dos juízes e reis e continuarão até culminar no pior período de trabalho de parto que a nação já conheceu (Dn 12.1; Mt 24.15-26). As agruras de Israel no passado são mostradas em passagens como Êx 18.8; Jr 4.31; 6.24; 13.21; 22.22, 23; Mq 4.9, 10. Há de ser um trabalho de parto contínuo para Israel na Semana da Tribulação, com duplo resultado:

1. A libertação do filho varão no meio da Semana (Ap 12.2-5; Jr 30.6-9; Dn 12.1; Is 66.7, 8). Será esse o resultado da terrível angústia e tristeza de Israel no meio da Semana, porque o Anticristo, com quem estabelecerá uma aliança de sete anos como garantia de proteção contra a Grande Prostituta e os dez reis da Roma restaurada, violará esse pacto, determinado a destruir a mulher completamente. Nesse momento de angústia, o filho varão deverá nascer, porque esse grupo (os judeus) não será merecedor da "grande tribulação", que se seguirá imediatamente. O Anticristo fracassará em seu propósito de destruir Israel nesse momento, em razão dos "rumores do Oriente e do Norte" (Dn 11.44, 45), ou seja, os países do norte e do leste da

Europa e da Ásia irão se juntar contra o Anticristo para pôr um fim às suas conquistas sobre-humanas. Isso irá mantê-lo ocupado durante os últimos três anos e meio da Semana, depois de ele ter conquistado os dez reinos, por isso deixará Israel em paz durante esse período ou pelo menos até derrotar aqueles inimigos. Depois disso, todas as nações que ele conquistar nas duas metades da Semana e os países aliados no resto do mundo (Ap 16.13-16) serão reunidos contra Israel para destruí-lo, como o Anticristo pretendia fazer no meio da Semana. Então Cristo aparecerá de repente para salvar Israel (Zc 14). Por causa da angústia de Israel nesse momento, Deus irá se aproximar do filho varão. Depois disso, Ele irá proteger de modo sobrenatural, no deserto, a mulher (Israel) e o remanescente da Palestina ao desviar a atenção do Anticristo para a ameaça das nações do norte e do leste, como indicado acima.
2. A libertação da mulher no final da Semana, quando o Anticristo, com o apoio de muitas nações, tentar destruir Israel (Is 66.7, 8; Mq 5.3; Zc 12.10—14.21; Jl 3.1-21). O resultado desse trabalho de parto será a conversão de Israel e a derrota do Anticristo após o retorno de Cristo à Terra com os seus santos e anjos para exaltar Israel e estabelecer seu próprio reino (Rm 11.26, 27; Ap 19.11-20.6; 2Ts 1.7-10).

III. A PERSEGUIÇÃO, FUGA E PROTEÇÃO DA MULHER

E a mulher fugiu para o deserto, onde já tinha lugar preparado por Deus para que ali fosse alimentada durante mil duzentos e sessenta dias. [...]

E, quando o dragão viu que fora lançado na terra, perseguiu a mulher que dera à luz o varão. E foram dadas à mulher duas asas de grande águia, para que voasse para o deserto, ao seu lugar, onde é sustentada por um tempo, e tempos, e metade de um tempo, fora da vista da serpente. E a serpente lançou da sua boca, atrás da mulher, água como um rio, para que pela corrente a fizesse arrebatar. E a terra ajudou a mulher; e a terra abriu a boca e tragou o rio que o dragão lançara da sua boca (Ap 12.6, 13-16).

Como resultado da guerra no céu, Satanás e seus anjos serão lançados na Terra. "E, quando o dragão viu que fora lançado na Terra, perseguiu a mulher que dera à luz o varão". A princípio, o objetivo do dragão seria destruir o varão "assim que ele nascesse" (Ap 12.4). Tendo falhado nisso por causa do resgate do filho varão, ele então se voltará contra a mulher que deu à luz o filho varão e a perseguirá cruelmente. Isso fará com que o Anticristo rompa a sua aliança com Israel. O dragão dará "o seu poder, e o seu trono, e grande poderio" ao Anticristo (Ap 13.1, 2), e juntos farão guerra contra Israel. A perseguição a Israel pelo Anticristo é mencionada muitas vezes pelos profetas (Is 10.20-27; 14.1-27; Jr 30.3-9; Dn 7.21-27; 8.23-25; 9.27; 11.40-45; Mq 5.3-15 etc.). Os judeus irão perceber que a única chance de sobreviver é a fuga para algum país que não esteja sob o controle do Anticristo (Mt 24.15-24; Dn 11.40-45). Essa perseguição forçará Israel a fugir para o deserto. A mulher será auxiliada por Deus em sua fuga, como indicam as "duas asas de grande águia", que serão dadas a ela, "para que voasse para o deserto, ao seu lugar, onde é sustentada por um tempo, e tempos, e metade de um tempo, fora da vista da serpente" (Ap 12.14; cf. Êx 19.4; Dt 32.11, 12).

A preposição "para" indica que os habitantes de Israel que quiserem fugir terão a chance de fazê-lo, mas nem todos fugirão para o deserto da Judeia, porque um remanescente será deixado (Ap 12.17). O objetivo é fugir e ficar "fora da vista da serpente". Há de ser um lugar seguro, e a mulher saberá disso. Quem, senão Deus, poderia providenciar um lugar para ela e conduzi-la até ali em tais condições?

Ao perceber que a mulher está fugindo, o dragão lançará água pela boca "como um rio [inundação]" para engolir a mulher, mas a terra irá ajudá-la e abrirá também a sua boca para engolir a enchente, permitindo assim que a mulher escape do dragão. Ora, um dragão simbólico não pode expulsar de sua boca uma inundação literal nem pode um símbolo ser engolido por uma enchente real. O dragão é um símbolo de Satanás, a mulher representa Israel e a enchente são os exércitos do Anticristo, que perseguirão os fugitivos israelitas a fim de destruí-los. A terra abrirá a sua boca e engolirá esses exércitos, como ocorreu com um grupo de pessoas em Nm 16.29-35. Os exércitos são às vezes simbolizados por enchentes (Jr 46.7, 8; 47.2,3; Dn 9.26, 27; 11.21, 22, 26).

Além dos símbolos, há coisas literais nesse capítulo de Apocalipse, como o céu, a Terra, as nações, Deus e seu trono, a fuga da mulher, o deserto, os 1.260 dias, a guerra no céu, Miguel, Satanás, os anjos, e assim por diante. Os poucos símbolos representam pessoas literais e suas ações. Nenhum símbolo anula a realidade. Os símbolos retratam realidades, enriquecem a linguagem e o pensamento da Bíblia e tornam o significado mais belo à luz de outras passagens literais sobre o mesmo assunto.

Há muitas outras profecias na Bíblia a respeito da perseguição, fuga e proteção da mulher durante os últimos três anos e meio da Semana, que iremos agora considerar brevemente.

1. Em Isaías. Em Is 16.1-5, temos a primeira profecia importante concernente à fuga da mulher. O profeta cita o lugar para onde ela irá fugir: a cidade de Sela, ou Petra, como era chamada pelos romanos, talhada na rocha. Está situada nos montes de Seir, perto do monte Hor, na terra de Edom e Moabe. Essa profecia estabelece que "serão as filhas de Moabe junto aos vaus de Arnom [pequeno riacho na fronteira norte de Moabe] como o pássaro vagueante, lançado fora do ninho", para acolher os israelitas assim que fugirem para a cidade no deserto desse país.

Os versículos seguintes mostram os israelitas como "desterrados", bem como o conselho a Moabe de os acolher, ocultar e lhes servir de refúgio "perante a face do destruidor [Anticristo]" e não os entregar ao Anticristo. O versículo 5 mostra que o trono de Davi será restabelecido logo após. Esse fato e a última parte do versículo 4, que diz respeito ao fim do opressor (o Anticristo), ainda não se cumpriram. Isso aponta claramente para o cumprimento da passagem inteira nos últimos dias.

A cidade de Petra está localizada em Edom, mas o profeta cita Moabe como protetor de Israel na época. Esse país faz parte do grande deserto, mencionado muitas vezes nas Escrituras, pelo qual Israel peregrinou quarenta anos. Petra era um centro comercial nos dias de Salomão e foi tomada por Amazias, rei de Judá (2Rs 14.7; 2Cr 25.11,12). Ela é identificada várias vezes como "a rocha", pois o nome Sela significa "rocha" ou "fortaleza" (Jz 1.36; Is 42.11; Jr 48.28; 49.16; Ob 3). Na primeira e na última referência, a *Revised Version* [Versão revisada] traduz o termo por "Sela". É também chamada Bozra (Am 1.12; Is 34.5, 6; 63.1-5; Jr 48.24; 49.13, 22). Os antigos deram-lhe o nome de Bozra, a Rocha. No ano 105 d.C., os romanos conquistaram o país e passaram a chamá-lo Arábia Pétrea. Quando o domínio do Império Romano diminuiu, o território caiu nas mãos dos árabes e a cidade se perdeu totalmente do mundo civilizado no século VII. Foi redescoberta em 1812 por [Johann Ludwig] Burckhardt.

A cidade encontra-se num grande vale e só pode ser acessada por uma passagem estreita, tão apertada em determinados pontos que duas pessoas não conseguem andar lado a lado. Na parte superior dessa passagem, as paredes são tão próximas uma da outra que chegam a impedir a luz do Sol. Os montes que cercam a cidade por todos os lados variam de 200 a 1.000 metros de altura. As laterais do cânion são revestidas com templos, casas e túmulos, tudo escavado na rocha com maravilhosa habilidade e de aparência tão viva como se tivessem sido cortados ontem. Pode-se ter uma ideia das dimensões dessa obra a partir do tamanho do templo, capaz de acomodar 3 mil pessoas. A tradição diz que Paulo visitou essa cidade enquanto esteve na Arábia (Gl 1.17).

Outro texto de Isaías mostra que será esse o lugar preparado por Deus para alimentar Israel durante os 1.260 dias: "Vai, pois, povo meu, entra nos teus quartos e fecha as tuas portas sobre ti; esconde-te só por um momento [três anos e meio], até que passe a ira ['grande tribulação']" (Is 26.20,21). O tempo e o cumprimento dessa passagem são positivamente identificados com os últimos dias no versículo seguinte: "O Senhor sairá do seu lugar para castigar os moradores da terra, por causa da sua iniquidade".

Em Is 63.1-5, temos uma imagem nítida da vinda de Cristo à Terra para destruir as nações no Armagedom, que responde à pergunta feita aqui: "Quem é este que vem de Edom, de Bozra, com vestes tintas?". Em sua vinda à Terra, Cristo passará sobre Petra, descendo pelo lado oriental (Mt 24.27), e os fugitivos judeus escondidos na solidez da montanha o verão chegando sobre as nuvens, com poder e grande glória. Em seguida, as palavras de Is 42.11-13 se cumprirão: "Alcem a voz o deserto e as suas cidades, com as aldeias que Quedar habita; exultem os que habitam nas rochas [Sela] e clamem do cume dos montes. [...] O Senhor, como poderoso, sairá; como homem de guerra [...] clamará [...] e sujeitará os seus inimigos". Essas passagens (combinadas com Jl 3; Zc 9.1—14.21; 2Ts 1.7-10; Ap 14.14-20; 19.11-21) pintam o quadro do Armagedom, ocasião em que Cristo libertará Israel do Anticristo.

1. Nos Salmos. Em Sl 60.6-12, Davi está animado com a promessa de que Deus dará a Israel toda a terra de Canaã, e Ele diz que "Moabe é a minha bacia de lavar". Ou seja, uma propriedade pessoal que pode ser tratada com desdém, como uma bacia na qual se lavam os pés do conquistador. Ele acrescenta: "Sobre Edom lançarei o meu sapato", que é uma expressão idiomática para a tomada de posse (Rt 4.7). Isso foi dito por Davi depois de ele haver conquistado esses países e os tornado seus vassalos (2Sm 8.12-14). Essa passagem mostra profeticamente a subjugação deles a Israel nos últimos dias (Is 11.11-14; Jr 48.47). Sl 60.9-12 é especialmente profético: "Quem me conduzirá à cidade forte [Petra]? Quem me guiará até Edom? Não serás tu, ó Deus, que nos tinhas rejeitado?". Essa profecia fala do clamor de Israel no momento em que o dragão persegue a mulher.

O último versículo transmite a mesma ideia que Is 63.1-5, como explicado acima (veja também Sl 108.8-13).
2. Em Ezequiel. Ez 20.33-44 registra outra profecia de que Deus tirará Israel dentre as nações nos últimos dias. Em seguida, diz: "E vos levarei ao deserto dos povos e ali entrarei em juízo convosco face a face. *Como entrei em juízo com vossos pais, no deserto da terra do Egito*, assim entrarei em juízo convosco, diz o Senhor Jeová. E vos farei passar debaixo da vara [juízo] e vos farei entrar no vínculo do concerto; e separarei dentre vós os rebeldes e os que prevaricaram contra mim; [...] e sabereis que eu sou o Senhor".

Deus enviará as duas testemunhas com poder para realizar milagres e assim trazer Israel de volta para Deus e cumprir literalmente essa passagem ao pleitear com Israel assim como Deus pleiteou com eles pelas mãos dos dois primeiros profetas — Moisés e Arão — em sua primeira experiência no deserto. No momento da fuga de Israel, as duas testemunhas aparecerão e realizarão milagres para protegê-los do Diabo e do Anticristo. Elas irão levá-los para Petra e assim os conduzirão de volta para Deus, de modo que, quando Cristo aparecer sobre Edom em sua descida à Terra, eles irão olhar para aqUele a quem traspassaram e dirão: "Bendito o que vem em nome do Senhor!" (Mt 23.37-39; Ap 1.7).

1. Em Daniel. Dn 11.36-45 revela que, na época das conquistas do Anticristo "muitos países serão derribados, mas escaparão das suas mãos estes: Edom, e Moabe, e as primícias dos filhos de Amom". Se Edom e Moabe irão escapar, parece ser esse o único lugar para onde os israelitas na Judeia poderão fugir durante a "grande tribulação". Deus irá preservar esses países dos ataques do Anticristo a fim de usá-los como lugar de refúgio para o seu povo e ainda para mostrar o "lugar preparado por Deus para que ali [a mulher] fosse alimentada" por três anos e meio. Isso mostra que esse

alimento não é necessariamente sobrenatural, mas que os habitantes do deserto irão sustentá-la.
2. Em Oseias. Os 2.14-23 faz referência a Petra ou a algum lugar do deserto para onde Israel fugirá a fim de se proteger do Anticristo: "Eu que eu a atrairei, e a levarei para o deserto, e lhe falarei ao coração. [...] E acontecerá naquele dia, diz o Senhor, que me chamarás: Meu marido e não me chamarás mais: Meu Baal [Senhor]. E desposar-te-ei comigo para sempre".
3. Em Mateus. Jesus predisse que no momento em que a abominação da desolação se manifestar (ou seja, quando o Anticristo romper a aliança de sete anos firmada com Israel e extinguir os sacrifícios diários oferecidos a Deus em seu templo e arvorar a si mesmo e sua imagem no Santo dos santos a fim de ser adorado durante a última metade da Semana), os judeus "que estiverem na Judeia" fugirão para as montanhas. "Haverá, então, grande aflição, como nunca houve desde o princípio do mundo até agora, nem tampouco haverá jamais" (Mt 24.15-22; Dn 9.27; 2Ts 2.1-3; Ap 13.1-18).

Portanto, há muitas passagens que falam da perseguição, fuga e proteção da mulher no deserto, e todas elas se referem a Israel, não à igreja, à cristandade ou aos gentios, como cada um desses textos deixa evidente.

CAPÍTULO DEZESSETE

O FILHO VARÃO — VÁRIAS INTERPRETAÇÕES

E deu à luz um filho, um varão que há de reger todas as nações com vara de ferro; e o seu filho foi arrebatado para Deus e para seu trono (Ap 12.5).

Iremos agora discutir brevemente as diversas interpretações em torno do filho varão nesse capítulo de Apocalipse. Trata-se de mais um símbolo, e deve ser tratado como tal. Seguem-se quatro teorias acerca do filho varão e as razões por que não podem ser a ideia expressa pelo símbolo.

I. O FILHO VARÃO — CRISTO

Alguns acreditam que o filho varão é Cristo porque:

1. Ele provém de Israel "segundo a carne" (Rm 9.4, 5). Esse argumento é genérico demais e não prova nada, pois todos filhos de Israel vieram de Israel segundo a carne. Sobre essa base, qualquer filho de Israel poderia ser o filho varão.
2. Ele irá governar com vara de ferro (Ap 19.15; Sl 2). Esse também não é um argumento definitivo para provar que o filho varão é Cristo. A expressão "vara de ferro" significa autoridade sobre as nações, e, nesse sentido, todos os redimidos (arrebatados) ou santos ressuscitados terão essa autoridade com Cristo, como comprovam as seguintes passagens de ambos os Testamentos:

1. Os santos do Antigo Testamento reinarão com Cristo (Sl 149.6-9; Dn 7.18, 27; Mt 8.11-12; Jr 30.9; Ez 34.24; 37.24-28; Os 3.5).
2. Os santos da igreja reinarão com Cristo (Mt 19.28; 20.20-28; Rm 8.17; 1Co 4.8; 6.2; 2Tm 2.12; Ap 1.5, 6; 2.26, 27).
3. Os 144 mil judeus reinarão com Cristo (Ap 7.1-8; 12.5; 14.1-5; Sl 149.6, 9; Dn 7.18, 27).
4. Os santos da Tribulação reinarão com Cristo (Ap 20.4-6).

Portanto, tendo em vista o fato de que todos os santos de todas as idades reinarão com Cristo, podemos concluir que a expressão "vara de ferro", em Ap 12.5, não prova que Cristo é o filho varão mais do que poderia ser usada para provar que qualquer um dos quatro grupos de remidos acima é o filho varão. (Para a prova de que há quatro grupos distintos de redimidos, veja o capítulo 9, seção 3.) Esses santos não terão a mesma hierarquia, nem dependerá de pertencerem a um grupo que irá governar, mas cada um receberá autoridade conforme o grau de fidelidade no serviço prestado aqui na Terra. Isso será determinado no tribunal de Cristo (Lc 19.11-27; Rm 14.10; 1Co 3.11-16; 2Co 5.10).

1. Ele foi arrebatado para o trono de Deus (Ef 1.20). Mais uma vez, isso não é prova definitiva de que Cristo é o filho varão. O anjo não está mostrando a João a ascensão histórica de Cristo, que ele viu com os próprios olhos cerca de sessenta anos antes, e sim uma profecia que se cumprirá no meio da Semana, como é revelado aqui (Ap 1.19; 4.1). Todos os santos arrebatados serão levados para Deus e seu trono (1Ts 2.19; 3.13; 4.13-18; 5.23; Ap 3.21; 4.4; 7.9-17; 14.1-5; 19.1-10).
2. Ele é chamado "homem" (1Tm 2.5). Isso não prova que Cristo é o filho varão, pois outros também são chamados "homens" nas Escrituras. A igreja é chamada "homem" (Ef 2.15; 4.13). Assim, vê-se que todos esses argumentos são genéricos demais e não podem ser usados como prova de que Cristo, qualquer outro indivíduo ou algum grupo esteja simbolizado no filho varão.

Essa teoria destrói a sequência do livro, desconsidera as divisões naturais e insere acontecimentos históricos nessa profecia simples. Se essa teoria fosse verdadeira, toda a passagem de Ap 1.1—12.4 teria de se cumprir antes da ascensão de Cristo. Já provamos à exaustão que estamos lidando com fatos do meio da Semana e que Ap 4—22 ocorre após a era da igreja. As declarações a respeito da mulher e do filho varão não podem ser harmonizadas com a vida e os tempos de Cristo e da Virgem Maria. Portanto, concluímos que essa teoria não está em concordância com a intenção que permeia a "profecia" e não faz parte das "coisas que depois destas devem acontecer".

II. O FILHO VARÃO – A VERDADEIRA IGREJA

1. Alguns acreditam que a igreja é o filho varão, e os cristãos professos, a mulher. Espera-se que a igreja um dia seja arrebatada dentre a massa de cristãos nominais, que serão deixados aqui e irão para o deserto, porque a maioria da cristandade não pertence à verdadeira igreja, e, portanto, não está pronta para subir no Arrebatamento.

Esse argumento não prova que a igreja está simbolizada no filho varão, e os cristãos nominais, na mulher. Deve-se notar que não há qualquer declaração ou indicação nesse sentido nas Escrituras, senão teria sido apresentada por essa escola. Tal argumento também não pode provar que a igreja será arrebatada meio da Semana. Já provamos, nos capítulos de 6 a 8, que a igreja será arrebatada antes da Semana, em Ap 4.1. Se for assim, a igreja não poderá ser arrebatada no meio da Semana, como será o caso do filho varão. Essa teoria, como a anterior, não está em harmonia com a revelação a respeito da mulher e do filho varão.

1. Acredita-se ainda que o Sol e a Lua, com os quais a mulher está vestida, significam, respectivamente, a justiça de Cristo e as ordenanças judaicas substituídas pelos ensinamentos

de Cristo. As doze estrelas em sua coroa representariam os doze apóstolos.

Isso também não tem fundamento bíblico e contradiz o argumento acima: a mulher não pode ser massa de cristãos nominais que não estão prontos para encontrar Cristo no Arrebatamento e ainda estar vestida com a justiça de Cristo. Se os cristãos nominais estivessem vestidos com a justiça de Cristo, eles seriam de Cristo. E, se pertencessem a Ele, subiriam no Arrebatamento, como os demais cristãos (1Co 15.20-23; 1Ts 4.16). Em vez de considerá-los vestidos com a justiça de Cristo, Ele os condenará à danação eterna (Mt 23; Ap 3.14-17).

Pelas mesmas razões, as doze estrelas não podem representar os doze apóstolos, pois eles são a base da verdadeira igreja, não a coroa da profissão de fé apóstata (Ef 2.19-22). Tal teoria insinua que Cristo e os apóstolos sancionaram a hipocrisia e a mera profissão de fé, porém eles nunca fizeram tal coisa. Deus jamais irá proteger um grupo de professos que pisoteiam a sua Palavra, da mesma forma que não protegerá aqueles que se declaram pecadores. Está além de toda lógica Ele fazer isso ou, em contrapartida, permitir que os santos piedosos da Tribulação sofram o martírio sem essa proteção e cuidado. No entanto, no caso de Israel, Deus jurou por si mesmo que iria protegê-lo, da mesma forma que protegerá a mulher, como já vimos. Para cumprir as alianças que fez com os seus pais, Deus é obrigado a proteger Israel e trazê-lo de volta para si. O objetivo principal da Tribulação é fazer isso.

1. Argumenta-se que o cristianismo terá dores de parto no meio da Semana por causa da perseguição aos cristãos promovida pelo Anticristo. Esse argumento não pode ser aplicado à cristandade, pois em nenhuma passagem encontramos indicação de que a cristandade irá sofrer dores de parto no meio da Semana ou em qualquer outra época. Se a mulher é a massa de cristãos nominais, ela não tem salvação real, do contrário ela seria arrebatada e tais cristãos

seriam salvos, caso sofressem alguma perseguição séria. Esse não é necessariamente o caso de Israel, pois os judeus serão perseguidos como cumprimento da profecia. Eles não poderão escapar à perseguição negando alguma fé, como será possível aos cristãos durante a Septuagésima Semana. A prova de que essa mulher casada não simboliza a cristandade está em Ap 17, onde esta é simbolizada por uma mulher solteira, a Grande Prostituta, e destruída pelo Anticristo e pelos dez reis no meio da Semana (Ap 17.14-18). A cristandade não pode ser destruída pelo Anticristo e ao mesmo tempo ser uma mulher casada que foge dele e é protegida por Deus durante três anos e meio.
2. Alguns pensam que o filho varão é a igreja porque a sétima trombeta (Ap 11.14—13.18), de acordo com essa crença, é também a "última trombeta", tocada no arrebatamento da igreja (1Co 15.51-58; 1Ts 4.13-18).

A associação entre a sétima trombeta e a "trombeta de Deus" não prova que a igreja é o filho varão. Há muitos pontos de contraste entre as duas trombetas, como já foi comprovado no capítulo 6, seção I, item 2. Mesmo após a sétima ou a chamada "última trombeta" serem tocadas, outras irão soar na Tribulação (Is 27.12-13; Sf 1.16-18; Zc 9.14, 15; Mt 24.31). Assim, concluímos que a igreja não pode estar simbolizada no filho varão nem a cristandade na mulher.

III. O FILHO VARÃO – A PARTE "NOIVA" DA IGREJA

Essa teoria ensina que o filho varão representa a parte "noiva" da igreja: a noiva de Cristo não seria a igreja, apenas um grupo seleto de crentes, mais conhecidos como vencedores plenos, tirados da igreja. Essa teoria pode ser refutada com duas perguntas:

1. O Corpo de Cristo e a igreja são a mesma coisa? De acordo com essa teoria, são coisas diferentes. Três passagens, no

entanto, provam o contrário de maneira definitiva (Ef 1.22-23; Cl 1.18, 24). Essas passagens indicam que o Corpo de Cristo e a igreja são a mesma coisa. Nenhuma passagem bíblica ensina a distinção entre a igreja e uma parte "noiva" da mesma igreja e nenhum texto bíblico menciona uma diferença entre o Corpo de Cristo e a igreja.

2. Existem duas classes de pessoas na igreja: vencedores parciais, a "igreja", e vencedores plenos, a sua parte "noiva"? Essa teoria ensina que existem essas duas classes e tenta criar dois grupos de crentes: os que vivem parcialmente em pecado e os que não vivem em pecado ou os que o venceram parcialmente e os que o venceram totalmente. Essa linha de interpretação apoia-se nas sete promessas aos vencedores de Ap 2 e 3, sob a alegação de que os vencedores plenos formam a "noiva", receberão recompensas e reinarão com Cristo, ao passo que os vencedores parciais serão salvos no final, mas não terão parte no reinado de Cristo. Mas, evidentemente, nada é prometido àquele que não vencer. Vamos agora examinar os livros do Novo Testamento para determinar se existem dois grupos na igreja ou não.

1. Paulo, ao escrever aos coríntios, não deixa dúvida de que eles fazem parte do Corpo de Cristo, quando declara: "Assim como o corpo é um [não duas partes] e tem muitos membros, e todos os membros, sendo muitos, são um só corpo [...]. Pois todos nós fomos batizados em um Espírito, formando um corpo". Se o corpo não é um, então podemos dizer que o Espírito também não. Se podemos complicar essa expressão simples e dividir um corpo em dois, também podemos dividir o Espírito, pelos mesmos motivos, pois os mesmos termos são aplicados a ambos. Paulo continua: "Ora, vós sois o corpo de Cristo e seus membros em particular. E a uns pôs Deus na igreja, primeiramente, apóstolos..." (1Co 12.12-28). Essa passagem não favorece a teoria do Corpo de Cristo dividido em duas partes, para dizer o mínimo.

A ideia, tantas vezes subentendida, de que é preciso ser uma espécie de criatura angelical para fazer parte do Corpo de Cristo ou qualificar-se para o Arrebatamento sem dúvida é refutada por essa carta. Alguns olhares para a vida comum dos coríntios logo dissiparão essa impressão equivocada. Paulo estava escrevendo a uma igreja santificada (1Co 1.2). No entanto, entre os fiéis santificados havia divisões e contendas (1.10-17); vida carnal (3.1-8; 4.18); vida profana consentida (5.1-13); disputas judiciais (6.1-8); ideias erradas acerca do casamento (7.1-40); debates sobre questões ambíguas (8.1—10.33); desordem à mesa do Senhor (11.1-34); abuso dos dons espirituais e ministérios (12.1—14.40); concepções erradas a respeito da ressurreição e de outras doutrinas (15.1—16.24). Ainda assim, Paulo afirmou: "Vós [sois] de Cristo"; "... vos tenho preparado para vos apresentar como uma virgem pura a um marido" (1Co 3.23; 2Co 11.2). Isso prova que o apóstolo os reconhecia como parte do Corpo de Cristo.

Embora isso seja verdade, deve-se reconhecer que, nessa congregação local, bem como em qualquer outra, só aqueles que são salvos e estão prontos para se encontrar com Deus fazem parte do Corpo de Cristo. Nesse contexto, muitas passagens ensinam que existe apenas uma classe de cristãos na igreja e que são os únicos a vencer o pecado e a viver em santidade nesta vida. Não pode haver duas classes deles. Todo cristão é um vencedor, e ninguém é cristão e salvo se não vencer, como se comprova amplamente em Jo 3.8; Rm 6.16; Gl 5.17-21; 6.7, 8; Hb 12.14; Mt 7.21-23 etc.

Essas passagens afirmam claramente que ou alguém é justo ou é injusto; salvo ou perdido; sagrado ou profano; consagrado ou não consagrado. Não há mestiços no Corpo de Cristo. Jesus disse: "Ninguém pode servir a dois senhores". E, se houvesse tal coisa como uma vida parcial para Deus e para o Diabo ao mesmo tempo, Ele não teria feito essa declaração. Se houvesse vários graus de conquista no sentido em que essa doutrina é ensinada, com certeza alguma passagem iria apontá-los. Até que ponto se deve vencer para ser incluído no Arrebatamento e o que define o padrão para determinar se alguém é vencedor o suficiente ou não, se não temos outro critério além de que sem a santificação ninguém verá o Senhor? Nenhuma passagem bíblica contém qualquer promessa para os que não vencerem. Pelo contrário, existe abundante reprovação às pessoas pelos seus pecados, para mostrar que "os que cometem tais coisas não herdarão o Reino de Deus" (Gl 5.17-21; 6.7, 8; Ap 3.15-19).

Paulo ainda compara a igreja a um corpo humano e seus muitos membros (1Co 12.12-28), e é tão irracional e antibíblico argumentar que há duas partes independentes no corpo humano e que alguns membros não estão no corpo por não serem perfeitos ou maduros como os outros quanto o é argumentar o mesmo com respeito à igreja. Não se trata de graus de superação de acordo com os padrões humanos, mas se a pessoa está andando em toda a luz que recebeu e se está em Cristo. Nenhum membro tem a mesma função, por isso não têm todos as mesmas coisas a conquistar.

1. Em Efésios, a igreja como um todo é vista como o Corpo de Cristo. A "igreja", que é o seu Corpo, é o que Cristo pretende apresentar a Si mesmo (Ef 1.22, 23; 5.26, 27). Nessa carta, como sempre, Paulo usa palavras no plural — "nós", "nos", "todos" — para afirmar verdades acerca da igreja, que é uma só. Ele diz que os efésios são "concidadãos dos santos e da família de Deus; [...] no qual todo o edifício, bem-ajustado, cresce para templo santo no Senhor, (Ef 2.19-22) [...] para criar em si mesmo dos dois [judeus e gentios] um novo homem, fazendo a paz" (Ef 2.15; cf. 3.6). E ainda: "Há um só corpo e um só Espírito, [...] uma só esperança [...]; um só Senhor, uma só fé, um só batismo; um só Deus e Pai de todos, o qual é sobre todos, e por todos, e em todos" (Ef 4.4-6). Paulo fala dos dons concedidos para "o aperfeiçoamento dos santos [não de parte deles], [...] até que todos cheguemos à unidade da fé, [...] a varão perfeito [não uma parte perfeita

e uma parte imperfeita], [...] do qual todo o corpo, bem-ajustado e ligado pelo auxílio de todas as juntas, segundo a justa operação de cada parte, faz o aumento do corpo, para sua edificação em amor" (Ef 4.7.16). Quem pertence a esse Corpo foi "criado em verdadeira justiça e santidade" e já deixou os pecados da carne (Ef 4.17-32).

Na continuação do assunto, o autor compara a relação entre Cristo e a igreja com a de marido e mulher. "O marido é a cabeça da mulher [uma mulher, um corpo ou uma parte], como também Cristo é a cabeça da igreja, sendo ele próprio o salvador do corpo. De sorte que, assim como a igreja está sujeita a Cristo, assim também as mulheres sejam em tudo sujeitas a seu marido. Vós, maridos, amai vossa mulher, como também Cristo amou a igreja e a si mesmo se entregou por ela, para a santificar, purificando-a com a lavagem da água, pela palavra, para a apresentar a si mesmo igreja gloriosa, sem mácula, nem ruga, nem coisa semelhante, mas santa e irrepreensível [...]. Grande é este mistério; digo-o, porém, a respeito de Cristo e da igreja" (Ef 5.23-27,32). Cristo entregou a si mesmo a fim de purificar todos os homens, e, se alguém não se submeter ao processo de limpeza e à vida em Cristo, "esse tal não é dele" (Rm 8.9; 2Co 5.17) — portanto, não é membro da igreja. O estudo de outras epístolas revelará as mesmas verdades. No entanto, temos aqui o suficiente para mostrar que a igreja e o Corpo de Cristo são a mesma coisa e que uma única igreja será apresentada a Cristo.

Os argumentos dessa escola baseiam-se em grande parte nos chamados "tipos" do Antigo Testamento, no casamento de alguns personagens históricos do Antigo Testamento ou se apoiam em detalhes de parábolas que não têm relação nenhuma com o assunto. Tais argumentos são insuficientes. Portanto, concluímos que a igreja e o Corpo são a mesma coisa; que não existe tal coisa como uma parte "noiva" da igreja; que não há duas classes de homens salvos em Cristo; que a igreja, portanto, não é o filho varão.

IV. O FILHO VARÃO – OS BATIZADOS COM O ESPÍRITO SANTO

Essa teoria ensina que o filho varão representa apenas os cristãos que receberam o batismo do Espírito e que os demais cristãos constituem a mulher, os que serão deixados aqui no Arrebatamento para passar pela Tribulação. A tentativa de prová-la acha-se na parábola das dez virgens (veja o capítulo 8) e em 1Co 12.12, 13, que examinaremos agora.

Essa passagem não ensina nem poderia ensinar o batismo no Espírito Santo. Ela ensina um batismo no Corpo de Cristo, apenas para mostrar como este é constituído. É função do Espírito trazer o indivíduo para o Corpo de Cristo (Jo 3.3-8; 16.7-11; Rm 8.1-4, 9-13; 1Co 6.11; 12.12-28; Ef 2.18; 4.4; Tt 3.5), ao passo que é trabalho de Cristo batizar os membros desse Corpo no Espírito (Mt 3.11; Mc 1.7-8; Lc 3.16; Jo 1.33; 7.37, 38; At 1.5-8; 2.1-4; 8.15-19; 9.17; 10.44-48; 11.15; 19.1-6). Se essa passagem significa o batismo no Espírito, deveríamos ler: "Todos nós fomos batizados por Jesus em um Espírito", porém lemos "Todos nós fomos batizados em um Espírito, formando um corpo". O batismo do Espírito não põe ninguém no Corpo de Cristo nem purifica do pecado. É preciso estar no Corpo para ser batizado no Espírito.

Em 1Co 12—14, o assunto são os dons espirituais ou coisas relativas ao Espírito, como significado, manifestações e operações no Corpo de Cristo. Portanto, 1Co 12.12, 13, como prova o próprio contexto, não se refere ao batismo no Espírito por Jesus, e sim à constituição desse Corpo pelo Espírito. Fomos batizados pelo Espírito no sentido de estar imerso em Cristo como parte vital do Corpo (1Co 12.12-28; Rm 6.3-6; Gl 3.26-28; Ef 2.14-22; 4.1-16; 5.30). Portanto, podemos concluir que essa passagem não prova a identificação do filho varão como os batizados no Espírito Santo. (Veja o nosso livro *The Truth About the Baptism in the Holy Spirit* [A verdade sobre o batismo no Espírito Santo].)

Portanto, há muitas interpretações, tanto para a mulher vestida do sol quanto para o seu filho varão, e não é possível que todas estejam certas. Deve haver uma compreensão correta, e ela existe. Uma coisa é certa: qualquer interpretação que transporte a igreja ou a cristandade para as "coisas que depois destas devem acontecer", isto é, após as igrejas, não pode ser correta. A igreja terá sido arrebatada pelo menos três anos e meio antes de o filho varão ser arrebatado para se encontrar com Deus e viver no céu. Tanto a mulher quanto o filho varão são judeus, como já vimos, por isso devemos entender que o varão é Israel, não Cristo ou a igreja, como veremos no próximo capítulo.

CAPÍTULO DEZOITO

O FILHO VARÃO – A VERDADEIRA INTERPRETAÇÃO

Cremos que o filho varão simboliza os 144 mil judeus, que são as "primícias" de Israel para Deus após o arrebatamento de todos os judeus da igreja e dos santos do Antigo Testamento. As razões são as seguintes:

1. Já se provou de forma conclusiva que a mulher representa Israel. Estabelecido isso, segue-se que Israel não pode gerar um grupo de gentios. Com certeza, é composto por um grupo de sua nacionalidade, os judeus. Israel também não pode gerar um indivíduo. Só uma pessoa pode fazer isso. O filho varão, portanto, só pode representar um grupo de judeus fora de Israel. A mulher representa um determinado grupo de pessoas. O "remanescente" é outro grupo. Desse modo, o filho varão deve representar necessariamente um grupo de judeus, a fim de cumprir as declarações simples de Ap 12. Isso por si só excluiria a teoria segundo a qual Cristo é o filho varão. Definitivamente, não há outro grupo de judeus citado para o cumprimento de Ap 4—19, na Septuagésima Semana de Daniel, além dos 144 mil. E, uma vez que a salvação deles e o selo que os protege durante os julgamentos das trombetas são os únicos descritos, parece evidente que, na sétima trombeta, só eles se encaixam como o filho varão.
2. Vimos também que a mulher não pode ser o espírito da

cristandade, ou a igreja, e que o filho varão não pode ser a igreja, nem os seus vencedores parciais, nem quaisquer cristãos gentios. Assim, pelo processo de eliminação, resta apenas um grupo de pessoas: os judeus, do qual se extrai a pessoa do filho varão, e que outro grupo este pode representar, senão os 144 mil de Ap 7 e 14? O varão deve estar limitado a um dos quatro grupos de santos celestiais redimidos que foram alcançados pela obra redentora desde Adão até a primeira ressurreição, conforme enumerados no capítulo 9, seção 3. Dispensacionalmente, esses grupos foram salvos na ordem em que os apresentamos. Quando um grupo estava completo, outro começava a se formar.

3. O filho varão representa um único grupo de santos vivos, porque a mulher terá dores de parto e dará à luz o filho varão no meio da Semana. Ela não pode trazer à luz um filho em parte morto e em parte vivo nesse momento. A própria linguagem do capítulo deixa isso claro. O dragão ficará diante da mulher para devorar o filho dela assim que ele nascer, mas a criança será imediatamente "arrebatad[a] para Deus e para o seu trono".

Como poderia o dragão matar o filho varão se este representasse pessoas mortas ou mesmo ressuscitadas? Tal coisa é impossível e prova que o filho varão representa um grupo de pessoas que vivem ainda no corpo natural, com a possibilidade de serem mortas. Isso elimina os santos do Antigo Testamento, os santos da igreja e os santos da Tribulação. O único grupo de redimidos que resta e também o único composto inteiramente de santos vivos são os 144 mil judeus. Eles serão selados para atravessar os seis primeiros julgamentos das trombetas e arrebatados sob a sétima trombeta como o filho varão. Eles são vistos no céu ao longo dos últimos três anos e meio porque serão arrebatados no meio da Semana (Ap 14.1-5). Deus protegerá de forma sobrenatural o filho varão — os 144 mil de Israel — do dragão arrebatando-o para o seu trono depois que o Anticristo quebrar o pacto com Israel, no meio da Semana.

1. Um exame de Ap 7 e 14 mostrará que o filho varão são os 144 mil de Israel.
1. Trata-se do mesmo grupo em ambos os capítulos por causa:
   1. do selo na testa (Ap 7.1-3; 14.1);
   2. da singularidade de seu número (Ap 7.4; 14.1);
   3. de sua história, que só é completa quando ambos os capítulos são considerados — juntos, eles mostram o seu destino, o tempo do arrebatamento, lugar ou posição no céu e ocupação ao redor do trono;
   4. da inexistência de algo que nos leve a crer que os 144 mil dos dois capítulos não são o mesmo grupo — portanto, consideramos naturalmente que sejam o mesmo.
1. O destino dos 144 mil demonstra que eles são o filho varão. Eles irão aparecer "diante do trono" no céu e "diante dos quatro animais e dos anciãos" que estão diante do trono. É afirmado que eles serão resgatados "da terra" e "dentre os homens" — portanto, não podem ser pessoas que viverão na Terra durante os últimos três anos e meio da Tribulação e que formarão o núcleo em torno do qual as doze tribos serão reunidas no Milênio. O fato de eles estarem no céu entre a sétima trombeta e a primeira taça mostra que eles foram arrebatados. E quando seria, senão no meio da Semana como o filho varão? Os três anjos mensageiros, imediatamente após a visão dos 144 mil no céu, irão transmitir as suas mensagens do meio da Semana em diante. Então é lógico que a visão será cumprida no ponto em que é revelada, ou seja, imediatamente após o arrebatamento do filho varão sob a sétima trombeta e antes das taças e do ministério dos anjos mensageiros.
2. A hora do arrebatamento dos 144 mil mostra que eles estão

representados no filho varão. Se os 144 mil são vistos na Terra até o meio da Semana e no céu imediatamente após a sétima trombeta, que toca no meio da Semana, então eles serão, com toda certeza, arrebatados como o filho varão no meio da Semana. Já vimos que os santos do Antigo Testamento e da igreja serão arrebatados ao céu antes da Septuagésima Semana e estarão com Deus no céu, representados pelos anciãos. Vimos também que os santos da Tribulação serão martirizados principalmente após o arrebatamento do filho varão, porém serão arrebatados perto do final da Semana. O único outro lugar para a inserção do arrebatamento dos 144 mil está em Ap 12.5. Portanto, o filho varão deve ser os 144 mil que serão arrebatados sob a sétima trombeta para serem vistos no céu, diante de Deus, logo após essa trombeta (Ap 14.1-5). Se os 144 mil não são o filho varão arrebatado, como e quando eles estão serão arrebatados? E onde está a menção ao seu arrebatamento? Se os 144 mil não são o filho varão, a história deste é incompleta, e se o arrebatamento do filho varão não é o rapto dos 144 mil, então o mistério envolve o rapto dos 144 mil e também o destino e a posição do filho varão ao redor do trono. No entanto, se considerarmos que os 144 mil e o varão são a mesma coisa, que João viu os 144 mil arrebatados para o céu como o filho varão em Ap 12.5 e que a história do filho varão é concluída em Ap 14.1-5, todos os mistérios e questionamentos deixam de existir.

3. O local em que João viu os 144 mil é mais uma prova de que eles estarão no céu antes da segunda vinda de Cristo à Terra e de que deverão ser necessariamente arrebatados antes disso. E quando, se não como o filho varão? João parece ter visto esse grupo em dois lugares, ou seja, no monte Sião e no céu, diante de Deus. Alguns argumentam que o monte Sião é terreno e que toda a cena (Ap 14.1-5), portanto, deve ser terrestre, mas estamos convencidos de

que Ap 14.1 é celestial e se refere ao monte Sião celestial, porque:

1. Os versículos restantes referem-se a coisas celestiais. Isso não pode ser contestado, em razão da linguagem simples com que são retratadas as cenas no céu. O trono, as criaturas viventes e os anciãos mostram um cenário celestial. O trono visto aqui descerá à Terra só depois do Milênio, então ele está no monte Sião celestial e na nova Jerusalém (Ap 21.22; 22.3-5). Se esses versículos mostram coisas celestiais, então Ap 14.1 também mostra.
2. Em Apocalipse, o Cordeiro visto no monte Sião com os 144 mil jamais é visto na Terra, mas sempre no céu, como o próprio leitor pode verificar. Quando Cristo vier à Terra, Ele não será retratado como um cordeiro, mas como um poderoso conquistador, que tomará vingança contra os ímpios (Ap 19.11-21).
3. Todos os redimidos que tiverem parte na primeira ressurreição irão morar na nova Jerusalém, que é sempre mencionada em conexão com o povo redimido celestial (Hb 11.10,13-16; Jo 14.1-6; Ap 21.1—22.5). Paulo diz, em Hb 12.18-24, que há um monte Sião celestial, por isso, se Ap 14.2-5 fala de coisas celestiais, Ap 14.1 também o faz.
4. O tabernáculo terrestre, o candeeiro, a mesa da proposição, o Santuário, o Santo dos Santos, a arca do concerto, os querubins, o propiciatório, e assim por diante, foram padronizados de acordo com as "coisas celestiais" (Hb 8.1-5; 9.1-5, 23, 24). Não é razoável, então, crer que esse seja o monte Sião celestial? Sem dúvida, os padrões celestiais são tão reais e literais quanto as coisas terrenas elaboradas com base neles. Moisés não foi o único a ver os padrões celestiais, pois João, em Apocalipse, descreve o que viu deles. Eles são enumerados a seguir, mas analisados em outros lugares: a porta do tabernáculo celestial, o trono, as lâmpadas, o mar de vidro, o altar de ouro, o incensário de ouro, o incenso,

o templo e a arca da aliança. Assim, podemos concluir que o monte Sião celestial é o lugar do templo de Deus no céu, como se vê em Ap 4 e 5; 11.19; 14.15, 17; 15.5-8; 16.1, 17; 21.2—22.7.

1. Os privilégios dos 144 mil no céu indicam que se trata de um grupo distinto de redimidos da Terra que terão parte na primeira ressurreição. E quando, se não como o filho varão? Eles irão formar um dos maravilhosos coros do céu e cantarão um hino secreto que ninguém é capaz de aprender, "senão os cento e quarenta e quatro mil" (Ap 14.1-3). A ideia não é que os outros não irão entender as palavras do hino, mas que serão incapazes de cantá-lo, por não terem vivido a experiência em particular que ele irá descrever. O hino será acompanhado por harpas e será cantado diante do trono e de todos os habitantes celestiais, mas não temos outra informação além disso. Essa é a única menção a um hino sem referência às palavras ou à sua essência. Um cântico novo, cantado por um novo grupo e com um novo tema, indica ainda que os cantores são salvos e constituem um povo vivo transladado após o arrebatamento da igreja. Eles serão submetidos às mesmas provações, estarão protegidos dos mesmos juízos e serão resgatados da ira do dragão ao mesmo tempo em que a mulher sofre dores de parto, no meio da Semana. É ainda afirmado que os 144 mil "seguem o Cordeiro para onde quer que vai". Isso indica a sua comunhão com Cristo e a capacidade de segui-lo a qualquer lugar do Universo como "servos" especiais de Deus (Ap 7.3; 14.1-5).

2. O caráter dos 144 mil mostra ainda que eles constituem um grupo especial de santos redimidos, salvos e convertidos após o arrebatamento da igreja e antes de o dragão ser expulso do céu no meio da Semana, por isso é a única vez que eles são vistos na Terra. Sempre que aparecem depois disso, eles estão no céu, diante do trono de Deus. Eles "não

estão contaminados com mulheres, porque são virgens" (Ap 14.4). Não se trata de nenhuma referência ao celibato, mas às contaminações ligadas ao grande sistema religioso que domina as nações da Roma restaurada durante os primeiros três e anos e meio, até o Anticristo assumir o poder absoluto sobre os dez reis, que juntos destruirão a Babilônia Mística, no meio da Semana (Ap 17.14-18). Os 144 mil não serão um grupo de virgens naturais, mas, por se abster da prostituição da Babilônia Mística, serão reconhecidos como virgens puros e castos no mesmo sentido de 2Co 11.2. Eles não são mencionados em conexão com o Anticristo ou com qualquer coisa que ele realiza nos últimos três anos e meio, o que parece indicar que serão transladados antes que o Anticristo faça guerra aos santos.

"Na sua boca não se achou engano, porque são irrepreensíveis diante do trono de Deus" (Ap 14.5). Essa passagem mostra que os 144 mil devem obedecer à mesma regra de conduta a que a igreja e os demais resgatados foram submetidos (Ef 5.26, 27; Fp 4.8; Cl 3.5, 16 etc.). Esse versículo (Ap 14.5) pode ser tomado literalmente, enquanto o versículo anterior (Ap 14.4) não pode ser considerado dessa forma por causa de suas declarações, segundo as quais os 144 mil não foram contaminados com mulheres (indicando, se literal, que eram todos homens) porque são virgens (indicando, se literal, que são mulheres). Ambos não podem ser verdadeiros. O outro único significado deve ser o descrito acima.

1. Os 144 mil são as "primícias para Deus e para o Cordeiro" (Ap 14.4), o que prova de modo definitivo a sua salvação e transladação após o arrebatamento da igreja. As "primícias" são sempre mencionadas em conexão com Israel, no Antigo Testamento, e se referem à primeira colheita do milho, do trigo ou de qualquer outra coisa. Eles eram oferecidos ao Senhor com os dízimos, como reconhecimento das bênçãos terrenas vindas da mão do Senhor (Nm 15.20; 18.12; Ne

10.35-37; Pv 3.9, 10). No Novo Testamento, os primeiros convertidos são chamados "primícias" (1Co 16.15). Tiago, escrevendo às doze tribos dispersas, diz que somos "como primícias das suas criaturas" (Tg 1.1, 18). Cristo é chamado "primícias" da ressurreição (1Co 15.20-23). De todas essas passagens em ambos os Testamentos, concluímos que as "primícias" significam os primeiros frutos colhidos, ou os primeiros dentre a humanidade a experimentar algo novo. Os 144 mil serão as primícias "de todas as tribos dos filhos de Israel", ou seja, os primeiros salvos após o arrebatamento.

Agora vem a questão sobre como os 144 mil serão as primícias de Israel para Deus. Já foi comprovado que eles serão salvos e selados após o arrebatamento da igreja e dos santos do Antigo Testamento, que serão arrebatados em Ap 4.1. Não se pode negar que são todos os judeus selados na testa após o sexto selo e antes da primeira trombeta, nos primeiros três anos e meio, como afirma claramente Ap 7.1-8. Se isso for verdade, então eles não podem ser as primícias de Israel para Deus dos santos do Antigo Testamento ou da igreja, porque os primeiros judeus salvos morreram séculos antes e foram arrebatados na vinda de Cristo nos ares (1Ts 4.13-18). Os 144 mil serão os primeiros judeus salvos entre o Arrebatamento e a primeira trombeta, depois de todos os judeus salvos serem transladados no arrebatamento da igreja. As guerras terríveis, perseguições sangrentas, fomes devastadoras e pestilências nauseantes dos primeiros seis selos, mais o conhecimento de Deus e o arrebatamento ocorrido, serão um poderoso incentivo na conversão de milhares de judeus e gentios. Assim, os 144 mil judeus e a grande multidão, que serão dois grupos diferentes, são vistos em Ap 7 entre o sexto e o sétimo selo. Os 144 mil serão selados e protegidos durante os juízos das trombetas, e a multidão inumerável sofrerá o martírio na Tribulação.

Se o filho varão, que representa um grupo de Israel, como fica evidente, fosse arrebatado antes dos 144 mil, que também constituem um grupo de Israel, então o varão seria as "primícias" de Israel para Deus, não os 144 mil. Mas isso não é verdade, pois os 144 mil é que são as primícias de Israel para Deus. Isso prova que os 144 mil são aqueles simbolizados pelo filho varão, porque este será o primeiro grupo arrebatado depois do rapto da igreja (Ap 4.1). Existe apenas um grupo de crentes arrebatados após a igreja até o rapto dos santos da Tribulação, perto do final desta, e esse grupo é simbolizado pelo filho varão. Assim, uma vez que tanto o filho varão quanto os 144 mil são israelitas, que existe apenas um arrebatamento para os dois e que ambos são vistos no céu diante do trono imediatamente após a sétima trombeta, eles devem ser o mesmo grupo.

Os 144 mil serão as primícias de Israel para Deus, enquanto a verdadeira colheita de Israel será no final da Tribulação, quando a nação nascerá num instante (Is 66.7, 8; Rm 11.26, 27). Uma vez que as primícias das colheitas do Antigo Testamento pertenciam a Deus e foram usados a seu critério, as primícias de todo o Israel são dedicadas especialmente a Deus e a seu serviço. A colheita após a coleta das primícias era deixada para sustentar a vida natural, e Deus irá, da mesma forma, deixar a colheita de Israel na condição de povo terreno como fator do sustento da vida natural na Terra para sempre (Is 9.6, 7; Lc 1.32-35; Ap 21 e 22).

Assim, todos os fatos relativos aos 144 mil em Ap 7 e 14 parecem exigir a sua unidade com o filho varão. Se eles forem transladados antes do varão, terão de ser arrebatados após a quinta e a sexta trombetas, pois ele ainda estará na Terra, protegido durante o cumprimento das trombetas. Se eles não são o mesmo grupo, então existem duas transladações, e o primeiro grupo, os 144 mil, não é visto quando o outro aparece. A história dos 144 mil é retomada, enquanto a do outro não é. Desse modo, temos mistério após mistério, a menos que os 144 mil sejam reconhecidos como o filho varão.

1. Os 144 mil serão selados com o propósito de serem protegidos apenas dos juízos das trombetas, para serem

vistos no céu logo após a sétima trombeta, o que inclui o último versículo do Ap 13, bem como os cinco primeiros versículos de Ap 14. É dito aos primeiros quatro anjos que tocam as trombetas e que irão danificar a terra, as árvores e os mares: "Não danifiqueis a terra, nem o mar, nem as árvores, até que hajamos assinalado na testa os servos do nosso Deus [os 144 mil]" (Ap 7.1-3). Depois que eles forem selados as trombetas começarão. Eles estarão imunes às primeiras quatro pragas. Embora não sejam mencionados em conexão com esse tempo, na quinta trombeta, ou primeiro ai, uma orientação especial é dada aos demônios para que não firam os 144 mil (Ap 9.4). Isso também se aplica plenamente aos demônios da sexta trombeta, ou segundo ai, que se segue imediatamente. A maneira de Deus protegê-los sob a sétima trombeta ou terceiro ai, que é a expulsão de Satanás do céu, será arrebatá-los para impedir o dragão em seu propósito de devorar o filho varão assim que ele nascer. O dragão estará furioso porque Deus irá protegê-los (os 144 mil) das primeiras seis pragas das trombetas, então tentará destruí-los. Mas ele será derrotado por Deus, que irá arrebatá-los para o seu trono. Em seguida, o dragão se voltará contra a mulher que deu à luz o filho varão, mas Deus irá frustrar todas as suas maquinações, como já vimos. Não encontramos nenhuma menção dos 144 mil na Terra após as trombetas e de imediato os vimos no céu (Ap 14.1-5). Portanto, eles são um grupo simbolizado pelo filho varão, que será transladado como forma de se proteger da ira do dragão, o Anticristo, e das pragas das taças nos últimos três anos e meio da Semana.

2. Os estudos anteriores deixam evidente que a mulher, o varão e o remanescente da mulher são todos judeus e que os três são os únicos grupos formados por judeus em Apocalipse. Se for assim, então os 144 mil devem ser um dos três, uma vez que são judeus. Eles não são mencionados à parte, mas como provenientes "de todas as tribos dos filhos de Israel".

Isso indica que, se os 144 mil não provêm de nenhum dos três, deveriam ser mencionados em conexão com eles, pois os três perfazem todo o Israel antes do meio da Semana. E, se eles são um dos três, qual deles? Eles não podem ser simbolizados pela mulher nem podem ser o remanescente, em razão dos seguintes contrastes:

1. A mulher será o Israel nacional ou todos os judeus da Judeia nos últimos dias, ao passo que os 144 mil formarão um grupo selado fora de Israel.
2. A mulher e o remanescente serão grupos da Terra, ao passo que os 144 mil serão um grupo celestial.
3. A mulher e o remanescente sentirão dores de parto, ao passo que os 144 mil não passarão por isso.
4. A mulher dará à luz o filho varão, ao passo que os 144 mil não farão isso.
5. Um grupo procederá da mulher, mas não os 144 mil, pois eles mesmos serão um grupo procedente da mulher.
6. A mulher fugirá para o deserto, e o remanescente será deixado na Judeia, ao passo que os 144 mil serão levados para o céu e estarão diante do trono.
7. O remanescente será deixado na Terra depois da fuga da mulher, enquanto os 144 mil serão levados para o céu na condição de "primícias" da mulher antes que ela fuja. Eles serão os primeiros de Israel a ser transladados para o céu durante esse período.
8. Nem o número da mulher nem o do remanescente é revelado, o que não é o caso dos 144 mil.
9. Nem a mulher nem o remanescente serão selados para proteção, ao passo os 144 mil receberão o selo (Ap 7.1-8; 9.4).

Então, uma vez que nem a mulher nem o remanescente podem ser os 144 mil, ou o filho varão, os 144 mil e o filho varão são o mesmo grupo. Os 144 mil são, possivelmente, o único grupo a preencher os requisitos da linguagem de Ap 12. O filho varão representa um pequeno grupo de israelitas proveniente de todo o Israel. Os 144 mil são igualmente um grupo procedente de todo o Israel. O filho varão é arrebatado para o trono. Assim também os 144 mil. O filho varão é livrado do dragão no momento em que a mulher dá à luz. Assim também os 144 mil. O filho varão é objeto da vingança do dragão. Assim também os 144 mil, do contrário eles não seriam protegidos por Deus da ação dos demônios (Ap 9.4). O filho varão não é mencionado na Terra após a sétima trombeta, nem os 144 mil. O filho varão irá governar as nações. Assim também os 144 mil — e todos os santos, como vimos no capítulo 17, teoria I. O filho varão é um grupo celestial. Assim também os 144 mil. O filho varão é um bebê com relação ao tamanho da mulher. Assim também os 144 mil, em comparação com todo o Israel. Esses e outros fatores de harmonização entre ambos parecem provar que o filho varão e os 144 mil são o mesmo grupo.

1. Daniel também retrata o arrebatamento da filho varão: "Naquele tempo [início da "grande tribulação"], se levantará Miguel [como em Ap 12.7-12, quando o filho varão é arrebatado], o grande príncipe, que se levanta pelos filhos do teu povo [Israel], e haverá um tempo de angústia [os três anos e meio de Dn 12.7-13; Ap 11.1-3; 12.5, 6, 14-16; 13.1-7], qual nunca houve, desde que houve nação [Mt 24.15-26; Jr 30.7] até àquele tempo; mas, naquele tempo, livrar-se-á [do hebraico *malat*, que significa 'para escapar', 'para ser resgatado', e implica uma transladação para Israel] o teu povo [Israel], todo aquele [os 144 mil] que se achar escrito no livro" (Dn 12.1). Outras passagens mostram que a referência aos inscritos no Livro da Vida entre o povo de Daniel indica os que vão escapar da "grande tribulação" no meio da Semana (Êx 32.32, 33; Sl 56.8; 69.28; Is 4.3; Ez 13.9; Lc 10.20; Ap 3.5; 13.8; 17.8; 20.11-15). Cristo revela a João que haverá 144 mil inscritos no Livro da Vida nessa ocasião.
2. Em Is 66.7, 8, temos outra passagem definitiva mostrando

que Israel trará ao mundo um filho varão antes que a própria nação seja arrebatada, no final da Semana. O texto diz: "Antes que [Israel] estivesse de parto [da própria libertação, no final da Semana, Zc 12.10-14], [...] ela deu à luz um filho" (v. 7). A angústia e a dor de parto de Israel aqui, que resultam em sua libertação no final da Semana, é a referência clara do versículo 8, que diz: "Quem jamais ouviu tal coisa? [...] Nasceria uma nação de uma só vez? Mas Sião esteve de parto e já deu à luz seus filhos". Antes do nascimento de uma nação em um dia (Rm 11.25-27), porém, "ela deu à luz um filho [varão]" (Ap 12.2, 5a). Quem é o filho varão que Israel está para dar à luz antes da própria libertação, senão os 144 mil ou "todo aquele que se achar escrito no livro" dentre Israel no meio da Semana, como nas passagens de Dn 12.1; Ap 7.1-8; 12.5; 14.1-5? O filho varão de Isaías só pode ser o mesmo de Apocalipse, pois ambas as passagens se cumprem ao mesmo tempo e são concernentes à mesma classe de pessoas. Como ambas as passagens se referem a Israel como um todo e ao filho varão como um grupo menor de Israel e uma vez que nem a mulher nem o seu remanescente podem ser o filho varão, os únicos que restam para compor o filho varão são os 144 mil judeus procedentes de Israel. Assim, podemos concluir que o filho varão a que se referem o Isaías e Apocalipse é um símbolo dos 144 mil judeus arrebatados para Deus como um povo celestial no meio da Semana.

Como já vimos, os 144 mil são um grupo especial de Israel e terão uma missão especial. Eles formam um grupo separado e distinto dos governantes eternos remidos que auxiliam a Deus, com todos os outros homens e anjos fiéis redimidos, na administração dos assuntos de seu vasto Universo — até mesmo suas criações no espaço sideral infinito, muito além do que sabemos existir.

Uma vez que o filho varão representa um grupo de pessoas que estarão vivas na Terra após o Arrebatamento e que irá cumprir as profecias das "coisas que depois destas devem acontecer", isto é, após as igrejas, então é definitivamente certo que o filho varão se refere aos 144 mil judeus protegidos dos juízos das trombetas na primeira metade da Semana (Ap 7.1-8; 9.4) e arrebatados para o céu como o filho varão no meio da Semana (Ap 12.5), onde são vistos diante Deus, tendo sido resgatados da Terra (Ap 14.1-5).

Sendo isso verdade, devemos ter em mente que a expressão "filho varão" nunca é usada em conexão com a igreja ou com os gentios em qualquer época desde Adão até agora. A expressão é usada apenas com relação a Israel na profecia e só será cumprida por Israel.

CAPÍTULO DEZENOVE

O DRAGÃO, A GUERRA NO CÉU E O REMANESCENTE

I. O DRAGÃO

E viu-se outro sinal no céu, e eis que era um grande dragão vermelho, que tinha sete cabeças e dez chifres e, sobre as cabeças, sete diademas. E a sua cauda levou após si a terça parte das estrelas do céu e lançou-as sobre a terra; e o dragão parou diante da mulher que havia de dar à luz, para que, dando ela à luz, lhe tragasse o filho (Ap 12.3, 4).

A palavra "dragão" é usada treze vezes na Bíblia, e só em Apocalipse. É um símbolo de Satanás, o principal adversário de Deus (Ap 12.9). Essa é a primeira vez que ele é mencionado em Apocalipse. Devemos distinguir entre o símbolo e a coisa simbolizada, como em todos os outros símbolos. O "grande dragão vermelho" é um símbolo apropriado a Satanás em seu papel de implacável perseguidor e assassino de multidões de pessoas infelizes (Jo 8.44). Em Jó 41 e Is 27.1, ele é retratado como o "o leviatã, a serpente veloz, e o leviatã, a serpente tortuosa, [...] o dragão que está no mar".

As sete cabeças e os dez chifres simbolizam os mesmos sete reinos mundiais, assim como as sete cabeças e dez chifres da besta do mar (Ap 13.1-4; 17.1-18), e todos foram ou serão usados por Deus em seu propósito de julgar Israel desde o início de sua história até a vinda de Cristo. Eles representam o Egito, a Assíria, a Babilônia, a Medo-Pérsia, a Grécia, Roma e os dez reinos da

Roma restaurada, como veremos em nosso estudo de Ap 17. Os chefes coroados indicam que Satanás reinava e reinará sobre esses sete reinos. Ele tentou destruir Israel sob os primeiros seis reinos e tentará fazê-lo no durante o sétimo, a Roma restaurada, mas será derrotado por Deus, como nas ocasiões anteriores.

A besta do mar terá os seus dez chifres coroados, mas não as suas sete cabeças, o que demonstra ser ela um novo ser, que não existia durante a vigência dos sete impérios, mas surgirá no futuro e conquistará os dez chifres, ou o sétimo reino, reinará sobre eles e se tornará o último reino antes da vinda de Cristo. Esses fatos demonstram ainda que Israel é representado pela mulher, pois é o único grupo que coexistiu com os sete reinos, exceto os gentios, mas estes compõem os próprios reinos. A igreja existiu durante uma parte da Roma antiga, apenas, e será transladada antes que a Roma restaurada termine o seu curso. Por esse motivo, tal símbolo jamais poderá ser usado em conexão com a igreja.

Esse símbolo também é visto no céu arrastando um terço das estrelas e lançando-as na Terra. As estrelas são uma referência aos anjos de Deus, e o arremesso refere-se a um terço dos anjos de Deus, que caíram com Satanás, conforme registrado em Is 14.12-14; Ez 28.11-17; Lc 10.18. Essas "estrelas" são chamadas "seus anjos" em Ap 12.7-12. No Novo Testamento, homens e anjos são chamados "estrelas" (Ap 1.20; 9.1; 20.1-3).

Não pode ser uma referência a estrelas literais, pois elas são geralmente maiores que a Terra. As estrelas vistas no Universo, portanto, não poderiam cair em nosso planeta. A cauda retrata o poder e a influência de Lúcifer ao promover a rebelião angelical.

"O dragão parou diante da mulher que havia de dar à luz [literalmente, 'estava prestes a dar à luz', mostrando que o filho varão será arrebatado no meio da Semana e que, portanto, não pode ser uma referência à ascensão histórica de Cristo], para que, dando ela à luz, lhe tragasse [a mesma palavra usada em Ap 20.9; "comer" em Ap 10.9, 10] o filho". O dragão irá tentar primeiro destruir o filho varão, antes de se voltar contra a mulher. Segue-se uma descrição resumida das ações do dragão em Apocalipse depois que ele é lançado à Terra, no arrebatamento do filho varão.

A primeira coisa que ele faz é aliar-se ao Anticristo e lhe dar poder, um trono e grande autoridade (Ap 13.1-4). Os dois então irão se voltar contra a mulher que deu à luz o filho varão. Com essa ação, Satanás dá prosseguimento à sua animosidade milenar contra Israel. Ele irá fazer guerra à mulher, que, com os exércitos do dragão e do Anticristo em seu encalço, fugirá para Edom e Moabe. Deus irá intervir, e os exércitos perseguidores serão engolidos pela terra. Isso irá irritar o dragão, que recuará para fazer guerra ao restante da semente da mulher, os remanescentes judeus que não fugiram para o deserto. Mas Deus intervirá outra vez: incitará inimigos do Norte e do Leste, reinos do antigo Império Romano, que acabarão submissos ao Anticristo, porém a guerra o manterá ocupado durante os últimos três anos e meio. Ele irá finalmente conquistá-los, no fim da Semana, e conduzi-los a Jerusalém, como pretendia fazer no meio da Semana. Em seguida, sofrerá a derrota nas mãos de Cristo, que virá nesse momento para libertar Israel e estabelecer o seu reinado terreno. Satanás estará em plena cooperação com o Anticristo e, com vistas à destruição dos homens, empreenderá todos os esforços ao longo dos últimos três anos e meio até convencer, no final, as nações a lutar contra Cristo (Ap 16.13-16). No Armagedom, Satanás será capturado e lançado no abismo por mil anos, a fim de não mais enganar as nações até que se cumpram os mil anos. Em seguida, ele será solto por um pouco de tempo, para de novo enganar as nações e levá-las a se rebelar contra Deus. Elas tentarão destruir a Cidade Santa e os santos outra vez, porém descerá fogo do céu e devorará os seus exércitos. Ele será capturado e lançado no lago de fogo, onde será atormentado para todo o sempre (Ap 20.1-10). Isso porá fim à carreira de Satanás na Terra como inimigo de Deus e do homem.

II. A GUERRA NO CÉU

E houve batalha no céu: Miguel e os seus anjos batalhavam contra o dragão; e batalhavam o dragão e os seus anjos, mas não prevaleceram; nem mais o seu lugar se achou nos céus. E foi precipitado o grande dragão, a antiga serpente, chamada o diabo e Satanás, que engana todo o mundo; ele foi precipitado na terra, e os seus anjos foram lançados com ele. E ouvi uma grande voz no céu, que dizia: Agora chegada está a salvação, e a força, e o reino do nosso Deus, e o poder do seu Cristo; porque já o acusador de nossos irmãos é derribado, o qual diante do nosso Deus os acusava de dia e de noite. E eles o venceram pelo sangue do Cordeiro e pela palavra do seu testemunho; e não amaram a sua vida até à morte. Pelo que alegrai-vos, ó céus, e vós que neles habitais. Ai dos que habitam na terra e no mar! Porque o diabo desceu a vós e tem grande ira, sabendo que já tem pouco tempo (Ap 12.7-12).

Os céus são povoados por multidões de seres espirituais de diferentes ordens e tipos, como serafins (Is 6.1-8), querubins (Ez 1.4-25; 10.1-22), "criaturas viventes" ou (Ap 4.6-8; "animais", ARC), cavalos e condutores de carruagens (2Rs 2.11-13; 6.13-17; Zc 1.8-11; 6.1-8; Ap 19.11-14), anjos comuns (Hb 1 e 2), arcanjos (Is 14.12-14; Ez 28.11-17; Jd 9) e outros. Principados e potestades, governantes da era das trevas, espíritos maus, demônios, espíritos imundos, tronos, dominações, anjos caídos, espíritos em prisão e outros também são mencionados, os quais implicam o reconhecimento de muitos outros tipos de seres espirituais mencionados de forma precisa nas Escrituras (Ef 6.11-18; Cl 1.15-18; 2Pe 2.4; Jd 6, 7; 1Pe 3.18-20; 1Tm 4.1; Sl 89.6; Jó 1 e 2; 38.1-7 etc.). Esses seres são distribuídos em três classes:

1. os seres ligados a Deus (Hb 1 e 2);
2. os anjos de Satanás que estão soltos com ele (Ap 12.7-12);
3. os anjos caídos que estão presos no Tártaro (2Pe 2.4; Jd 6, 7).

Essa guerra no céu será a última batalha desesperada entre seres espirituais das regiões celestiais a favor e contra a majestade e o Reino de Deus. Será a luta culminante no céu entre Deus e Satanás. A guerra começou quando Lúcifer tentou exaltar o seu reino acima dos anjos de Deus e destronar a Deus de seu reino universal sobre todos os reinos do Universo. Em sua rebelião contra Deus e na ascensão ao céu, acima das nuvens da terra (Is 14.12-14), ele foi expulso do céu, destronado e enviado de volta para a terra. Embora privado de seu reino e de sua posição exaltada, ele não foi privado do poder que era seu por natureza e dom, por isso ainda exerce grande poder nos céus e na Terra, este usurpado de Adão (Ef 2.2; 6.12; Jo 12.31; 14.30; 16.11; Mt 4.1-11). Ele ainda tem acesso ao céu e acusa os santos diante de Deus, dia e noite (Jó 1 e 2; Ap 12.10-12; Zc 3.1; sobre a rebelião de Satanás, veja o nosso livro *God's Plan for Man*, lição 7).

FATOS SOBRE A GUERRA NO CÉU (AP 12.7-12)

1. Há de ser uma batalha no meio da Semana (Ap 12.7).
2. O lugar da batalha será no céu (Ap 12.7).
3. Os combatentes serão Miguel, o arcanjo, no comando dos anjos de Deus reunidos contra Lúcifer, o arcanjo, este no comando dos anjos que caíram com ele quando pecou e foi destronado. Como os anjos lutam não se sabe, mas sem dúvida será um combate real. Como um anjo pôde lutar com Jacó? Como os anjos puderam agarrar Ló e sua família e levá-los para fora da cidade de Sodoma? Como um anjo poderia ter uma espada desembainhada e reconhecer Josué nas campinas de Jericó? Como um anjo com uma espada pôde matar 185 mil assírios numa única noite? Como os anjos observam tudo que fazemos? Como eles nos protegem de perigos físicos? Como irão separar as pessoas no julgamento das nações? Como conseguem comer da mesma forma que os humanos? Como reunirão Israel outra vez? Como lutarão ao lado de Cristo no Armagedom contra seres humanos naturais? Essas e muitas outras coisas, claramente indicadas nas Escrituras, não nos foram explicadas, mas o fato é que eles fazem tudo isso, e é o que nos basta.

Essas ações, a meu ver, provam que os anjos possuem um corpo, todavia não de substância material, mas num estado espiritual incorruptível, imortal, indestrutível e glorificado, semelhante ao corpo de Cristo após a ressurreição e ao nosso depois de glorificado. Não puderam os homens tocar o corpo de Cristo após a ressurreição, ao mesmo tempo em que ele podia aparecer e desaparecer à vontade? Por conseguinte, o mesmo se pode dizer dos anjos, do contrário eles não poderiam lutar uns contra os outros, como se afirma aqui. Se eles não são corpos que podem ser tocados por outros, como Satanás e seus anjos foram lançados para a Terra pela força de outros seres da mesma natureza? Talvez haja outras formas de guerra entre anjos e seres espirituais, mas não se pode negar que o afirmado acima seja possível. Um anjo irá capturar Satanás. Também irá algemá-lo e prendê-lo no abismo por mil anos, depois o soltará (Ap 20.1-3). O mesmo anjo irá soltar os quatro outros anjos que agora estão presos junto ao rio Eufrates (Ap 9.14). Os anjos no Tártaro também estão presos e acorrentados (2Pe 2.4; Jd 6, 7). Há demônios presos junto ao poço do abismo (Ap 9.1-21). Satanás, anjos, demônios e homens ímpios podem e serão todos confinados no lago de fogo para sempre (Mt 25.41-46; Ap 19.20; 20.10-15). Como seres espirituais podem ser acorrentados e confinados num lugar material na Terra não está além de nossa compreensão, pois cremos — e achamos ser a ideia correta — que eles possuem corpo e por isso podem receber tal tratamento. (Para um estudo sobre os corpos espirituais, veja o nosso livro *God's Plan for Man*, lição 4.)

Com esses fatos em mente, podemos entender melhor a guerra entre os dois exércitos angelicais, na qual um prevalecerá sobre o outro. Miguel, à frente do exército de Deus, é mencionado em Daniel 10.13, 21; 12.1; Jd 9. A partir daí, reuniremos todas as nossas informações a respeito dele, exceto o que extraímos de declarações acerca de outros seres angélicos da mesma ordem. O verbo "prevalecer" (Ap 12.8) implica força para lutar ou lutar um contra o outro (At 19.16), o que demonstra um combate real.

1. O resultado da batalha será que o Diabo e seus anjos serão lançados para a Terra e nunca mais terão acesso ao céu outra vez (Ap 12.8, 9).
2. Uma voz do céu se ouvirá em seguida, alguém anunciando a derrota de Satanás:

   1. A Deus, ele irá declarar: "Agora chegada está a salvação, e a força, e o reino do nosso Deus, e o poder do seu Cristo" (Ap 12.10; cf. 11.15).
   2. Aos santos na Terra, anunciará: "O acusador de nossos irmãos [essa voz é a de um homem redimido, pois se identifica com os outros remidos] é derribado, o qual diante do nosso Deus os acusava de dia e de noite" (Ap 12.10). Temos aí o motivo do acesso de Satanás a Deus no tempo presente (Jó 1 e 2). Em seguida, ele revela a estratégia utilizada para vencer Satanás. A mesma fórmula foi usada para vencê-lo tanto na Terra quanto no céu, isto é, "pelo sangue do Cordeiro e pela palavra do seu testemunho", dos que "não amaram a sua vida até à morte" (Ap 12.11). Esses vencedores não são os da igreja, porque que estes foram todos arrebatados, mas provêm de judeus e gentios salvos após o Arrebatamento (Ap 4.1).
   3. Aos habitantes do céu, ele bradará: "Alegrai-vos [por causa da queda de Satanás], ó céus, e vós que neles habitais" (Ap 12.12).
   4. "Ai dos que habitam na terra e no mar! Porque o diabo desceu a vós e tem grande ira, sabendo que já tem pouco tempo" (Ap 12.7-12). O terceiro ai, sem dúvida, afetará os homens fisicamente, tanto quanto os dois primeiros ais (Ap 9.1-21). Isso parece ser reivindicado por Ap 8.13; 12.12. O Diabo lançará toda a sua fúria sobre a mulher, os remanescentes e outras classes de pessoas durante os últimos três anos e meio da Tribulação. Sua ira será terrível, pois ele saberá que tem pouco tempo.

III. O REMANESCENTE DA MULHER

E o dragão irou-se contra a mulher e foi fazer guerra ao resto da sua semente, os que guardam os mandamentos de Deus e têm o testemunho de Jesus Cristo (Ap 12.17).

Já discorremos sobre o remanescente em conexão com a mulher e o filho varão, portanto não precisamos explicar isso outra vez aqui. O remanescente não é uma personagem ou um símbolo, mas são alguns judeus literais, salvos após o arrebatamento do filho varão, que não fugiram para o deserto, como fez a mulher, o contingente principal de Israel. Em quase todas as invasões anteriores à Judeia e a Jerusalém, um remanescente foi deixado, e o mesmo se aplica a esse momento futuro, no meio da Semana, quando o dragão e o Anticristo determinarem a destruição de Israel. A palavra "remanescente" nunca é usada nas Escrituras com relação à igreja ou aos gentios, mas sempre diz respeito a Israel (Is 1.9; 10.20; 11.16; Jl 2.32; Mq 2.12; 5.3-9; Zc 8.6-12; Rm 11; etc.). O remanescente não foi salvo no momento em que o filho varão (os 144 mil judeus) foi trasladado ou teria sido arrebatado também (Dn 12.1). O remanescente foi salvo após o arrebatamento dos 144 mil e durante a fuga de Israel para o deserto. Portanto, essa salvação ocorre no tempo das guerras do dragão (depois de ele ter falhado em seu plano de destruir Israel, que fugirá) contra o remanescente.

CAPÍTULO VINTE

A BESTA QUE SUBIU DO MAR

E eu pus-me sobre a areia do mar e vi subir do mar uma besta que tinha sete cabeças e dez chifres, e, sobre os chifres, dez diademas, e, sobre as cabeças, um nome de blasfêmia. E a besta que vi era semelhante ao leopardo, e os seus pés, como os de urso, e a sua boca, como a de leão; e o dragão deu-lhe o seu poder, e o seu trono, e grande poderio. E vi uma de suas cabeças como ferida de morte, e a sua chaga mortal foi curada; e toda a terra se maravilhou após a besta. E adoraram o dragão que deu à besta o seu poder; e adoraram a besta, dizendo: Quem é semelhante à besta? Quem poderá batalhar contra ela? E foi-lhe dada uma boca para proferir grandes coisas e blasfêmias; e deu-se-lhe poder para continuar por quarenta e dois meses. E abriu a boca em blasfêmias contra Deus, para blasfemar do seu nome, e do seu tabernáculo, e dos que habitam no céu (Ap 13.1-6).

Alega-se que o pronome "eu" de Ap 13.1 é Satanás falando, mas essa teoria é falsa, porque João é mencionado 40 vezes antes disso e 35 vezes depois pelo mesmo pronome. Isso estaria em contradição com a linguagem simples do restante da passagem, que mostra ser João a pessoa que está tendo essa visão. Ap 13 mostra os efeitos de Satanás ter sido lançado sobre a Terra.

Examinaremos primeiramente essa passagem para ver o que ela tem a dizer sobre a besta do mar, a qual é um símbolo e deve ser tratada como tal. Para a explicação sobre a besta com as suas cabeças, chifres, coroas, nomes de blasfêmia, pés, cabeça ferida de morte e outros, veja os capítulos de 30 a 35.

O mar é um símbolo dos povos (Dn 7.2, 3; Ap 17.1, 15). A besta de Apocalipse refere-se ao surgimento de um reino, mais especificamente o do Anticristo, o líder terrestre desse reino. Simboliza também um espírito sobrenatural procedente do abismo, como veremos adiante. Bestas como símbolos representam reinos ou reis (Dn 2.38, 39; compare 7.2-7 com 7.17, 23) e também poderes sobrenaturais que controlam um reino. A pessoa do Anticristo, bem como seu poder, fonte de poder, adoração, boca, exaltação, guerras, características, títulos, reinado, tempo de reinado e outros, é o tema dessa passagem. Esses assuntos serão tratados resumidamente a seguir:

1. Quem é ele? No presente momento, essa pergunta não pode ser respondida. E não o será até quando o Anticristo pessoalmente faça uma aliança de sete anos com Israel (Dn 9.27). Muitos em 1948, (ano do lançamento deste livro), como em todas as épocas especulavam se o Anticristo não era o papa, Stalin, um mágico na Síria ou qualquer outro. Por esse motivo, muito mal se tem causado a esse tema profético, pois algumas pessoas que refletiram sobre ele tornaram-se amargas e várias delas viraram as costas para a inspiração da profecia por causa dessas especulações sem fundamento. Os pontos que se seguem provam que até agora nenhum homem proeminente nos assuntos do mundo pode ser o Anticristo.
2. De onde ele vem? Essa pergunta é respondida plenamente no livro de Daniel. Em Dn 2 e 7, temos duas visões que mostram as potências mundiais gentias desde os dias de Daniel até a segunda vinda de Cristo. A "cabeça de ouro" da estátua (Dn 2.32, 35, 38) e o "leão" (Dn 7.4, 12, 17) simbolizam a Babilônia, o reino de Nabucodonosor (Dn 2.37, 38; Jr 15.4; 24.9; 25.11, 12; 29.18). O "peito e braços de prata" da estátua (Dn 2.32, 35, 39) e o "urso" (Dn 7.5,

12, 17) simbolizam a Medo-Pérsia, que surgiu depois da Babilônia para punir Israel (Dn 2.39; 5.24-31; 6.1-28; 8.1-4, 20; 10.1-20; 11.1-3; 2Cr 36.22; Ed 1.1-3). O "ventre e as coxas de cobre" da estátua (Dn 2.39) e o "leopardo" (Dn 7.6, 12, 17) simbolizam o antigo Império Grego de Alexandre, o Grande, surgido após a Medo-Pérsia, nos tempos dos gentios (Dn 2.39; 8.20, 21; 11.1-4). As "pernas de ferro" da estátua (Dn 2.33-35, 40) e o "animal terrível" e inclassificável (Dn 7.7, 8, 17-27) simbolizam o antigo Império Romano que surgiu após o Império Grego e suas quatro divisões em perseguição a Israel (Dn 2.40; 7.23-25; 9.26; Lc 2.1; Jo 11.48; Mt 24.1, 2; Lc 21.20-24; At 16.21; 22.25-29). Os "pés e os dedos" de ferro e de barro da estátua (Dn 2.33-35, 41-44) e "os dez chifres" do animal inclassificável (Dn 7.8, 20-24) simbolizam dez reis que comandarão dez governos independentes de dez capitais situadas dentro os limites do antigo Império Romano nos dias da segunda vinda de Cristo (Dn 2.31-44; 7.23-25; Ap 12.3; 13.1-4; 17.8-17).

Os homens chamam esses dez reinos de Império Romano redivivo, mas tecnicamente não existe coisa tal como a ressurreição do Império Romano. Seria necessário que o antigo território romano fosse transformado num império outra vez e governado por um homem de Roma, mas a Bíblia não ensina isso. Ela diz que haverá dez reinos dentro desse território, em vez de um império (Dn 2.44; 7.23, 24; Ap 17.8-17). Seria melhor chamar esses dez reinos "Império Romano restaurado", pelo fato de que eles surgirão de dentro do antigo território romano, mas haverá dez reinos, em vez de um império, como geralmente é ensinado.

Daniel não viu um dedinho surgindo dos dez dedos dos pés da estátua em Dn 2, mas em Dn 7 ele realmente viu uma "ponta pequena" surgindo das dez pontas e arrancando três delas pela raiz (Dn 7.7, 8). Isso é explicado assim em Dn 7.23, 24: "O quarto animal será o quarto reino na terra [o antigo Império Romano, que surgiu após a Babilônia, a Medo-Pérsia e a Grécia dos dias de Daniel em diante], o qual será diferente de todos os reinos. [...] E, quanto às dez pontas, daquele mesmo reino se levantarão dez reis; e depois deles se levantará outro, o qual será diferente dos primeiros [os dez], e abaterá a três reis [dos dez]". Isso lhe dará quatro dos dez reis. Os outros seis concordarão em ceder os seus poderes ao chifre pequeno, e ele irá então formar o oitavo reino (Ap 17.8-17).

É claro que essa "ponta pequena" surgirá "depois" dos dez reinos, não "antes", e não terá relação alguma com a ascensão dos dez reinos. Esse reino não surgirá antes que os dez estejam totalmente formados e existindo por "um pouco de tempo" (Dn 7.8; Ap 17.9-11). Se os homens cressem nas simples declarações da Bíblia sobre essas questões, jamais teríamos aquelas especulações tolas sobre Mussolini, Hitler, Stalin, o papa e outros como o provável Anticristo. Os escritos sensacionalistas de muitos que tentam provar quem será o Anticristo já causaram muita confusão, e, quanto mais cedo tais suposições forem descartadas, melhor será para o tema profético aos olhos das pessoas inteligentes. A "ponta pequena" e as "dez pontas" estão todas no futuro, pois Ap 13.1-8 e 17.9-17 deixa claro que os dez reis entregarão os seus poderes e reinos à besta por 42 meses, e irão lutar juntos contra Cristo no Armagedom.

Em Dn 8, temos a visão de um carneiro e um bode. O carneiro simboliza a Medo-Pérsia, assim como a prata na estátua de Dn 2 e o urso de Dn 7. O bode simboliza o Império Grego, assim como o bronze na estátua de Dn 2 e o leopardo de Dn 7. O bode tinha um chifre eminente entre os olhos, que se rompeu, e em seu lugar cresceram quatro chifres ou "pontas" (ARC), "e de uma delas saiu uma ponta mui pequena". A interpretação desses símbolos é a seguinte: "Aquele carneiro que viste com duas pontas são os [dois] reis da Média e da Pérsia; mas o bode peludo é o rei [reino] da Grécia; e a ponta grande que tinha entre os olhos é o rei primeiro [Alexandre, o Grande, que fundou o antigo Império Grego]; o ter sido quebrada [a morte de Alexandre], levantando-se quatro em lugar dela [ou seja, quatro chifres cresceram no bode no lugar do grande chifre], significa que quatro reinos se levantarão da mesma nação [o Império Grego foi dividido em quatro reinos], mas não com a força dela [sob Alexandre]. Mas, no fim do seu reinado, quando os prevaricadores acabarem, se levantará um rei, feroz de cara, e será entendido em adivinhações [isto é, o chifre pequeno sairá de uma dessas quatros divisões da Grécia nos últimos dias da existência desses quatro reinos] [...] e se levantará contra o príncipe dos príncipes [Jesus Cristo], mas, sem mão, será quebrado" — por Cristo em sua segunda vinda. Essas quatro divisões do Império Grego são conhecidas hoje como Grécia, Turquia, Síria e Egito. Quatro generais de Alexandre dividiram o império após a morte dele. Cassandro ficou com a Grécia e a Macedônia; Lisímaco ficou com a Ásia Menor, as atuais Turquia e Trácia; Seleuco assumiu a Síria e Babilônia; Ptolomeu ficou com o Egito. (Isso pode ser verificado por qualquer pessoa que conheça história antiga ou consulte o mapa do antigo Império Grego e suas quatro divisões após a morte de Alexandre.)

Dn 8.9 registra sem sombra de dúvida que a "ponta pequena" virá de uma das quatro "pontas": "De uma delas saiu uma ponta mui pequena, a qual cresceu muito para o meio-dia [Egito]; e para o oriente [Síria e Babilônia], e para a terra formosa [Palestina]". Esse versículo é interpretado no versículo 23: "No fim do seu reinado [a existência da Grécia, Turquia, Síria e Egito], quando os prevaricadores acabarem, se levantará um rei, feroz de cara, e será entendido em adivinhações". Ele lutará contra o "príncipe dos príncipes" em sua segunda vinda.

A finalidade de Dn 8 em relação a Dn 7 é limitar a procedência do Anticristo geograficamente, dos dez reinos do futuro Império Romano restaurado a quatro dos dez reinos, e revelar que o Anticristo virá da Grécia, Turquia, Síria ou Egito, não do Vaticano, da Itália, da França, da Espanha, da Alemanha, da Rússia ou de qualquer outro lugar do mundo. Devemos agora descartar qualquer lugar que esteja fora das quatro divisões do antigo Império Grego como local de procedência do Anticristo.

Ele virá de uma dessas quatro divisões da Grécia e conquistará as outras três, revivendo assim o Império Grego, que se tornará o oitavo reino ou o reino do leopardo de Ap 13.1-18; 17.1- 17.

Em Dn 11, temos uma visão de guerras entre duas das quatro divisões do Império Grego, Síria e Egito, travadas durante um período de cerca de 150 anos e encerradas com Antíoco Epifânio, que reinou por volta de 165 a.C. Então o profeta salta para o final e retrata a última guerra entre a Síria e Egito, e o resultado será que a Síria irá finalmente derrotar o Egito. Nessa visão, o Egito é chamado "o rei do Sul", e a Síria, "o rei do Norte".

Dn 11.36—12.13 definitivamente mostra o Anticristo como o "rei do Norte" (Síria) no "fim do tempo". Todo o propósito da visão é revelar "o que há de acontecer ao teu povo [Israel] nos derradeiros dias" (Dn 10.14). O propósito dessa visão, com relação a Dn 7 e 8, é limitar a procedência do Anticristo geograficamente aos dez reinos de Dn 7, depois aos quatros reinos de Dn 8 e, por fim, ao reino de Dn 11 — a divisão síria do antigo Império Grego. Ela indica, portanto, que o Anticristo virá da Síria no fim dos tempos. Se a visão inteira de Dn 11 se refere apenas ao Egito e à Síria e mostra a guerra dos últimos dias entre eles, cujo desfecho será o Egito finalmente vencido pela Síria, então isso prova que o Anticristo virá da Síria, não do Egito, da Grécia ou da Turquia, as outras três divisões do antigo Império Grego.

"O rei do Norte" é a "ponta pequena" de Dn 7 e 8; o "príncipe, que há de vir" (Dn 9.26, 27); o "filho da perdição" e "o homem do pecado" de 2Ts 2.1-12; a "besta" de Ap 13. Isso é comprovado pelos seguintes motivos:

1. Todos agem de acordo com a própria vontade pelo mesmo período de tempo (Dn 7.25; 8.24; 11.36; 2Ts 2.10-12; Ap 13.5-7).
2. Todos se exaltam acima dos outros deuses (Dn 7.25; 8.25; 11.36, 37; 2Ts 2.4; Ap 13.1-18).

3. Todos são conquistadores no mesmo território e na mesma época (Dn 7.8, 20-24; 8.23-25; 11.40-45; Ap 13.1-18).
4. Todos blasfemam contra Deus na mesma época (Dn 7.8, 11, 20-25; 8.23-25; 11.36; 2Ts 2.4; Ap 13.5).
5. Todos triunfarão sobre os santos e os judeus durante a Tribulação (Dn 7.21-26; 8.24; 11.40, 41; 12.1, 7; Mt 24.15-22; Ap 13.1-18; 14.9-11; 15.1-4; 20.4-6).
6. Todos provêm dos dez reinos da Roma restaurada, obtêm poder sobre os dez reinos e os dominam até que todos são destruídos no Armagedom (Dn 7.7, 8, 23, 24; 8.9, 22-25; 11.40-45; Ap 13.1-4; 17.9-17; 19.19-21).
7. Todos mudam os tempos e as leis por um período (Dn 7.11, 21-27; 8.22-25; 11.35-45; 12.7; 2Ts 2.1-13; Ap 13.1-8).
8. Todos reinarão até a segunda vinda de Cristo (Dn 2.44; 7.11-14, 18, 21-26; 8.23-25; 9.27; 11.36-45; 12.7-13; 2Ts 2.8-12; Ap 17.9-17; 19.19-21).
9. Todos duram o mesmo período de tempo (Dn 7.21-26; 8.22-25; 9.27; 11.40-45; 12.7-13; 2Ts 2.8-13; Ap 13.5; 17.9-17; 19.19-21).
10. Todos estarão vivos quando o Deus do céu vier estabelecer o seu reinado (Dn 2.44; 7.11-14, 18-26; 8.22-25; 9.27; 11.40-45; 12.7-13; 2Ts 2.8-13; Ap 17.14; 19.19-21; 20.1-10).
11. Todos causam a maior tribulação que acontecerá na Terra (Dn 7.21-27; 8.19, 24, 25; 9.27; 12.1, 7; Mt 24.15-22; 2Ts 2.1-12; Ap 7.14; 13.1-18; 14.9-11; 15.2-4; 20.4-6; Jr 30.3-7).
12. Todos irão acabar com os sacrifícios diários dos judeus no futuro templo e causar a abominação da desolação (Dn 7.25; 8.11-14; 9.27; 11.35-45; 12.11; Mt 24.15-22; 2Ts 2.4; Ap 13.1-18).
13. Todos reinarão no templo judaico, em Jerusalém (Dn 8.9-14; 9.27; 11.45; 12.7; 2Ts 2.4; Ap 11.1, 2; 13.1-18).
14. Todos irão desdenhar o Deus dos antepassados (Dn 7.11, 19-25; 8.22-25; 9.27; 11.38, 39; 2Ts 2.1-12; Jo 5.43; Ap 13.1-8).

15. Todos irão venerar o Diabo e receber poder dele (Dn 8.24; 11.35-45; 2Ts 2.9; Ap 13.1-4).
16. Todos terão o mesmo fim: serão mortos por Cristo em sua segunda vinda e em seguida lançados no lago de fogo (Dn 2.44, 45; 7.11, 21-26; 11.45; 2Ts 2.8-12; Ap 19.19-21).

1. Quando ele será revelado ou quando entrará em destaque nos assuntos mundiais? Essa pergunta também é claramente respondida pelas Escrituras:

1. Em Dn 7.24, temos a prova definitiva de que o Anticristo não poderá ser revelado nem se tornar proeminente nos assuntos mundiais até que os dez reinos sejam formados nos limites do Império Romano, como vimos na seção 2. De acordo com esse versículo, os dez reinos serão formados e existirão por algum tempo como o sétimo reino ou a Roma restaurada. O Anticristo surgirá e conquistará os dez reinos nos primeiros três anos e meio da Semana. No meio da Semana, ele passará a ser a besta de Ap 13, que sobe do mar da humanidade já com sete cabeças e dez chifres, que ele terá conquistado antes do meio da Semana. Sua saída do mar no meio da Semana significa o simples reconhecimento de seu poder pelos dez reinos e a aceitação dele pelos dez reis e pelo dragão (Ap 13.2-4; 17.12-17). Esse versículo ensina ainda que, por causa de sua ascensão dentre os dez reinos, que ele virá da obscuridade, e a sua subida ao poder será rápida. Daniel viu a "ponta pequena" subir tão de repente do meio das outras dez que ele ficou confuso (Dn 7.7, 8, 19-24). Portanto, ninguém pode determinar com precisão quem será o Anticristo até que os dez reinos sejam formados.
2. O Anticristo só será revelado depois do Arrebatamento, como comprova 2Ts 2.6-8 (veja o capítulo 7, seção 9).

1. Quanto tempo ele irá reinar? Ele governará um dos dez reinos desde o início da Semana, mas governará todos os dez reinos somente nos últimos três anos e meio (Ap 13.5;

Dn 7.25; 12.7). Nesses últimos três anos e meio é que ele irá se exaltar acima de Deus para ser adorado por todos (Ap 13.4-18; Dn 8.25; 11.36-45; 2Ts 2.4).

2. Onde ele irá reinar? Durante parte dos últimos três anos e meio, ele reinará em Jerusalém, no "monte santo e glorioso", onde o templo será reconstruído (Dn 11.45). Ele "se assentará, como Deus, no templo de Deus, querendo parecer Deus" (2Ts 2.4). Esse templo é o lugar onde a abominação da desolação será colocada (Dn 9.27; 12.7-13; Mt 24.15-22; Ap 11.1, 2; 13.12-18). A Babilônia, não Roma, será seu local de reinado até então, como veremos no capítulo 37. O fato de que haverá dez reinos independentes com dez capitais independentes e dez reis independentes nos primeiros três anos e meio mostra que até a metade da Semana o Anticristo não terá uma posição de liderança sobre os dez reinos, pois eles ainda não estarão sob o seu domínio. Roma será apenas uma das dez capitais, e o seu rei irá reinar no território da Itália e em suas possessões, não em toda a Roma restaurada. Somente quando o Anticristo se tornar chefe dos dez reinos, no meio da Semana, é que ele irá estabelecer um trono principal para o seu império recém-formado. Mesmo assim, os dez reis continuarão a reinar sob a autoridade dele (Ap 17.9-17).

3. O poder do Anticristo virá de Satanás, do espírito do abismo e dos dez reis. Seu poder já foi decretado por Deus, e Ele irá assegurar que esse poder lhe seja entregue. É Deus quem permitirá que Satanás e seus agentes deem poder à besta e irá inspirá-la em seus maus desígnios (Dn 8.24; 2Ts 2.8-12; Ap 13.1, 2). É Deus quem irá mover o coração dos dez reis para que entreguem o poder que possuem ao Anticristo, com o propósito de destruir a Babilônia Mística (Ap 17.12-17). O príncipe satânico do abismo (Ap 11.7; 17.8), o executivo do poder de Satanás junto à besta, é quem irá inspirar e apoiar o Anticristo em todas as suas atividades diabólicas, como veremos no capítulo 32. Satanás dará ao Anticristo o que

ele ofereceu a Cristo. Cristo não aceitou, mas o Anticristo aceitará. O Anticristo terá de se esforçar para possuir esse poder, assim como Cristo teria de se esforçar por isso, e terá de se esforçar mais depois. O Anticristo obterá amplo sucesso ao conquistar o Império Romano restaurado até a metade da Semana e todos os países do Norte e do Leste da Europa e da Ásia até o final da Semana. Também obterá a cooperação de muitos outros países, por meio do ministério dos três espíritos imundos, que irão ajudá-lo contra os judeus e contra Cristo no Segundo Advento. Depois de sua derrota no Armagedom por Cristo, o Anticristo será lançado no lago de fogo. O reinado de Cristo irá suceder o do Anticristo e se estenderá por toda a Terra. Em suma, a besta terá poder para:

1. blasfemar contra Deus (Dn 7.8,11, 20, 25; 11.36; Ap 13.5, 6).
2. vencer os santos (Ap 7.9-17; 14.13; 15.2-4);
3. vencer os judeus (Dn 7.21; 12.7; Ap 13.7, 15);
4. conquistar muitas nações (Dn 7.8, 20-24; 11.36-45; Ez 38 e 39) e governá-las como quiser (Ap 13.7);
5. destruir a Babilônia Mística (Ap 17.12-17);
6. vencer e matar as duas testemunhas (Ap 11.7);
7. mudar os tempos e as leis (Dn 7.25);
8. compreender mistérios (Dn 8.23);
9. proteger os judeus por quanto tempo desejar e também fazer o que quiser contra eles (Dn 9.27; 2Ts 2.4; Ap 11.1,2);
10. operar sinais e maravilhas (Dn 8.24; 2Ts 2.8-12; Ap 13.1-18; 19.20);
11. fazer prosperar o engano (Dn 8.25);
12. controlar o dinheiro e as riquezas de seu reino (Dn 11.38-43);
13. produzir grandes enganos (2Ts 2.10-12; Jo 5.43; Dn 8.25; Ap 13.1-18);
14. agir de acordo com a sua vontade (Dn 11.36);

15. comandar a religião e a adoração (Dn 11.36; 2Ts 2.4; Ap 13.1-18; 14.9-11; 16.2);
16. controlar a vida de todos os homens em seu reino (Ap 13.12-18);
17. dominar os reis conforme desejar (Ap 17.12-17);
18. fazer com que todas as outras nações o temam (Ap 13.4);
19. lutar contra Cristo (Ap 19.11-21; Dn 8.25);
20. reinar 42 meses (Ap 13.5).

1. Os títulos do Anticristo.

   1. "Anticristo". Esse é o título mais comum que usamos para nos referir a ele porque será o grande opositor de Cristo no fim dos tempos. Essa palavra aparece apenas quatro vezes na Bíblia (1Jo 2.18, 22; 4.3; 2Jo 7), mas os estudos anteriores e a seguir mostram-no como o único a ostentar esse título mais que qualquer outro e como aquele que surgirá de acordo com o que é expressamente previsto nessas passagens.
   2. "O Assírio" (Is 10.20-27; 30.18-33; 31.4—32.20; Mq 5.3-15). Essas profecias foram direcionadas ao rei assírio nos dias dos profetas, mas um estudo revelará que elas terão um cumprimento nos últimos dias, no futuro rei assírio que irá oprimir Israel pouco antes de sua restauração final. O território assírio fará parte do reino do Anticristo e, nesse sentido, ele é o rei da Assíria.

A primeira passagem (Is 10.20-27) refere-se ao remanescente de Ap 12.17. "Acontecerá, naquele dia, que os resíduos de Israel [...] nunca mais se estribarão [no hebraico, 'procurar apoio'] sobre o que os feriu [o Anticristo]; antes, se estribarão [no hebraico, 'depender', 'contar com'] sobre o Senhor [...]. Não temas, povo meu, *que habitas em Sião, a Assíria,* quando te ferir com a vara [...] porque daqui a bem pouco [1.260 dias, Ap 12.6,14-17; 13.5] se cumprirá a *minha indignação* [no hebraico, a 'raiva', a 'ira' de Deus, o dia da vingança na Tribulação, Is 26.20; Dn 8.19; 11.36] e a minha ira, para os consumir. [...] E acontecerá, *naquele dia,* que a sua carga será tirada do teu ombro [...] e o jugo será despedaçado *por causa da unção*". A raiz hebraica para "unção" é *shawman* ("brilhar"), e sem dúvida refere-se ao brilho da vinda de Cristo (2Ts 2.8, 9).

A segunda passagem (Is 30.18-33) refere-se à restauração final de Israel à sombra do Messias, isso está bem claro: "O Senhor [...] será exalçado [...]. Porque o povo habitará em Sião, em Jerusalém; não chorarás mais [...] no dia em que o Senhor ligar a quebradura do seu povo [...]. Eis que o nome do Senhor vem de longe ardendo na sua ira [...] para peneirar as nações [...] com [...] a labareda do seu fogo consumidor, e raios, e dilúvio, e pedra de saraiva. Porque, com a voz do Senhor, será desfeita em pedaços a Assíria".

A isso também se refere Is 31.4—32.20: "Como o leão e o filhote do leão rugem sobre a sua presa, [...] assim o Senhor dos Exércitos descerá para pelejar pelo monte Sião e pelo seu outeiro. Como as aves voam, assim o Senhor dos Exércitos amparará a Jerusalém; ele a amparará, e a livrará, e, passando, a salvará. [...] Porque, naquele dia, cada um lançará fora os seus ídolos [...]. E a Assíria cairá pela espada e não por varão [mas por Cristo, 2Ts 2.8, 9]; e a espada, não de homem, a consumirá [...]. Reinará um rei com justiça [...]. E o meu povo habitará em morada de paz, e em moradas bem seguras, e em lugares quietos de descanso".

A última passagem (Mq 5.3-15) indica definitivamente que Israel será abandonado "até ao tempo em que a que está de parto tiver dado à luz [Israel deu à luz o filho varão, como vimos nos capítulos de 16 a 18]; então, o resto de seus irmãos voltará com os filhos de Israel. E ele [Cristo, v. 1,2] permanecerá e apascentará o povo na força do Senhor [...]; [e] agora será ele engrandecido até aos fins da terra. E este será a nossa paz. Quando a Assíria [o Anticristo] vier à nossa terra e quando passar sobre os nossos palácios [Dn 9.27; 11.40-45; 2Ts 2.3,4; Ap 13.8,11-18] [...]. Assim, nos livrará da Assíria [...]. E, com ira e com furor, exercerei vingança sobre as nações que não ouvem".

1. "O rei da Babilônia" (Is 14.4). Essa passagem está inserida numa profecia acerca da Babilônia, que teve um cumprimento parcial na queda desse reino diante dos medos e persas (Is 13.17). O cumprimento pleno será nos últimos dias, sob o Anticristo, como comprova a menção ao "dia do Senhor" e à restauração de Israel, que ocorrerá quando Cristo vier para a terra nos dias do reinado do Anticristo (Is 13.6-16,19-22; 14.1-8,18-27). Nada disso, como é dito aqui, se cumpriu ainda. O Anticristo será o rei da Babilônia, no mesmo sentido em que será o rei da Assíria — a Babilônia estará sob a sua jurisdição nos últimos dias (veja o capítulo 37).
2. "O destruidor" e "o homem violento" (Is 16.1-5). (Para o cumprimento dessa passagem nos últimos dias, veja o capítulo 16, seção III, item 1.)
3. "Gogue", "príncipe e chefe de Meseque e de Tubal" (Ez 38 e 39). Esses dois capítulos se cumprirão no Armagedom, como veremos no capítulo 40.
4. A "ponta pequena" ou "chifre pequeno" (Dn 7.8, 24; 8.9, 23; veja a seção 2).
5. "Um rei, feroz de cara" (Dn 8.23; veja a seção 2).
6. "O príncipe, que há de vir" (Dn 9.26, 27). Isso se refere à "ponta pequena" dos dez reinos da Roma restaurada, que fará uma aliança de sete anos com Israel e depois irá quebrá-la no meio da Semana e causar a abominação da desolação no templo judaico, em Jerusalém, como vimos no capítulo 5.
7. "O rei do Norte" (Dn 11.36-45). Esse é o rei da divisão Síria do antigo Império Grego, como vimos na seção 2. Ele é assim chamado porque virá da divisão norte da Grécia antiga, ou seja, do norte da Palestina. Muitos estudiosos da Bíblia dizem que o Anticristo virá da Rússia, e usam esse termo para prová-lo, porém essa ideia será contestada no capítulo 21, seção 6. Se "o rei do Norte" for a Rússia, então que países existem no norte da Rússia e que poderiam lutar contra ela, como implica necessariamente Dn 11.44? Não

há nenhum! Esse título, portanto, se aplica ao futuro rei da Síria, a parte norte das quatro divisões do antigo Império Grego, do qual virá o Anticristo (Dn 8.8, 9, 20-25).
8. "O homem do pecado" (2Ts 2.1-12).
9. "O filho da perdição" (2Ts 2.1-12).
10. "O ímpio" ou "esse ímpio" (Is 11.4; 2Ts 2.1-12). As quatro últimas expressões retratam o Anticristo em seu papel de homem mais perverso e pecador de sua época, talvez de todos os tempos, pois ele irá literalmente matar multidões de pessoas que não se sujeitarão aos seus anseios (Ap 7.9-17; 13.16-18; 15.1-3; 20.4-6). Em razão de tanta maldade, ele é "o filho da perdição", porque está destinado à perdição ou à destruição e ao fogo eterno.

A teoria de que o Anticristo é "o mistério da injustiça" ou Satanás manifestado na carne, assim como Jesus era "o mistério da piedade" ou Deus manifestado na carne; que o Anticristo será "o filho da perdição" ou "o filho de Satanás" nascido de mulher, assim como Jesus era "o Filho de Deus" nascido de mulher; que o Anticristo é o oposto de Cristo em cada detalhe não é ensinada nas Escrituras. Também é falsa a teoria de que o Anticristo é uma personagem misteriosa e que tudo que ele fizer estará envolvido em mistério. Nenhuma declaração a respeito dele envolve mistério ou ensina que ele será um homem sobrenatural, um ser imortal do abismo, uma encarnação do Diabo ou um filho nascido do Diabo, como veremos nos capítulos de 30 a 35.

A expressão "mistério da injustiça" significa literalmente o espírito invisível de iniquidade ou as forças espirituais do mal que fazem com que os homens pequem (Jo 8.44; 14.30; Ef 2.1-3; 1Jo 3.8; Ef 6.10-18; 2Co 4.3, 4). Os que ensinam que o Anticristo é o mistério da injustiça (ou iniquidade) ensinam também que ele é a besta que agora está presa no abismo e sairá dali como o Anticristo. Eles ensinam que esse espírito é Judas, que irá reencarnar, e apresentam como prova principal de que Judas é o Anticristo o fato de ambos serem chamados "o filho da perdição"

(Jo 17.12; 2Ts 2.1-4). Como veremos no capítulo 31, nenhum ser humano jamais irá para o abismo, portanto, Judas não poderia estar no abismo nem sair dali. A expressão "o filho da perdição" significa literalmente "o filho da destruição" porque tanto Judas quanto o Anticristo estão destinados à destruição, não que sejam filhos nascidos de Satanás. Eles não poderiam ser filhos de Satanás e encarnações de Satanás ao mesmo tempo.

No grego, lê-se "o filho da perdição" tanto quanto "o homem do pecado". A última expressão não limita o Anticristo como o único homem do pecado nem a expressão anterior o define como o único filho da destruição. Os hebreus e os gregos chamavam qualquer homem que foi alvo de um mal ou de algo em particular "filho" de tal coisa, como: "filhos de Belial" (1Sm 1.16; 2.12; 25.17, 25; 1Rs 21.10); "filho do diabo" (At 13.10); "filhos do Maligno" (Mt 13.38); "filhos do diabo" (1Jo 3.10); filhos da "sabedoria" (Lc 7.35); "filhos deste mundo" (Lc 16.8); "filhos da luz" (Lc 16.8; Jo 12.36); "filhos da desobediência" (Ef 2.1-3; 5.6-8; Cl 3.6). Também os destinados a alguma coisa em particular eram chamados "filhos" daquele destino, como: "filhos do Reino" (Mt 8.12); "filhos da ira" (Ef 2.1-3); "filhos da ressurreição" (Lc 20.36). Portanto, seria natural chamar tanto Judas quanto o Anticristo "o filho da perdição" (ou "da destruição"), pois ambos estão destinados à destruição no inferno, por causa de seus pecados.

A palavra "perdição" é usada apenas oito vezes na Bíblia e provém do grego *apoleia*, que significa "ruína", "perda", "destruição", "perdição" e "perecer". Nunca é usada como um nome do Diabo, daí pensar em Judas e no Anticristo como filhos do Diabo com uma mulher não é bíblico. Em nenhuma passagem das Escrituras é declarado que Judas foi ou será ou que o Anticristo será um filho literal do Diabo com uma mulher. Isso está tão longe da verdade quanto o próprio Diabo. Tente substituir a palavra "perdição" por "Diabo" em todas as passagens em que ela ocorre e veja se faz sentido (Fp 1.28; 1Tm 6.9; Hb 10.39; 2Pe 3.7; Ap 17.8, 11). O grego *apoleia* é traduzido por "destruição" (Mt 7.13; Rm 9.22; Fp 3.19; 2Pe 2.1; 3.16), "condenação" (2Pe 2.3), "morrer" (At 25.16), "perecer" (At 8.20) e em outros sentidos, porém nunca significa o Diabo. "Filho da perdição", portanto, não significa "filho do Diabo".

Todas as outras declarações sobre o Anticristo ocorrem em seu nome (Jo 5.43): exaltando-se (2Ts 2.4); sendo adorado (Ap 13.8); sendo lançado no inferno (Ap 19.20); fazendo a própria vontade (Dn 11.36); destruindo os homens (Dn 8.24); sendo mau (2Ts 2.3-8). Esses e outros fatos em torno dele não provam que ele será um ser superpoderoso e um mistério, como alguns ensinam. Todas estas ações podem ser entendidas com relação a um homem natural e mortal, como veremos. Se o Anticristo é o mistério da injustiça, então ele esteve aqui o tempo todo e não poderá vir do abismo, pois Paulo diz que esse mistério já estava operando em seus dias (2Ts 2.7). Há pessoas que vivem à procura de significados ocultos nas Escrituras e passam a vida tentando fazer da Bíblia um mistério, em vez de considerá-la um livro simples, como de fato é. Todas essas interpretações precisam ser rejeitadas a favor da simples verdade.

O Diabo jamais terá um filho natural com uma mulher. Gn 3.15 certamente não ensina tal coisa. A descendência da serpente sem dúvida são os filhos do Diabo, chamados assim por servirem a ele, não por terem nascido dele (Mt 13.38; 1Jo 3.8-10; Jo 8.44). A última passagem, para alguns, significa que o Anticristo será uma semente natural do Diabo: "Vós tendes por pai ao diabo [...]; quando ele profere mentira, fala do que lhe é próprio, porque é mentiroso e pai da mentira". Alega-se que a palavra "mentira" se refere a um filho do Diabo em particular, o Anticristo, mas isso não só é desmentido na mesma passagem, segundo a qual todos os homens têm "por pai ao diabo", mas é provado na mesma passagem o absurdo dessa alegação. A palavra "mentira" refere-se a uma mentira literal, não a um filho natural do Diabo com uma mulher. Se, de acordo com essa passagem, contar uma mentira pode fazer de alguém um filho natural, então podemos dizer o mesmo de At 5.3, Rm 1.25 e Sl 78.36 e de todas as outras passagens das Escrituras que registram mentiras. Se a palavra "mentira" aqui significa que o Diabo terá um filho natural com uma mulher, então ele irá "falar" esse filho à existência. Se isso for verdade, não poderá ser um filho natural com uma mulher ou uma encarnação de si mesmo. Se ele pudesse fazer isso, estaria "falando" muitos filhos à existência, de modo a encher a terra e assim ter melhores chances de derrotar a Deus. Tal ensino é pura tolice.

Argumenta-se ainda que Judas foi o único chamado "diabo", prova de que ele era a encarnação do Diabo ou o mistério da injustiça e filho da perdição (Jo 6.70, 71; 17.12). Alega-se que o artigo definido é usado, e assim Judas seria "o diabo", mas não existe absolutamente o artigo definido no grego, e a expressão significa "um diabo". A palavra no grego para "diabo" é *diabolos*. Significa "adversário" ou "caluniador" e é usada em referência a seres humanos chamados "caluniadores" (2Tm 3.3; Tt 2.3) e "maldizentes" (1Tm 3.11). Visto que a palavra é aplicada a outras pessoas, Judas não é o único chamado assim, como se tem alegado. Essa palavra nunca significa uma encarnação, como alguns argumentam. Se fosse assim, então aquelas outras pessoas também seriam encarnações do Diabo. O Diabo jamais se encarnará no Anticristo, como não encarnou em Judas, pois o dragão é sempre visto como uma pessoa distinta da besta.

Se Judas fosse o Diabo encarnado, então o Diabo seria filho de Simão, um ser humano e assim não poderia ter sido criado por Deus nem ter existido até o tempo de Cristo (Jo 6.70, 71). Portanto, concluímos que o Diabo traiu a Jesus (Mt 10.4); que Jesus o escolheu como um de seus discípulos de confiança e planejou dar-lhe um trono no reino eterno (Mt 10.1-8; Lc 22.28-30); que ele recebeu poder do Espírito Santo, por intermédio de Jesus, para expulsar a si mesmo e seus demônios e destruir as próprias obras (Mt 10.1-21); que ele expulsou a si mesmo e destruiu as próprias obras (Mc 6.7-13); que ele seguiu a Jesus e teve comunhão com Ele por mais de três anos (Sl 41.9; 55.12,13); que ele tinha um lugar no apostolado e o perdeu por causa de sua transgressão (At 1.15-25; Sl 109.8); que ele teve o seu nome removido do Livro da Vida (compare At 1.20 com Sl 69.25-28); que ele entrou em si mesmo para trair a Jesus (Lc 22.3); que ele carregava a bolsa e foi o tesoureiro de confiança do grupo apostólico (Jo 13.29); que ele se arrependeu de ter traído a Jesus (Mt 27.3-10); que ele se enforcou, teve as suas entranhas derramadas e foi sepultado no campo de um oleiro (Mt 27.5; At 1.17-20). Quem poderia crer que todas essas coisas aconteceram ao Diabo?

Se Judas fosse o Diabo encarnado, então Judas seria um ser criado e um anjo que governou a Terra antes de Adão, invadiu o céu e foi expulso (Is 14.12-14; Ez 28.11-17; Lc 10.18); que se opôs a Israel e feriu a Jó com uma chaga maligna e no momento tem acesso ao céu (1Cr 21.1; Jó 1.6—2.7); que ficou à direita de si mesmo para trair a Jesus e perdeu os filhos mais tarde (Sl 109.6-20); que tentou a Cristo (Mt 4.1-11); que usou Pedro como instrumento (Mt 16.23); que causa todas as doenças nos homens (At 10.38; Lc 13.16); que ainda estava vivo e trabalhou contra os primeiros crentes depois que se suicidou (At 5.3; 26.18); que pratica todas as ações do Diabo nas Escrituras.

Se o Anticristo é o Diabo encarnado, então temos de concluir que o Diabo ainda não veio (1Jo 2.18; Jo 5.43); que ele não virá até que os dez reinos sejam formados dentro dos limites do Império Romano (Dn 7.24) nem surgirá antes do arrebatamento da igreja (2Ts 2.7, 8; veja o capítulo 7, seção 9); que só irá durar 42 meses, quando vier (Ap 13.5); que o Diabo é um "homem" (Ap 13.18); que esse homem está agora no céu acusando os santos, e será expulso no meio da Semana (Ap 12.7-17; 13.1-8); que o dragão não é uma pessoa distinta da besta, como é retratado em todas as passagens que abordam do assunto (Ap 13.2-4; 16.13-16; 19.20; 20.10); que o Diabo será morto por Cristo em sua segunda vinda (Dn 7.11; Is 11.4; 2Ts 2.8, 9); que estará em dois lugares ao mesmo tempo durante o Milênio, pois a besta estará no lago de fogo, e o dragão, no abismo (Ap 19.20; 20.1-3); que o Diabo ainda estará no lago de fogo quando for solto, no final do Milênio, e será lançado de volta no lugar onde ele já estava desde o Armagedom

(Ap 19.20; 20.1-10); que o Diabo morreu uma vez e morrerá duas vezes ainda.

Também teríamos de crer que Judas se tornou o pai de si mesmo quando encarnou numa mulher e nasceu; que ele morreu e estará encarnado outra vez numa mulher, nos últimos dias, e se tornará uma segunda encarnação do Diabo, isto é, de si mesmo. Como pode uma pessoa tornar-se nada menos que uma semente numa mulher duas vezes e crescer a partir do nada, mas uma semente em um homem adulto completo duas vezes? Como poderia o Diabo, um anjo imortal, ser um homem e morrer três vezes? Como poderia o Diabo ser Judas e o Anticristo e ainda encarnar em ambos? Como poderia o Diabo entrar em Judas, se ele era Judas? Como poderá dar o seu poder ao Anticristo, ser um dragão distinto deste e ainda ser o próprio Anticristo? Como poderá ser a besta lançada no lago de fogo e ainda estar no abismo? Teríamos de crer nessas e em outras coisas absurdas se aceitássemos como verdade o que alguns ensinam sobre o Anticristo. Esses ensinamentos não expressam a realidade acerca de Judas, nem do Anticristo, nem da cabeça ferida de morte, como veremos nos capítulos 30 a 35.

1. "A besta" (Dn 7.11; Ap 13.1-18; 14.9-11; 15.2, 3; 16.2, 10; 17.1-18; 19.19-21; 20.2-4, 10). Esse assunto será explicado em detalhes nos capítulos 30 a 36.

1. Sua personalidade. Todos os estudos acima provam que o Anticristo será uma pessoa real, não um sistema ou um líder na linha de sucessão de algum sistema, como o papa. Ele surgirá apenas no futuro e irá cumprir literalmente todas as profecias a respeito dele. Seu caráter e suas características foram explanados nas seções anteriores e revelam que ele será um homem dotado do talento e da liderança dos conquistadores e dos grandes líderes. Além desses dons naturais, ele possuirá o poder miraculoso de atrair pessoas de todas as classes. Ele as deixará fascinadas com a sua personalidade cativante, sucessos, sabedoria e capacidade

administrativa e executiva e irá persuadi-las por meio da lisonja bem conduzida e de uma diplomacia magistral. Ele será dotado do poder de Satanás no exercício desses dons a ponto de o mundo se maravilhar com ele, e muitos irão adorá-lo como se ele fosse Deus. Alguns de seus títulos, as operações de seu poder, suas guerras e outras questões interessantes a respeito dele serão comentados nos capítulos de 30 a 39.

CAPÍTULO VINTE E UM

A EXTENSÃO DO REINO DO ANTICRISTO

E foi-lhe permitido fazer guerra aos santos e vencê-los; e deu-se-lhe poder sobre toda tribo, e língua, e nação. E adoraram-na todos os que habitam sobre a terra, esses cujos nomes não estão escritos no livro da vida do Cordeiro que foi morto desde a fundação do mundo. Se alguém tem ouvidos, ouça. Se alguém leva em cativeiro, em cativeiro irá; se alguém matar à espada, necessário é que à espada seja morto. Aqui está a paciência e a fé dos santos (Ap 13.7-10).

A pergunta que surge muitas vezes é: "O Anticristo terá poder sobre todas as tribos, línguas e nações, e todos os que habitam sobre a Terra irão adorá-lo?". A resposta geralmente é afirmativa, mas isso depende do significado da palavra "todos". Se significa "todos" no sentido mais abrangente, que inclui todos os habitantes no mundo conhecido hoje, podemos afirmar que ele não terá esse poder. Mas se considerarmos o significado de "todos" o que Deus tem em mente — os dez reinos que compõem o Império Romano — podemos dizer que "todos" significa "todos" num sentido mais restrito, tanto quanto a abrangência de um decreto. Estes pormenores das Escrituras provam que o Anticristo não governará a América e outros países nem será um ditador mundial, como os estudiosos modernos das profecias costumam ensinar:

1. A palavra "todo", em Ap 13, é simplesmente parte de uma

figura de linguagem chamada "sinédoque", em que uma parte representa o todo e o todo representa uma parte. É usada com frequência nas Escrituras, como nos seguintes exemplos:

1. "Eis que eu trago um dilúvio de águas sobre a terra, para desfazer toda carne em que há espírito de vida debaixo dos céus: *tudo o que* há na terra expirará" (Gn 6.17). Se tomarmos literalmente essa declaração, como alguns fazem com Ap 13, Noé e sua família e todos os animais na arca teriam sido mortos, pois eles também estavam debaixo dos céus e na Terra, mas ainda assim eles não morreram.
2. "Tudo quanto na cidade havia destruíram totalmente a fio de espada, desde o homem até à mulher" — isso se refere aos habitantes de Jericó, na ocasião em que o muro caiu, mas "tudo" aqui deve ser entendido em sentido restrito, porque Raabe e sua família foram poupados (Js 6.21-25).
3. "Davi e *toda* a casa de Israel alegravam-se perante o Senhor [...]. Assim subindo, levavam Davi e todo o Israel a arca do Senhor" (2Sm 6.5, 15). Ainda assim, não foi *todo* o Israel que fez isso, pois muitos não sabiam tocar instrumentos, muitos eram jovens demais e muitos ainda nem sequer estavam reunidos nesse lugar.
4. "Joabe ficou ali [fora de seu país] seis meses com *todo* o Israel, até que destruiu a todos os varões em Edom" (1Rs 11.10-16). "Todo o Israel" refere-se a uma parte do exército de Israel.
5. "Vendo, pois, *todo* o Israel que o rei não lhe dava ouvidos [...]. Provê, agora, à tua casa, ó Davi. Então, Israel se foi às suas tendas. No tocante, porém, aos filhos de Israel que habitavam nas cidades de Judá, sobre eles reinou Roboão" (1Rs 12.16-19). Aqui "todo o Israel" significa apenas parte de Israel, que se rebelou contra Roboão (veja também 1Cr 10.6; 2Cr 10.1, 3, 16; 11.16, 17; 12.1; 13.15; 16.6; Ed 10.5; Ez 21.4; etc.).
6. É dito de Nabucodonosor que Deus o fez governador sobre

todos os homens, mas a antiga Babilônia governou apenas parte da Terra (Dn 2.37-38; 4.1, 11, 12, 20). Ela nunca reinou sobre a Grécia, nem sobre Roma e muitos outros países da época. Em Dn 2.39, diz-se que a Grécia exerceria domínio "sobre *toda* a terra", mas a Grécia nunca reinou sobre a Itália, nem sobre a Espanha e muitos outros países da época. Dn 7.23 declara que Roma iria reinar sobre "*toda* a terra", mas sabemos que isso não incluía muitas tribos, nem mesmo a Europa e a Ásia, que mais tarde invadiram o Império Romano. Nenhum desses reinos governou os povos da América do Norte e do Sul, ou a maior parte da Ásia e da África, ou ainda o norte da Europa, nem parte alguma da Austrália, tampouco as muitas ilhas espalhadas pelos mares, porque "todos", nessas passagens, simplesmente significa todos os povos governados por esses reinos.

7. Em Mt 3.5, 6, lemos: "Ia ter com ele [João] Jerusalém, e *toda* a Judeia, e *toda* a província adjacente ao Jordão; e eram por ele batizados no rio Jordão, confessando os seus pecados". Sabemos, porém, que os fariseus, os saduceus e gente de todos esses lugares não foram batizados por João. Muitas mulheres, crianças, doentes e outras pessoas, de todas as classes, nunca viram João, muito menos foram batizados por ele no rio Jordão.

8. Em Lc 2.1-3, somos informados de que César Augusto emitiu um decreto "para que *todo* o mundo se alistasse. [...] E *todos* iam alistar-se, cada um à sua própria cidade". Todos nós sabemos que nenhuma lei promulgada por um imperador romano afetava os muitos países fora do império, por isso "todos" aqui deve ser entendido apenas em conexão com o antigo Império Romano sob o governo de César Augusto.

9. Em Rm 1.8, Paulo declara: "Em *todo* o mundo é anunciada a vossa fé". Sabemos, porém, que ele está dizendo apenas que a igreja local em Roma era conhecida por muitos em várias partes do Império Romano. Multidões fora de Roma e até mesmo muita gente do império jamais ouviram falar da fé

cristã, muito menos da igreja local em Roma. O mesmo se aplica a Cl 1.23, onde lemos que o evangelho "foi pregado a *toda criatura* que há debaixo do céu", e a Rm 10.18, onde se diz que ele foi pregado "por *toda* a terra" e "até aos *confins do mundo*". Ora, o evangelho ainda não foi levado a todas as nações, por isso sabemos que o mundo inteiro não foi evangelizado nos dias de Paulo.

10. Em At 11.28, somos informados de uma fome "em *todo* o mundo", que teve lugar na época de Cláudio César. Mas essa fome (ou seca) não atingiu todas as partes do Império Romano, muito menos todos os continentes e ilhas do mundo.

Centenas de exemplos poderiam ser dados ainda para demonstrar que a palavra "todos" pode ser usada em sentido figurado, significando uma parte. Desse modo, não podemos crer que Ap 13 esteja afirmando que o Anticristo irá reinar literalmente sobre toda a Terra no futuro e matará todos os que não tiverem a marca da besta. O que todos os escritores nos exemplos acima estão querendo nos transmitir? É evidente que, se tomarmos ao pé da letra o que eles dizem, teríamos de desmenti-los, pois os impérios mencionados acima não governaram toda a Terra, João não batizou todas as pessoas das regiões circunvizinhas e o evangelho ainda não foi pregado a todo o mundo, como Paulo afirmou. Devemos então desconsiderar esses escritores da Bíblia ou tratá-los como falsos mestres? Ou seria melhor captar as verdades literais transmitidas pelas suas figuras de linguagem e crer neles? Não poderíamos entendê-las como fazemos hoje quando alguém utiliza uma figura de linguagem? Vamos condená-los por usar linguagem humana, como todos nós fazemos no cotidiano?

Se alguém dissesse, a respeito de um grande grupo de pessoas, que "toda a cidade/todas as pessoas da região estavam lá na noite passada", entenderíamos que ele está afirmando que havia gente em grande número nessa reunião. Se os legisladores dos Estados

Unidos criassem uma lei para que "toda tribo, e língua, e nação" ou "todos os que habitam na terra" se registrassem num determinado dia, naturalmente entenderíamos que ela se refere apenas às tribos, línguas e nações que estão sob o governo dos Estados Unidos, não as tribos, línguas e nações de outros governos. Ou, se fosse promulgada uma lei para que "todos os homens e mulheres" se registrassem num determinado dia, por certo iríamos entender que o termo "todos" se refere aos homens e mulheres cidadãos dos Estados Unidos e não abrange os homens e mulheres de outros governos e países do mundo.

Portanto, devemos entender a palavra "todos" como se pressupõe que deva ser entendida em determinadas passagens das Escrituras. Quando significa "tudo" no sentido de tudo incluído, então não haverá limitações quanto a isso na própria passagem ou em outras passagens sobre o mesmo assunto. Mas quando significa "tudo" em relação ao que se está falando e se trata de uma parte de algo, isso fica bem claro na própria passagem ou em outras passagens sobre o assunto, então temos de ser sensatos e reconhecer esse fato. Por exemplo, quando Paulo diz que a vontade de Deus é "que todos os homens se salvem e venham ao conhecimento da verdade" (1Tm 2.4), sabemos que isso significa "todos os homens", sem exceção. Mas quando lemos que "todos" os homens estão sendo batizados por João, é evidente que muitos não foram batizados, nessa e em outras passagens sobre o assunto, então devemos entender que se trata de linguagem figurada para expressar que um grande número de pessoas das circunvizinhanças foi batizado por João.

Vimos nos dois Testamentos que Deus usa termos universais ao falar da extensão de certos reinos e do poder de certos reis. Vimos também que esses termos expressam que apenas uma grande parte da terra foi governada por esses reis e impérios, por isso devemos concluir que a extensão do reino e do poder do Anticristo também pode estar limitada a uma região do planeta. Se várias passagens das Escrituras limitam o seu poder e a sua autoridade a uma determinada parte da Terra e dizem claramente que parte do mundo estará com ele e que parte não estará, então temos de limitar o "todos" de Ap 13 ao que o texto se refere, em vez de torná-lo universal, como costumam fazer muitos estudiosos das profecias.

1. Ap 13 limita o reino do futuro Anticristo a dez reinos que ainda estão para ser formados dentro dos limites do antigo Império Romano. "Os dez chifres que viste são dez reis [que se formarão nos limites do antigo Império Romano, pouco antes da segunda vinda de Cristo à Terra para estabelecer o seu reino, Dn 7.23, 24], que ainda não receberam o reino, mas receberão o poder como reis por uma hora juntamente *com* a besta. Estes [apenas os dez] têm um mesmo intento e entregarão o seu poder e autoridade à besta. Estes combaterão contra o Cordeiro [a segunda vinda de Cristo, Ap 19.11-21], e o Cordeiro os vencerá [...]. E os dez chifres que viste na besta são os que aborrecerão a prostituta [de Ap 17.1-7, que está assentada sobre 'muitas águas' — os povos que compõem a besta ou o oitavo reino], e a porão desolada e nua, e comerão a sua carne, e a queimarão no fogo. Porque Deus tem posto em seu coração que cumpram o seu intento, e tenham uma mesma ideia, e que deem à besta o seu reino, até que se cumpram as palavras de Deus" (Ap 17.8-18).

Se a "besta" tem apenas "dez chifres", e eles são dez reis sobre dez reinos, então essa é a extensão do reinado do Anticristo. Devemos entender, portanto, que "toda tribo, e língua, e nação" sobre as quais o Anticristo exercerá poder são as tribos, línguas e nações dos dez reinos, não povos de outros países. "Todos" os que o adoram são um grande número de cidadãos dos dez reinos, e "todos" os que recebem o sinal da besta são um grande número de cidadãos dos dez reinos sob o seu governo. Ap 13 prevê que ele irá promulgar uma lei que obrigará todos os cidadãos dos dez reinos a adorá-lo e a levar a sua marca, sob pena de morte, mas não diz que essa lei será literalmente aplicada nem mesmo nos dez reinos, como veremos a seguir.

1. Em Dn 7.7, 8, 17-27, temos declarações que limitam o reino do Anticristo aos dez reinos que ainda serão formados nos limites do antigo Império Romano. Nos versículos 7 e 8, esse reino é simbolizado por uma besta com dez chifres, e um chifre pequeno emerge dos dez chifres e subjuga três deles. Todos os onze chifres saem da cabeça do mesmo animal e de dentro dela.

Nos versículos 19 a 22, temos o registro da investigação de Daniel quanto ao significado do quarto animal, dos dez chifres e do chifre pequeno. Daniel afirma que viu o pequeno chifre subir da cabeça do quarto animal, do meio dos dez chifres, depois que estes já haviam crescido.

Ele também viu o pequeno chifre arrancar três dos dez chifres e depois fazer guerra aos santos "até" três coisas acontecerem: o ancião de dias vem do céu à terra para entregar ao Filho do Homem um reino sobre todas as nações (v. 9-14); é dado o juízo aos santos do Altíssimo; os santos tomam posse do reino e governam no lugar do pequeno chifre (v. 18, 22; Zc 14; Mt 24.27-31; 25.31-46; 2Ts 1.7-10; 2.8-12; Ap 1.5, 6; 5.10; 19.11-21; Jd 14).

Nenhuma dessas três coisas se realizou ainda, portanto ainda irão se cumprir no futuro. Se o chifre pequeno é destruído na vinda de Deus à terra para pôr fim à guerra contra os santos; se os santos ainda não tomaram os reinos deste mundo para julgar os homens no reino eterno; se não existe tal homem agora para fazer guerra aos santos, então o chifre pequeno é ainda futuro, assim como os outros acontecimentos relacionados com os dez chifres e com o chifre pequeno.

Os dez chifres e o chifre pequeno são explicados a Daniel como segue: "Quanto às dez pontas [ou chifres], daquele mesmo reino [o quarto reino, o antigo Império Romano] se levantarão dez reis; e depois deles se levantará outro [o décimo primeiro chifre, o chifre pequeno], o qual será diferente dos primeiros e abaterá a três reis. E proferirá palavras contra o Altíssimo [Ap 13.5, 6], e destruirá os santos do Altíssimo [Dn 7.21, 22; Ap 13.7], e cuidará em mudar os tempos e a lei; e eles serão entregues nas suas mãos por um tempo, e tempos, e metade de um tempo [três anos e meio ou 1.260 dias, Dn 12.7; Ap 11.2; 12.6, 14; 13.5]. Mas o juízo [de Dn 7.9-14; Mt 25.31-46] estabelecer-se-á, e eles tirarão o seu domínio, para o destruir e para o desfazer até ao fim [2Ts 1.7-10; 2.7-12; Ap 19.11-21; Zc 14]. E o reino, e o domínio, e a majestade dos reinos debaixo de todo o céu serão dados ao povo dos santos do Altíssimo; o seu reino será um reino eterno, e todos os domínios o servirão e lhe obedecerão" (Dn 7.21-27; veja também 2.44, 45; 7.18, 8.24-27; Zc 14; Ez 38 e 39; Jl 2 e 3; Lc 1.32-35; Mt 25.31-46; 2Ts 1.7-10; 2.7-12; Jd 14; Ap 19.11—22.5).

Na seção 2, vimos que apenas "dez reis" entregarão o seu poder à besta e continuarão como reis "com a besta" por um período de tempo ou 42 meses. No texto de Dn 7, vemos que os dez reinos serão estabelecidos. Eles provêm "daquele mesmo reino", o antigo Império Romano, portanto a extensão do reinado do Anticristo, no momento em que ele promulgar a lei para que todos o adorem e tragam a sua marca, sob pena de morte, compreende os dez reinos nos limites do antigo Império Romano.

Naturalmente, a América e os demais países fora do antigo Império Romano não serão afetados por essa lei nem serão governados pelo Anticristo, porque não estão dentro do antigo território romano governado pelos dez reis. Se Deus disse que os dez reinos provêm "daquele mesmo reino", ou seja, estão dentro do antigo Império Romano, então isso resolve a questão para quem crê que Deus sabia o que estava falando. Se Deus disse que apenas dez chifres estariam ligados à besta e mostrou exatamente onde os dez reinos estarão localizados, seria muita imprudência colar outras dezenas de chifres na besta e estender os dez reinos do território do antigo Império Romano para todo o mundo. O que se estaria ganhando com tal distorção das Escrituras? Não seria melhor crer no que Deus disse, em detrimento das interpretações dos homens? Não iria a profecia se cumprir da mesma forma, se isso é o que deve acontecer? Devemos parar de pregar a respeito da profecia se o reino do Anticristo está limitado ao que Deus disse que estaria? Nenhuma afirmação na Bíblia mudará os dez chifres para dezenas de outros.

1. Em Dn 11.40-45, é declarado que, quando o Anticristo violar a aliança de sete anos com os judeus (Dn 9.27), entrar na Palestina na metade dos sete anos, receber poder sobre os dez reinos e promulgar uma lei que obriga todos a adorá-lo, "muitos países [não todos] serão derribados, mas escaparão das suas mãos estes: Edom, e Moabe, e as primícias dos filhos de Amom". Se esses países escaparão do Anticristo, e são Estados vizinhos da Palestina, onde ele estabelecerá a sua capital durante os últimos três anos e meio (Dn 11.45; Ap 11.1, 2), então é concebível que os países situados além dos vastos oceanos e que nunca pertenceram ao antigo Império Romano também irão escapar.
2. O contingente principal da nação de Israel na Judeia fugirá do Anticristo quando ele quebrar o pacto com eles, no meio da Septuagésima Semana de Daniel (Dn 9.27). Eles irão fugir para Edom e Moabe, onde terão um "lugar preparado por Deus", e ali estarão protegidos contra o Anticristo durante o tempo em que toda a humanidade deveria estar sob o domínio dele, de acordo com alguns estudiosos (veja o capítulo 16).
3. Em Dn 11.44, 45, temos outra profecia definitiva falando de outras nações que não estarão sob o domínio do Anticristo depois que ele receber poder sobre todas as nações dos dez reinos. Após o Anticristo conquistar "muitos" países e subjugar a Palestina, "rumores do Oriente e do Norte o espantarão; e sairá com grande furor, para destruir e extirpar a muitos". Está claro aqui que muitos países ao norte e a leste dos dez reinos do antigo Império Romano irão guerrear contra o Anticristo e os dez reinos — não estarão sob o domínio dele, portanto, nem trarão a sua marca (veja os capítulos 35 e 40).

4. O profeta Zacarias também afirma que muitos, até mesmo cidadãos dos dez reinos, ficarão sem a marca da besta, e ainda assim não serão mortos. Ele fala de uma batalha dos judeus em Jerusalém contra muitas nações dominadas pelo Anticristo no mesmo dia em que Cristo vier com os exércitos do céu para libertar Israel e estabelecer o seu reino neste mundo (Zc 14.1-21). Zacarias diz: "Acontecerá que *todos os que restarem* de todas as nações que vieram contra Jerusalém subirão de ano em ano para adorarem o Rei, o Senhor dos Exércitos, e para celebrarem a Festa das Cabanas. E acontecerá que, se *alguma das famílias da terra* não subir a Jerusalém, para adorar o Rei, o Senhor dos Exércitos, não virá sobre ela a chuva. E, se a família dos egípcios não subir, nem vier, virá sobre eles a praga [...]. Este será o castigo dos egípcios e o castigo de todas as nações que não subirem a celebrar a Festa das Cabanas. Naquele dia, se gravará sobre as campainhas dos cavalos: Santidade ao Senhor [...]. E todas as panelas em Jerusalém e Judá serão consagradas ao Senhor dos Exércitos" (Zc 14.16-21).

Essa é a prova de que, mesmo nos dez reinos sob o domínio do Anticristo, nem todos ostentarão a marca ou serão mortos. Em Dn 11.40-45, lemos que "a terra do Egito não escapará" dele; portanto, o Egito estará dominado pelo Anticristo. Mas haverá egípcios no Milênio, e isso significa que estes não receberam a marca da besta, pois é definitivamente afirmado em Ap 14.9-12 que todos os que tiverem essa marca serão condenados ao inferno quando Cristo vier. O fato de terem sido deixados no Arrebatamento e estarem autorizados a subir todo ano para adorar em Jerusalém prova que eles não receberam a marca da besta e escaparam da morte também. O mesmo se aplica a pessoas de todas as famílias da Terra, até mesmo das nações que estavam sob o domínio do Anticristo.

1. A verdade é que o Anticristo criará uma lei para obrigar todos os cidadãos dos dez reinos a ostentar uma marca e a

adorá-lo, sob pena de morte, mas a guerra com os países do norte e do leste o manterá tão ocupado que ele não poderá fazer com que tal lei seja cumprida num território tão vasto no curto espaço de tempo de três anos e meio. Por isso, haverá maneiras de burlar essa lei em certas localidades, como ocorre a qualquer outra lei já elaborada pelo homem. Autoridades locais, grau de parentesco, dinheiro e muitos outros meios de escapar a essa lei serão encontrados. Além disso, considerando-se que essa lei não conseguirá chegar a todos os habitantes das montanhas, desertos e regiões rurais daquele vasto império, muitos deixarão de receber a marca da besta.

Não bastasse isso, nas terras fora dos dez reinos sob o domínio do Anticristo nenhuma nação, tribo ou língua será afetada por essa lei. Mesmo que o Anticristo governasse o mundo inteiro, como ensinam muitos estudiosos da Bíblia, é fácil presumir que seria impossível impor tal lei a todas as localidades da Terra em 42 meses ou três anos e meio. Tribos inteiras do interior do Tibete, China, África, Austrália, América do Sul, México e outras regiões da Terra nem mesmo chegariam a ouvir falar do Anticristo, muito menos seriam conquistadas e forçadas a aceitar uma marca e mudar de religião em tão pouco tempo.

Milhões de pessoas ainda não ouviram falar de Jesus Cristo, da Primeira e da Segunda Guerras Mundiais e de muitos outros acontecimentos que a parte civilizada da Terra já vivenciou. O mesmo se aplica aos dias do Anticristo, pois ele irá reinar apenas no território do antigo Império Romano, que abrange apenas o norte da África, o sul da Europa e a parte ocidental da Ásia, onde se formarão dez reinos.

A Bíblia ensina que, mesmo no Milênio, haverá multidões de pessoas que não ouviram falar de Deus por intermédio de Jesus Cristo e não irão contemplar a glória de Deus até que cheguem os missionários judeus e lhes digam que Cristo está reinando em Jerusalém. Só então muitos povos irão se locomover a fim de verificar por si mesmos se isso é verdade (Is 2.2-4; 40.9; 52.7; 61.6; 66.18-21; Zc 8.23; 14.16-21). Se muitas nações não ouviram falar de Jesus Cristo em 2 mil anos, então é certo que muita gente, de todas as regiões da Terra, não irá saber da existência do Anticristo em três anos e meio.

1. Se todos os habitantes de todas as nações cooperassem com o Anticristo na destruição de Israel durante a Tribulação, então não haveria nações "ovelhas" para ingressar no Milênio, sob o domínio de Cristo, como Ele próprio ensina em Mt 24 e 25: "Quando o Filho do Homem vier em sua glória, e todos os santos anjos, com ele, então, se assentará no trono da sua glória; e todas as nações serão reunidas diante dele, e apartará uns dos outros, como o pastor aparta dos bodes as ovelhas. E porá as ovelhas à sua direita, mas os bodes à esquerda. Então, dirá o Rei aos que estiverem à sua direita: Vinde, benditos de meu Pai, possuí por herança o Reino que vos está preparado desde a fundação do mundo; porque tive fome, e destes-me de comer; tive sede, e destes-me de beber; era estrangeiro, e hospedastes-me; estava nu, e vestistes-me; adoeci, e visitastes-me; estive na prisão, e fostes ver-me. Então, os justos lhe responderão, dizendo: Senhor, quando te vimos com fome e te demos de comer? Ou com sede e te demos de beber? E, quando te vimos estrangeiro e te hospedamos? Ou nu e te vestimos? E, quando te vimos enfermo ou na prisão e fomos ver-te? E, respondendo o Rei, lhes dirá: Em verdade vos digo que, quando o fizestes a um destes meus pequeninos irmãos, a mim o fizestes. Então, dirá também aos que estiverem à sua esquerda: Apartai-vos de mim, malditos, para o fogo eterno, preparado para o diabo e seus anjos" (Mt 25.31-41).

Isso ocorrerá na segunda vinda de Jesus, que virá com os exércitos do céu para estabelecer o seu reino no mundo. Acontecerá imediatamente após os últimos três anos e meio da Tribulação, quando o Anticristo, reinando, tentar o extermínio do povo judeu (Mt 24.15-31; Jr 30.3-9; Dn 9.27; Zc 9.10; 14.1-21; Ap 11.15). Terá lugar depois da batalha de um dia do Armagedom entre Cristo e seus exércitos celestiais e o Anticristo e seus exércitos terrestres, o dia em que Cristo virá à Terra (Zc 14.1-9, 14-21; Is 63.1-7; Jl 3; 2Ts 1.7-10; 2.8-12; Jd 14; Ap 19.11-21; 20.1-7).

Imediatamente após a batalha de um dia do Armagedom (vale de Megido), o Senhor reunirá as nações sobreviventes e irá julgá-las com base no tratamento que dispensaram aos seus "irmãos", os judeus, como lemos em Mt 25.31-46. De todas as nações, alguns serão chamados "benditos de meu Pai" e "herdarão o reino", prova de que não ostentaram a marca da besta e ainda escaparam da pena de morte por não receberem a marca. Entre eles, estarão alguns cidadãos do reino do Anticristo, bem como de fora de seu reino. Esse tipo de tratamento a Israel não seria possível se eles adorassem a besta e estivessem sob o controle dela, pois o principal objetivo da besta será exterminar Israel e ser adorada por todos os homens da Terra. Mas com o retorno de Cristo, ela terá o seu plano frustrado, quando nem mesmo toda a Ásia estará conquistada, muito menos as demais nações distantes de seu império.

1. Ap 13.4 prova que haverá nações que não serão governadas pelo Anticristo, pois seria absurdo que os seus seguidores dissessem: "Quem é semelhante à besta? Quem poderá batalhar contra ela?", se não houvesse outros governos para comparar o seu poder.
2. Ap 16.13-16 também não pode ser entendido como se toda a terra estivesse sob o domínio do Anticristo. Que necessidade haveria de os espíritos imundos provenientes do "dragão" (o Diabo, Ap 12.9), a "besta" e o "falso profeta" revestirem com poder falsos profetas para enviá-los aos reis da Terra a fim de obter a cooperação deles no Armagedom, se todos estivessem sob o controle do Anticristo e o amassem o bastante para adorá-lo e ostentar a sua marca?

Como vimos até aqui, a besta possui apenas dez reinos, os quais lhe entregaram o poder, de modo que uma agenda de poderes sobrenaturais será necessária para obter a cooperação dos outros reis da Terra no Armagedom. O Diabo e a besta saberão quando Cristo irá voltar para os judeus (Ap 12.12; 19.19), daí todo o esforço em mobilizar as nações e seus vastos exércitos de modo que se apresentem para combater a Cristo e seus exércitos no dia que Ele vier. Assim, é evidente que muitos reis da Terra não estarão sob o domínio do Anticristo e dos dez reis que ele controla, por isso ele precisará recorrer a poderes sobrenaturais para convencê-los a cooperar com ele no Armagedom.

1. Ap 14.9-12 estabelece de forma definitiva que toda pessoa que ostentar a marca da besta e adorá-la estará condenada eternamente ao inferno, sem exceção. Mas, se todos os habitantes da Terra irão ostentar a marca da besta e adorar o Anticristo para não morrer, como ensinam os estudiosos modernos das profecias, e se todos os que aceitarem a marca da besta serão condenados ao inferno quando Cristo vier, então quem restará na Terra para ser governado por Cristo e pelos santos justos ressuscitados, no Milênio e para sempre? É certo que todas as nações serão governadas por Cristo e seus santos para sempre, de acordo com Sl 2; Is 2.2-4; 9.6,7; Zc 14.16-21; Dn 2.44; 7.13, 14, 18, 27; 12.12,13; Ap 1.4-6; 2.26, 27; 5.10; 11.15; 20.1-10 etc. Mas se todos os que não ostentarem a marca da besta forem mortos pelo Anticristo e todos os que a aceitarem forem enviados por Cristo para o inferno, de onde virão as nações que povoarão a Terra quando Cristo vier para reinar?

Se o Anticristo for matar todas as pessoas que se recusarem a adorá-lo no mundo inteiro, então ele será capaz de em apenas três anos e meio fazer contato direto com todos os habitantes da Terra. Isso seria mais do que Deus, Cristo e toda a igreja conseguiram em mais de 2 mil anos.

Portanto, conclui-se que o Anticristo terá o seu poder limitado a uma única região da Terra e que haverá muita gente fora do controle dele, pessoas que não ostentarão a marca da besta nem irão adorá-lo. Essas pessoas é que estarão aqui para ser governadas por Cristo e seus santos para sempre.

Uma vez que o Anticristo irá reinar apenas três anos e meio sobre dez reinos, que ainda serão formados no território do antigo Império Romano, podemos concluir que a América e muitos outros países não serão governados pelo Anticristo e que ele não será um ditador mundial.

CAPÍTULO VINTE E DOIS

A BESTA QUE SUBIU DA TERRA

E vi subir da terra outra besta, e tinha dois chifres semelhantes aos de um cordeiro; e falava como o dragão. E exerce todo o poder da primeira besta na sua presença e faz que a terra e os que nela habitam adorem a primeira besta, cuja chaga mortal fora curada. E faz grandes sinais, de maneira que até fogo faz descer do céu à terra, à vista dos homens. E engana os que habitam na terra com sinais que lhe foi permitido que fizesse em presença da besta, dizendo aos que habitam na terra que fizessem uma imagem à besta que recebera a ferida de espada e vivia. E foi-lhe concedido que desse espírito à imagem da besta, para que também a imagem da besta falasse e fizesse que fossem mortos todos os que não adorassem a imagem da besta. E faz que a todos, pequenos e grandes, ricos e pobres, livres e servos, lhes seja posto um sinal na mão direita ou na testa, para que ninguém possa comprar ou vender, senão aquele que tiver o sinal, ou o nome da besta, ou o número do seu nome. Aqui há sabedoria. Aquele que tem entendimento calcule o número da besta, porque é número de homem; e o seu número é seiscentos e sessenta e seis (Ap 13.11-18).

O indivíduo acima, ou a segunda besta, é mencionado aqui pela primeira vez, e tudo que diz respeito a ele na Bíblia está registrado em Apocalipse. Ele é chamado "falso profeta" (no grego, *pseudoprophetes*) em Ap 16.13; 19.20; 20.10 — as únicas outras passagens em que ele é mencionado. Ele será um profeta, porém falso; um profeta do Anticristo, não de Cristo. Em Ap 16.13, ele é visto com a besta e o dragão enviando os espíritos demoníacos com a missão de reunir as nações para o Armagedom. Em Ap 19.20, ele é visto como milagreiro, cooperador e líder das nações ao lado da primeira besta a lutar contra Cristo no Armagedom. A sentença para essa segunda besta será o tormento no lago de fogo para sempre, com a primeira besta, o dragão e todas as criaturas rebeldes (Ap 20.10). Os fatos a respeito dele e de seu ministério em Ap 13.11-18 são os seguintes:

1. Ele é visto entrando em cena por João, após a visão da primeira besta (Ap 13.11) e é chamado "outra" besta — do grego *allos*, que significa "outro do mesmo tipo" e denota distinção numérica: o segundo de dois, podendo haver mais, como em Mt 10.23; Jo 18.15. Portanto, essa besta é a segunda nesse capítulo de Apocalipse e não pode ser a primeira besta de Ap 13.1-10. Se houvesse apenas uma besta, não haveria duas descrições e declarações relativas a dois animais diferentes. Esse ponto é tão claro nessa passagem que nem precisamos relacionar muitos exemplos de contraste entre as duas bestas.
2. Esse animal é visto "subindo da terra" (Ap 13.11). A palavra "terra" é o mesmo que "mundo" em Ap 13.3 e "terra" em Ap 13.12. Aqui ela simboliza os povos da terra, como em Dn 7.1-7. A palavra "mar" também é usada em sentido figurado para representar os povos em Ap 13.1; 17.1, 15; Dn 7.1-7. A frase "subir da terra" tem o mesmo significado que "subir do mar", como prova uma descrição semelhante em Dn 7.3, 17, onde quatro animais "subiam do mar" e na interpretação é explicado que são quatro reinos "que se levantarão da terra". Não há nenhuma insinuação de que essa besta surgirá do submundo dos espíritos ou que seja um homem ressuscitado ou reencarnado após ter vivido na terra, como ensinam alguns. Há quem diga que essa besta é Judas, que virá das

regiões inferiores, porque apresenta características semelhantes, porque atuará como um líder na adoração, será idólatra e fará milagres, como Judas fez. Mas esses argumentos baseados em atos semelhantes na vida de outros homens não constituem prova suficiente. Outros alegam que a primeira besta é que será Judas, vindo do submundo espiritual, mas, como veremos no capítulo 31, nenhum ser humano pode vir de lá e cumprir o ofício de qualquer uma das duas bestas. As bestas simbolizam dois homens naturais, assim como o mar e a terra representam povos. Eles irão nascer e viver uma vida natural, como todos os outros homens, para então, numa escalada de poder, se destacar dentre os povos da terra para levar a cabo a sua missão anunciada nessas profecias, conforme a vontade de Deus.

3. A segunda besta tem dois chifres, que a fazem parecer um cordeiro, porém ela fala como o dragão. A aparência de cordeiro irá ajudá-la em sua tarefa, pois será vista como um profeta maravilhoso e homem de religião. Combinado com a aparência de cordeiro, virá o discurso enganador do dragão ou da serpente. Isso e alguns milagres irão completar o seu método fraudulento. A frase "falava como o dragão" mostra que, quando João a viu saindo do meio da humanidade, ela estava falando, e essa é uma de suas características mais notáveis.

4. Ela exercerá todo o poder da primeira besta na presença desta e seduzirá a terra e os que nela habitam para que adorem a primeira besta, "cuja chaga mortal fora curada" (Ap 13.12). Ela será o executivo do Anticristo e exercerá o poder de Satanás, dado à primeira besta (Ap 13.2-4; 2Ts 8.12-14). O tempo em que a segunda besta permanecerá no poder não é indicado, porém ela não entrará em cena antes da primeira besta. Esse tempo, portanto, não pode exceder três anos e meio. O falso profeta irá exercer esse poder na presença do Anticristo. Nunca se faz menção dele separado do Anticristo, por isso os dois deverão trabalhar em estreita

união e talvez resistam às duas testemunhas como Janes e Jambres resistiram a Moisés com poder e milagres (2Tm 3.8).
5. "[A segunda besta] faz grandes sinais, de maneira que até fogo faz descer do céu à terra, à vista dos homens" (Ap 13.13). A palavra "sinais" vem do grego *semeion*, e seu significado e uso são explicados no início do capítulo 16. O objetivo desses sinais forjados pelo falso profeta é induzir os homens ao engano de aceitar o Anticristo como Deus. Ele "engana os que habitam na terra com sinais que lhe foi permitido que fizesse em presença da besta" (Ap 13.14). Satanás tem enganado o mundo continuamente (Ap 12.9), mas aqui ele planeja a maior fraude já conhecida, que será permitida por Deus, porque os homens não amaram a verdade para serem salvos (2Ts 2.8-12; Ap 9.20, 21; 13.3, 12-18; 14.9; 16.2; 1Tm 4.1-3). Ele irá enganar e usar esses sinais para reforçar a sua fraude, porém milagres somente não são prova completa e definitiva de uma missão divina. Assim como os sinais do Senhor tinham a finalidade de chamar a atenção do povo e levá-los a refletir, os sinais do Anticristo servirão para impressionar os que ainda estiverem hesitando em crer na besta.
6. Ele ordenará aos habitantes da Terra que façam uma imagem da primeira besta. Essa imagem será feita e colocada no templo de Deus para ser adorada (Mt 24.15). Ele será capaz de dar vida à imagem para que ela fale, e quem não a adorar será morto. Uma imagem inanimada que recebe o poder de falar e de agir será um sinal maravilhoso em si (Ap 13.14, 15).
7. A segunda besta fará com que todas as classes de pessoas recebam uma marca na mão direita ou sobre a fronte, para que ninguém possa comprar ou vender senão os que a ostentarem (Ap 13.16-18). Isso resultará no martírio da maior parte da grande "multidão, a qual ninguém podia contar, de todas as nações" (Ap 7.9-17; 13.7; 14.13; 15.2, 3; 20.4). Na adoração à primeira besta e à sua imagem, os homens se mostrarão devotados a ponto de dizer: "Quem

é semelhante à besta? Quem poderá batalhar contra ela?". Isso talvez indique um culto ao mesmo tempo político e religioso (Ap 13.4). Não será um culto desejado por muitos, pois a adoração será implantada à força. O culto será de uma natureza tão apóstata que se pronunciará a condenação eterna sobre todos os seus participantes (Ap 14.9-11). Muitos homens irão lançar fora toda a fé em Deus e em Cristo para se tornar servos do Diabo e ser controlados por espíritos demoníacos, de tal forma que a oportunidade de redenção será perdida.

AS TRÊS MARCAS QUE OS SEGUIDORES DO ANTICRISTO PODERÃO ESCOLHER

1. "Uma marca" ou "a marca", no grego. Ela é diferente do nome da besta ou do número do seu nome, como indicam as seguintes passagens onde as três estão enumeradas: Ap 13.16-18; 14.9; 15.2-4; 20.4. Não é dito que tipo de marca será essa, mas será uma marca literal na carne (Ap 13.16; 14.9). Talvez seja o emblema do reino do Anticristo.
2. "O nome da besta"; ou seja, da primeira besta (Ap 13.17). Seu nome não é encontrado nas Escrituras, por isso não há como saber.
3. "O número do seu nome" (Ap 13.17,18; 15.2). Esse é o "número de homem". Há muitos nomes gregos e hebraicos com o valor numérico de 666. Isso se aplica especialmente a nomes estrangeiros transliterado para o hebraico ou para o grego. Não há nenhum significado oculto no número, pois a própria frase "aqui há sabedoria" (percepção natural, compreensão) mostra que é fácil de entender. Além disso, é dado o número 666, e qualquer um pode entendê-lo. Alguns tentam decifrar o nome e a marca pelo número, mas isso é especulação descabida e não deve ser tolerada de modo algum (veja o capítulo 1, seção VIII, item 3).

As marcas da besta não poderão ser recebidas antes dos últimos três anos e meio, mas só na "grande tribulação". Portanto, é impossível que alguém receba a sua marca ou adore o Anticristo hoje, pois ele ainda não entrou em cena. Quando ele vier e essas coisas começarem a acontecer, aqueles que receberem qualquer uma das marcas e o adorarem irão para a condenação eterna, e nesta vida ainda serão assolados pelas pragas das taças (Ap 14.9-11; 16.1-21). Ninguém saberá de que consiste a marca ou qual o nome da besta até depois que o Anticristo vier, o que ocorrerá após o Arrebatamento e depois de formados os dez reinos no território do antigo Império Romano, como vimos no capítulo 20.

NÃO EXISTE A TRINDADE SATÂNICA

No sentido de ser Satanás o oposto de Deus, o Pai, no trabalho e na posição, o Anticristo o oposto de Jesus Cristo no nascimento, encarnação, vida, trabalho, morte e ressurreição e o falso profeta o oposto do Espírito Santo como executivo de Satanás e do Anticristo, não há tal ensino nas Escrituras. Mas quanto a serem essas três pessoas separadas e distintas, não há dúvida alguma, pois isso é demonstrado com clareza em todo o livro de Apocalipse, onde quer que sejam mencionados (Ap 12.3, 7-17; 13.1-18; 16.13-16; 19.20; 20.1-10). Na história bíblica, existem outros exemplos de três pessoas que poderiam ser considerados uma trindade satânica, por causa de sua estreita cooperação e trabalho harmônico contra Deus. São eles: Satanás, Nadabe e Abiú (Lv 10.1-10); Satanás, Hofni e Fineias (1Sm 2.12; 4.11); Satanás, Ananias e Safira (At 5.1-11). Há outros, mas nenhuma relação desse tipo é o caso de torná-la uma trindade satânica especial, como alguns ensinam sobre Satanás, o Anticristo e o falso profeta. Não há motivo para isso, e não há necessidade de se especular sobre uma trindade satânica, e certamente nenhum detalhe de Apocalipse permite essa interpretação.

A BABILÔNIA MÍSTICA DESTRUÍDA

É nesse momento específico do cumprimento de Apocalipse que os dez reis irão atacar a Grande Prostituta de Ap 17, destruí-la e entregar o seu reino à besta (o Anticristo) nos últimos três anos e meio da Tribulação (Ap 17.12-17), para que o Anticristo possa ser adorado como Deus no templo de Jerusalém (Dn 9.27; 12.7; Mt 24.15; Ap 2.3-12; 13.1-18; 14.9-11; 15.2; 16.2; 19.20; 20.4-6). O Anticristo não poderá ser o objeto exclusivo de adoração nos últimos 42 meses ou 1.260 dias nessa era até que a Babilônia Mística seja destruída. Uma vez que ele só será adorado a partir dessa época, então a destruição dela, como afirma Ap 17.12-17, terá lugar nesse momento específico, ou seja, no meio da Septuagésima Semana de Daniel.

A ÚLTIMA DIVISÃO DA SEMANA DA TRIBULAÇÃO

Ap 14.1—19.21

CAPÍTULO VINTE E TRÊS

AS SETE DECLARAÇÕES PARENTÉTICAS

Ap 14.1-20

Esta sexta passagem parentética contém sete declarações proferidas entre a sétima trombeta e a primeira taça, no tocante à recepção da mensagem, não necessariamente ao seu cumprimento. As cinco primeiras são necessárias nesse momento para explicar certas coisas que irão acontecer entre a sétima trombeta e o final da Semana.

I. O CORDEIRO SOBRE O MONTE SIÃO COM OS 144 MIL JUDEUS

E olhei, e eis que estava o Cordeiro sobre o monte Sião, e com ele cento e quarenta e quatro mil, que em sua testa tinham escrito o nome dele e o de seu Pai. E ouvi uma voz do céu como a voz de muitas águas e como a voz de um grande trovão; e uma voz de harpistas, que tocavam com a sua harpa. E cantavam um como cântico novo diante do trono e diante dos quatro animais e dos anciãos; e ninguém podia aprender aquele cântico, senão os cento e quarenta e quatro mil que foram comprados da terra. Estes são os que não estão contaminados com mulheres, porque são virgens. Estes são os que seguem o Cordeiro para onde quer que vai. Estes são os que dentre os homens foram comprados como primícias para Deus e para o Cordeiro. E na sua boca não se achou engano; porque são irrepreensíveis diante do trono de Deus (Ap 14.1-5).

Esses 144 mil foram analisados em detalhes no capítulo 18. A passagem mostra o que o filho varão está fazendo diante do trono no céu e prova que os 144 mil não se acham mais na Terra depois desse momento. As três declarações parentéticas que se seguem estão relacionadas com três anjos mensageiros que sairão do meio para o final da Semana, durante o reinado do Anticristo. Eles irão anunciar certas ordens e acontecimentos desta forma:

II. O PRIMEIRO ANJO MENSAGEIRO: O EVANGELHO ETERNO

E vi outro anjo voar pelo meio do céu, e tinha o evangelho eterno, para o proclamar aos que habitam sobre a terra, e a toda nação, e tribo, e língua, e povo, dizendo com grande voz: Temei a Deus e dai-lhe glória, porque vinda é a hora do seu juízo. E adorai aquele que fez o céu, e a terra, e o mar, e as fontes das águas (Ap 14,6,7).

A expressão "evangelho eterno", que será o assunto do primeiro anjo mensageiro na "grande tribulação", é usada só aqui e faz referência à eternidade da mensagem — passado, presente e futuro. A mensagem alcançará todas as criaturas inteligentes no Universo. É uma mensagem tripla: em primeiro lugar, "temei a Deus"; em segundo lugar, "dai-lhe glória, porque vinda é a hora do seu juízo"; em terceiro lugar, "adorai aquele que fez o céu, e a terra, e o mar, e as fontes das águas". Essa mensagem terá um significado especial nesse tempo, pois será proclamada imediatamente após o surgimento das bestas do mar e da terra, que irão enganar os homens com os poderes sobrenaturais de que estão investidos. Deus irá se opor a esses enganos pelo ministério das duas testemunhas, por meio das multidões de santos que serão salvos e investidos de poderes miraculosos após o Arrebatamento, do povo judeu, do Espírito Santo, que estará trabalhando como antes, e dos juízos de Deus, bem como pelo aparecimento de anjos nos céus a proclamar as suas respectivas mensagens. Deus permitirá as fraudes de Satanás, mas em face delas ainda será fiel a ponto de advertir os homens e usar de todos os meios legítimos para desviá-los de tais enganos, que irão selar o destino eterno deles.

O tema dessa mensagem eterna é que o Criador é o único que deve ser temido e adorado e que só Ele será o juiz definitivo de todos. Esse evangelho tem sido pregado a todas as criaturas, desde a criação de agentes morais livres, capazes de seguir uma lei, e a quem Deus deve necessariamente revelar a sua vontade e ainda as bênçãos da obediência e a punição da desobediência a essa vontade. Também será pregado a todas as criaturas que virão a existir em tempos futuros, qualquer que seja a natureza delas. Essa mensagem, além de ser eterna, terá um incentivo adicional na "grande tribulação", porque o anjo anuncia que "vinda é a hora [período] do seu juízo", ou que este já se manifesta, referindo-se aos juízos de Deus derramados durante esse tempo. Sem dúvida, será uma boa notícia para os oprimidos pelo Anticristo, mas trará medo e condenação para ele e seus seguidores. Por isso, será uma pregação especial nesse momento.

III. O SEGUNDO ANJO MENSAGEIRO: A QUEDA DA BABILÔNIA

E outro anjo seguiu, dizendo: Caiu! Caiu Babilônia, aquela grande cidade que a todas as nações deu a beber do vinho da ira da sua prostituição! (Ap 14.8).

Esse anjo também voará pelo meio do céu proclamando a queda da Babilônia literal, aquela grande cidade, que será destruída sob a sétima taça no final da Semana (Ap 16.17-21; 18.1-24). Essa mensagem preventiva nesse momento está em consonância com as relações entre Deus e toda a cidade ou nação. Deus sempre adverte do juízo iminente, de modo a oferecer ao culpado a oportunidade de se arrepender e evitar o julgamento.

Sobre a queda da Babilônia literal e a diferença entre as Babilônias de Ap 17 e 18, consulte os capítulos 26 e 37.

IV. O TERCEIRO ANJO MENSAGEIRO: A CONDENAÇÃO DOS ADORADORES DA BESTA

E os seguiu o terceiro anjo, dizendo com grande voz: Se alguém adorar a besta e a sua imagem e receber o sinal na testa ou na mão, também o tal beberá do vinho da ira de Deus, que se deitou, não misturado, no cálice da sua ira, e será atormentado com fogo e enxofre diante dos santos anjos e diante do Cordeiro. E a fumaça do seu tormento sobe para todo o sempre; e não têm repouso, nem de dia nem de noite, os que adoram a besta e a sua imagem e aquele que receber o sinal do seu nome. Aqui está a paciência dos santos; aqui estão os que guardam os mandamentos de Deus e a fé em Jesus (Ap 14.9-12).

O terceiro anjo mensageiro voará igualmente pelo meio do céu durante a "grande tribulação" avisando que quem adorar a besta e a sua imagem e receber a sua marca será condenado ao tormento eterno. Esse tormento será com fogo e enxofre, na presença dos anjos e do Cordeiro. É o chamado "vinho da ira de Deus", que será derramado sem mistura sobre todos os que cometerem esse grande pecado. A descrição acima é uma das mensagens mais solenes da Bíblia e constitui um argumento irrefutável sobre a realidade e eternidade do inferno. Tão terrível será esse pecado e tão horríveis as suas consequências que Deus enviará um anjo para alertar os homens continuamente durante o período de adoração à besta.

Ao que parece, os que ostentam a marca provavelmente sofreram um naufrágio da consciência e da fé em Deus, renderam-se à possessão de demônios, venderam a alma ao Diabo e assim se tornaram morada de tudo que é imundo. Parece também que essa mensagem chegará a tempo de alertar os homens a não receberem a marca. Se for assim, ela será proclamada no meio da Semana ou no início dos últimos três anos e meio.

As três mensagens serão proclamadas mais ou menos no mesmo período, e todas irão alertar os homens sobre as consequências de seu pecado e da rejeição a Deus. Se o ministério dos três anjos ocorrer de fato no meio da Semana, então a primeira passagem sobre os 144 mil será cumprida antes dessas mensagens ou ao mesmo tempo — mais uma prova de que os 144 mil serão arrebatados para o céu como o filho varão. A mensagem acima parece também representar um conforto para os que não ostentam a marca da besta nem a adoram e são perseguidos por isso, pois termina assim: "Aqui está a paciência dos santos; aqui estão os que guardam os mandamentos de Deus e a fé em Jesus" (cf. Ap 12.17; 13:10).

V. A MORTE DOS SANTOS

E ouvi uma voz do céu, que me dizia: Escreve: Bem-aventurados os mortos que, desde agora, morrem no Senhor. Sim, diz o Espírito, para que descansem dos seus trabalhos, e as suas obras os sigam (Ap 14.13).

Após as mensagens dos três anjos, "uma voz do céu" ordena a João que escreva a declaração acima a respeito dos que morrem "desde agora", ou seja, durante a "grande tribulação" dos últimos três anos e meio. Os mortos a que a voz se refere são os que forem martirizados por não adorar a besta nem a sua imagem e recusar a sua marca. Eles são os mesmos referidos em Ap 7.9-17; 13.5-7, 15; 15.2-4; 20.4. Essa mensagem de encorajamento é necessária nesse momento, pois ajudará esses santos a serem fiéis quando julgados. Que contraste entre essa mensagem e a condenação pronunciada pelo terceiro anjo mensageiro contra os adoradores besta! Os "trabalhos" e "obras" provavelmente se referem à oposição incessante que farão ao Anticristo e à corrupção generalizada da época e às provações e dificuldades que sofrerão ao serem perseguidos pela besta. Essas bênçãos alcançarão apenas os que, "desde agora, morrem no Senhor".

Essa é a décima vez em que é dito a João: "Escreve...". A voz talvez seja a de Cristo, que lhe deu ordem para "escrever" em todas as outras ocasiões (Ap 1.11, 19; 2.1, 8, 12, 18; 3.1, 7, 14). O Espírito é quem a transmite a Cristo, que a recebe do Pai (Ap 1.1). A frase: "Sim, diz o Espírito" ocorre sete vezes antes disso:

"Quem tem ouvidos ouça o que o Espírito diz às igrejas". Apenas duas outras pessoas em Apocalipse ordenam a João que escreva: o profeta redimido que está mostrando a ele essas revelações (Ap 1.3; 19.9, 10; 22.8, 9) e Deus Pai (Ap 21.5). Apenas em duas outras ocasiões João receberá ordem para "escrever", uma da parte de Deus e uma do citado profeta (Ap 19.9, 10; 21.5).

VI. A CEIFA DA TERRA: ARMAGEDOM

E olhei, e eis uma nuvem branca e, assentado sobre a nuvem, um semelhante ao Filho do Homem, que tinha sobre a cabeça uma coroa de ouro e, na mão, uma foice aguda. E outro anjo saiu do templo, clamando com grande voz ao que estava assentado sobre a nuvem: Lança a tua foice e sega! É já vinda a hora de segar, porque já a seara da terra está madura! E aquele que estava assentado sobre a nuvem meteu a sua foice à terra, e a terra foi segada (Ap 14.14-16).

A "seara da terra" não são os mártires que "morrem no Senhor", citados anteriormente. Trata-se de outra mensagem. No cenário anterior, os mártires morrem por causa de Cristo, enquanto aqui são retratados os que morrem pela causa do Anticristo no Armagedom. João vê o Filho do Homem (Cristo) sentado numa nuvem, elemento associado com a sua vinda à Terra (Ap 1.7; 10.1, 2; Mt 24.27-31; At 1.9-11). Essa passagem lembra a parábola do trigo e do joio e a parábola da rede (Mt 13.24-30, 36-43, 47-50), que sem dúvida são uma referência à mesma época futura, como qualquer comparação demonstrará. Essa é a última ocorrência do título "Filho do Homem" na Bíblia (veja o capítulo 3). Há várias razões para pensar que essa ceifa retrata o Armagedom, não os mártires da Tribulação, como se pensava:

1. O "Filho do Homem" está pronto para essa colheita. Ele será o único a executar o juízo sobre as pessoas representadas nessa figura de linguagem. Isso Ele não fará no caso dos mártires da Tribulação.
2. Cristo se apresenta aqui com uma "coroa de ouro", o que

indica realeza e um reino. Ele receberá o reino do Pai no Segundo Advento (Ap 19.12; Dn 7.13, 14). Isso parece mostrar que a passagem é parentética e prognóstica e não se cumprirá até o Armagedom.

3. A colheita ocorrerá após a queda da Babilônia, conforme anunciado pelo segundo anjo mensageiro e cumprida sob a sétima taça (Ap 16.17-21). Se a colheita fosse feita antes da destruição da Babilônia, o texto certamente teria sido colocado antes da mensagem da queda. Mesmo nas passagens parentéticas, cada acontecimento distinto aparece numa ordem consecutiva de cumprimento, salvo indicação em contrário.
4. A "foice aguda" é a mesma mencionada em Jl 3.9-14, que retrata a destruição dos exércitos no Armagedom. A cena retratada aqui, portanto, deve ser do Armagedom, não dos mártires justos (cf. Ap 19.21; Is 11.4; Mt 13.30, 39; Jr 51.33; Os 6.11; 2Ts 2.8).
5. A frase "é já vinda a hora de ceifar" demonstra que Cristo protelou a colheita e que agora se aproxima o tempo em que Ele se vingará dos que habitam a Terra, como predito pelos profetas com relação ao Armagedom (Is 34.8; 59.17; 61.2; 63.4; Jr 46.9, 10; 2Ts 1.8). Os mártires, portanto, não podem ser o assunto da visão. Atendendo ao clamor do anjo, Cristo lançará a sua foice à Terra e a ceifará, ação retratada nas passagens anteriores (veja o capítulo 40).

VII. A VINDIMA DA TERRA: ARMAGEDOM

E saiu do templo, que está no céu, outro anjo, o qual também tinha uma foice aguda. E saiu do altar outro anjo, que tinha poder sobre o fogo, e clamou com grande voz ao que tinha a foice aguda, dizendo: Lança a tua foice aguda e vindima os cachos da vinha da terra, porque já as suas uvas estão maduras! E o anjo meteu a sua foice à terra, e vindimou as uvas da vinha da terra, e lançou-as no grande lagar da ira de Deus. E o lagar foi pisado fora da cidade, e saiu sangue do lagar até aos freios dos cavalos, pelo espaço de mil e seiscentos estádios (Ap 14.17-20).

A visão da "vinha da terra" traz o mesmo tema da "seara da terra", na passagem anterior. A "ceifa" e a "vindima" são atos jurídicos e anteveem a futura batalha do Armagedom. Nessa visão, "outro anjo" faz a colheita, prova de que os anjos terão parte na batalha do Armagedom (2Ts 1.7-10).

As uvas da vinha da terra serão lançadas no "grande lagar da ira de Deus". O lagar será pisado "fora da cidade", uma referência a um local fora de Jerusalém, onde a batalha do Armagedom será travada. O sangue correrá do lagar até atingir o freio dos cavalos numa extensão de 1.600 estádios ou cerca de 330 quilômetros. Essa é a prova definitiva de que o recolhimento da safra se refere à união das nações para o Armagedom, por obra do ministério dos três espíritos imundos (Ap 16.13-16), as quais irão guerrear contra Cristo na sua segunda vinda. O sangue que flui para fora do lagar refere-se à destruição dessas nações, pois o sangue correrá conforme retratado aqui. Esse mesmo quadro é visto em Ap 19.11-21; Is 34.1-8; 63.1-5; Jl 3.1-21; Ez 38 e 39; Zc 14.1-21; Mt 24.29-43; Lc 17.23-37; Jd 14, 15.

Nessas passagens e em outros textos das Escrituras, há descrições detalhadas da batalha do Armagedom, simbolizada aqui nas cenas da ceifa e da vindima. Cristo é retratado com as vestes brancas salpicadas de sangue, pisando o lagar da vinha do furor da ira do Deus todo-poderoso.

CAPÍTULO VINTE E QUATRO

OS SETE ANJOS, O MAR DE VIDRO E O TABERNÁCULO CELESTIAL

A passagem de Ap 15.1—16.1 contém a introdução necessária aos terríveis julgamentos das taças na última parte da Semana.

I. OS SETE ANJOS

E vi outro grande e admirável sinal no céu: sete anjos que tinham as sete últimas pragas, porque nelas é consumada a ira de Deus. [...] E os sete anjos que tinham as sete pragas saíram do templo, vestidos de linho puro e resplandecente e cingidos com cintos de ouro pelo peito. E um dos quatro animais deu aos sete anjos sete salvas de ouro, cheias da ira de Deus, que vive para todo o sempre. (Ap 15.1, 6, 7).

Para o significado da palavra "sinal" veja o capítulo 16. O resto da passagem é clara quanto aos sete anjos, a recepção das taças e o conteúdo delas. A expressão "sete últimas pragas" indica a ocorrência de pragas anteriores a essas. E quando terão lugar, se não sob o sexto selo e as sete trombetas, que contêm as primícias da ira de Deus?

Esses sete anjos não serão os habituais, mas sete homens redimidos que já estarão no céu, com o corpo glorificado, no momento dessa ação descrita no livro. Isso é perfeitamente possível, como já foi comprovado no capítulo 2, seção 5, e no capítulo 9, seção 3. De acordo com Ap 17.1, um desses anjos mostra a João o julgamento da Grande Prostituta e a besta que a carrega. Em Ap 21.9, um desses, talvez o mesmo, mostra a João a Cidade Santa. Depois de lhe mostrar todo o Apocalipse, João cai aos pés dele para adorá-lo, mas ele diz: "Não faças tal, sou teu conservo e de teus irmãosque têm o testemunho de Jesus; adora a Deus" (Ap 19.9, 10; 22.8, 9). Isso prova que um deles é um homem redimido, pois é expressamente chamado "homem", em Ap 21.17. E, se um deles é um homem, os outros seis devem ser também. Parece perfeitamente razoável que Deus permita a homens remidos participar da execução de sua vingança contra os inimigos.

II. O MAR DE VIDRO

(Ap 15.2-4, passagem parentética)

E vi um como mar de vidro misturado com fogo e também os que saíram vitoriosos da besta, e da sua imagem, e do seu sinal, e do número do seu nome, que estavam junto ao mar de vidro e tinham as harpas de Deus. E cantavam o cântico de Moisés, servo de Deus, e o cântico do Cordeiro, dizendo: Grandes e maravilhosas são as tuas obras, Senhor, Deus Todo-Poderoso! Justos e verdadeiros são os teus caminhos, ó Rei dos santos! Quem te não temerá, ó Senhor, e não magnificará o teu nome? Porque só tu és santo; por isso, todas as nações virão e se prostrarão diante de ti, porque os teus juízos são manifestos (Ap 15.2-4).

Esse "mar de vidro" é o mesmo visto por João, quando ele foi arrebatado pela primeira vez ao céu (Ap 4.1-6). É um pavimento literal diante do trono, semelhante ao cristal misturado com fogo. Estava livre em Ap 4, mas aqui é ocupado pelos mártires da Tribulação.

Esses santos têm "as harpas de Deus" e cantam o cântico de Moisés e do Cordeiro, o que implica que esse grupo já é vitorioso e ressuscitado. O cântico de Moisés e do Cordeiro é um hino de vitória. Isso não significa que eles irão cantar as mesmas palavras que Moisés e o Cordeiro, pois uma análise da letra desse cântico, em comparação com a de Moisés (Êx 15.1-19; Dt 32.1-43) irá refutar isso. Não sabemos exatamente a letra do cântico do Cordeiro, mas sem dúvida o tema é a vitória. Compare as palavras cantadas por esses mártires com Sl 86.9-12; Is 66.15, 16, 23; Sf 2.11; Zc 14.16, 17.

Essa é a sexta passagem parentética e mostra a condição no céu dos que obtiveram vitória sobre a besta. A expressão "porque os teus juízos são [foram] manifestos" parece mostrar que a cena acontece após o término dos julgamentos. Se for assim, a passagem é parentética e prevê o tempo em que os mártires serão mortos e obterão a sua vitória, e essa cena acontecerá sobre o mar de vidro.

A mensagem concernente aos sete anjos é interrompida aqui por essa passagem, e tal não aconteceria se não fosse parentética. Em Ap 15.1, os sete anjos são mencionados, então são deixados de lado abruptamente e só voltam a ser mencionados após a cena dos santos sobre o mar de vidro (Ap 15.6—16.1). Isso indica ainda que essa passagem está relacionada com a introdução às sete taças, e não podia ser inserida entre elas. O objetivo das taças é julgar os homens que aceitaram a marca da besta, então a cena em tal conjuntura mostra a bem-aventurança dos que não adoraram a besta e obtiveram vitória sobre ela.

III. O TABERNÁCULO CELESTIAL

E, depois disto, olhei, e eis que o templo do tabernáculo do testemunho se abriu no céu. [...] E o templo encheu-se com a fumaça da glória de Deus e do seu poder; e ninguém podia entrar no templo, até que se consumassem as sete pragas dos sete anjos. [...] E ouvi, vinda do templo, uma grande voz, que dizia aos sete anjos: Ide e derramai sobre a terra as sete taças da ira de Deus (Ap 15.5, 8, 16.1).

Nessa passagem, a visão dos sete anjos e do tabernáculo celestial é retomada, depois de ser interrompida pela visão dos santos da Tribulação sobre o mar de vidro. O templo no céu é mencionado doze vezes em Apocalipse, e cada referência indica o templo literal em que Deus se senta sobre um trono. As palavras "templo" e "templos" são usados 206 vezes, e os termos "tabernáculo" e "tabernáculos" ocorrem 339 vezes em ambos os Testamentos. As mesmas palavras usadas para os templos e tabernáculos terrestres são utilizadas para o templo ou tabernáculo celestial, sem nenhuma observação de que haja alguma diferença na natureza deles.

HÁ DUAS PALAVRAS HEBRAICAS PARA A NOSSA PALAVRA "TEMPLO"

1. *Haykawl* significa "um grande edifício público", como um palácio ou um templo. É usada 76 vezes com relação a um edifício terrestre e uma vez com respeito a um edifício celestial (Is 6.1).
2. *Bahyith* significa "uma casa" e tem uma variedade bem maior de aplicações. É usada apenas onze vezes e sempre com relação ao templo do Senhor na Terra.

HÁ DUAS PALAVRAS GREGAS PARA A NOSSA PALAVRA "TEMPLO"

1. *Hieron* significa "um lugar sagrado", "santuário" ou "templo de adoração". É usada 71 vezes, sempre com relação a um edifício terrestre, literal.
2. *Naos* significa "morada", "um santuário" ou "um templo". É usada 46 vezes e sempre com relação a um edifício feito por mãos humanas, exceto em Jo 2.19, 21; 1Co 3.16, 17; 6.19; 2Co 6.16; Ef 2.21; Ap 21.22. Nessas passagens, é aplicado à igreja, ao corpo humano e a Cristo. Em Jo 2.19-21, temos um exemplo do significado natural da palavra, bem como um exemplo do princípio de Deus de sempre se explicar o significado de uma palavra que não esteja de acordo com o uso comum. Com respeito ao templo de Deus no céu, essa palavra é utilizada em Ap 3.12; 7.15; 11.19; 14.15, 17; 15.5, 8; 16.1, 17. A mesma palavra é usada em 11.1, 2 com relação ao templo terrestre. Assim, temos a prova conclusiva de que existe um templo material no céu.

3. *Oikos* significa "casa", "família" ou "templo". É utilizada uma vez com relação a um templo terrestre (Lc 11.51).

HÁ DUAS PALAVRAS HEBRAICAS PARA A NOSSA PALAVRA "TABERNÁCULO"

1. *Ohel* significa "uma tenda", "cobertura", "casa" ou "tabernáculo". É usada cerca de duzentas vezes e é intercambiável com o templo ou o tabernáculo de Deus na Terra.
2. *Mish-kawn* significa "residência", "cabana do pastor", "toca do animal", "templo", "habitação", "tenda" ou "tabernáculo". É usada 117 vezes, e o seu significado é sempre claro nessas passagens.

HÁ DUAS PALAVRAS GREGAS PARA A NOSSA PALAVRA "TABERNÁCULO"

1. *Skene* significa "habitação" ou "tabernáculo". É usada dezoito vezes. É a palavra que descreve tanto o tabernáculo terreno quanto o celestial em Hb 8.2-5; 9.2-11; 13.10. No livro de Apocalipse, é a única palavra traduzida por "tabernáculo" (Ap 13.6; 15.5; 21.3).
2. *Skenonia* significa "acampamento", "corpo humano", "templo do ídolo". É usada três vezes (At 7.43; 2Pe 1.13, 14).
3. *Skenopegia* significa "festival dos tabernáculos" ou "um lar temporário". É usada apenas uma vez (Jo 7.2).

Toda vez que uma dessas palavras é usada, devemos tomá-las em seu sentido natural simples, a menos que haja uma explicação de que a palavra está sendo usada de forma diferente. Que tipo de edifício seria o templo celestial, senão literal ou material? Se esse não é o significado nessas passagens, então que base existe para outro significado? Esses fatos, combinados com os do capítulo 9, devem provar conclusivamente que o templo e todas as coisas que se veem no céu são tão reais quanto o que temos na Terra. O fato de o templo se abrir em ocasiões diferentes e de seres celestiais saírem dele mostra que o templo é literal (Ap. 4.1; 11.19). A palavra grega *ek*, é traduzida por "sair" em Ap 14.17, 18; 15.6; 16.1-17 etc. Ela denota movimento a partir do interior e significa "fora de", distinguindo-se de "afastar". Isso não seria possível se não houvesse o templo e fosse impossível entrar e sair dele, como de qualquer outro edifício.

O templo será preenchido com a fumaça da glória de Deus e de seu poder depois que os sete anjos saírem dele com as sete taças que serão derramadas sobre a Terra, e ninguém será capaz de entrar no templo até que a sete pragas sejam consumadas (Ap 15.8). Na Bíblia em geral, se não em todos os casos, a fumaça cm conexão com a glória de Deus significa julgamento. A palavra "fumaça" ocorre dez vezes em Apocalipse, sempre associada a algum julgamento (Ap 8.4; 9.2, 3, 17, 18; 14.11; 15.8; 18.9, 18; 19.3). Em seguida, João ouve "uma grande voz, que dizia aos sete anjos: Ide e derramai sobre a terra as sete taças da ira de Deus" (Ap 16.1). Isso indica que eles sabiam exatamente o que fazer e quando fazê-lo.

Como prova definitiva de que existe um templo literal no céu, vale lembrar que o tabernáculo de Moisés e o templo de Salomão foram construídos de acordo com o modelo do templo do céu (veja Êx 25.9, 40; Nm 8.4; 1Cr 28.11-19; Hb 8.5; 9.23).

CAPÍTULO VINTE E CINCO

AS SETE TAÇAS E OS TRÊS ESPÍRITOS IMUNDOS

Ap 16.2-21

As sete taças e seus conteúdos são tão literais quanto os selos e as trombetas e seus conteúdos. Elas serão derramadas apenas sobre o reino da besta durante a última metade da Semana e consumará a ira de Deus sobre os homens pela perseguição a Israel. Elas não devem ser confundidas com qualquer outro evento histórico ou com os selos e trombetas, em nenhum aspecto. Elas não podem começar antes de serem concluídos os selos e as trombetas e serão os últimos acontecimentos das "coisas que depois destas devem acontecer", antes da segunda vinda de Cristo. Essas pragas são aquelas que foram prometidas sobre os inimigos de Israel nos últimos dias (Dt 30.1-10; Is 51.23). Quatro delas, em menor grau, foram derramadas sobre o Egito. A própria linguagem com que são descritas prova que serão literais e se cumprirão na ordem em que aparecem. Essa forma constitui a única base verdadeira de entendimento.

O tempo que cada uma delas irá durar não é revelado, mas a julgar pela duração das pragas do Egito e dos selos e trombetas, a maior parte delas não terá longa duração. Se elas se estendessem sobre os últimos três anos e meio, então a fumaça encheria o templo do céu todo esse tempo, e ninguém seria capaz de entrar ali (Ap 15.8). Essas pragas têm o propósito de punir os homens por adorarem a besta e por sua resistência a Deus, e isso deve ficar bem claro antes de começarem as pragas, para que os homens percebam o propósito delas. Tudo que lemos em Ap 13.1—14.13 ocorre no meio da Semana, até o momento de começarem as pragas.

1. A PRIMEIRA TAÇA: CHAGAS MALIGNAS

E foi o primeiro e derramou a sua taça sobre a terra, e fez-se uma chaga má e maligna nos homens que tinham o sinal da besta e que adoravam a sua imagem (Ap 16.2).

A primeira taça é uma repetição da praga das "úlceras" enviada sobre os egípcios (Êx 9.8-12). Está bem claro que essa praga cairá apenas sobre os que têm a marca da besta e a adoram. E, se é o caso dessa praga, o mesmo se aplica às outras, pois todas têm o mesmo propósito. Também é evidente que essas sete pragas virão do céu, enviadas diretamente por Deus, e terão origem sobrenatural, como aquelas enviadas sobre a terra do Egito. Será um juízo divino, não um juízo da natureza. Não podemos deixar de reconhecer o aspecto sobrenatural, porque as taças contêm a consumação da ira de Deus.

Depois que o anjo derramar a sua taça, imediatamente aparecerão furúnculos nos seguidores do Anticristo. Essa doença humilhante e dolorosa acometerá a todos, do maior ao menor. E, sem dúvida, à semelhança dos magos do faraó, ninguém conseguirá manter a postura ereta, por causa das dores insuportáveis nas articulações e nos membros, por isso serão obrigados a lamber o pó da terra. Em vez de se dedicar aos prazeres insanos e à maldade, eles passarão a buscar uma solução para as suas chagas torturantes e putrefacientes. Isso será um grande impedimento, pois ninguém poderá dobrar o joelho facilmente para adorar o Anticristo.

O verbo "fez-se" (ARC) diz respeito a qualquer coisa que surge de repente e mostra que a praga acometerá os homens de forma repentina e, sem que eles percebam, os cobrirá com feridas e úlceras. A palavra "chaga" é usada somente aqui e em Ap 16.11 e Lc 16.21. As palavras "má" e "maligna" derivam do grego e significam "depravada, má por natureza" e "cheia de aflição e dores no processo de degeneração" e são usadas aqui para mostrar que as úlceras serão extremamente dolorosas e putrefacientes. A frase "que adoravam a sua imagem" significa literalmente "aqueles adorando a sua imagem". Isso talvez signifique que as chagas surgirão de forma repentina, enquanto estiverem prostrados diante da imagem, como sinal da reprovação divina à sua adoração voluntária à imagem da besta e como castigo por rejeitarem de livre vontade a adoração ao Deus verdadeiro, a qual será anunciada por anjos e por homens durante esse tempo.

2. A SEGUNDA TAÇA: O MAR TRANSFORMADO EM SANGUE

E o segundo anjo derramou a sua taça no mar, que se tornou em sangue como de um morto, e morreu no mar toda alma vivente (Ap 16.3).

Ao toque da segunda trombeta, um terço do mar se tornará em sangue (Ap 8.8, 9), mas aqui, no âmbito da segunda taça, todo o mar será transformado em sangue. Isso não significa que todos os oceanos se tornarão em sangue, pois o "mar" aqui, como ocorre muitas vezes nas Escrituras, é uma referência a um mar específico. Trata-se do mar Mediterrâneo, em torno do qual se estabelecerá o reino do Anticristo, que sofrerá todas essas pragas. Isso não significa que o mar irá se transformar em sangue de verdade, mas "em sangue como de um morto", como ocorreu por ação sobrenatural na terra do Egito e durante a segunda trombeta na primeira parte da Semana. Com o estado das águas alterado e comprometido, todas as criaturas desse mar irão morrer, e a superfície das águas ficará repleta de cadáveres.

Isso talvez resulte num odor pestilento, que tornará impossível a vida humana nas proximidades. As águas provavelmente se tornarão tão densas que os navios ficarão imobilizados, como se estivessem presos no gelo. A repugnância em tais condições é quase inimaginável. E do mar, nesse momento, só se poderá esperar doenças e fome. Antes disso, na segunda trombeta, um terço dos navios já foram destruídos, mas agora todas as embarcações estão em risco, pois o juízo será sobre todo o mar, não mais sobre a terça parte dele.

3. A TERCEIRA TAÇA: OS RIOS DE SANGUE

E o terceiro anjo derramou a sua taça nos rios e nas fontes das águas, e se tornaram em sangue. E ouvi o anjo das águas que dizia: Justo és tu, ó Senhor, que és, e que eras, e santo és, porque julgaste estas coisas. Visto como derramaram o sangue dos santos e dos profetas, também tu lhes deste sangue a beber; porque disto são merecedores. E ouvi outro do altar, que dizia: Na verdade, ó Senhor, Deus Todo-Poderoso, verdadeiros e justos são os teus juízos (Ap 16, 4-7).

A terceira taça é uma repetição da primeira praga enviada sobre os egípcios (Êx 7.19-24). Quando as águas do Egito e o mar, na segunda trombeta e na segunda taça, se transformaram em sangue, os peixes morreram, mas aqui não há declaração alguma de que isso acontecerá. Ainda assim, é razoável pensar que eles irão morrer, porque não poderão viver em águas impuras. Não só os rios se tornarão em sangue, mas também as fontes das águas e os lugares de consumo de homens e animais. Que terrível praga, homens e animais obrigados a beber água sanguinolenta!

Depois que os rios e as fontes foram transformados em sangue, João ouviu o anjo das águas, ou seja, o anjo que tem a terceira taça e transforma as águas em sangue, dar graças a Deus e atribuir-lhe justiça por Ele haver executado o juízo. Então o anjo do altar no céu sanciona o juízo de Deus, e Ele recebe o louvor do anjo das águas. Deus sempre foi, é e será justo com toda a sua criação. Qualquer juízo que Ele enviar será justo, e só não foi enviado antes porque, do contrário, a sua misericórdia e a sua longanimidade seriam desperdiçadas. Os homens que beberem as águas sangrentas derramaram o sangue dos santos e dos profetas e torturaram impiedosamente o povo de Deus na Terra, e Ele os fará colher o que semearam. Eles derramaram sangue e por isso merecem sangue!

Que diferença entre essas duas classes de sofredores! Uns sofrerão por amor a Cristo e obterão de Deus graça suficiente para isso. Após o martírio, os que pertencem a essa classe alcançarão as recompensas eternas e a felicidade. Já os da outra classe sofrerão pelos próprios pecados e não terão a graça de Deus para amenizar a angústia. E, além de todo esse padecimento, eles ainda serão atormentados por toda a eternidade no lago de fogo. Deus recompensa todos os homens por seus atos, sejam bons, sejam maus.

4. A QUARTA TAÇA: CALOR INTENSO

E o quarto anjo derramou a sua taça sobre o sol, e foi-lhe permitido que abrasasse os homens com fogo. E os homens foram abrasados com grandes calores, e blasfemaram o nome de Deus, que tem poder sobre estas pragas; e não se arrependeram para lhe darem glória (Ap 16.8, 9).

Durante a quarta trombeta, um terço do Sol, da Lua e das estrelas serão atingidos com a escuridão, de modo que a terça parte deles escureça (Ap 8.12), e aqui, no âmbito da quarta taça, o calor do sol aumentará de tal forma que os homens serão literalmente queimados, até que, em sua miséria e tormento, blasfemem contra Deus, a quem irão reconhecer como a causa do calor.

Essa praga é chamada "grandes calores". Se os homens sofrem e gemem sob um calor de 40 graus Celsius, como reagirão ao calor realmente abrasador nesse momento futuro? Essa passagem mostra que Deus tem poder sobre "estas pragas", e que os homens reconhecerão esse fato. No Egito, quando as pragas se intensificaram a ponto de se tornar insuportáveis, os magos não puderam imitá-las e disseram ao faraó que elas eram o "dedo de Deus". Assim, nas primeiras quatro taças, a terra, o mar, os rios, as fontes e todos os planetas adicionarão a sua cota de tormento sobre os homens. No entanto, esses mesmos homens serão tão vis e degenerados que não irão se arrepender. As pragas sobre o Egito tiveram o efeito de endurecer o coração dos homens maus.

Da mesma forma, "estas pragas" irão endurecer os seguidores do Anticristo e levá-los a desejar morrer, em vez servir a Deus. A palavra grega para "arrepender-se" aqui significa mudar de ideia, sempre para melhor e moralmente (Mt 3.2; At 2.38; 3.19). Isso significa não só abandonar o pecado, mas mudar de atitude a respeito dele. Mas esses homens não estarão dispostos a fazer isso. Por conseguinte, receberão o castigo por seus pecados até que se torne insuportável e assim irão blasfemar contra Deus por esse tratamento.

5. A QUINTA TAÇA: ESCURIDÃO

E o quinto anjo derramou a sua taça sobre o trono da besta, e o seu reino se fez tenebroso; e os homens mordiam a língua de dor. E, por causa das suas dores e por causa das suas chagas, blasfemaram do Deus do céu e não se arrependeram das suas obras (Ap 16.10, 11).

A quinta taça é uma repetição da nona praga egípcia (Êx 10.21, 22). Todas essas pragas que se assemelham àquelas derramadas sobre o Egito parecem agora muito mais intensas. Depois que o Sol lançar os seus raios de calor intenso em ondas atormentadoras sobre os seguidores do Anticristo, haverá uma mudança repentina naquela região da terra. A alteração — do brilho cegante e do calor penetrante e abrasador para a escuridão impenetrável — será sentida de um extremo a outro. A besta e seus seguidores serão envolvidos em tamanho horror que irão morder a própria língua por causa das dores que sentirão. Tal condição não pode ser retratada em simples palavras. Basta olhar para uma pessoa que sofre convulsões e morde a língua para se ter uma ideia do que será esse tormento.

A besta e seus seguidores, depois de atormentar o povo de Deus e, numa atitude de medonha impiedade, rir dos gritos e dores dos santos, receberão de Deus castigo duplo pelos seus pecados. Essa praga será derramada sobre o trono da besta, e "o seu reino se [fará] tenebroso". Isso indica ainda a extensão das pragas. Os reinos fora de seus domínios irão escapar desses juízos, como aconteceu com todas as nações ao redor do Egito. Mais que isso, parece não haver dúvida de que o povo de Deus (judeus e gentios) desse reino também irão escapar, como ocorreu no Egito. Isso está claramente indicado na primeira taça e também aqui.

Não se sabe quanto tempo as pragas irão durar, mas quando a quinta taça for derramada os homens ainda estarão sofrendo com as úlceras da primeira taça. Eles também estarão sentindo dores ou os efeitos das outras taças, mas não irão se arrepender, nem mesmo sob uma praga como essa. Em vez disso, irão blasfemar contra o "Deus do céu". Os homens irão se aprofundar em sua impiedade e rebeldia e provavelmente ficarão piores a cada praga, como foi o caso do faraó e seus servos no Egito. O principal objetivo dessas pragas é castigar a rebelião deles contra Deus e as "suas obras", que se tornaram insuportáveis para Deus, como nos dias de Noé e de Sodoma.

6. A SEXTA TAÇA: O EUFRATES SE SECA

E o sexto anjo derramou a sua taça sobre o grande rio Eufrates; e a sua água secou-se, para que se preparasse o caminho dos reis do Oriente (Ap 16.12).

Essa praga é tão literal quanto qualquer uma das outras. Esse fato ocorrerá no final da "grande tribulação", pouco antes do Armagedom e depois de o Anticristo haver conquistado os países do Norte e do Leste. Então, ele irá reunir as nações recém-conquistadas e as que ele conquistou nos primeiros três anos e meio, além de outros aliados, para lutar contra Cristo no Armagedom. O esgotamento do Eufrates irá preparar o caminho para aqueles que virão do Oriente. Muitos intérpretes veem nessa passagem o encolhimento do Império Turco que passou de grande potência para o Estado pequeno que é hoje. Essa taça, portanto, já se teria cumprido. Essa ideia é totalmente antibíblica como comprova o seguinte:

1. Tal interpretação leva a passagem para fora do contexto

adequado e destrói o significado literal. Se ela se refere à decadência passada de um império, então haveria motivos para pensar que todos os selos, trombetas e as cinco primeiras taças já estivessem cumpridos. Nesse caso, estaríamos vivendo agora o cumprimento do consórcio de nações para o Armagedom pelos três espíritos imundos. No entanto, temos a certeza de que esse não é o caso, pois não vimos se cumprir em nossos dias nenhum desses terríveis acontecimentos registrados em Apocalipse, antes ou depois da decadência do antigo Império Turco.
2. O fato de o Império Turco ter sido reduzido praticamente a nada, em comparação com o que costumava ser, não há prova alguma de que isso seja o cumprimento da sexta taça mais que a diminuição de qualquer outro império. A profecia deixa claro que os quatro reinos que se formaram do império de Alexandre existirão como quatro reinos separados no futuro e que o antigo Império Romano voltará a existir na forma de dez reinos autônomos nos últimos dias. De fato, para isso ser possível, o Império Turco teve de perder o controle sobre esses povos, a fim de que pudessem adquirir a independência, mas não há como provar que isso seja o esgotamento do grande rio Eufrates. Não há associação de qualquer natureza entre os dois acontecimentos. O Império Turco e sua queda foram necessários para a formação dos dez reinos. Isso é uma coisa, e o esgotamento do rio Eufrates é outra.
3. Se tomarmos qualquer uma das 21 passagens na Bíblia em que o "rio Eufrates" é mencionado ou qualquer uma das cinco passagens que mencionam o "grande rio Eufrates" e substituir a expressão por "Império Turco", não haverá significado razoável para a passagem. O "rio Eufrates" é o mesmo topônimo em ambos os Testamentos: significa sempre um rio literal na Ásia e nunca simboliza outra coisa na Bíblia.

4. Todas as outras taças, bem como os juízos dos selos e trombetas, são literais: por que não essa?
5. Nenhum rei oriental atacou o decadente Império Turco ainda, e não temos nenhum registro nas Escrituras de que isso acontecerá. Pelo contrário, os reis do Oriente e do Norte irão lutar contra o Anticristo, que irá controlar a maior parte do antigo Império Otomano. Uma guerra será travada entre eles nos últimos três anos e meio da Semana, e o Anticristo sairá vencedor. Então, ele irá liderá-los contra Cristo no Armagedom. Se o rio Eufrates literal não irá se secar para preparar o caminho dos reis do Oriente e seus exércitos, de modo que atravessem o leito do rio em seu esforço para ajudar o Anticristo contra Cristo no Armagedom, então não há interpretação alguma que explique com provas suficientes o significado da sexta taça.
6. O rio Jordão e o mar Vermelho secaram literalmente e isso permitiu que pessoas pudessem atravessá-los a seco. Por que não seria literal também aqui, para facilitar a marcha dos reis orientais e seus exércitos até Jerusalém para lutar contra Cristo? Não se trata do mesmo fenômeno do mar Vermelho, também chamado "braço de mar do Egito", mas idêntico ao do "rio", conforme profetizado em Is 11.15, 16. Isso mostra que no reagrupamento de Israel a partir de diferentes países, as águas do Egito e da Assíria irão secar. Após o seu esgotamento durante a sexta taça, o rio continuará seco, pelo menos até o reagrupamento de Israel. A cheia anual do rio ocorre de março a maio. A profundidade média na parte superior do rio é de 2,4 metros, e na parte inferior, de 6 a 9 metros. É navegável por cerca de 1.930 quilômetros, dos montes Tauro até o golfo Pérsico. Sua largura varia de 182 a 365 metros. Pode-se ver o benefício maravilhoso que o esgotamento desse rio será para os reis do Oriente.

A ira não é contra o rio, pois ele é inofensivo, mas isso acontecerá com o propósito de preparar o caminho para os reis do Oriente, de modo que venha a ira determinada e predestinada de Deus sobre as nações no Armagedom, das quais Ele deseja se vingar por ajudarem a perseguir o seu povo nos últimos dias.

OS TRÊS ESPÍRITOS IMUNDOS

(Ap 16.13-16, passagem parentética)

E da boca do dragão, e da boca da besta, e da boca do falso profeta vi saírem três espíritos imundos, semelhantes a rãs, porque são espíritos de demônios, que fazem prodígios; os quais vão ao encontro dos reis de todo o mundo para os congregar para a batalha, naquele grande Dia do Deus Todo-Poderoso. (Eis que venho como ladrão. Bem-aventurado aquele que vigia e guarda as suas vestes, para que não ande nu, e não se vejam as suas vergonhas.) E os congregaram no lugar que em hebreu se chama Armagedom (Ap 16.13-16).

Essa é a sétima passagem parentética, geralmente admitida como tal. Ela está inserida entre a sexta e a sétima taças e tem o seu cumprimento na parte da Semana em que aparece. Isso revela que os reis da Terra, que não estão sob o domínio do Anticristo nem fazem parte de seu reino, irão se unir para a batalha do Armagedom. Os três espíritos imundos terão forma semelhante à da rã e sairão da boca do dragão, da besta e do falso profeta. Por certo são espíritos demoníacos que farão milagres, a fim de inspirar as nações e mobilizá-las em vastos exércitos que marcharão de todas as direções e de todos os países com o objetivo de impedir o estabelecimento do reino de Cristo na Terra.

Esses espíritos mentirosos, que falam e trabalham por meio de falsos profetas, irão capacitar esses homens a fazer prodígios e a convencer os países a cooperar com o Anticristo na batalha do Armagedom. Eles irão inspirar as nações com a convicção de que um esforço conjunto lhes permitirá derrotar os exércitos do céu, destronar a Deus e assim reinar supremos para sempre. Essa é a atitude de certas nações hoje, como retrata o Salmo 2. Assim como os cruzados da Idade Média foram instigados a destruir Jerusalém e como Acabe foi incitado a contra Ramote-Gileade (2Cr 18.18-22) e fracassaram, as nações nesse momento serão conduzidas na vã esperança de que numa gigantesca operação conjunta poderão derrotar a Cristo e seus exércitos. O fim delas, porém, será a destruição total. Os falsos profetas atuantes nesse engodo são mencionados em Mt 24.24-26 e em 1Tm 4.1.

A origem desses espíritos é clara. Eles sairão do dragão e das duas bestas, que simbolizam os três líderes que irão se opor a Cristo em sua segunda vinda. Nessa visão, João os viu sair da boca desses símbolos, mas em seu cumprimento é possível que esses espíritos partam por ordem dessas três pessoas. As bestas simbolizam dois homens terrenos possuídos por legiões de demônios, e esses demônios podem sair de ambos, mas falar que Satanás estará possuído por demônios é outra questão. Ele é o príncipe dos demônios (Mt 12.24), e não pode ser controlado por eles, de modo que a ideia parece ser que esses espíritos se mobilizarão por ordem dessas três pessoas.

O propósito de irem ao encontro dos reis da Terra é "fisgá-los" para a batalha do "grande Dia do Deus Todo-Poderoso". Essa confederação de países é a mesma mencionada em Mt 24.40-42, como já foi explicado no capítulo 8. A passagem de Ap 16.13-16 mostra que parte de outras nações, fora do reino do Anticristo, estará envolvida nos acontecimentos dos últimos dias e no cumprimento da profecia, em conexão com o Anticristo e Israel.

Essas nações irão se reunir num lugar chamado Armagedom, que é o vale de Josafá, perto de Jerusalém. A batalha do Armagedom, portanto, será travada na Palestina, não na Europa (Jl 3; Zc 14). É o momento em que Cristo virá "como o ladrão de noite" para trazer repentina destruição sobre o mundo dos ímpios (1Ts 5.1-11; 2Ts 1.7-10). Há uma bênção pronunciada sobre todos os que forem fiéis a Cristo e viverem nesse momento, desde que estejam vigilantes e atentos à sua caminhada diante dos ímpios (Ap 16.15).

7. A SÉTIMA TAÇA: UM GRANDE TERREMOTO E UMA GRANDE SARAIVA

E o sétimo anjo derramou a sua taça no ar, e saiu grande voz do templo do céu, do trono, dizendo: Está feito! E houve vozes, e trovões, e relâmpagos, e um grande terremoto, como nunca tinha havido desde que há homens sobre a terra; tal foi este tão grande terremoto. E a grande cidade fendeu-se em três partes, e as cidades das nações caíram; e da grande Babilônia se lembrou Deus para lhe dar o cálice do vinho da indignação da sua ira. E toda ilha fugiu; e os montes não se acharam. E sobre os homens caiu do céu uma grande saraiva, pedras do peso de um talento; e os homens blasfemaram de Deus por causa da praga da saraiva, porque a sua praga era mui grande (Ap 16.17-21).

Essa passagem de maneira alguma mostra o quadro completo da sétima taça, pois os acontecimentos concernentes a ela continuam em Ap 18.1-24, após a passagem parentética de Ap 17, sobre a Babilônia Mística. No entanto, iremos limitar as nossas observações sobre a sétima taça ao texto acima, para em seguida analisar a passagem parentética e então retomar o nosso estudo sobre a destruição da Babilônia, que está programada para acontecer sob a sétima taça, como iremos detalhar com base em Ap 18. A sétima taça consumará a ira de Deus e deve também, por essa razão, incluir a vinda de Cristo à Terra. Isso se cumprirá nesse momento e encerrará a Septuagésima Semana de Daniel, quando então começará o Dia do Senhor. Quando o sétimo anjo derramou a sua taça no ar, a primeira coisa que João ouviu foi uma "grande voz [talvez Deus] do templo do céu, do trono, dizendo: Está feito!" — uma referência ao cumprimento da ira de Deus durante a sétima taça (Ap 15.1; 16.1).

Como resultado desse terremoto, "a grande cidade" (Jerusalém, Ap 11.8) será dividida em três partes. Muitas cidades grandes de outras nações serão destruídas, bem como a "grande Babilônia". Além da destruição total e parcial de muitas cidades, do deslocamento de montanhas e ilhas e das grandes mudanças na superfície da Terra em certos lugares, haverá uma "grande saraiva" do céu sobre os homens. Cada granizo pesará de 25 a 50 quilos, de acordo com os diferentes pesos dos talentos no Novo Testamento. Essa última praga será tão terrível que os homens voltarão a blasfemar contra Deus por causa dela. O granizo talvez seja o mesmo de Ez 38.21-23, em conexão com Armagedom. Essa é uma repetição da sétima praga do Egito, mas em escala muito maior (cf. Êx 9.13-35; Js 10.11). Assim, Deus irá consumar a sua ira, iniciada sob o sexto selo, na primeira parte da Semana (Ap 6.12-17).

CAPÍTULO VINTE E SEIS

A BABILÔNIA MÍSTICA (AP 17.1-18)

(Ap 19.1-10, passagem parentética)
E veio um dos sete anjos que tinham as sete taças e falou comigo, dizendo-me: Vem, mostrar-te-ei a condenação da grande prostituta que está assentada sobre muitas águas, com a qual se prostituíram os reis da terra; e os que habitam na terra se embebedaram com o vinho da sua prostituição. E levou-me em espírito a um deserto, e vi uma mulher assentada sobre uma besta de cor escarlate, que estava cheia de nomes de blasfêmia e tinha sete cabeças e dez chifres. E a mulher estava vestida de púrpura e de escarlata, adornada com ouro, e pedras preciosas, e pérolas, e tinha na mão um cálice de ouro cheio das abominações e da imundícia da sua prostituição. E, na sua testa, estava escrito o nome: Mistério, A Grande Babilônia, A Mãe das Prostituições e Abominações da Terra. E vi que a mulher estava embriagada do sangue dos santos e do sangue das testemunhas de Jesus. E, vendo-a eu, maravilhei-me com grande admiração. E o anjo me disse: Por que te admiras? Eu te direi o mistério da mulher e da besta que a traz, a qual tem sete cabeças e dez chifres (Ap 17.1-7).

Ap 17 é a oitava passagem parentética e um registro, com algum detalhe, da Babilônia Eclesiástica, sua identificação, caráter, poder, maldade, julgamento e destruição pelo Anticristo e os dez reis, bem como uma explicação sobre a besta e suas sete cabeças e dez chifres. Cremos que se trata de uma passagem parentética pelas seguintes razões:

1. O texto está deslocado do lugar de seu cumprimento e inserido aqui como material explicativo entre a destruição da Babilônia literal, na sétima taça (Ap 16.17-21), e a descrição completa dessa destruição (Ap 18.1-24). Seu posicionamento aqui tem o objetivo de mostrar o contraste entre a Babilônia Mística e a Babilônia literal, não a sequência dos fatos. Sua consumação não está contida nas taças, por conseguinte não faz parte delas. As sete taças e, de fato, todos os acontecimentos dos últimos três anos e meio se cumprem após a destruição da Babilônia Mística. A condenação da Babilônia Mística pelo Anticristo e os dez reis ocorrerá no meio da Semana, para que a besta e a sua imagem sejam os únicos objetos de adoração nos últimos três anos e meio (Dn 9.27; Mt 24.15; 2Ts 2; Ap 13.1-18; 14.9-11 etc.).
2. Se esse capítulo não for parentético, se a Babilônia destruída sob a sétima taça e a descrita em Ap 18 forem a mesma e se ambas são a continuação da sétima taça, então essa Babilônia não poderá ser destruída pela besta e os dez reis no meio da Semana. Mas a Babilônia de Ap 17 será destruída no meio da Semana, de acordo com Ap 17.14-17. Os dez reis entregarão os seus respectivos reinos ao Anticristo com o propósito de destruí-la nesse momento, enquanto a destruição da Babilônia de Ap 18 é sobrenatural, de acordo com Ap 16.17-21 e 18.1-24. Essa destruição se dará por meio de um terremoto, e os terremotos por certo não estão em poder dos dez reis e do Anticristo. Mas se existem duas Babilônias, a de Ap 17 será destruída pela besta e os dez reis, conforme Ap 17.14-17, e isso acontecerá no meio da Semana, quando os dez reis entregarem os seus reinos à besta (Ap 13.1-10), não três anos e meio mais tarde, pelo terremoto da sétima taça. Portanto, essa Babilônia não pode ser a mesma de Ap 18.1-24.
3. A Babilônia Mística dominará os dez reis e até mesmo a besta nos primeiros três anos e meio, até que, unidos,

tenham poder suficiente para destruí-la. Eles irão incendiá-la no meio da Semana. O Anticristo terá poder absoluto durante os últimos três e anos e meio, e isso não poderia acontecer se ele fosse dominado por ela durante todo o seu reinado. A Babilônia de Ap 17 dominará esses reis nos primeiros três e anos e meio, e a besta os dominará durante os últimos três anos e meio. Sem dúvida, não poderão ambos dominar ou ser o objeto supremo de adoração ao mesmo tempo. Isso prova que Ap 17.1-18 é uma passagem parentética e que a sentença da Prostituta terá lugar no meio da Semana, quando o Anticristo assumir o poder sobre os dez reis no lugar dela. Prova também que esses acontecimentos terão lugar antes dos juízos das taças, que cairão sobre a besta e seu reino, não sobre a Grande Prostituta.

4. Sua identidade é bem diferente da Babilônia de Ap 18, como será provado mais adiante numa comparação entre os dois capítulos. Ap 18 é a continuação da sétima taça. Ap 17 invade a mensagem da sétima taça após Ap 16.21. Em Ap 18, a Babilônia destruída sob a sétima taça (Ap 16.17-21) volta à cena com detalhes a respeito de sua destruição. Se Ap 17 fosse removido daqui e colocado em seu devido lugar, como o cumprimento de Ap 10—13, que se refere ao meio da Semana, Ap 18 seria a continuação natural de Ap 16.21, ou seja, da sétima taça, mostrando como e por que a Babilônia literal será destruída. No entanto, isso poderia complicar para alguns o entendimento acerca das duas Babilônias.

5. Ap 17, como se pode perceber facilmente, é estranho ao tema da destruição da Babilônia, de Ap 16.17-21 e 18.1-24, e, portanto, reconhecidamente uma passagem discrepante inserida entre os dois textos, a qual descreve a Babilônia Mística e "a besta que a traz". Em Ap 13.1, vemos a besta emergir do mar. A passagem de Ap 17 deve ser parentética porque nenhuma revelação sobre a besta poderia ser dada

antes de seu surgimento, nem poderia a mulher cavalgar a besta antes que esta existisse. Ou seja, a besta e a Grande Prostituta já existiam antes do surgimento da besta do mar. A revelação da besta em sua nova forma, com sete cabeças e dez chifres, não poderia se cumprir antes da metade da Semana, porque a besta não terá poder sobre as sete cabeças e dez chifres antes disso. Portanto, nenhuma revelação da mulher em conexão com a besta e suas sete cabeças e dez chifres poderia ser dada até que esta aparecesse, de modo que esse capítulo só pode ser parentético, para mostrar a revelação de ambos. Se a mulher aqui fosse revelada no meio da Semana, ao mesmo tempo que a mulher vestida do sol, muita confusão poderia surgir em torno das duas mulheres, mas, da maneira como está, não há dificuldade alguma, porque fica muito claro que o cumprimento de Ap 17 se dará no meio da Semana, quando a besta obtiver poder sobre os dez reis (Ap 13.1-7; 17.12-17; Dn 7.23-24).

6. Não há nada nesse capítulo ou em outro lugar que refute a nossa alegação sobre a passagem parentética. Pelo contrário, muitos fatos comprovam que a mulher aqui será destruída no meio da Semana e que a destruição da Babilônia literal sob a sétima taça terá lugar no final da Semana.

PONTOS DE CONTRASTE ENTRE AS DUAS BABILÔNIAS (AP 17 E 18)

1. Um dos "sete anjos" mostra a João o mistério completo da mulher (Ap 17.1, 7), enquanto "outro anjo" começa a outra mensagem (Ap 18.1).
2. A mulher e a besta são simbólicas em Ap 17.1-18. Nada é simbólico em Ap 18.1-24.
3. Tudo é explicado em Ap 17.1-18. Tudo está claro em Ap 18.1-24 e, dispensa explicação.
4. A mulher e a besta são simbólicas em Ap 17.7. Nada é misterioso em Ap 18.1-24.

5. Em Ap 17, o anjo fala a João, enquanto em Ap 18 ele ouve várias vozes anunciando certos fatos (v. 1, 2, 4, 10, 16, 18, 21). Essas vozes estariam totalmente fora de lugar se as duas Babilônias fossem a mesma, pois o anjo de Ap 17 promete a João: "Eu te direi o mistério da mulher".
6. Em Ap 17, apenas um anjo fala (v. 1, 3, 7, 15). Em Ap 18, homens e anjos falam (v. 1, 2, 4, 10, 16, 18, 20). Se as duas Babilônias são a mesma, por que o anjo de Ap 17 não continua falando a João em Ap 18, especialmente porque diz: "Eu te direi o mistério da mulher"?
7. A Babilônia de Ap 17 dominará as nações (v. 1, 9, 15, 18), enquanto que a Babilônia de Ap 18 não.
8. Uma é chamada "a mulher", a "grande prostituta" etc. A outra não.
9. Uma delas está sobre uma besta de cor escarlate. A outra não.
10. Há nomes escritos na testa de uma, porém não na da outra, porque só uma delas é simbolizada por uma mulher.
11. João pergunta "com grande admiração" a respeito de uma delas (Ap 17.6, 7), por nunca tê-la visto nem ouvido falar dela, enquanto não existe essa admiração diante da outra (ele estava bem familiarizado com a existência da Babilônia literal).
12. Não há nenhum anúncio da queda da Babilônia Mística em Ap 17, enquanto a queda da Babilônia literal é anunciada em ambos os Testamentos, que revelam a sua completa destruição nos últimos dias (Is 13.19-22; 14.4; 21.9; Jr 50.39-41; 51.6-11, 24-29, 36-57; Ap 14.8; 16.17-21; 18.1-24).
13. Nenhum comerciante é enriquecido pelo comércio de uma, só com o da outra (Ap 18.3, 9-19; cf. 17.4).
14. Nenhuma voz irá advertir o povo a que saia de uma, porém um alerta será dado a respeito da outra (Ap 18.4).
15. Uma não se vangloriará, enquanto a outra irá fazê-lo (Ap 18.7).

16. Uma delas não verá pragas, luto, fome nem fogo de Deus. A outra sim (Ap 18.8; cf. 17.16, 17).
17. Os homens não ficarão de longe pelo temor da destruição de uma, mas sentirão medo pela outra (Ap 18.10; Ap 17.16, 17).
18. Nenhuma mercadoria é mencionada em uma. Na outra sim (Ap 18.11-14).
19. O tempo da destruição de uma não é mencionado. Da outra é (Ap 18.8, 10, 17-19).
20. O homem destrói uma (Ap 17.16, 17). Deus destrói a outra (Ap 18.5-8, 20).
21. Deus tocou no coração dos dez reis para que entregassem os seus reinos à besta, com a finalidade de destruir a Babilônia Mística (Ap 17.14-17). Isso não acontece com a outra.
22. A besta e os dez reis se alegrarão com a destruição da Babilônia Mística (Ap 17.16, 17), mas vão lamentar a destruição da outra (Ap 18.9-19).

A mulher e a besta são explicadas em detalhes em Ap 17, e a revelação dessas coisas é concluída antes que se comece a descrever a Babilônia literal. Em Ap 18, há outra descrição — separada e distinta — de uma coisa totalmente diferente. Isso é comprovado pela frase "depois destas coisas", uma clara referência a coisas que se seguem à completa revelação da mulher e da besta. Isso não significa que Ap 18 se cumpra imediatamente após "estas coisas", mas que a mensagem foi recebida por João logo depois. (Veja a mesma frase e seu uso na seção "A porta celestial", no capítulo 9.) A maioria das coisas ditas a respeito da mulher em Ap 17 não se aplica nem pode ser aplicada a uma cidade literal, e as coisas ditas da cidade em Ap 18 não podem ser aplicadas ao que a mulher simboliza. Se representassem a mesma coisa, as duas Babilônias seriam destruídas juntas, mas acabamos de ver que elas serão destruídas em momentos diferentes, por pessoas diferentes e por processos diferentes.

PONTOS DE SEMELHANÇA ENTRE AS DUAS BABILÔNIAS

1. Ambas cometem fornicação com os reis da Terra: uma de forma religiosa, outra no sentido comercial (Ap 17.2; 18.3, 9; 19.2).
2. Ambas derramaram sangue de santos (Ap 17.6; 18.24).
3. Ambas possuem um cálice de abominações (Ap 17.4; 18.6).
4. Ambas são chamadas "cidade" (Ap 17.18; 18.10, 16, 18, 19-21).
5. Ambas serão desoladas (Ap 17.16, 17; 18.19).
6. Ambas são chamadas "grande Babilônia" (Ap 17.5; 18.2).

CAPÍTULO VINTE E SETE

A IDENTIDADE DA BABILÔNIA MÍSTICA

Muitas marcas de identificação mostram que a Babilônia Mística será um grande sistema religioso, porém não provam conclusivamente que se trata do catolicismo romano, como vários estudiosos da Bíblia têm ensinado ao longo dos séculos. A teoria geralmente aceita é que o catolicismo romano é a mãe das prostituições e as meretrizes são os muitos ramos do cristianismo, os quais restabelecerão os seus vínculos outra vez nos últimos dias para cumprir Ap 17. Esses estudiosos acreditam que o romanismo irá controlar os dez reis da Roma restaurada e irá dominar a besta por um curto período de tempo durante a ascensão desta sobre os dez reis até o meio da Semana. Em seguida, a besta e os dez reis irão destruir a Babilônia para que a besta possa ser adorada nos últimos três anos e meio deste período (Ap 17.9-17).

Os estudiosos acreditam que a Prostituta não é uma organização política, mas uma organização religiosa com aspirações políticas. Munida de um programa para governar o mundo, ela ficará satisfeita com o poder de designar reis, não com a administração direta dos reinos.

Os que afirmam que a Grande Prostituta é a Igreja Católica Romana apresentam os seguintes argumentos para provar as suas alegações:

I. A PROSTITUTA É IDENTIFICADA POR SUA HISTÓRIA

A prostituta é identificada como o catolicismo romano por sua história desde a sua inauguração, alguns séculos depois de João até o dia de hoje. A história do romanismo é que desde o início a cristandade vem reunindo igrejas locais numa organização, e isso culminou num grande sistema religioso e apóstata conhecido hoje como Igreja Católica Romana.

Durante o primeiro século, as igrejas eram compostas por pequenos grupos de crentes inseridos numa comunidade pagã. Eram pobres, na maioria, exceto na congregação local em Roma, onde havia crentes de posição social mais elevada. Em todos os lugares, os cristãos se distinguiam dos outros povos pelo seu amor fraternal, seriedade e pureza moral, alegria confiante nos ensinamentos cristãos, esperança da vinda do Senhor, e assim por diante. Eles eram odiados por essas diferenças, e na época de Nero (54-68 d.C.), o governo romano lhes era hostil e tentou destruí-los. Sua adoração era informal e geralmente realizada em casas particulares. Nas reuniões, os serviços eram realizados pelas pessoas, que participavam conforme o Espírito as movesse. Orações, testemunhos, canto de salmos, leitura do Antigo Testamento e dos escritos dos apóstolos faziam parte do culto. Às vezes, havia tal ânsia de participar que a desordem se estabelecia. Eles costumavam realizar uma festa de amor, uma refeição comum como expressão do amor fraterno, a qual era vetada aos incrédulos. Eles não tinham credos nem declarações formais de crença. O chamado *Credo dos apóstolos* não foi utilizado antes do segundo século. Todos os cristãos pertenciam à igreja universal, pois todos eram um em Cristo. Não havia uma organização geral que controlasse as igrejas espalhadas. Os apóstolos exerciam certa autoridade sobre elas, mas não de maneira formal ou oficial, como numa organização. Cada congregação resolvia os próprios assuntos. As igrejas tinham anciãos e presbíteros, às vezes chamados "bispos", ou seja, aquele que tem a supervisão, cujas funções eram o pastorado, a disciplina e os assuntos financeiros. Havia também os diáconos, que executavam tarefas secundárias do mesmo tipo.

Durante o segundo e o terceiro séculos, antes do reinado de Constantino, o cristianismo espalhou-se por muitos lugares e entre pessoas de todas as classes e posições, por meio de missionários itinerantes, apologistas ou defensores literários da religião cristã, professores e cristãos em geral. Os cristãos foram perseguidos nos primeiros três séculos pelo governo romano não só por terem vida digna, que era uma condenação permanente às práticas religiosas e à conduta moral, mas também porque eles não honravam a religião do Estado, que prestava culto aos imperadores. As igrejas enfrentaram dez perseguições até o tempo de Constantino, que instituiu a liberdade religiosa, principalmente para benefício dos cristãos. Isso provocou uma mudança radical no cristianismo, pois elevou a posição deste no império e alterou o padrão de admissão às igrejas, de modo que milhares de pagãos acabaram admitidos, com todas as suas ideias e superstições pagãs. Por causa dessa suposta liberdade dada ao cristianismo, o imperador começou a interferir ativamente nos assuntos das igrejas para resolver disputas doutrinais e a exercer a autoridade sobre os cristãos, fazendo com que alguns erros penetrassem nas igrejas.

A ASCENSÃO DA IGREJA CATÓLICA ROMANA

As igrejas da época tornaram-se organizadas, de modo que Constantino pudesse lidar com uma organização. Já no século II, havia surgido uma tênue federação de igrejas, com uma crença unificada, expressa em confissões muito semelhantes ao *Credo dos apóstolos*, e uma forma de governo para a igreja local. As igrejas dessa federação chamavam a si mesmas "igreja católica" — "católico" significa universal. Havia, porém, muitas igrejas que se diferenciavam da Igreja Católica na crença e no governo eclesiástico. A declaração de fé tornou-se o teste de iniciação. A prova do cristianismo de alguém consistia agora não tanto em sua lealdade a Cristo, mas sim no grau de sua concordância com a doutrina da igreja.

A distinção entre clero e leigos, desconhecida na era apostólica, foi estabelecida. Bispos, presbíteros e diáconos foram separados dos membros das igrejas. Uma vez que crescia a ideia do sacrifício da ceia do Senhor, os membros do clero eram cada vez mais qualificados como "sacerdotes". O ofício de bispo foi enaltecido e os que exerciam esse ofício às vezes imaginavam possuir autoridade de Deus para corrigir erros e perdoar pecados. A crença de que o ascetismo era o caminho para a santidade cresceu e levou-os a crer que os membros do clero não deveriam se casar. Mais tarde, surgiu a ideia de que as várias igrejas estabelecidas numa cidade deveriam estar sob a autoridade de um bispo, e os bispos das cidades maiores, naturalmente, tornaram-se mais importantes que os das cidades menores. Eles foram chamados "metropolitanos", e cada um exercia o seu governo sobre outros bispos e seus distritos ou dioceses. Para favorecer a centralização, cinco bispos galgaram a um posto mais alto, o de patriarca e vieram a ser os bispos de Roma, Constantinopla, Alexandria, Jerusalém e Antioquia.

No século V, Agostinho passou a ensinar a sua doutrina da natureza da Igreja Católica geralmente aceita. Ele acreditava que os primeiros bispos da igreja foram nomeados pelos apóstolos; que os apóstolos receberam de Cristo os dons do Espírito Santo para cuidar da igreja; que estes, por sua vez, os transmitiram aos seus sucessores imediatos, os primeiros bispos; que os sucessores dos primeiros bispos detinham a fé original e podiam ministrar o ensino cristão que conduzia à salvação da alma; que só na Igreja Católica, a igreja dos bispos em sucessão apostólica, havia salvação. Agostinho não foi o primeiro a ensinar essas ideias, mas ele trabalhou pela aceitação delas mais do que ninguém antes dele.

Deu-se mais um passo na centralização do governo da Igreja Católica. Entre os cinco patriarcas, os dois mais proeminentes eram os de Roma e Constantinopla, as duas principais cidades do mundo. Diversos fatores contribuíram para conduzir o bispo de Roma ao patamar mais elevado, e o principal deles foi o fato de ele ser o bispo da antiga capital do mundo. Durante séculos, Roma governou o mundo. O bispo de Roma, naturalmente, detinha uma autoridade que nenhum outro possuía ou poderia ter. Outro fator foi uma prática que fez do bispo uma espécie de tribunal de recursos para as disputas da igreja, que teve como causa a influência dos imperadores romanos, que incentivavam a centralização da igreja em Roma. A partir do século V, o chamado primado de Pedro foi reconhecido, e isso fez do bispo de Roma cabeça da igreja por direito divino, uma vez que ele era supostamente o sucessor de Pedro, o primeiro chefe universal da igreja. A aceitação geral desse conceito tornou-o tão incontestável como se fosse verdadeiro. Em seguida, a política dos bispos romanos de deter toda a autoridade que esse primado lhes conferia e consolidava cada vez mais, com todas as oportunidades que tinham de usar esse poder para elevar o bispo romano acima de todos os outros, avançou mais um pouco. Leão I, às vezes chamado "o primeiro papa" (444-461), afirmou a sua autoridade universal em termos mais imperiosos e reivindicou o direito de dar ordens aos bispos em toda parte. Suas reivindicações foram rejeitadas pelo bispo de Constantinopla e encontraram certa resistência no Ocidente, mas a oposição acabou contribuindo para aumentar o seu poder como bispo universal. A palavra "papa" era usada nos séculos IV e V para designar qualquer bispo, mas aos poucos passou a ser exclusiva do bispo de Roma.

O título completo "Igreja Católica Romana" não entrou em uso até o poder do bispo de Roma como chefe universal da igreja ser plenamente reconhecido. Assim, a partir das igrejas independentes da era apostólica, a Igreja Católica criou raízes, com a sua organização hierárquica consolidada e um clero que detinha autoridade espiritual sobre o povo, além de um credo definido que classificava como hereges os que não aceitavam o seu governo. Mais tarde, então, a Igreja Católica tornou-se a

Igreja Católica Romana, inteiramente dominada pelo bispo de Roma.

A centralização da igreja continuou em direção a Roma, até Gregório I ser coroado e reconhecido como primeiro bispo universal e papa, por volta do ano 600 d.C. Os papas, havia algum tempo, eram escolhidos pelos imperadores, mas a ordem foi alterada quando Hildebrando estabeleceu a criação do colégio de cardeais com poder para eleger o papa. O poder do imperador diminuiu a ponto de se tornar insignificante a partir de 1058-1061 d.C. Hildebrando também concebeu a ideia de que o papa deveria ser o chefe temporal supremo do mundo, bem como o líder absoluto da igreja. A Igreja Romana atingiu o auge de seu poder na jurisdição de Inocêncio III, que pôs de lado os outros governantes e tratou dos assuntos de todos os reinos da Europa Ocidental conforme desejou.

Durante o século XIII, a Igreja Romana tornou-se senhora do Sacro Império Romano e governou sem rivais. Em 1294, após o papado ter perdido bastante influência, Bonifácio VIII subiu ao trono. Tentado ultrapassar Hildebrando e Inocêncio III em poder, empenhou-se em excomungar Filipe da França, que em resposta enviou homens armados que o fizeram prisioneiro por três dias. Esse ato de flagrante rebeldia e humilhação quebrou o poder temporal do papado, e os papas amargaram o seu "cativeiro babilônico" por 69 anos em Avinhão, na outra margem do rio Reno, em território francês. Depois disso, o papa regressou a Roma, e os cardeais franceses elegeram outro papa, que estabeleceu a sua corte em Avinhão. Assim, dois pontífices ocuparam a cadeira papal por um período de trinta anos e fizeram oposição um ao outro durante esse tempo. Realizou-se então um encontro para a reconciliação, e um novo papa foi eleito, porém os outros dois, indignados, recusaram-se a renunciar. Desse modo, três papas atuaram simultaneamente por um curto espaço de tempo. Cinco anos mais tarde, o Concílio de Constança depôs os papas rivais, o que levou o terceiro a renunciar. Martinho V foi eleito e reconhecido por toda a igreja em 1414 d.C.

Os papas continuaram a exercer influência sobre os governantes temporais até a Reforma progredir a ponto de fazer o imperador Carlos V se deslocar para a Alemanha a fim de resolver a disputa religiosa. Ele falhou, e, na Dieta de Augsburgo, em 1530, a maioria católica romana, descartando uma solução em amor, decretou que a causa protestante deveria ser banida pelas armas. A guerra começou em 1546, e o imperador foi vitorioso em todas as frentes, até que Maurício da Saxônia o expulsou da Alemanha. Em seguida, o imperador entregou os assuntos alemães do império nas mãos de seu irmão Fernando, que em 1555 firmou um tratado de paz em Augsburgo. A Reforma espalhou-se por muitas terras, e até hoje praticamente todas essas terras são abençoadas com a liberdade de culto.

O início do século XIX viu o papado em grande humilhação. Em 1801, Napoleão, então governante da França, selou uma concordata com o papa Pio VII, a qual definia as relações entre a Igreja Católica Romana e o governo francês. Por isso, "a Igreja ficou subordinada ao Estado", em parte sujeita ao governo, mas também apoiada por ele. Esses termos envolveram uma séria perda da autoridade do papa, uma vez que ele agora estava impotente perante o todo-poderoso Napoleão. Quando o papa, soberano dos Estados Pontifícios, contrariou a vontade do imperador numa questão da política europeia, Napoleão entrou em Roma com um exército, anexou os Estados Pontifícios e fez o papa prisioneiro em 1809. Após a queda de Napoleão (1814), o papa Pio VII voltou para Roma e restabeleceu os Estados Pontifícios.

Os governantes que então controlavam a Europa mostraram-se favoráveis à Igreja Romana, que aproveitou a oportunidade para adquirir mais poder. Ela mostrou a sua face contra os avanços da modernidade e tentou reforçar elementos medievais. A ordem dos jesuítas, os soldados do papado, lutou para obter a supremacia absoluta do papa e foi bem-sucedida. O papa Pio

IX (1846-1878), presumindo com repulsivo fanatismo que essa autoridade ilimitada era sua por direito divino, delineou a política da Igreja Romana que existe até hoje. Assim, ele tomou sobre si o poder e o direito de definir a doutrina que no passado fora exercido apenas pelos concílios gerais. O Concílio de Trento (1545) estabeleceu a doutrina definitiva da igreja. O conclave seguinte foi o Concílio Vaticano (1870), que acrescentou alguns decretos e deu ao papa autoridade ilimitada e imediata em todos os campos de ação da Igreja Romana e o tornou infalível na definição de doutrinas e da moral.

Em 1848, teve início um movimento que pretendia libertar a Itália da supremacia papal e unificar o país. Em 1860, as regiões norte e sul da Itália caíram nas mãos de um rei italiano, Victor Emanuel, de Piemonte. Os italianos então perceberam que não poderia haver Itália unida enquanto o papa exercesse domínio total sobre os Estados Pontifícios, que se estendiam de mar a mar, com uma população de 3 milhões de pessoas. Em 1870, o rei anexou Roma e os Estados Pontifícios aos seus domínios, unindo assim toda a Itália.

O papa não era mais o chefe temporal de Roma. Desde então, tornou-se a política dos papas permanecer enclausurados voluntariamente no Vaticano e nunca andar pelas ruas de Roma, pois fazê-lo, diziam, seria reconhecer as reivindicações do novo governo. Muito foi dito e feito sobre a restauração dos Estados Pontifícios até que, finalmente, em 11 de fevereiro de 1929, o Tratado de Latrão foi assinado, numa cerimônia que teve lugar no Palácio do Vaticano. Isso encerrou o longo conflito entre a Itália e a Santa Sé e libertou os papas da clausura voluntária.

Um tratado que resolvia e eliminava a Questão Romana, o qual já existia desde a perda do poder temporal em 1870, e uma concordata designada para regular as relações ente Igreja e Estado na Itália foram então assinados. O *Código de direito canônico*, tema de três das quatro partes da concordata, foi concluído em 1917. Ele contém 2.417 cânones ou regras que regulam a fé, a moral, a conduta e a disciplina dos membros da

Igreja Romana, que haviam sido gradualmente acrescentados ao longo dos séculos. Esses tratados foram ratificados nos dias 14 e 25 de maio e homologados em 7 de junho de 1929.

O papa era de novo chefe temporal e soberano sobre um território do tamanho de uma cidade de 20 mil habitantes, conhecido como o Estado do Vaticano ou Estado da Cidade do Vaticano. Tinha agora o poder de cunhar moedas e emitir notas bancárias e selos postais, como qualquer outro Estado soberano. O papa possuía uma estação de trem, posto telegráfico, campo de aviação, exército e marinha próprios, e assim por diante. Ele ainda receberia uma indenização de 87,5 milhões dólares do governo italiano. Tudo isso veio a representar um grande benefício para o romanismo, que agora tinha um papa "livre" para interferir pessoalmente em assuntos mundiais. A Santa Sé mantém relações diplomáticas com muitos países.

O padre Phelan, num sermão recente sobre a grandeza do catolicismo, afirmou: "Os católicos do mundo são católicos sempre e antes de tudo: eles são americanos, alemães, franceses ou ingleses depois". As aspirações políticas do papa e suas legiões são conhecidas por todos os seres pensantes. Mesmo nos Estados Unidos, há preparação para um conflito iminente que, conforme se acredita, irá destruir as escolas e todos os vestígios de direitos humanos e das liberdades civis.

De acordo com o padre Chiniquy, os jesuítas organizaram muitas sociedades secretas católicas entre os militares, que estão espalhadas por todo o país. O número desses soldados é de quase um milhão, que sob o nome Milícia Voluntária dos Estados Unidos, são comandados por alguns dos funcionários mais qualificados da República.

Armazéns de munição foram dispostos em lugares secretos para uso quando necessário. Muitas declarações arrogantes podem ser encontradas em jornais católicos, que não há espaço suficiente aqui para mencionar, mas esses poucos fatos são suficientes para mostrar o propósito da Grande Prostituta em todas as terras. Se ela será bem-sucedida em outras terras ou não, sabemos, com base em Ap 17, que irá liderar mais uma vez as nações da Roma restaurada e aquelas que a Prostituta controlará até a metade da Semana, quando será finalmente destruída por essas nações.

CAPÍTULO VINTE E OITO

A IDENTIDADE DA BABILÔNIA MÍSTICA (CONTINUAÇÃO)

II. A PROSTITUTA É IDENTIFICADA POR SEUS NOMES

1. Ela traz um nome na testa: "MISTÉRIO, A GRANDE BABILÔNIA" (Ap 17.5). Esse nome sem dúvida é apropriado, no que concerne ao romanismo. Paulo diz que a igreja é um "mistério" porque ela era desconhecida dos profetas do Antigo Testamento (Ef 3.1-12; 5.23-32), e aqui esse sistema religioso apóstata é chamado "mistério", porque não era conhecido antes de sua revelação a João. Alguns já tentaram estabelecer um paralelo entre a Prostituta e a igreja: uma seria a noiva de Cristo, e a outra, a noiva do Anticristo, porém uma verdade vital foi esquecida. O Anticristo nunca desejará a Prostituta. Ele a irá tolerar até que tenha poder suficiente para destruí-la. Ele jamais irá procurá-la, amá-la ou sustentá-la, como Cristo faz com a igreja, de modo que não pode haver tal comparação. Em segundo lugar, a igreja não é a noiva de Cristo (veja o capítulo 45).

Diz-se que a coroa papal trazia a palavra "mistério" na fronte por algum tempo, que foi removida por Júlio III, depois de ele ter a atenção chamada para a acusação dessa passagem. A Igreja Romana sempre esteve ela mesma envolta em mistério: o mistério da regeneração batismal; o mistério do milagre pelo qual o pão e o vinho literais supostamente se transformam no sangue e no corpo de Cristo reais; o mistério da água benta e das luzes nos altares; o mistério da dramaturgia religiosa, o mistério da confissão e de outros ritos e cerimônias murmurados numa linguagem que tende a ser misteriosa: tudo isso nos ajuda a entender que esse sistema é a Babilônia em mistério. Essas ordenanças eram desconhecidas na época de João, mas são reconhecidas agora por todos como parte do cerimonial católico de mistério e identificam a Igreja Romana como a Babilônia Mística, a única que nos últimos dias cumpre as exigências dessa profecia. Até mesmo os teólogos católicos admitem que essa descrição se encaixa em sua igreja. Por exemplo, o cardeal Berlarmino diz: "São João, em seu Apocalipse, chama Roma [o termo sacerdotal para a Igreja Romana] 'Babilônia'". O célebre prelado francês Bossuet, em sua exposição de Apocalipse, declara: "As características são tão marcantes que é fácil de decifrar Roma sob a figura da Babilônia".

O ANTIGO CULTO BABILÔNICO

Já que isso é verdade, qual a relação histórica entre a Babilônia, a cidade de Roma e a Igreja Romana, e por que o romanismo é chamado Babilônia em mistério? A relação entre as cidades de Roma e Babilônia parece ter sido bem conhecida nos tempos antigos. É fácil rastrear nos arquivos históricos o caminho de Babilônia para Roma e de Roma para a Igreja Romana. Olhemos a história da antiga Babilônia.

Essa cidade foi construída pelo "poderoso caçador" Ninrode (Gn 10.8-10). Era a sede da primeira grande apostasia contra Deus após o Dilúvio. O "culto babilônico" foi inventado por Ninrode e sua rainha, Semíramis. Era um sistema que se arrogava suprema sabedoria e capacidade de revelar os segredos mais divinos. Esse culto era caracterizado pela palavra "mistério", por causa de seu sistema de mistérios. Os iniciados, além de professar a sua fé aos sacerdotes, eram obrigados a ingerir "bebidas misteriosas", as quais, diz Eusèbe Salverte, "eram indispensáveis para os que buscavam iniciação em seus mistérios" (*Des Sciences*

Occultes, p. 259). As bebidas "misteriosas" eram compostas de vinho, mel, água e farinha. Eram sempre de natureza inebriante, e os aspirantes, até que ficassem sob a influência delas e tivessem a mente esmaecida, não estariam prontos para o que iriam ver e ouvir. O método consistia em introduzir as informações pouco a pouco, em particular, sob o selo da confidencialidade e a sanção do juramento, sendo impossível a revelação de outra forma. Essa tem sido a política da Igreja Romana e o segredo do poder dos sacerdotes sobre a vida das pessoas, a qual podem expor ao mundo por causa dos pecados que foram confessados a eles. Uma vez admitidos, os homens não eram mais babilônios, assírios ou egípcios, apenas membros de uma fraternidade mística, sobre a qual fora designado um sumo pontífice ou sumo sacerdote, cuja palavra era definitiva em todas as questões da vida da irmandade, independentemente do país em que viviam.

Os objetos ostensivos de culto eram o Pai Supremo, o Feminino Encarnado (a Rainha dos Céus) e o filho dela. Os dois últimos eram realmente os únicos objetos de culto, uma vez que o Pai Supremo, diziam, não interferia nos assuntos dos mortais (*Nimrod*, III, p. 239). Acreditava-se que esse sistema procedia de anjos caídos e demônios. O objetivo do culto era governar o mundo por meio desses dogmas.

COMO O ANTIGO CULTO BABILÔNICO SE EXPANDIU

Nos dias de Ninrode, esse culto garantiu uma profunda influência sobre toda a raça humana porque havia uma só língua e todos eram um só povo. Ninrode ganhou o título de "Poderoso Caçador" e "Apóstata", por causa de seu sucesso na construção de cidades com paredes fortificadas para livrar os homens dos crescentes ataques dos animais selvagens e de suas ideias humanistas, que tentavam dissuadir os homens do conceito de Deus e sua ira. Como grande libertador, protetor do povo e chefe de uma civilização sem Deus seria natural que na época ele exercesse grande influência sobre o povo. Ele levou os homens a se desviar de tal forma que eles se gloriavam de estar livres da fé de seus pais.

Toda tradição, desde os tempos mais remotos, é testemunha dessa grande apostasia, que continuou em tal proporção que as pessoas desafiaram Deus a enviar outro dilúvio para destruir os homens e construíram uma torre para escapar dele. O resultado foi que Deus confundiu as línguas deles e os espalhou por toda a Terra. O sistema babilônico era o que o Diabo havia planejado para contrariar a verdade de Deus. Da Babilônia, o culto espalhou-se até os confins da Terra, e temos o registro de que Abraão foi escolhido por Deus dentre todas as nações idólatras para representar o Deus verdadeiro. Por intermédio dele, Deus planejou trazer o homem de volta para si. Isso explica como as diferentes nações do mundo possuem tradições e religiões semelhantes, cujas diferenças são adequações à individualidade de cada nação.

Depois que as nações foram dispersas, a Babilônia permaneceu como o "trono de Satanás" até ser conquistada por Xerxes em 487 a.C. O sacerdócio babilônico foi então forçado a deixar a Babilônia e mudou-se para Pérgamo, que foi a sua sede por algum tempo. Átalo, pontífice e rei de Pérgamo, ao morrer, em 133 a.C., deixou a liderança do sacerdócio babilônico para Roma. Quando os etruscos chegaram à Itália, vindos da Lídia (região de Pérgamo), trouxeram com eles a religião e os ritos da Babilônia. Eles estabeleceram um pontífice para chefe do sacerdócio, o qual tinha o poder de vida e morte sobre eles. Mais tarde, os romanos aceitaram esse pontífice como seu governante civil. Júlio César foi feito sumo pontífice da Ordem Etrusca em 74 a.C. Em 63 a.C., ele foi feito sumo pontífice da Ordem da Babilônia e se tornou herdeiro dos direitos e títulos de Átalo, que fizera de Roma sua herdeira por testamento.

Assim, o primeiro imperador romano tornou-se chefe do sacerdócio babilônico, e Roma, a sucessora da Babilônia, tendo Pérgamo como a sede desse culto. Daí em diante, a religião de Roma tem sido a mesma da Babilônia. No ano 218 d.C., o exército romano, depois de ter se rebelado contra Macrino na Síria, reconheceu Heliogábalo como imperador. Esse homem era o sumo sacerdote do ramo egípcio do culto babilônico. Ele foi logo depois estabelecido pelos romanos como sumo pontífice. Assim, os dois ramos ocidentais da apostasia babilônica estavam centrados nos imperadores romanos, que continuaram a exercer esse ofício até 376 d.C., quando o imperador Graciano, por razões cristãs, o recusou, ao perceber que o babilonianismo era de natureza idólatra. As questões religiosas tornaram-se confusas, até que se tornou necessário escolher alguém para preencher o cargo.

A RELIGIÃO BABILÔNICA E A CRISTANDADE ROMANA UNIDAS

Damasco, bispo da igreja cristã em Roma, foi eleito para esse cargo. Ele fora bispo doze anos, e assumiu aquela função no ano 366 d.C., por influência dos monges de Monte Carmelo, uma escola de religião babilônica fundada originalmente pelos sacerdotes de Jezabel e que até hoje está em conexão com Roma. Assim, em 378 d.C., o sistema babilônico da religião tornou-se parte da igreja cristã, pois o bispo de Roma, que mais tarde se tornou o chefe supremo da igreja organizada, já era sumo pontífice da Ordem Babilônica. Todos os ensinamentos da Babilônia pagã e de Roma foram aos poucos intercalados na organização religiosa cristã. Logo depois de Damasco ter sido feito sumo pontífice, os ritos da Babilônia começaram a se destacar. O culto da Igreja Romana tornou-se babilônico, e sob a sua égide os templos pagãos foram restaurados e embelezados e os seus rituais se estabeleceram. Assim, o sistema religioso corrupto, representado por uma mulher com um cálice de ouro na mão, que levou todas as nações a se embriagar com a sua prostituição, é divinamente chamado "MISTÉRIO, A GRANDE BABILÔNIA".

OS EFEITOS DESSA UNIÃO SOBRE O CRISTIANISMO ORGANIZADO

As mudanças ocorridas nas doutrinas e nas práticas da Igreja Romana por meio dessa união não foram implantadas de uma vez. A Igreja Romana de hoje é uma instituição puramente humana. Suas doutrinas, que militam contra a Palavra de Deus, nunca foram ensinadas por Cristo nem pelos apóstolos. Esses ensinos penetraram na igreja séculos depois. Pode-se observar a facilidade com que os ritos babilônicos foram introduzidos e passaram a fazer parte dessa igreja, depois que a maior influência veio a ser a do sumo pontífice da Ordem Babilônica. Nesta ou naquela religião, os adeptos não aceitariam a troca, desse modo a solução foi unir as duas. Os pontos a seguir, em conexão com a história da ascensão da Igreja Católica, relatada acima, irão mostrar alguns dos elementos pagãos introduzidos na igreja, muitos dos quais foram extraídos da religião babilônica:

1. A primeira mudança após essa união foi a introdução do culto aos santos, especialmente à Virgem Maria. Milhares de pagãos acostumados a adorar os deuses de suas cidades e lugares ingressaram na igreja por esse tempo e não foram totalmente cristianizados. A veneração de santos e homens santos tornou-se um culto. Os santos eram considerados divindades menores, cuja intercessão teria valor perante Deus. Lugares relacionados com a vida desses homens eram tidos por sagrados e impulsionaram as peregrinações. As relíquias e ossos dos santos tornaram-se objetos com poderes miraculosos. O culto à Virgem Maria foi criado em 381 d.C., três anos depois de Damasco se tornar chefe do culto babilônico.

Assim como o culto babilônico adorava a Rainha dos Céus e seu filho, mas não o Pai Supremo, porque este supostamente não interferia nos assuntos dos mortais, a Igreja Romana tem um culto similar: eles adoram Maria como "Mãe de Deus" e seu

"Filho". A imagem da mãe e seu filho era objeto de adoração na Babilônia muito antes de Cristo. Da Babilônia, essa prática se espalhou até os confins da Terra. A mãe original era Semíramis, a bela rainha de Ninrode e modelo de luxúria desenfreada e de licenciosidade.

Nos "mistérios", em cuja formação teve o papel principal, Semíramis era adorada como Rea (*Crônica pascoal*, v. 1, p. 65), a grande Mãe dos Deuses, por meio de rituais atrozes que a identificavam com Vênus, a mãe de toda impureza. Ela exaltou a Babilônia, onde reinou, a qual veio ter proeminência entre as nações como a grande sede da idolatria e da prostituição consagradas (Hesíodo, *Teogonia*, v. 36, p. 453). O emblema apocalíptico da Prostituta com o cálice na mão indica uma idolatria derivada da antiga Babilônia, uma vez que era praticada na Grécia, pois a Vênus grega foi originariamente assim representada (Heródoto, *História*, Livro I, cap. 199, p. 92).

A Igreja Romana tomou isso como o seu emblema. Em 1825, uma medalha foi cunhada com a imagem do papa Leão XII de um lado e Roma — simbolizada por uma mulher com uma cruz na mão esquerda e um cálice na mão direita — do outro. A legenda em torno dela dizia: *Sedet Super Universum*, ou seja: "O mundo inteiro é o seu lugar".

Desses originais, praticamente todas as nações copiaram um culto semelhante, e em cada lugar a mesma figura aparece sob um nome diferente. No Egito, a mãe e a criança são conhecidos como Ísis e Osíris; na Índia, Isi e Iswara; na Ásia Oriental, Cibele e Deois; na Roma pagã, Fortuna e o infante Júpiter; na Grécia, Ceres ou Irene com Plutão nos braços, e assim por diante. No Tibete, na China e no Japão, os jesuítas ficaram surpresos ao descobrir a contrapartida da Madona (o nome italiano para a Virgem) e seu filho devotamente adorados, como na própria Roma. Shing-Moo, a mãe de China, é representada com uma criança nos braços e uma auréola ao redor, exatamente como se um artista católico a tivesse retratado. De onde essas nações copiaram essa forma de culto, se não da Babilônia antes da dispersão dos dias de Ninrode? Assim, o culto a Maria em conexão com o Filho é de origem babilônica, pois não há tal adoração nas Escrituras.

1. Nossa próxima alusão é à supremacia do papa sobre todos os assuntos morais e religiosos da igreja e sua autoridade ilimitada e imediata sobre a vida de todos, à semelhança do pontífice babilônico, como vimos no capítulo 27.
2. A adoração e veneração das imagens teve início bem cedo. Foi decretada pela primeira vez no Concílio de Niceia, em 787 d.C. Alguns imperadores do século IX tentaram abolir tal adoração, porém ela estava de tal forma arraigada ao povo e essas tentativas foram tão combatidas pelas turbas ignaras e pelos monges que os imperadores desistiram. Em 869 d.C., um sínodo realizado em Constantinopla declarou-se a favor daquelas práticas. O culto às imagens é puramente pagão e teve origem na Babilônia.
3. A confissão privada com um sacerdote passou de um começo inexpressivo, nos séculos I e II, para um sistema elaborado na época de Inocêncio III, em 1215 d.C., mas não foi decretado oficialmente até o Concílio de Trento, em 1551. As pessoas eram obrigadas a se confessar a um padre pelo menos uma vez por ano e a fazer penitência de acordo com o grau de pecados cometidos. As penitências consistiam de jejuns, açoites, peregrinações e outros. Sem confissão, ninguém tinha o direito aos sacramentos. É um sistema idêntico ao da Babilônia, que unia o povo ao sacerdote pelo medo do abandono ou da ira divina.
4. O sinal da cruz teve a sua origem na tau mística do culto babilônico. Veio da letra "T", a inicial de Tamuz (Ez 8.14), mas mais conhecido nos escritos clássicos como Baco, Lamentado, que era Ninrode, filho de Cuxe.
5. O rosário é de origem pagã, utilizado no catolicismo para os mesmos fins mágicos que nos mistérios babilônios.
6. As ordens de monges e de freiras foram emprestadas do

culto babilônico. As últimas são uma imitação das "virgens vestais" da Roma pagã, copiadas da Babilônia.

7. As festas sazonais do catolicismo, como Natal, Páscoa, Dia de São João, Dia de Nossa Senhora, Quaresma e outras, são babilônicas e não têm relação alguma com Cristo e com a Bíblia. Nenhuma delas foi celebrada na cristandade até duzentos anos depois de Cristo. Observe o seguinte:

1. O Natal (literalmente, "missa de Cristo") foi copiado de um festival pagão observado em 24 e 25 de dezembro, em homenagem ao filho da rainha babilônica Astarte, praticado séculos antes de Cristo. Os caldeus o chamavam Dia Yule ou Dia da Criança. A árvore de Natal, tão difundida hoje, era igualmente pagã e comum a todas as nações daquelas terras. De acordo com uma lenda, na véspera do dia que chamamos 24 de dezembro o *"yule log* [tronco com o qual se acende a fogueira de Natal] brotou de uma árvore", de onde foram tomados os dons divinos dos deuses para abençoar os homens no ano-novo. Essa árvore era comum nos dias de Jeremias, que advertiu Israel a fugir desse costume pagão (Jr 10.1-9).

Não há garantias de que Cristo nasceu em 25 de dezembro. Pelo contrário, parece que Ele nasceu durante a estação mais quente, pois foi colocado numa manjedoura, e nos meses frios, de dezembro a fevereiro, os invernos eram rigorosos demais para que alguém viajasse com o propósito de pagar imposto, como José fez com sua família. Os pastores estavam no campo quando Cristo nasceu, e não era habitual que eles ficassem com os seus rebanhos em campo aberto de outubro a fevereiro. Os invernos naquela terra eram tão severos que Cristo alertou: "Orai para que a vossa fuga não aconteça no inverno" (Mt 24.15-22). A única coisa mencionada nas Escrituras pela qual devemos lembrar Cristo é a ceia do Senhor.

Os apóstolos não observavam esse dia, como costumamos fazer. Tertuliano, escrevendo por volta do ano 230 d.C., lamentou o fato de os cristãos começarem a observar o costume das nações pagãs. Ele disse: "Presentes são levados para lá e para cá, no dia de ano novo os presentes são dados com estardalhaço, e os esportes e banquetes são celebrados com alvoroço. Oh, quanto mais fiéis são os gentios à *sua* religião! Eles têm o cuidado especial de não adotar nenhuma solenidade dos cristãos". A igreja depois de Constantino, cheia de pagãos, tornou-se tão corrupta que, para conciliá-la com os pagãos e engrossar as fileiras dos cristãos nominais, adotou esse festival pagão em 25 de dezembro e deu-lhe o nome de Missa de Cristo. Não se sabe quando foi instituído oficialmente, mas não foi observado como rito da igreja até o século IV.

1. A dia da Anunciação é observado em 25 de março e também é de origem babilônica. Foi supostamente o dia da concepção milagrosa de Maria, enquanto entre as nações pagãs era observado como um festival em honra de Cibele, a Mãe do messias babilônico. Em Roma, Cibele era chamada Domina, ou Senhora — portanto, é o Dia de Nossa Senhora.
2. A Páscoa também surgiu de uma fonte babilônica. Não é um nome cristão, uma vez que deriva de Ishtar, um dos títulos babilônicos da Rainha dos Céus. A adoração de Israel a essa mulher era abominável aos olhos de Deus (1Sm 7.3; Jr 44.18). Bolos redondos com o sinal da cruz impresso eram assados nesse festival e nos mistérios da Babilônia eram um símbolo de vida. Esse dia já era observado séculos antes de Cristo, e possivelmente influenciou a origem de nossa Páscoa e os bolos com cruzes. (Veja J. L. Mosheim, *Church History of the First Two Centuries*, p. 370.)

Os ovos de Páscoa, tão populares hoje na celebração desse dia, eram comuns entre as nações pagãs. Segundo a lenda, um ovo de proporções enormes caiu do céu no rio Eufrates. Os peixes o rolaram para a margem, e as pombas sentaram-se sobre ele, chocaram-no e dele saiu Astarote, ou Ishtar, a deusa da Páscoa. A palavra "páscoa", nesse sentido, é usada uma única vez na Bíblia

(At 12.4), e deveria ter sido traduzida no sentido judaico, como no restante das Escrituras.

1. A Quaresma, que é observada por quarenta dias e termina com a Páscoa, deriva do sistema babilônico de mistérios. É observada também hoje no Curdistão, por adoradores do Demônio, oriunda da mesma fonte em que bebeu Roma. Humboldt achou-a praticada entre os mexicanos pagãos, e Wilkinson informa-nos que era um costume do Egito antigo. A Páscoa e a Quaresma foram introduzidas na igreja em 519 d.C. Cassiano, um escritor daqueles tempos, diz: "A observância da Quaresma não tinha existência no tempo em que a igreja permaneceu inviolável". Na mesma época do ano em que o romanismo guarda a Quaresma, as nações a observam por um motivo de diferente: a celebração do "estupro de Proserpina", que culmina com um período de luxúria desenfreada após quarenta dias de abstinência forçada como preparação para esse fim. Quão bem Deus comparou catolicismo a uma prostituta que professa ser a única noiva imaculada de Cristo, mas que na realidade é o grande sistema religioso apóstata dos últimos tempos, unido com o mundo e que exercerá poder sobre as nações dominadas pelos dez reis até que o Anticristo adquira força para destruí-la, na metade da Semana!

CAPÍTULO VINTE E NOVE

A IDENTIDADE DA BABILÔNIA MÍSTICA (CONTINUAÇÃO)

II. A PROSTITUTA É IDENTIFICADA POR SEUS NOMES (CONTINUAÇÃO)

1. Ela tem um nome na testa: "A Mãe das Prostituições" (Ap 17.4). Esse nome também é apropriado ao romanismo e significa "aquele que abandonou o verdadeiro Deus e sua adoração para seguir ídolos e falsos deuses". Durante a ascensão da Igreja Católica, havia muitas igrejas que não se alinhavam com essa organização por causa de convicções doutrinárias e diferenças raciais e políticas. Elas foram condenadas pela igreja organizada, que tentou forçá-las para dentro de si. Então, no século VI, a parte oriental da igreja começou a se afastar da parte ocidental, e em 1054 elas se separaram de vez, cada uma pretendendo ser a verdadeira Igreja Católica, e uma se recusando a reconhecer a outra. Do século XII até a Reforma, houve muita dissidência do catolicismo, como os petrobrussianos, cátaros, albigenses, valdenses, Irmãos, lolardos e Irmãos Boêmios. Depois veio a Reforma, que resultou em centenas de diferentes ramos do cristianismo.

As "Prostituições" nesse nome sem dúvida se referem aos muitos ramos da cristandade que nos últimos dias irão se filiar ao catolicismo e juntos farão da "Mãe" e das "Prostituições" desse símbolo um sistema religioso que dominará os dez reis antes e durante a ascensão do Anticristo ao poder absoluto sobre eles. Depois que todos os crentes "em Cristo" forem retirados do mundo, não irá demorar até que essa união seja homologada. Todos os sinais parecem apontar para um consórcio de denominações, que depois de formado não será muito diferente do catolicismo. Muitas igrejas de hoje estão negando o evangelho e seu poder e tendo apenas "aparência de piedade", como predito em 2Tm 3.1-5. Ao se tornar apóstatas e extremamente liberalistas, elas irão aderir às "Prostituições", tanto quanto a sua "Mãe". Estarão conectadas com o mundo e se mostrarão favoráveis à união com os grupos dispostos a deixar de lado qualquer aspecto do evangelho que possa impedir a união de todas as igrejas. O espírito da época será afastar-se da fé e "juntar-se" num conglomerado para provar ao mundo que não há diferença entre as igrejas. Essa situação é a mais absurda que poderíamos reconhecer.

Já existe um movimento generalizado entre os líderes das grandes denominações para unir todas as religiões em uma. Quem lê e está familiarizado com os acontecimentos atuais está informado desse movimento e de seus grandes avanços nessa direção. Nos últimos anos, foram realizadas diversas conferências, de todas as religiões do mundo, com o objetivo de chegar a um perfeito entendimento e empreender um esforço conjunto para fazer de todas as religiões uma só. Nas últimas décadas, vários ramos do protestantismo se uniram, como é do conhecimento de todos, de modo que este espaço não será utilizado para listar as recentes uniões de igrejas.

O *slogan* de muitos clérigos do mundo é: "Estamos abertos a todo tipo de união com todos os tipos de seguidores de Cristo". E eles vão conseguir.

As igrejas estão se tornando mais parecidas com Roma a cada ano que passa. Conferências já foram realizadas por representantes de grandes denominações e de Roma, e isso demonstra que as "Prostituições" estão chegando a algum tipo de acordo com a "Igreja-Mãe", a qual tem dogmaticamente dado a entender que elas terão de voltar sem nenhum meio-termo.

1. Ela tem outro nome na testa: "Mãe das Abominações da Terra" (Ap 17.5). Esse nome também é bastante apropriado ao catolicismo. A palavra "abominação", nas Escrituras, significa uma coisa odiosa, detestável. Aqui parecem ser as doutrinas e práticas malignas de um grande sistema religioso. É um nome fácil de entender após um exame de sua história. As muitas abominações da Terra hoje tiveram o seu início na Babilônia e agora são praticadas por essa mulher. Ela é a "Mãe das Abominações" no sentido de que adota e preserva os princípios das doutrinas e práticas da antiga Babilônia e do paganismo. Ela é reconhecida como a mãe das abominações no mesmo sentido em que o sangue de todos os que foram mortos na Terra está nas mãos da Babilônia literal e o sangue dos profetas recaiu sobre os judeus do primeiro século (Mt 23.29-34; Ap 18.24). Ou seja, ela os ultrapassou em todas as abominações, portanto a sua culpa é maior.

LISTA DE HERESIAS

Adotadas e perpetuadas pela Igreja Católica Romana ao longo de 1.600 anos

As datas a seguir são, em muitos casos, aproximadas. Muitas destas heresias eram correntes na igreja havia anos, mas apenas quando foram oficialmente adotadas por um concílio e proclamadas pelo papa como dogma de fé é que se tornaram obrigatórias para os católicos.

Na Reforma, no século XVI, essas heresias foram repudiadas por não terem parte alguma na religião de Jesus, conforme ensinada no Novo Testamento.

1. De todas as invenções humanas contrárias à Bíblia,

ensinadas e praticadas pela Igreja Católica Romana, as mais antigas são as preces pelos mortos e o sinal da cruz. Ambas surgiram trezentos anos depois de Cristo.

2. As velas de cera foram introduzidas nas igrejas por volta do ano 320 d.C.
3. A veneração de anjos e santos mortos começou por volta do ano 375 d.C.
4. A missa, como celebração diária, foi adotada no ano 394 d.C.
5. A adoração a Maria, mãe de Jesus, e o uso do título "Mãe de Deus", conforme aplicado a ela, originou-se por volta do ano 381 d.C., mas foi decretado pela primeira vez no Concílio de Éfeso, no ano 431 d.C.
6. Os padres passaram a se vestir de modo diferente dos leigos no ano 500 a.C.
7. A doutrina do purgatório foi criada por Gregório, o Grande, por volta do ano 593 a.C.
8. O latim, como idioma utilizado na oração e na adoração nas igrejas, também foi imposto pelo papa Gregório I, no ano 600 d.C.
9. A Bíblia ensina que devemos orar somente a Deus. Na igreja primitiva, nunca houve orações dirigidas a Maria ou aos santos mortos. Essa prática teve início na Igreja Romana cerca de 600 anos depois de Cristo.
10. O papado é de origem pagã. O título "papa" ou "bispo universal" foi dado ao bispo de Roma por volta do ano 600 d.C. Jesus não designou Pedro como chefe dos apóstolos e proibiu expressamente qualquer noção semelhante (Lc 22.24-26; Ef 1.22, 23; Cl 1.18; 1Co 11.3).
11. O ato de beijar os pés do papa começou no ano 709 d.C. Era costume dos pagãos beijar os pés de imperadores. A Palavra de Deus proíbe tais práticas (At 10.25, 26; Ap 19.10; 22.9).
12. O poder temporal dos papas começou no ano 750 d.C. Jesus proibiu expressamente tal coisa, e Ele mesmo recusou ser feito rei mundano (Mt 4.8, 9; 20.25, 26; Jo 18.36).
13. A adoração à cruz e a imagens e relíquias foi autorizada

em 787 d.C. Essa prática é chamada "idolatria" na Bíblia e severamente condenada (Êx 20.2-6; Dt 27.15; Sl 115).
14. A água benta, misturada com uma pitada de sal e abençoada pelo padre, foi autorizada no ano 850 d.C.
15. A veneração a são José começou no ano 890 d.C.
16. O batismo dos sinos foi instituído pelo papa João XIV, no ano 965 d.C.
17. A canonização de santos mortos foi reconhecida pela primeira vez pelo papa João XV, no ano 995 d.C. Cada crente e seguidor de Cristo é chamado "santo" na Bíblia (Rm 1.7; 1Co 1.2 etc.).
18. O jejum às sextas-feiras e durante a Quaresma foi imposto no ano 998 d.C. por papas que, segundo dizem, tinham interesse no comércio de peixes (veja Mt 15.11; 1Co 10.25; 1Tm 4.1-3; Cl 2.14-17; Rm 14.1-23).
19. A missa foi desenvolvida gradualmente como um sacrifício e passou a ser obrigatória no século XI. O evangelho ensina que o sacrifício de Cristo foi oferecido de uma vez por todas e não deve ser repetido, apenas lembrado na ceia do Senhor (Hb 7.27; 9.26-28; 10.10-14).
20. O celibato do sacerdócio foi decretado pelo papa Hildebrando (Bonifácio VII) em 1079 d.C. Jesus não impôs nenhuma regra semelhante, nem os apóstolos. Pelo contrário, Pedro era casado, e Paulo recomenda que os bispos tenham mulher e filhos (1Tm 3.2-5, 12; Mt 8.14, 15).
21. O rosário, ou contas de oração, foi introduzido por Pedro, o Eremita, em 1090 d. C. e foi copiado dos hindus e dos muçulmanos. A diversidade de orações é uma prática pagã e é expressamente condenada por Cristo (Mt 6.5-13).
22. A Inquisição contra os hereges foi instituída pelo Conselho de Verona em 1184 d.C. Jesus nunca ensinou o uso da força para difundir a sua religião.
23. A venda de indulgências, normalmente considerada compra de perdão que permite indultar o pecado, começou em 1190 d.C. A religião cristã, como ensina o evangelho, condena tal

ação, e foi o protesto contra as indulgências que causou a Reforma protestante, no século XVI.

24. O dogma da transubstanciação foi decretado pelo papa Inocêncio III em 1215 d.C. Com essa doutrina, o padre pretende fazer o milagre diário de transformar uma hóstia no corpo de Cristo e então fingir comê-lo vivo na presença do povo durante a missa. O evangelho condena tais absurdos, pois a sagrada comunhão é simplesmente um memorial do sacrifício de Cristo (Lc 22.19, 20; Jo 6.35; 1Co 11.26).

25. A confissão dos pecados ao padre uma vez ao ano foi instituída pelo papa Inocêncio III no Concílio de Latrão, em 1215 d.C. O evangelho ordena que confessemos os nossos pecados diretamente a Deus (Sl 51; Is 1.18; Lc 7.48; 15.21; 1Jo 1.8, 9).

26. A adoração à hóstia foi inventada pelo papa Honório em 1220 d.C. Assim, a Igreja Romana adora um deus feito por mãos humanas. Isso é idolatria e absolutamente contrária ao espírito do evangelho (Jo 4.24).

27. A Bíblia foi proibida aos leigos e incluída no índice de livros proibidos pelo Concílio de Toledo em 1229 d.C. Jesus e Paulo ordenaram que as Escrituras fossem lidas por todos (Jo 5.39; 2Tm 3.15-17; 2Tm 2.15).

28. O escapulário foi inventado pelo monge inglês Simão Stock em 1287 d.C. Consiste numa peça de tecido marrom com a imagem da Virgem. Supõe-se que contenha virtudes sobrenaturais para proteger de todos os perigos os que o usarem sobre a pele nua. Isso é fetichismo.

29. A Igreja Romana proibiu o cálice aos fiéis ao instituir a comunhão de um só tipo no Concílio de Constança, em 1414 d.C. O evangelho ordena que celebremos a santa ceia com pão e vinho (Mt 26.27; 1Co 11.26, 27).

30. A doutrina do purgatório foi proclamada como dogma de fé pelo Concílio de Florença em 1439 d.C. Não há uma única passagem na Bíblia que ensine o purgatório dos padres. O

sangue de Jesus Cristo nos purifica de todo pecado (1Jo 1.7-9; 2.1, 2; Jo 5.24; Rm 8.1).
31. A doutrina dos sete sacramentos foi afirmada em 1439 d.C. O evangelho diz que Cristo instituiu apenas dois sacramentos: o batismo e a ceia do Senhor (Mt 28.19, 20; 26.26-28).
32. A oração da ave-maria foi instituída em parte na última metade de 1508 d.C. Foi concluída cinquenta anos depois e finalmente aprovada pelo papa Sisto V no final do século XVI.
33. O Concílio de Trento, realizado em 1545 d.C., declarou que a tradição possuía autoridade igual à da Bíblia — e por "tradição" queriam dizer ensinamentos humanos. Os fariseus acreditavam da mesma forma, e Jesus os condenou severamente, pois por causa da tradição humana eles negavam os mandamentos de Deus (Mc 7.7-13; Cl 2.8; Ap 22.18).
34. Os livros apócrifos foram acrescentados à Bíblia pelo Concílio de Trento em 1545 d.C. (veja Ap 22.18, 19).
35. O credo do papa Pio IV foi imposto como credo oficial em 1560 d.C. Os verdadeiros cristãos irão manter as Sagradas Escrituras como seu credo, que é 1.500 anos mais antigo que o dos católicos romanos (veja Gl 1.8; Ap 22.18, 19).
36. A imaculada conceição da Virgem Maria foi proclamada pelo papa Pio IX em 1854 d.C. O evangelho afirma que todos os homens, com a única exceção de Cristo, são pecadores. A própria Maria necessitou de um Salvador (Rm 3.23; 5.12; Sl 51.5; Lc 1.30, 46, 47).
37. Em 1870, o papa Pio IX proclamou o dogma da infalibilidade papal.
38. O papa Pio X, em 1907, condenou o "modernismo" e todas as descobertas da ciência moderna que não fossem aprovadas pela igreja. Pio IX havia feito a mesma coisa no programa de 1864.
39. Em 1930, Pio XI condenou as escolas públicas.

40. Em 1931, o mesmo papa reafirmou a doutrina de que Maria é "Mãe de Deus". Essa doutrina foi decretada pela primeira vez no Concílio de Éfeso, em 431 d.C. Trata-se de uma doutrina herética, pois contradiz as próprias palavras de Maria (Lc 1.46-49).

Qual será a próxima invenção? A Igreja Romana afirma que nunca muda, porém não tem feito outra coisa senão inventar doutrinas contrárias à Bíblia e praticar ritos e cerimônias copiados inteiramente do paganismo. Pelo menos 95% dos ritos e das cerimônias da Igreja Romana são de origem pagã.

O cardeal Newman, em seu livro *The Development of the Christian Religion* [O desenvolvimento da religião cristã] admite: "Templos, incenso, lamparinas a óleo, oferendas votivas, água benta, feriados e temporadas de devoção, procissões, bênçãos dos campos, vestimentas sacerdotais, a tonsura [de padres, monges e freiras] e imagens são todos de origem pagã" (p. 359).

Essa lista cronológica das invenções humanas e "abominações" refuta a reivindicação dos sacerdotes da Igreja Romana de que a religião deles é a mesma ensinada por Cristo e que os papas têm sido os guardiões fiéis dessa religião.

1. Ela é chamada "grande prostituta"

E veio um dos sete anjos que tinham as sete taças e falou comigo, dizendo-me: Vem, mostrar-te-ei a condenação da grande prostituta que está assentada sobre muitas águas, com a qual se prostituíram os reis da terra; e os que habitam na terra se embebedaram com o vinho da sua prostituição (Ap 17.1, 2).

Ap 17.3, 11, 15 explica que as águas são "uma besta de cor escarlate", o oitavo reino feito de "povos, e multidões, e nações, e línguas". Esses povos são identificados nessa passagem como "reis da terra" e "os que habitam na terra", a quem a Grande Prostituta irá embebedar com o vinho de sua prostituição. Isso mostra o exercício de seu futuro poder sobre muitas nações e reis para mantê-los ludibriados sob o poder deles próprios, como já se demonstrou por séculos no passado. Mas essa influência não irá continuar por muito tempo, pois esses reis e povos inebriados por ela ficarão sóbrios e irão enxergá-la em seu verdadeiro aspecto, como um sistema religioso dominador e egoísta, cujo único objetivo é enriquecer à custa da ignorância e da superstição de seus adeptos. Sua postura ousada e ditatorial fará com que ela se expanda em sua ambição por mais poder, mas os dez reis irão de repente se rebelar contra ela e entregar os seus respectivos reinos ao Anticristo, para que possam destruí-la na metade da Semana.

A palavra "prostituições" refere-se às suas práticas ilícitas e cerimônias pagãs supersticiosas, que apelavam para a natureza religiosa de homens que lhe permitiram influência sobre muitos povos. Ela manteve os povos embriagados pela superstição e pelo desconhecimento dos verdadeiros ensinos de Cristo e exerceu incrível influência sobre as massas, que temiam a condenação eterna sem a sua bênção. Esse termo não se refere apenas à prostituição física, mas também à espiritual (Jr 3.6-9; Ez 16.32; Os 1.2; Ap 2.22). Essa mulher é a prostituta inigualável, "A Mãe das Prostituições e Abominações da Terra".

Essa passagem tem o propósito de mostrar a João "a condenação da grande prostituta que está assentada sobre muitas águas". Aqueles a quem ela mantém aprisionados na superstição irão se rebelar contra ela e destruí-la. Eles irão abandoná-la e se unirão ao Anticristo e sua causa (Ap 17.14-17).

1. Ela é chamada "mulher", o que a identifica com a Igreja Romana (Ap 17.3, 4). Essa aplicação aproxima-se muito da "grande prostituta", portanto não necessita de comentário especial.
2. Ela é chamada "a grande cidade"

E a mulher que viste é a grande cidade que reina sobre os reis da Terra (Ap 17.18).

Esse é o último título com que ela é conhecida nesse capítulo e, na ênfase à sua identificação, apresenta um aspecto diferente da verdade a respeito dela, relacionado com a sua sede de governo, a partir da qual ela influencia muitos reis e nações. Esse versículo diz textualmente: "A mulher que viste é a grande cidade que reina sobre os reis da terra". Isso mostra claramente que ela não é um poder político, mas um sistema cujo reino domina os reinos políticos da Terra, e o seu quartel-general é a "grande cidade".

Não devemos então, de acordo com esse versículo, interpretá-la como uma cidade literal, uma vez que isso é demonstrado explícita e implicitamente? Isso não contradiz o fato de ela ser um sistema religioso, apenas mostra a sede do sistema. Se a "grande cidade" não é uma explicação da figura da mulher, então aquela é simbólica também, e assim um símbolo estaria explicando o outro, e ficaríamos mais confusos do que nunca. No entanto, se enxergarmos não só um grande sistema religioso no símbolo da mulher, mas também uma cidade literal, onde ela reina, todos os detalhes da passagem irão se encaixar. Se reconhecermos apenas a cidade literal, haverá conflito com outras partes do texto. Se reconhecermos apenas o sistema religioso, haverá conflito com essa afirmação. Não poderiam ambas estar representadas no mesmo símbolo, para harmonizar todas as passagens concernentes a ele, da mesma forma que três coisas devem ser vistas representadas na besta, como veremos no próximo capítulo?

Todas as outras explicações do anjo partiram do simbólico para o literal. Por que não essa? Não é provável que um grande sistema religioso reine sobre os reis da terra a partir de uma caverna no deserto. Seria necessário estabelecer uma sede em alguma cidade. A mulher não só representa uma grande cidade, mas possui um reino sobre outros reinos. Há muitas cidades que são sedes de reinos hoje, mas temos de encontrar uma "que reina" sobre todas as outras cidades e reinos. Essa cidade irá assumir o controle sobre os reinos da Terra, mas não por meio de forças militares e navais superiores, e sim por suas doutrinas e práticas enganosas. Que esse reino é eclesiástico é ainda demonstrado pelo fato de que a mulher fará uma aliança ilegal com os reis da

Terra, que se serão os líderes desses reinos e ficarão embriagados pelo "vinho da sua prostituição".

Existe apenas uma cidade que pode eventualmente combinar todos esses detalhes, e é Roma, a cadeira da Prostituta. A Igreja Romana afirma ser o reino de Cristo na Terra com poder para governar a vontade dos homens e dar ordens aos reis da Terra. O cardeal Manning, em sua obra intitulada *The Temporal Power of the Vicar of Jesus Christ* [O poder temporal do vigário de Jesus Cristo], diz: "É um reino, ele tem uma legislatura; a linhagem de seus concílios de 1.800 anos assentou-se, deliberou e decidiu com toda a solenidade e majestade de um parlamento imperial. Ele tem um executivo que homologa e faz cumprir os decretos desses conselhos com a decisão tranquila e peremptória de uma vontade imperial. A Igreja de Deus (Romana), portanto, é um império dentro de um império; e os governantes e príncipes deste mundo estão com inveja por esse motivo [...]. Assim, ele [o papa] é em si mesmo uma pessoa soberana, e não pode estar sujeito a ninguém [...], uma autoridade divina sobre todos os outros poderes [...] [e] o mundo inteiro está em suas mãos [...] para impor a obediência à fé [...] [e] julgar [...] as nações e seus príncipes" (p. 48-50, 124-126, 155-156, 181-182).

Israel é muitas vezes representado por uma cidade ou por um país, mas era ao povo que vivia naquela cidade ou naquele país que Deus falava. Ambos estavam em vista. Por isso, no símbolo da mulher, são vistos tanto o sistema quanto a sua sede, e ambos são explicados com clareza, para que não venhamos a confundir a sua identificação. Uma cidade literal com os seus habitantes não pode reinar sobre muitos reis, mas um sistema religioso com adeptos e influências suficientes pode fazê-lo, e esse sistema precisa de uma cidade como a sua base de operação. Mas os reis tomarão o controle de seus reinos e terão condições de repelir a mulher no momento em que se unirem com esse propósito, e está implícito que isso acontecerá. A mulher não está necessariamente desejosa de se tornar a rainha das nações, apenas de interferir nos assuntos delas, e isso será tolerado apenas até o momento em que o Anticristo tiver forças suficientes para destruí-la. Assim, é evidente que um único sistema religioso atende os requisitos dessa profecia em cada detalhe.

III. A PROSTITUTA É IDENTIFICADA POR SUA INDUMENTÁRIA

E a mulher estava vestida de púrpura e de escarlata, adornada com ouro, e pedras preciosas, e pérolas, e tinha na mão um cálice de ouro cheio das abominações e da imundícia da sua prostituição (Ap 17.4).

Esse é um retrato divino das cores e riquezas desse sistema religioso. Escarlate é a cor do catolicismo, reservada para o pontífice e os cardeais. A superfície interna do manto papal é escarlate, bem como a sua antiga carruagem e o tapete em que ele pisa. O barrete, a batina e as meias dos cardeais são escarlates. Cinco dos vários itens das vestes do papa são escarlate. A cor escarlate sobre a mulher tem o mesmo significado que na besta de sete cabeças: simboliza os pecados hediondos cometidos para manter tudo sob controle, até mesmo punição com a morte. A mulher está embriagada com o sangue dos santos (Ap 17.6). A púrpura é também uma tonalidade papal e representa dignidade e regência.

Essa religião é a mais rica que existe, como retrata aqui a figura da mulher "adornada com ouro, e pedras preciosas, e pérolas". Na coroação do papa, ele usa uma túnica coberta de pérolas e uma mitra adornada com ouro e pedras preciosas. A mulher também é vista com "um cálice de ouro cheio das abominações e da imundícia da sua prostituição", assunto que já abordamos.

IV. A PROSTITUTA É IDENTIFICADA POR SUA EMBRIAGUEZ

E vi que a mulher estava embriagada do sangue dos santos e do sangue das testemunhas de Jesus. E, vendo-a eu, maravilhei-me com grande admiração. E o anjo me disse: Por que te admiras? Eu te direi o mistério da mulher (Ap 17.6, 7a).

Esse dedo de acusação não é mero acidente. Embora se refira mais especificamente às futuras perseguições dos santos que serão salvos após o Arrebatamento, quem não sabe das perseguições aos santos empreendidas pelo romanismo em épocas passadas? Estima-se que Roma seja responsável pela morte de mais de 200 milhões de pessoas no passado, por não estarem de acordo com o seu sistema religioso ou não se renderem à supremacia do papa sobre a vontade delas. Quem tem dúvidas, é só consultar as páginas da história para ser convencido. Por meio da Inquisição, multidões desapareceram. A Europa sentiu um arrepio de horror ao ler sobre a abertura das masmorras da Inquisição na Espanha e de como a população se enfureceu quando invadiram os mosteiros com tochas e adentraram as cavernas subterrâneas: descobriram, acorrentados às paredes, seres humanos completamente nus com cabelos crescidos e emaranhados e unhas como as das aves. Alguns deles tinham enlouquecido, e outros surtaram ao ser trazidos para a luz.

Essas circunstâncias tornarão a existir depois que a besta surgir e a mulher assumir o controle das nações da Roma restaurada. Ela será a única responsável pela morte dos mártires do quinto selo. Ela praticamente erradicou o protestantismo da Espanha e da Itália e está ganhando influência e poder em muitas outras terras. Mesmo nos Estados Unidos, ela está avançando por meio de propaganda e das eleições, na esperança de eventualmente derrubar todos os "hereges" que não estejam em conformidade com os seus desejos em todos os assuntos.

Os romanistas do passado orgulhavam-se de usar o "braço secular" para "punir" os "hereges", até que entre as nações "cresceu um sentimento refratário à Igreja", e elas então se recusaram a "reprimir e punir os hereges". São semelhantes as declarações deles hoje: se obtiverem o controle dos hereges outra vez, irão trazê-los para a "Igreja-Mãe" ou então fazê-los pagar com a pena de excomunhão e morte.

V. A PROSTITUTA É IDENTIFICADA PELO SEU DESTINO

E os dez chifres que viste na besta são os que aborrecerão a prostituta, e a porão desolada e nua, e comerão a sua carne, e a queimarão no fogo. Porque Deus tem posto em seu coração que cumpram o seu intento, e tenham uma mesma ideia, e que deem à besta o seu reino, até que se cumpram as palavras de Deus (Ap 17.16, 17).

O romanismo irá colher o que semeou e ainda semeia. A Prostituta será destruída na metade da Semana pelos dez reis do Império Romano restaurado e pelo Anticristo, que ascenderá ao poder sobre eles também no meio da Semana. Eles odiarão a Prostituta, e isso mostra que o tempo dessa futura supremacia sobre as nações será muito curto e que as suas políticas e a atitude dominante para com elas farão com que logo se cansem dela, se rebelem e a deixem desolada e destruída pelo fogo. Isso mostra também que os dez reis terão autonomia suficiente em seus reinos para fazer o que quiserem e quando quiserem. Isso por si só é prova suficiente de que a mulher é uma organização religiosa que engana as nações e que os reis não irão permitir que um sistema político os domine se forem capazes de lhe resistir. Mas eles irão permitir que uma religião os domine, como já se provou no passado. Por isso, muitos concluem que o romanismo é a Grande Prostituta de Ap 17.

Os argumentos acima são esclarecedores quanto à história da Igreja Católica Romana, para dizer o mínimo, mas não provam de fato que a Grande Prostituta é um símbolo do catolicismo romano. Eles deixam muitas perguntas sem resposta. Por que a cidade de Roma será chamada Babilônia, se não há nenhuma conexão entre elas? Mais de 2 mil quilômetros as separam. Além disso, Roma não é mencionada uma única vez na profecia, ao passo que a Babilônia é citada dezenas de vezes, seis delas só em Apocalipse. À parte da profecia, Roma é mencionada apenas nove vezes, em comparação com as 294 menções à Babilônia em toda a Escritura. Por fim, a Igreja Católica Romana não é mencionada uma única vez em toda a Bíblia, então por que a inserir nesse cenário?

A ideia muitas vezes repetida de que Roma é uma cidade sobre sete colinas e que pode ser o significado do que Cristo diz quando afirma que as sete cabeças sobre a besta são sete montes não se sustenta à luz de tudo que é dito na passagem (Ap 17.9-12) sobre o assunto.

Não pode ser isso o que se tem em mente, pois a explicação deixa claro que cinco dessas montanhas já existiam antes da época de João, apenas uma existia na época da visão de Apocalipse e a sétima ainda estava por vir. Em seguida, é anunciada uma oitava — e isso anula de vez a possibilidade de Roma e suas sete colinas serem o cumprimento da passagem.

Com relação aos eventuais pontos de semelhança entre a religião de Roma e a da Babilônia, isso não prova que sejam a mesma cidade mais do que os pontos de semelhança entre dois homens provariam que eles são a mesma pessoa. Com duas cidades e duas religiões com alguns pontos de semelhança a considerar, o que mais se poderia identificar pela lógica como a Babilônia Mística de Ap 17: aquela chamada pelo seu nome real em Ap 17 ou alguma outra? A Babilônia, por ser uma cidade, como é afirmado, e a sua futura religião devem ser a referência da Escritura, em vez de Roma e sua religião.

Como poderiam os chamados mistérios da Igreja Romana, conforme listados nos capítulos de 27 a 29, transformar Roma em Babilônia? Na verdade, eles não são mistérios em tudo, e sim práticas não bíblicas bastante evidentes para todos. Qualquer que seja o número de práticas babilônicas adotadas pelos romanismo, elas não podem transformar Roma na Babilônia. E o mesmo se aplica à divisão dos cristãos em muitos ramos, assim como a tendência atual de uma união de igrejas — nada disso prova que o romanismo seja a mãe das prostituições de Ap 17.

Como poderiam os termos "grande prostituta" e "mulher" provar que Babilônia é Roma? O fato é que esses termos são usados nas Escrituras com relação a Israel, à Babilônia e a várias nações pagãs com quem Israel se prostituiu muito antes de existirem os cristãos (Is 13.8; 54.6; Jr 3.9; 4.31; 6.2, 24; 13.27;

22.23; Lm 1.17; Ez 16.17-36; 20.30; 23.3-44; 43.7-9; Os 4.10-12; Zc 5.5-11), mas não provam a identidade de uma mais que de outra. Também não podem identificar a Babilônia como Roma ou como a cristandade romana, pois não são aplicados uma única vez a cristãos professos, em qualquer sentido ou grau. Pessoas que professam ser cristãos nunca são chamados "Babilônia", "Roma", "prostituta", "mulher' ou qualquer outro elemento do gênero feminino, como um grupo em particular. A verdadeira igreja, é o Corpo de Cristo, que era homem, e; portanto, é chamado "homem" na Bíblia, em vez de uma mulher (Ef 2.14, 15; 4.13).

De fato, religião da bruxaria, culto aos demônios e manifestações demoníacas (conforme mencionados em Ap 9.20, 21; 13.2, 12-18; 16.13-16; 18.2; 19.2; Dn 11.37, 38; Mt 24.24; 2Ts 2.8-12) descrevem melhor a religião da Babilônia nos dias após o Anticristo. Essa religião demoníaca liderada por Satanás será transmitida ao Anticristo, e ele se tornará objeto de adoração nos últimos três anos e meio (2Ts 2.3, 4, 8-12; Ap 13; 17.12-18; veja o capítulo 22).

Ninguém pode negar que a Grande Prostituta é um sistema religioso, com sede numa cidade bem conhecida. Nisso todos os estudiosos concordam. Assim, os únicos pontos em que poderiam diferir são: a cidade — Roma ou Babilônia; a religião — o cristianismo antigo ou o misticismo, o espiritismo, a feitiçaria, a bruxaria, a idolatria e o paganismo.

Também não se pode negar que o catolicismo romano é basicamente uma religião cristã, com uma fé firme em Deus, em Cristo, e no Espírito Santo, bem como no nascimento virginal, morte, sepultamento, ressurreição e ascensão de Jesus Cristo para se sentar à mão direita de Deus, e ainda na expiação de sangue pelos pecados, no perdão dos pecados por Deus por meio de Jesus Cristo e em outras doutrinas cristãs básicas e fatos bíblicos. Portanto, o catolicismo conforme hoje constituído, embora tenha adotado alguns rituais e ritos babilônicos antigos intercalados por toda parte, não poderia ser a Babilônia Mística de Ap 17. Para se tornar a Grande Prostituta, a Babilônia Mística e o tipo de religião predominante após o arrebatamento da igreja, ela precisará desistir de todas as verdades e ritos cristãos — e não temos nenhuma prova de que isso irá acontecer.

A religião da Babilônia Mística será antagônica a Deus, e isso não pode ser dito do catolicismo romano. O mesmo se aplica ao islamismo, a religião predominante da maioria dos países do antigo Império Romano oriental. Elas não são antagônicas a Deus. Assim, não podemos considerar nenhuma delas a religião de Ap 17.

Devemos lembrar aqui, como já enfatizamos tantas vezes, as "coisas" de Ap 4—22, ou seja, as "coisas que depois destas devem acontecer" — após as igrejas. Portanto, temos de entender Ap 17 como uma referência à religião da Babilônia no futuro, após o arrebatamento da igreja. E o que poderia, eventualmente, ser essa religião?

A palavra "prostituições" pode facilmente ser entendida como uma referência aos vários ramos do antigo demonismo praticado em muitas nações, a começar pela Babilônia. A palavra "abominações" é usada muitas vezes na Bíblia, e muito antes dos tempos do cristianismo e da idolatria e prostituição associadas ao culto aos demônios, à feitiçaria e à bruxaria de todos os tipos, praticados por muitas nações pagãs (Dt 18.9-12; 29.17, 18; 32.16, 17; 1Rs 14.24; 2Rs 16.3, 4; 17.1-25; 21.2-11; Ez 16.22-58 etc.).

15 RAZÕES POR QUE A BABILÔNIA É A CIDADE EM QUESTÃO

1. A Babilônia, não Roma, é definitivamente o assunto de Ap 16.17-21;18.1-24.
2. A Babilônia Mística é um tema diferente inserido entre as duas passagens acima, um parêntese para explicar o aspecto religioso da Babilônia. Veja "Pontos de contraste entre as duas Babilônias (Ap 17 e 18)", no capítulo 26; veja também "30 provas bíblicas de que Babilônia será reconstruída", no capítulo 37.
3. O fato de a Grande Prostituta ser chamada de "Mistério, A

Grande Babilônia" é prova de uma conexão com a Babilônia literal (Ap 17.5).
4. A Babilônia literal foi o local da primeira grande rebelião contra Deus após o dilúvio de Noé (Gn 11) e será o local da última grande rebelião (Ap 14.8; 16.17-21; 18.1-24).
5. A Babilônia está sempre associada a religiões demoníacas e à idolatria nas Escrituras (Is 21.9; 47.9, 10; Ap 18.2, 3, 23).
6. Muitas profecias sobre a Babilônia literal, em ambos os Testamentos, ainda não se cumpriram (Is 13.1-22; 14.1-27; 43.14; 47.1-15; Jr 50 e 51; Zc 5.5-11; Ap 14.8; 16.17-21; 18.1-24), e Roma não é mencionada em nenhuma profecia, cumprida ou não cumprida.
7. De todos os impérios que fazem parte dos tempos dos gentios — Egito, Assíria, Babilônia, Medo-Pérsia, Grécia, Roma, Roma restaurada e Grécia rediviva —, a capital de um deles, apenas, é mencionada na profecia com um cumprimento nos últimos dias: Babilônia.
8. Nunca foi necessário rever a identidade de uma cidade mencionada na profecia. As previsões nas Escrituras sobre Sodoma, Gomorra, Nínive, Tiro, Sidom e outras foram cumpridas nas próprias cidades, conforme nomeadas nas várias passagens.
9. A Babilônia é a única cidade chamada "senhora de reinos" (Is 47.5, 7).
10. A Babilônia é a única cidade dos últimos dias identificada como sede de todos os espíritos imundos e demônios (Ap 18.2) e único centro de feitiçarias e encantamentos (Ap 18.23; Is 47.9, 10, 12, 13). Se isso for verdade, então nem Roma nem outra cidade que não seja a Babilônia será o centro de falsas religiões, como diz a profecia.
11. A Babilônia é a única cidade da qual se diz que o vinho de sua prostituição embebedou as nações (Ap 18.3), e a Grande Prostituta sem nome é a única outra Babilônia que leva as nações a beber também o vinho de sua prostituição (Ap 17.2). A referência, portanto, deve ser à mesma cidade —

a Babilônia Mística como o aspecto religioso da Babilônia literal (Ap 17.2).
12. A Babilônia é a única cidade apontada pelo nome como alvo da ira e das pragas de Deus (Ap 16.19; 18.4, 6). Roma era bem conhecida na época em que João escreveu o livro de Apocalipse. Desse modo, a sua ausência na profecia indica ainda que a Babilônia, não Roma, é a "grande cidade" que cumprirá as previsões.
13. A Babilônia é a única cidade da qual Deus ordena que o seu povo saia nos últimos dias (Ap 18.4; Jr 50.4-9; 51.4-8, 45).
14. A Babilônia é a única cidade chamada a julgamento nos últimos dias por causa dos martírios (Ap 18.24). Tanto a Babilônia Mística quanto a Babilônia literal martirizaram santos, por isso deve existir uma relação. Se duas cidades diferentes e distantes uma da outra, como Roma e Babilônia, fossem culpadas desse crime após o Arrebatamento, as duas cidades teriam sido mencionadas, em vez de uma só, como em Ap 18.24.
15. O Anticristo será um rei da Síria e terá a Babilônia como sua capital (Is 14.4), e isso irá cumprir Dn 8.5-9, 20-25; 11.35-45. A Grande Prostituta estará montada na besta (o reino do Anticristo) em sua ascensão ao poder sobre os dez reinos (Ap 17.3, 7). Deve-se reconhecer então que ela simboliza a religião de sua capital, mesmo antes de exercer domínio sobre os dez reinos da Roma restaurada (Ap 17.12-17).

A Babilônia poderia ser uma religião inteiramente nova ou o renascimento da feitiçaria, dos encantamentos e da astrologia que caracterizaram a cidade antiga. É óbvio que será a religião dominante em todo o território do Império Romano nos últimos dias, como no item 10 acima. Jesus predisse a vinda de muitos falsos profetas com grandes sinais e prodígios para enganar os homens pouco antes de sua segunda vinda à Terra (Mt 24.24). Paulo previu a vinda do Anticristo com muito poder, sinais e prodígios de mentira, pela força de Satanás (2Ts 2.8-12; Ap

13.1-18; 19.20). Todas as nações serão enganadas pelas feitiçarias e manifestações dos poderes demoníacos concentrados na futura Babilônia literal (Ap 9.20; 14.8; 16.13-16, 19; 18.23; Is 47.9, 10, 12, 13).

Se o Anticristo pode fundar uma religião e martirizar milhões de pessoas durante os últimos três anos e meio dessa era (Ap 7.9-17; 13.1-18; 14.9-11; 15.2; 16.13-16; 19.20; 20.4-6), então é lógico que a Babilônia Mística, como um renascimento da magia antiga apoiada por uma concentração dos poderes demoníacos provenientes da antiga Babilônia, que dominavam as nações do antigo território do Império Romano, poderá martirizar muitos santos de Jesus durante os últimos três e anos e meio da Septuagésima Semana de Daniel, até que o Anticristo obtenha poder total sobre os dez reinos da Roma restaurada (Ap 17.1, 2, 5, 6, 12-17).

É compreensível que se o Anticristo, num período de três anos e meio, poderá fundar uma nova religião, que o cultue como Deus (2Ts 2.3, 4; Ap 13.1-18), e matar multidões de pessoas que se recusarem a adorá-lo e ou a ostentar a sua marca, outra religião, com sede na Babilônia, poderia cumprir Ap 17 durante os anos que antecedem a conquista do poder absoluto sobre os dez reinos pelo Anticristo. Ambas as religiões, a da Babilônia e a do Anticristo, com sede na Babilônia e em Jerusalém, respectivamente, serão sustentadas por demônios. Satanás e seus demônios entregarão o seu poder ao Anticristo com a finalidade de tal adoração, e assim irão cumprir Dn 9.27; 11:37-38; 12.7-12; Mt 24.15-28; 2Ts 2.1-12; Ap 13.1-18; 14.9-11; 15.2; 16.2; 18.2; 20.4-6.

CAPÍTULO TRINTA

A BESTA QUE A TRAZ (A MULHER)

Ap 17.1, 3, 7-17

E veio um dos sete anjos que tinham as sete taças e falou comigo, dizendo-me: Vem, mostrar-te-ei a condenação da grande prostituta que está assentada sobre muitas águas [...]. E levou-me em espírito a um deserto, e vi uma mulher assentada sobre uma besta de cor escarlate, que estava cheia de nomes de blasfêmia e tinha sete cabeças e dez chifres. [...] E o anjo me disse: Por que te admiras? Eu te direi o mistério da mulher e da besta que a traz, a qual tem sete cabeças e dez chifres. A besta que viste foi e já não é, e há de subir do abismo, e irá à perdição. E os que habitam na terra (cujos nomes não estão escritos no livro da vida, desde a fundação do mundo) se admirarão vendo a besta que era e já não é, mas que virá. Aqui há sentido, que tem sabedoria. As sete cabeças são sete montes, sobre os quais a mulher está assentada. E são também sete reis: cinco já caíram, e um existe; outro ainda não é vindo; e, quando vier, convém que dure um pouco de tempo. E a besta, que era e já não é, é ela também o oitavo, e é dos sete, e vai à perdição. E os dez chifres que viste são dez reis, que ainda não receberam o reino, mas receberão o poder como reis por uma hora, juntamente com a besta. Estes têm um mesmo intento e entregarão o seu poder e autoridade à besta. Estes combaterão contra o Cordeiro, e o Cordeiro os vencerá, porque é o Senhor dos senhores e o Rei dos reis; vencerão os que estão com ele, chamados, eleitos e fiéis. E disse-me: As águas que viste, onde se assenta a prostituta, são povos, e multidões, e nações, e línguas. E os dez chifres que viste na besta são os que aborrecerão a prostituta, e a porão desolada e nua, e comerão a sua carne, e a queimarão no fogo. Porque Deus tem posto em seu coração que cumpram o seu intento, e tenham uma mesma ideia, e que deem à besta o seu reino, até que se cumpram as palavras de Deus (Ap 17.12-17).

O símbolo da besta é mencionado nos capítulos de 11 a 20 de Apocalipse e explicado completamente no capítulo 17. Em todos esses capítulos, as descrições se combinam para apresentar uma compreensão completa da besta e suas sete cabeças e dez chifres. A palavra grega *therion*, traduzida por "besta" ocorre 37 vezes nesse livro com relação a esse símbolo e designa um animal selvagem, indomado e perigoso. É um símbolo apropriado dos poderes que investirão contra Cristo nos últimos dias.

60 FATOS FUNDAMENTAIS HISTÓRICOS E PROFÉTICOS

Há sessenta fatos históricos e proféticos no livro a respeito da besta e suas sete cabeças e dez chifres que servem como verdades fundamentais. Sem eles, nenhuma compreensão verdadeira e completa acerca da futura besta e suas sete cabeças e dez chifres seria possível. Todas as informações sobre o assunto devem harmonizar-se com esses fatos, do contrário estarão baseados em falsos princípios. Os fatos históricos são informados para capacitar o aluno a compreender os fatos proféticos que regem a reconstrução do último reino gentio nos "tempos dos gentios", sob a liderança do último soberano terrestre, o Anticristo.

O propósito da visão não é revelar a história, mas permitir que identifiquemos o oitavo e último reino, que se formará após o Arrebatamento. Não devemos interpretar nenhum acontecimento de Ap 4—22 como cumprido na história passada, porque todos eles estão ainda no futuro, após o Arrebatamento, conforme provamos nos capítulos 1 e 7. Prever algo e ao mesmo tempo apresentar uma retrospectiva das coisas que levaram a esse evento futuro não viola nenhum princípio profético. Para que possamos identificar corretamente o oitavo reino do futuro, são mencionados os sete reinos que o antecedem, de modo a demonstrar que o último reinará sobre todos os povos e territórios anteriores. As sessenta declarações sobre o símbolo da besta em Ap 11.7—20.10 são as seguintes:

1. Ele sairá do abismo (Ap 11.7; 17.8).
2. Ele fará guerra contra as duas testemunhas na segunda metade da Semana (Ap 11.7).
3. Ele irá finalmente vencê-las e matá-las (Ap 11.7).
4. Ele surgirá do mar da humanidade (Ap 13.1; 17.1, 3, 11, 15).
5. Ele tem sete cabeças e nomes de blasfêmia escritos neles (Ap 13.1; 17.3, 7-11).
6. Ele tem dez chifres e sobre eles dez diademas (Ap 13.1; cf. Ap 12.3; 17.12-17; Dn 7.7, 8, 19-25).
7. Ele é semelhante a um leopardo (Ap 13.2; 17.3; cf. Dn 7.6).
8. Ele tem pés como os de urso (Ap 13.2; cf. Dn 7.5).
9. Ele tem boca como a do leão (Ap 13.2; cf. Dn 7.4).
10. O dragão lhe dará o seu poder, o seu trono e grande autoridade (Ap 13.2; cf. Dn 8.24; 2Ts 2.7-12).
11. Uma de suas cabeças será ferida e depois curada (Ap 13.3, 12, 14).
12. O mundo inteiro ficará maravilhado com ele (Ap 13.3; 17.8).
13. Muitos irão adorar o dragão que dará poder à besta. Irão também adorar a besta, dizendo: "Quem é semelhante à besta? Quem poderá batalhar contra ela?" (Ap 13.4, 8, 16-18; 14.9-11; 15.2-4; 20.4-6).
14. Ele receberá uma boca para proferir palavras arrogantes e blasfêmias (Ap 13.5; cf. Dn 7.8, 11, 20; 11.36).
15. Ele exercerá poder por 42 meses (Ap 13.5).
16. Ele irá blasfemar contra Deus, seu nome e seu tabernáculo e contra os que habitam no céu (Ap 13.6).
17. Ele irá fazer guerra aos santos (Ap 13.7; cf. Dn 7.19-27).
18. Ele irá prevalecer sobre os santos e matá-los (Ap 13.7; 14.9-11; 15.2-4; 20.4-6).

19. Ele terá poder sobre todos os povos dos dez reinos (Ap 13.1, 7; 17.12-17; cf. Dn 7.23, 24; veja o capítulo 21).
20. A ordem aos santos é que tenham paciência e fé e não retribuam o mal com o mal (Ap 13.10).
21. Ele terá o auxílio de um líder religioso, o falso profeta, que exercerá influência e induzirá os homens a adorar o Anticristo (Ap 13.11-18; 16.13-16; 19.20; 20.10).
22. Milagres serão feitos diante dele para induzir o mundo a adorá-lo (Ap 13.12-14).
23. Será feita uma imagem dele, para adoração (Ap 13.14, 15).
24. A imagem receberá vida para falar e fazer com que sejam mortos aqueles que se recusarem a adorar a besta e sua imagem (Ap 13.15).
25. Ele terá um nome que no momento não é conhecido (Ap 13.17, 18; 15.2).
26. Ela terá uma marca que no momento não é conhecida (Ap 13.17; 14.9; 15.2; 16.2; 20.4-6).
27. Seu número — não a sua marca ou o seu nome — é 666 (Ap 13.16-18; 15.2).
28. As três coisas — a sua marca, o seu nome ou o número de seu nome — serão impostas aos homens, que deverão ostentar um deles na mão direita ou na testa, sob pena de serem boicotados e mortos (Ap 13.16-18; 14.9-11; 15.2-4; 20.4-6).
29. Ele é um *homem* (Ap 13.18; 16.13-16; 19.19-21; 20.10; cf. Dn 7.7, 8, 19-27; 8.9, 20-25; 9.26, 27; 11.36-45; Is 11.4; 2Ts 2.1-12; Jo 5.43; veja o capítulo 20).
30. Os homens serão avisados por anjos literais, que voarão pelo meio do céu, a não aceitar a sua marca, o seu nome ou o seu número, do contrário irão sofrer a condenação eterna (Ap 14.9-11).
31. Sua adoração será de natureza tão apóstata que quem o adorar ou aceitar qualquer uma de suas três marcas será condenado ao inferno para sempre (Ap 14.9-11).
32. Muitos irão obter a vitória sobre o culto e a marca da besta (Ap 15.2-4).

33. Seus seguidores sofrerão sob as pragas das taças (Ap 16.2, 10).
34. Ele possuirá um trono e um reino (Ap 16.10).
35. Ele estará pronto para ser possuído por poderes demoníacos, a fim reunir as nações que não estão sob o seu comando para o Armagedom (Ap 16.13-16).
36. Ele carrega a mulher ou a Grande Prostituta (Ap 17.3, 7).
37. Ele "era" ou esteve sobre a terra antes dos dias de João (Ap 17.8).
38. Ele "não é", ou seja, não estava mais na terra nos dias de João, e sim no abismo (Ap 17.8).
39. Ele "há de subir do abismo" (Ap 17.8).
40. Ele "irá à perdição", isto é, será destruído no Segundo Advento (Ap 17.8; 19.19-21; 20.10).
41. "As sete cabeças são sete montes, sobre os quais a mulher está assentada. E são também sete reis [ou reinos]" (Ap 17.9).
42. "Cinco já caíram", isto é, os primeiros cinco reinos desses sete já haviam passado quando João viu o Apocalipse (Ap 17.10). São eles: Egito, Assíria, Babilônia, Medo-Pérsia e Grécia.
43. "Um existe", ou seja, o sexto dos sete reinos, o antigo Império Romano, existia na época de João (Ap 17.10).
44. "Outro ainda não é vindo; e, quando vier, convém que dure um pouco de tempo". O sétimo dos sete reinos, que será composto por dez reinos no território do antigo Império Romano ainda não chegou. E, depois que os dez reinos forem formados, eles irão durar pouco tempo, até o "chifre pequeno" surgir do meio deles e dominá-los (Ap 17.10; cf. Dn 7.7, 8, 19-25).
45. "A besta, que era e já não é, é ela também o oitavo", isto é, depois que o Anticristo surgir dos dez reinos, ele passará a dominá-los no meio da Semana e formará o oitavo reino, que irá durar 42 meses (Ap 17.11; 13.5).
46. Ele "é dos sete, e vai à perdição", ou seja, é um dos sete, não necessariamente o sétimo (Ap 17.11). Por certo será um

dos primeiros cinco que haviam caído antes de João —Egito, Assíria, Babilônia, Medo-Pérsia ou Grécia — porque a besta "era" ou existira antes do sexto, que existia na época de João, e se tornará o oitavo, após o sétimo, que estava por vir entre o sexto e o oitavo. O oitavo reino é que lutará contra Cristo no Armagedom e será destruído.

47. "Os dez chifres que viste são dez reis" (Ap 17.12; cf. Dn 2.44; 7.7, 8, 19-24).
48. Eles "ainda não receberam o reino" (Ap 17.12; cf. Dn 7.23, 24).
49. Eles "receberão o poder como reis por uma hora [no grego, *hora*: 'hora', 'período'], juntamente com a besta" (Ap 17.12; cf. Ap 13.5).
50. Eles têm o mesmo propósito, e entregarão o seu poder e autoridade à besta Ap 17:13, 16, 17 (veja o capítulo 21).
51. "Estes combaterão contra o Cordeiro, e o Cordeiro os vencerá" no Segundo Advento, de modo que todos eles existirão na época (Ap 17.14; 19.19-21; cf. Dn 2.44; 7.23-27; 8.20-25; 11.45; 12.7).
52. Eles "aborrecerão a prostituta, e a porão desolada e nua, e comerão a sua carne, e a queimarão no fogo" (Ap 17.16).
53. "Deus tem posto em seu coração que cumpram o seu intento, e tenham uma mesma ideia, e que deem à besta o seu reino, até que se cumpram as palavras de Deus" (Ap 17.17).
54. A besta será o comandante em chefe de todos os exércitos dos reis da terra no Armagedom (Ap 19.19; cf. Ez 38 e 39).
55. O Anticristo mobilizará os exércitos das nações para lutar contra Cristo e contra os exércitos do céu no Segundo Advento (Ap 19.19; cf. Zc 14.1-5; Ap 16.13-16; Ez 38 e 39).
56. A besta será "morta" por Cristo em sua segunda vinda, e isso prova que a besta é um homem mortal nesse momento (Ap 19.20; cf. Dn 7.11; Is 11.4; 2Ts 2.8, 9).
57. O Anticristo e o falso profeta serão lançados no lago de fogo (Ap 19.20).

58. Seus exércitos serão destruídos por Cristo e seus exércitos (Ap 19.20, 21; 17.14; cf. Ez 38.17-21; 2Ts 1.7-10; Jl 3).
59. Aqueles a quem ele matar por não o adorar serão ressuscitados na primeira ressurreição e reinarão com Cristo (Ap 20.4-6).
60. Ele e o falso profeta serão lançados no lago de fogo mil anos antes do Diabo, e "de dia e de noite serão atormentados para todo o sempre" (Ap 20.10).

Com base nessas afirmações, é evidente que a besta não é um símbolo de uma coisa só, mas de várias. A cabeça, os chifres, os pés, o corpo, a boca, o ferimento em uma das cabeças, e assim por diante, simbolizam coisas diferentes. A besta em si é totalmente diferente das sete cabeças e dos dez chifres que estão sobre ela. Deixar de fazer distinção entre ela e suas cabeças e chifres nos levará ao entendimento equivocado a respeito dela. Tudo que as sete cabeças e os dez chifres representam terá passado quando a besta surgir, pois eles estão sobre a besta quando ela se manifesta e mostram a sucessão de sete reinos do mundo, do primeiro ao último, na história de Israel, antes da ascensão do oitavo reino.

A BESTA SIMBOLIZA TRÊS COISAS

1. Um ser humano, o Anticristo, ou a besta do mar, de que trata o capítulo 20. Os fatos acima (veja itens 4, 10, 12-35, 49-60) provam que um ser humano é visto no símbolo. Ele é definitivamente chamado "homem", de modo que não se terá nenhum entendimento verdadeiro a respeito da besta se esse fato não for reconhecido.
2. Um ser sobrenatural, a besta do abismo, como discorreremos nos capítulos seguintes. Os fatos acima (veja itens 1-3, 35, 37-40) provam que um príncipe satânico é visto no símbolo.
3. Um império, o oitavo reino, que surge imediatamente após as sete cabeças ou reinos. Esses fatos (veja itens 5-9, 11,

36-38, 41-46) provam que um reino também é simbolizado pela besta.

Alguns intérpretes cometem o erro de reconhecer um reino, mas não um ser humano nem uma pessoa sobrenatural na besta. Outros reconhecem apenas um ser humano. Outros ainda reconhecem um rei terreno e seu reino, mas não os poderes satânicos que controlam a ambos. Esses erros levaram os homens a menosprezar alguns dos fatos óbvios relativos à besta, mencionados na seção anterior. Quando as três coisas são vistas no símbolo e as passagens que se referem claramente a uma ou outra são distinguidas, obtém-se uma compreensão clara de todos os fatos. A base para distinguir essas três coisas consiste em considerar cada passagem conforme seja aplicável a cada uma delas. Isso tornará a leitura mais compreensível. Algumas passagens são aplicáveis às três coisas, enquanto outras se aplicam a uma ou duas. Assim, a besta do abismo, a besta do mar e os animais como o oitavo reino são coisas diferentes, mas os três devem ser reconhecidos num único símbolo: a besta.

CAPÍTULO TRINTA E UM

A BESTA QUE SUBIU DO ABISMO

E, quando [as duas testemunhas] acabarem o seu testemunho, a besta que sobe do abismo lhes fará guerra, e as vencerá, e as matará [...]. E o anjo me disse: Por que te admiras? Eu te direi o mistério da mulher e da besta que a traz, a qual tem sete cabeças e dez chifres. A besta que viste foi e já não é, e há de subir do abismo, e irá à perdição. E os que habitam na terra (cujos nomes não estão escritos no livro da vida, desde a fundação do mundo) se admirarão vendo a besta que era e já não é, mas que virá (Ap 11.7; 17.7, 8)

Muitas hipóteses têm sido apresentadas sobre a identidade da besta do abismo. Alguns afirmam que se trata de um espírito humano que está confinado ali e que sairá para existir novamente, como o Anticristo. Outros sustentam que ela representa o renascimento de um reino uma vez existente e que voltará a existir. Mas as Escrituras indicam algo mais que o mero renascimento de um reino. Como poderia um reino estar confinado ao abismo durante séculos e sair novamente como um reino para então ser destruído segunda vez? Só uma pessoa pode ser a referência em tais declarações, conforme o relato acima. Se isso for verdade, então se trata de alguém entre um ser humano e um espírito sobrenatural que existiu uma vez na Terra, está hoje confinado no abismo e existirá de novo sobre a Terra nos últimos dias. A quantidade de intérpretes que creem que a besta é um espírito humano preso no abismo é quase tão grande quanto o número de interpretações.

Segundo essa escola de intérpretes, esse espírito humano (seja ele quem for) irá reencarnar como o Anticristo, crescerá até a maturidade e então, no meio da Semana, será assassinado. Seu corpo permanecerá morto por três dias e em seguida ressuscitará. Nesse tempo, então, Satanás irá encarnar nesse homem, que se tornará imortal. Será, dizem eles, uma imitação da ressurreição de Cristo por Satanás, a prova de que o Anticristo não será um ser comum nos últimos três anos e meio, ainda mais pelo fato de que ele será lançado "vivo" no lago de fogo.

No entanto, não pode ser provado pelas Escrituras que algum dos candidatos propostos será a besta do abismo nem que um deles será o Anticristo. Nem a besta do abismo, nem o Anticristo será um ser humano ou qualquer outro tipo de ser reencarnado. Neste momento, podemos provar que a besta do abismo e o Anticristo são duas pessoas distintas. E, se isso é possível, então todos os argumentos daquela escola são inúteis para a identificação da besta do abismo, e não há motivo para crer que o Anticristo será a reencarnação de um homem histórico ou que será assassinado para ressuscitar como um ser imortal. Os argumentos a seguir provam que a besta do abismo e o Anticristo são duas pessoas distintas:

1. Provou-se por sessenta fatos, no capítulo anterior, que a besta representa três coisas: em primeiro lugar, um ser humano, que é a besta do mar da humanidade; em segundo lugar, um ser sobrenatural, que é a besta do abismo; em terceiro lugar, um império, que é o oitavo reino, composto de muitos povos (Ap 17.1, 3, 7, 9-11, 15). Assim, de acordo com as Escrituras, a besta do abismo e o Anticristo não são necessariamente a mesma pessoa.
2. O Anticristo será um mortal comum durante toda a sua vida até a batalha do Armagedom, quando será morto — como qualquer outro homem — por Cristo em sua segunda

vinda. As seguintes citações provam isso: "[Cristo] ferirá a terra com a vara de sua boca, e com o sopro dos seus lábios matará o ímpio" (Is 11.4); "Estive olhando até que o animal foi morto, e o seu corpo, desfeito e entregue para ser queimado pelo fogo" (Dn 7.11; Ap 19.20); "[O Anticristo], sem mão, será quebrado [morto como em Dn 8.8, 22; 11.4, 22]" (Dn 8.25). "Então, será revelado o iníquo [o Anticristo], a quem o Senhor desfará [no grego, 'destruir'] pelo assopro da sua boca e aniquilará [no grego, 'cortar', 'dividir em dois'; 'reduzir pela metade', 'dividir'] pelo esplendor da sua vinda" (2Ts 2.2-8). Para cumprir tais declarações, o Anticristo terá de ser um mortal. Ele é expressamente chamado "homem" (Ap 13.14-18; 2Ts 2.3, 4).
3. A doutrina da reencarnação não é ensinada nas Escrituras. Sem dúvida, tal doutrina não pode estar baseada no simples fato de que um espírito sairá do abismo. Para reencarnar, é preciso passar pelo processo de renascimento e crescimento até a maturidade, como em sua existência anterior. Isso faria com que o Anticristo se tornasse um bebê no mínimo duas vezes. E, se ele irá morrer pela mão de um assassino no meio da Semana e depois será morto por Cristo, então terá morrido pelo menos três vezes. Essas ideias contradizem as Escrituras, pois "aos homens está ordenado morrerem uma vez, vindo, depois disso, o juízo" (Hb 9.27). Essa passagem não ensina que depois da morte poderá haver uma reencarnação e outra morte. Os homens citados anteriormente não constituem exceção a essa regra divina. A única exceção a essa regra serão as pessoas arrebatadas na primeira ressurreição: elas não irão ver a morte (1Co 15.51-58). Depois da morte, vem a ressurreição, quando a pessoa ressuscitada estará tão viva quanto no momento da morte, e, quando isso acontecer, ela terá um corpo imortal e não poderá morrer de novo (1Co 15.20-23, 34-51; Jo 5.28, 29). Assim, não há espaço para aquela doutrina, segundo a qual um espírito humano adulto pode se tornar um espírito

bebê outra vez, nascer na carne, crescer até a maturidade uma segunda vez e morrer de novo. Se o Anticristo fosse um bebê e crescesse até a maturidade em sua segunda vida na terra, qual seria o propósito de reencarnar em outra pessoa? Por que não poderia um bebê crescer até a maturidade e cumprir as mesmas coisas que um bebê reencarnado, uma vez que o seu sucesso não depende da maturidade nem da experiência da outra vida? Se esse homem pode reencarnar, então seria lógico que outros também pudessem, e, se admitirmos a reencarnação, não podemos condenar o hindu nem qualquer outro que acredite nessa doutrina. Portanto, acreditamos que o Anticristo é um mero homem que nascerá na Terra pela primeira vez nos últimos dias e que não será a besta do abismo.

4. As Escrituras deixam claro que o abismo não é o lugar para onde vão os espíritos dos humanos que morreram; portanto, um espírito humano não pode sair do abismo. O abismo é a prisão de espíritos demoníacos (Lc 8.31; Ap 9.1-21). É também o lugar do atual confinamento de alguns príncipes satânicos (Ap 9.11; 11.7; 17.8). Não se sabe quantos outros anjos estão ali. Será a prisão de Satanás por mil anos (Ap 20.1-10). A julgar por essas passagens, parece claro que o abismo está reservado para Satanás e seus demônios angelicais, nunca como lugar para os espíritos humanos. Os espíritos humanos, antes da ressurreição de Cristo, iam para o paraíso ou para o inferno (Lc 16.19-31; Sl 16.10; Lc 23.43; Ap 20.11-15). Na ressurreição de Cristo, ele levou consigo para o céu todas as almas justas do paraíso sob a Terra, de modo que agora o cristão que morre passa a estar "com Cristo" até a primeira ressurreição (Ef 4.7-11; Hb 2.14; Fp 1.21; 2Co 5.8; Ap 6.9-11). Os espíritos dos humanos maus ainda vão para o inferno, como antes — e Judas não é exceção nem qualquer outro homem. Diante

disso, podemos concluir que nenhum espírito humano está agora no abismo para sair como a besta.
5. Não há nas Escrituras um texto que prove que o Anticristo será diferente de qualquer outro homem natural em sua existência, nascimento e morte. Ele será usado por poderes satânicos nos últimos dias, apenas isso. Nem Deus nem Satanás terão de chamar de volta da morte um homem que já viveu para cumprir a profecia. Se algum homem na história passada podia cumprir os requisitos necessários, por que não um homem do futuro? Nunca uma reencarnação foi necessária para a atuação dos poderes sobrenaturais do mundo, nem será para esse homem no futuro. A única coisa necessária será a completa submissão à vontade de quem o estiver manipulando.
6. Afirmar que o Anticristo será assassinado no meio da Semana e ressuscitará como um ser imortal e uma encarnação de Satanás não está de acordo com as Escrituras. O ferimento de uma das cabeças da besta e sua cura não comprovam essa teoria. Uma coisa vital que alguns intérpretes não conseguem ver é que uma das sete cabeças da besta é que será ferida de morte, não a própria besta. O anjo explica a João que as sete cabeças são sete reinos e que todos eles precederam a própria besta, a qual é o oitavo reino, governado pelo Anticristo e pelo príncipe satânico do abismo (Ap 17.9-11). É óbvio, então, que o Anticristo é o rei do oitavo reino e não será assassinado de modo algum, tampouco será ressuscitado no meio da Semana. O Anticristo nunca será uma encarnação de Satanás, pois vemos o dragão (Satanás) como um ser distinto do Anticristo durante todo o período em que supostamente estaria encarnado neste (2Ts 2.8, 9; Ap 13.1-4; 16.13-16; 20.10). Portanto, Satanás não poderá estar encarnado no Anticristo e ao mesmo tempo existir como um ser distinto, fora dele.

CAPÍTULO TRINTA E DOIS

A IDENTIFICAÇÃO DA BESTA DO ABISMO

Acreditamos firmemente que a besta do abismo representa um príncipe satânico sobrenatural poderoso, não um espírito humano. Não cremos que esse espírito deva ser encarnado num corpo humano qualquer para se tornar o Anticristo, mas que ele será o príncipe governante que, sob a orientação de Satanás, dominará o Anticristo e o exaltará como rei terreno sobre o oitavo e último reino, no final dos tempos. Cremos ainda que ele governou um dos primeiros cinco reinos extintos antes dos dias de João, representados pelas cinco primeiras cabeças da besta, e que quando o seu reino caiu ele foi lançado no abismo e confinado ali durante o sexto reino (o Império Romano), o único existente na época de João. Ele estará confinado no abismo até a formação dos dez reinos como o sétimo reino. Então será solto do abismo, durante a vigência do sétimo reino, para causar o surgimento do Anticristo do meio dos dez reinos e reviver o reino da Grécia, que governou antes do sexto e do sétimo reino. Será o oitavo e último reino, encabeçado pelo Anticristo, que lutará contra Cristo no Armagedom.

Isso é o que o anjo quer dizer quando afirma que essa besta "foi [já existia na Terra antes de João] e já não é [não estava na Terra na época de João], e há de subir do abismo [nos últimos dias, para reavivar o reino que ele governou antes de ser confinado ao abismo], e irá à perdição". Esse espírito irá controlar o Anticristo por meio de demônios, a fim de torná-lo a personificação da maldade e da manifestação do poder satânico. Ele é representado pela besta do abismo, que será responsável pela ascensão do Anticristo (este por sua vez simbolizado pela besta do mar da humanidade), para reviver e formar a besta, o oitavo reino. Esse reino também é simbolizado pela besta. As três coisas constituem os poderes representados por esse símbolo

É a besta do abismo que fará guerra contra as duas testemunhas por meio do Anticristo. Nesse fato, vemos as operações cruéis dos poderes satânicos por intermédio do Anticristo e seu reino pela combinação de forças humanas e sobrenaturais. Mas só quando o testemunho delas tiver terminado Deus irá remover a sua mão protetora. Os reinos deste mundo sempre foram controlados por poderes sobrenaturais, e as coisas que acontecem na Terra são o resultado do que acontece no céu, nas batalhas perdidas ou vencidas entre os bons espíritos de Deus e os maus espíritos de Satanás. O Diabo controla os reinos deste mundo. Ele os ofereceu a Cristo, que não negou essa afirmação de Satanás (Lc 4.5, 6). Deus, no tempo presente, interfere nos planos de Satanás concernentes aos reinos deste mundo a fim de tornar possível o cumprimento de sua palavra profética, que Satanás e as forças do mal desejam ver fracassar, daí as batalhas nos lugares celestiais.

As batalhas entre Satanás e Deus podem ser rastreadas ao longo da Bíblia, de Gênesis a Apocalipse. Deus está tentando levar os homens de volta ao lugar em que estavam antes de cair, e para fazer isso enfrenta continuamente os poderes de Satanás, que tenta de todas as maneiras imagináveis impedir esse plano. Por todo o Antigo Testamento, as batalhas giravam em torno da vinda da semente da mulher e do cumprimento do propósito de Deus a respeito de Israel (Gn 3.15; 12.1 e todo o Antigo Testamento). A grande arma usada pelo Diabo eram os reinos deste mundo, a quem ele inspirava vez por outra para extirpar Israel da face da Terra, de modo que Cristo jamais pudesse pronunciar maldição contra ele.

Desde o início da história de Israel, em Gn 12, cinco grandes reinos foram usados por Satanás para essa finalidade em todo o Antigo Testamento. No entanto, Deus aproveitou os esforços de Satanás e usou essas mesmas nações para castigar Israel quando isso se fez necessário para trazer o seu povo ao arrependimento. Quando uma delas ia além do plano de Deus para o seu povo, Ele a derrubava e a substituía por outra, por isso tinha de lidar com Satanás nos lugares celestiais. Os cinco reinos foram: Egito, Assíria, Babilônia, Medo-Pérsia e Grécia (com suas divisões) — os cinco que já haviam caído antes de João. O sexto foi o antigo Império Romano, que existia na época de João e que espalhou Israel aos quatro ventos. O sétimo será o mesmo império sob a forma de dez reinos. Esse reino também perseguirá a Israel. A besta será o oitavo reino, que se seguirá imediatamente ao sétimo e se tornará, de todos os oito reinos, o maior e o mais implacável perseguidor de Israel. Ele tentará levar a cabo o plano original de Satanás, que é destruir Israel e frustrar o propósito eterno de Deus no que concerne a eles e à Terra, conforme o que foi prometido aos seus pais.

Em todos os momentos de crise na história de Israel e desses reinos, Deus interveio no momento certo. Assim, Israel foi poupado e preservado no passado e também o será no futuro, como Deus prometeu. Satanás, além de utilizar os reinos para destruir e oprimir Israel e frustrar a promessa de Deus, também levou Israel ao pecado, de modo que o próprio Deus, em algumas ocasiões, os amaldiçoou. Mas, durante todo esse tempo, Deus tem aproveitado o instrumento usado pelo Diabo para destruir Israel, como ferramenta para castigar seu povo e conduzi-lo ao arrependimento. O arrependimento definitivo de Israel ocorrerá na Tribulação.

Esses fatos podem ser facilmente constatados na história de Israel que é registrada no Pentateuco, nos livros históricos do Antigo Testamento e especialmente nas profecias, nas quais Deus tenta, pela boca de seus servos, conduzir Israel ao arrependimento com ameaças de punição pelo aguilhão de inimigos estrangeiros. Na Bíblia, inúmeras passagens mostram a atuação dos poderes satânicos em diferentes reinos do mundo na tentativa de frustrar o propósito eterno de Deus para Israel na Terra. Temos também o registro da oposição das forças espirituais de Deus a esses poderes satânicos quando realizaram seus propósitos malignos na Terra (Is 14.4-21; 24.21-23; 25.7; Ez 28.11-17; Dn 2.19-23, 28, 31-45; 4.25-37; 5.18-31; 7.1-28; 8.1-26; 9.24-27; 10.1—12.13; Jl 3; Zc 14; Lc 4.5, 6; Jo 12.31; 2Co 4.4, Ef 2.2; 6.11-17; 2Ts 2; Ap 11.15; 13.1-18 etc.). Essas são apenas algumas referências que expressam com clareza essa verdade. Tudo isso é evidente, e a besta do abismo é claramente identificada no livro de Daniel, em concordância com o Apocalipse. Nesse livro, vemos a ascensão e a queda de vários impérios que foram utilizados para realizar o propósito de Deus no castigo ou na libertação de Israel, desde os tempos de Daniel até a vinda do Messias. Quando um reino deixava de cumprir o propósito de Deus, Ele escolhia outro, como ilustra 2Rs 23.29—24.10. Em Dn 2 e 7—12, temos seis reinos mundiais que foram usados para oprimir Israel: a Babilônia, como a cabeça de ouro e o leão; a Medo-Pérsia, como a prata, o urso e o carneiro; a Grécia, como o bronze, o leopardo e o bode; Roma, como o ferro e a terrível besta; a Roma restaurada, como os dez dedos dos pés e os dez chifres; a Grécia rediviva, como o reino do chifre pequeno que surge dos dez chifres de Dn 7 e das quatro pontas de Dn 8, e como o rei do Norte (Síria) de Dn 11.

Em Dn 10.1—11.1, temos a passagem-pivô de toda a Bíblia sobre os príncipes sobrenaturais que, liderados por Satanás, governam diferentes reinos e sobre o método suprimir os governantes desses reinos para cumprir a profecia de Deus. Isso mostra claramente como e por que o espírito está confinado no abismo e, incidentalmente, revela a sua identidade. Esse não é o motivo definitivo para essa conclusão, mas estabelece o fato de que existem príncipes sobrenaturais sobre diferentes reinos. Tudo que se pode concluir a respeito da besta do abismo precisa estar associado com um dos primeiros cinco reinos simbolizados pelas cinco primeiras cabeças na besta. Isso por si só exclui Judas,

Nero, Ninrode, Napoleão e outros homens que alguns apontam como a besta do abismo. Esse espírito, portanto, deve ser o mesmo que governou o Egito, a Assíria, a Babilônia, a Medo-Pérsia ou a Grécia, pois esses reinos constituem as cinco primeiras cabeças na besta. Convém lembrar que ele estava na Terra antes do sexto reino, não estava na Terra durante o sexto reino, sairá do abismo durante o sétimo reino e fará reviver o reino que ele já governou, o qual se tornará o oitavo reino, sucessor imediato do sétimo reino.

Gabriel, que foi enviado para mostrar a Daniel a visão do reino que iria oprimir Israel nos últimos dias, enfrentou a resistência do espírito governante do reino da Pérsia, a quarta cabeça do animal que já existia no momento dessa visão. Gabriel disse ao profeta: "Desde o primeiro dia, em que aplicaste o teu coração a compreender e a humilhar-te perante o teu Deus, são ouvidas as tuas palavras; e eu vim por causa das tuas palavras. *Mas o príncipe do reino da Pérsia* se pôs defronte de mim vinte e um dias, e eis que *Miguel, um dos primeiros príncipes* [de Deus], veio para ajudar-me, e eu fiquei ali com os reis da Pérsia [até que Miguel me libertou]" (Dn 10.12-14).

Em Dn 10.20, 21, há outra referência indiscutível a príncipes sobrenaturais sobre os reinos. Se isso vale para esses poucos reinos mencionados, sem dúvida é válido também para todos os outros reinos e principados do mundo que existiram e existirão, até que todos "os reinos deste mundo" se tornem os reinos de Cristo na sua segunda vinda. O mesmo anjo detido pelo *"príncipe do reino da Pérsia"* disse a Daniel: "Sabes porque eu vim a ti? Eu tornarei a *pelejar* contra *o príncipe dos persas*; e, saindo eu, eis que virá *o príncipe da Grécia*. Mas eu te declararei o que está escrito na escritura da verdade; e ninguém há que se esforce comigo contra aqueles, a não ser *Miguel, vosso príncipe* [de Israel]".

Em Dn 11, uma continuação da mensagem do anjo, lemos: "Eu [Gabriel], pois, no primeiro ano [cinco anos antes] de Dario, medo, levantei-me para o animar e fortalecer [Miguel foi o príncipe de Israel que derrubou o príncipe da Babilônia, a fim de que o príncipe da Pérsia pudesse vir, cujo reino iria libertar os israelitas e permitir que regressassem à sua terra]" (Dn 11.1). Esse versículo mostra que Miguel não era o príncipe que protegia o príncipe da Pérsia, mas que Gabriel fora escolhido dessa vez. Gabriel ajudara Miguel a derrubar o príncipe da Babilônia, a fim de cumprir a profecia da queda do Império Babilônico e estabelecer o reino persa, conforme previamente revelado a Daniel e a Nabucodonosor. Agora, por sua vez, Miguel ajuda Gabriel na missão de se opor ao príncipe da Pérsia. Isso reforça o fato de que diferentes anjos, bons e maus, são incumbidos de certas responsabilidades em determinados reinos. Observe as aparições divinas e angélicas no livro de Daniel que mostram o tipo de príncipes que eles são: Dn 3.25; 4.13, 17, 23; 6.22; 7.17; 8.13, 14, 16-26; 9.21; 10.4-8, 10, 16, 18, 20, 21; 11.1; 12.1, 5, 6.

Essas passagens mostram que Deus envia certos anjos com ordens de causar a ascensão ou a queda de alguns reinos a fim de cumprir a profecia. Revelam também que os príncipes de Satanás sobre esses reinos tentam dificultar a sua ascensão ou queda para impedir o plano de Deus. Dn 10.12-14 mostra que houve uma guerra no céu entre o príncipe da Pérsia e Gabriel e que Gabriel ficou detido 21 dias e não conseguia chegar a Daniel, até que Miguel, o príncipe que protege a nação israelita, veio ajudá-lo. Juntos, eles derrotaram o príncipe da Pérsia. Se houve uma guerra de 21 dias em torno da mera resposta a uma oração, que tipo de guerras e por quanto tempo eles lutam quando se trata da derrubada de um reino?

Essa passagem fala de um "príncipe da Pérsia" e em seguida menciona "os reis da Pérsia". A diferença entre os dois termos é facilmente explicada, pois a palavra hebraica *sar* é geralmente traduzida por "príncipe" e "príncipes" nesse livro (como em Dn 1.7, 8, 10, 11, 18; 8.11, 25; 9.6, 8; 10.13, 20, 21; 11.5, 8, 18, 22; 12.1) e significa "um líder de qualquer espécie ou classe", "um capitão", "chefe", "mestre", "governante", "príncipe" etc. O príncipe do reino da Pérsia estava ligado ao espírito satânico que governava todo o reino e como tal era responsável perante

Satanás. A palavra hebraica *melek* significa "rei", "realeza", e nesse caso pode designar os príncipes subordinados ao príncipe maior ou se referir ao príncipe dos medos e ao príncipe dos persas, cujo reino era duplo, sendo o príncipe da Pérsia o maior dos dois, tal qual o reino terrestre. Outra tradução concernente aos reis da Pérsia pode ser: "Fiquei ali com a realeza da Pérsia", pois foi o príncipe da Pérsia quem o deteve durante 21 dias.

A Bíblia ensina que há bons e maus espíritos não só sobre cada reino, mas também sobre cada pessoa da Terra. Há bons e maus espíritos tentando dominar a vida humana, para o bem ou mal (Sl 78.49; 91.11; Mt 18.10; Rm 8.38; Hb 1.14; Ef 2.2; 6.12 etc.).

Dn 10.20, 21 traz a mesma ideia — apenas um governante ou príncipe sobre cada reino — e ainda nos permite verificar se havia mais de um príncipe no reino da Pérsia. Aqui Gabriel, depois de ter sido libertado da realeza da Pérsia e cumprido a sua missão junto ao profeta, declara: "Eu tornarei a pelejar contra o príncipe dos persas; e, saindo eu [para *derrubar o príncipe da Pérsia*, a fim de que possa vir o império que irá suceder à Pérsia], eis que virá *o príncipe da Grécia*". Ou seja: "Quando eu conquistar o espírito que governa o reino da Pérsia sob a autoridade de Satanás, virá o espírito que controla o reino da Grécia sob a autoridade Satanás e governará esses territórios e assim cumprirá a 'escritura da verdade'".

A "escritura da verdade" sobre a derrubada da Pérsia pela Grécia foi revelada durante o terceiro ano do reinado de Belsazar, o vice-regente do rei da Babilônia (Dn 8.1-26). Na época dessa profecia (Dn 10.1—12.13), no terceiro ano de Ciro, rei da Pérsia, Gabriel informou a Daniel que a Pérsia estava prestes a cair, que Grécia viria e que ninguém o ajudara no cumprimento dessas coisas "a não ser *Miguel, vosso príncipe*", ou seja, o príncipe de Israel (Dn 12.1; Ap 12.7). Gabriel revelou ainda a Daniel quantos reis iriam reinar na Pérsia antes que o reino fosse derrubado (Dn 11.2). O "rei valente" de Dn 11.3 é Alexandre, o Grande, que derrotou os persas com facilidade, porque era o tempo de Deus para o cumprimento da profecia e porque o governante satânico da Pérsia fora derrotado por Gabriel e seus exércitos nos lugares celestiais.

Sem dúvida, está claro para o leitor que o poderoso príncipe satânico irá trabalhar em parceria com o Anticristo terreno no futuro, como fez com todos os poderosos governantes de reinos em tempos passados. Conclui-se, portanto, que a besta do abismo é o príncipe satânico da Grécia, que irá inspirar o Anticristo e usá-lo na formação do oitavo reino, que será uma revivificação do reino que ele controlava antes de ser derrotado nos lugares celestiais e lançado no abismo. Afirmamos que a besta do abismo é "o príncipe da Grécia" e apresentamos os seguintes pontos como prova:

1. As últimas visões de Daniel dizem respeito ao Império Grego, suas quatro divisões e a ascensão do Anticristo de um deles. Dos 155 versículos de Daniel que descrevem os "tempos dos gentios", desde o tempo de Daniel até a vinda de Cristo, 125 são dedicados ao Império Grego. Na visão de Dn 2, dos 14 versículos que falam da Babilônia, Medo-Pérsia, Grécia, Roma e Roma restaurada, seis falam da Grécia. Dos 28 versículos de Dn 7, apenas três falam da Grécia, mas nove falam da "ponta pequena" que será o futuro rei da Grécia rediviva. Dos 27 versículos de Dn 8, o "bode" (a Grécia) e o rei da Grécia nos últimos dias são os principais objetos da visão. O objetivo de todo o capítulo é mostrar a derrocada da Pérsia e a existência da Grécia nos últimos dias em quatro divisões, com o Anticristo saindo de uma delas. Os 79 versículos de Dn 10—12 são todos dedicados a mostrar que o Anticristo virá de uma das quatro divisões gregas e mostram exatamente qual: a Síria. Esses fatos não são meros acidentes e oferecem muitas provas de que o príncipe da Grécia será o espírito do abismo e que o oitavo reino será a Grécia rediviva sob o governo do Anticristo.

2. O fato de o Anticristo, o líder terreno do oitavo reino, surgir da divisão síria da Grécia parece ser a prova conclusiva de

que o príncipe da Grécia é o espírito do abismo, não o egípcio, assírio ou babilônico, nem os príncipes persas. Como não há indício de que os quatro primeiros reinos serão revivificados, como a Grécia, e uma vez que o espírito do abismo não pode ter sido o príncipe de Roma, por causa de sua presença no abismo durante a existência do antigo Império Romano, segue-se que ele será o príncipe da Grécia.

3. O corpo da besta é "semelhante ao leopardo". Em Daniel, o leopardo simboliza o reino grego e mostra que o reino do Anticristo, ou o oitavo e último reino, é basicamente grego no caráter e na política e em sua atitude em relação a Israel, assim como a predição sobre a divisão síria em Dn 8.9-14, 20-25; 9.27; 11.21—12.7; Ap 13 etc. Se a besta é grega, "semelhante ao leopardo", então o espírito do abismo é o príncipe da Grécia.

4. Em Jl 3.6 e Zc 9.13, temos duas profecias definitivas sobre o Império Grego nos últimos dias, sob o governo do Anticristo, e no momento em que Israel será salvo das nações com o retorno de Cristo. Essas passagens implicam a existência da Grécia como um império sob o governo do Anticristo.

CAPÍTULO TRINTA E TRÊS

AS SETE CABEÇAS DA BESTA

Aqui há sentido, que tem sabedoria. As sete cabeças são sete montes, sobre os quais a mulher está assentada. E são também sete reis: cinco já caíram, e um existe; outro ainda não é vindo; e, quando vier, convém que dure um pouco de tempo. E a besta, que era e já não é, é ela também o oitavo, e é dos sete, e vai à perdição (Ap 17.9-11).

Ao explicar as sete cabeças da besta, o anjo diz: "As sete cabeças são sete montes, sobre os quais a mulher está assentada. E são também sete reis". Essa leitura é também a de muitas outras versões que estão em harmonia com a tradução literal da seguinte forma: "As sete cabeças são sete montanhas [...] e são também sete reis". As sete cabeças, portanto, simbolizam sete montanhas, e as sete montanhas, sete reinos. Se os sete reis não forem uma explicação adicional para as sete cabeças e os sete montes, então eles estão forçando a interpretação das sete cabeças e não têm ligação com o assunto como um todo. Se for assim, então tudo que se segue sobre os sete reis não é parte da explicação sobre as sete cabeças que o anjo prometeu a João.

Temos nesses versículos a explicação divina para as sete cabeças, que são sete reis ou reinos. As palavras "reis" e "reinos" são usadas alternadamente nas Escrituras (compare Dn 2.37, 38 com 2.39; 7.3, 23, 24 com 7.17). Isso exclui a ideia de que as sete cabeças sejam sete montes literais sobre os quais a Roma literal está construída.

Se as sete cabeças são as sete colinas sobre as quais a cidade de Roma está construída, teríamos de crer que cinco dessas colinas tinham sido achatadas antes da época de João, pois "cinco já caíram". Roma seria apenas um monte na época de João, pois só "um existe" e também seria achatado. Assim, Roma teria de ser transferida para a sétima colina e depois transportada para a oitava, porque a besta é o oitavo reino (Ap 17.9-11).

Tal ideia é estranha a cada frase da linguagem utilizada nessa explicação. Montanhas em passagens simbólicas referem-se a reis e reinos (Jr 51.25; Dn 2.35, 45), por isso aventamos a ideia de que as sete cabeças sejam Egito, Assíria, Babilônia, Medo-Pérsia, Grécia, Roma e o futuro Império Romano restaurado e que a própria besta seja o oitavo e último império, que será o Império Grego redivivo, sucessor imediato do Império Romano restaurado. Apresentamos os seguintes argumentos como prova:

1. Não há outros reinos capazes de cumprir os requisitos das sessenta declarações anteriores sobre a besta e suas sete cabeças, como se pode comprovar facilmente se escolhermos qualquer outro conjunto de sete reinos e tentar harmonizá-los com essas declarações.
2. Todos admitem que o surgimento do leão, do urso, do leopardo e da terrível besta do mar em Dn 7 simboliza o surgimento de quatro grandes reinos mundiais por meio de poderes sobrenaturais que operam em líderes humanos e através deles. As costelas na boca do urso, as quatro cabeças do leopardo, os dez chifres do animal terrível e o chifre pequeno subindo entre eles, e assim por diante, diferem todos dos próprios animais. Se isso se aplica às bestas de Daniel, por que não à besta com suas sete cabeças e dez chifres de Apocalipse?

O fato de o animal ser "semelhante ao leopardo" e possuir características do leão e do urso mostra que em sua ascensão ele ostentará elementos da Babilônia, da Medo-Pérsia e da Grécia, mas será principalmente grego. Isso prova ainda que não podem ser determinados reinos sobre os quais a Prostituta tem governado desde João. Por que escolher sete dos muitos reinos sobre os quais o papa tem influenciado, se eles são alheios a Israel e ao cumprimento da profecia e nem sequer são mencionados na Bíblia? Já os reinos acima são citados nas Escrituras, por isso têm uma base mais segura.

Sempre que depararmos com a menção a um leopardo, um leão, um urso e chifres, entre outros, no Novo Testamento como símbolo de um reino e seu governante, devemos imediatamente olhar para trás e procurar o significado das mesmas coisas no Antigo Testamento. Devemos dar especial atenção quando Daniel retrata os vários impérios que se estenderiam desde a sua época até o Milênio. O leão de Dn 7 tem apenas uma cabeça, que significa apenas um reino, enquanto o leopardo tem quatro cabeças, que mostram quatro reinos saindo dela. O animal "terrível" tem uma cabeça, porém possui dez chifres, o que indica o surgimento de dez reinos daquele reino. Uma vez que isso está comprovado e reconhecido por estudiosos da profecia, o mesmo pode ser visto facilmente também nas sete cabeças e dez chifres da besta de Apocalipse.

No entanto, existe uma diferença. Uma vez que a besta será o oitavo reino, na sucessão do sétimo, não será o primeiro de uma sucessão de oito reinos, mas o último. Portanto, as suas cabeças e chifres são históricos e representam reinos antes dele, enquanto nos animais de Daniel eles irão se seguir aos animais e são imagens proféticas de reinos após eles. Assim, a besta de Apocalipse semelhante ao leopardo (o Império Grego) deve significar o renascimento da Grécia ou de uma das sete cabeças, enquanto os animais de Dn 7 não eram renascimentos de suas cabeças, mas a fonte delas.

1. Todos os dez reinos, que formam a sétima cabeça, serão entregues ao Anticristo, cujo reino será o oitavo. O sétimo reino será uma versão modificada do sexto. O oitavo sem dúvida não será um renascimento do que já foi restaurado,

por isso deve ser a revivificação de um dos cinco que vieram antes do sexto, o qual era o único existente na época de João. O sexto, o sétimo e o oitavo são identificados como grandes potências mundiais adversárias de Israel, por isso os cinco primeiros também devem ser da mesma natureza e, portanto, não são cinco reinos dentre os que a Prostituta tem reinado desde o sexto reino, ou a Roma antiga. Devemos então procurar cinco reinos mundiais anteriores a Roma, e, dos que constam tanto na história quanto na Bíblia e foram usados por Deus para castigar Israel, existem apenas cinco possibilidades: os reinos sucessivos do Egito, da Assíria, da Babilônia, da Medo-Pérsia e da Grécia, já extintos nos dias de João e anteriores ao sexto reino (Roma), que era o da época de João.

Esse traçado das cabeças até o Egito antigo não viola nenhum princípio fundamental da interpretação profética, pois o anjo explicou a João que a besta será o oitavo e último reino de uma série de oito potências mundiais. A besta e suas sete cabeças simbolizam todos os reinos do mundo dos gentios ao longo dos "tempos dos gentios". A era dos gentios não começou na Babilônia de Nabucodonosor, como se tem ensinado, mas teve início com a primeira opressão de Israel, no Egito. Daniel viu apenas os "tempos dos gentios" de sua época em diante, visto que retratava o que ainda iria acontecer a Israel dali em diante, mas não há indício de que ele tenha visto toda a era dos gentios.

1. Outra explicação para as sete cabeças pela escola histórica é dada como se segue. O Senhor quis retratar sete reinos sucessivos, cada um emergindo do território de seu antecessor e distinto na linguagem e nas leis, como o Egito, a Assíria, e assim por diante. Todos esses reinos existiram antes da época de João e "traziam" mulheres, por sua vez. A mulher (romanismo) não veio à existência senão poucos séculos depois de João, por isso as sete cabeças não poderiam ter existido antes disso.

O primeiro reino a "trazer" a mulher foi o de Justiniano, a parte oriental do Império Romano de 533 a 538 d.C. E, quando esse reino a traiu, ela — a Igreja Católica — foi posta desolada pela primeira vez, sem o apoio de nenhum governo. A segunda cabeça era o Sacro Império Romano, sob Carlos Magno, que foi coroado pelo papa no ano 800 d.C. Quando este entrou em declínio, ela estava desolada outra vez. A terceira cabeça era o reino de Oto, o Grande, coroado pelo papa no ano 962 d.C. A terceira desolação foi uma grande luta entre o papa e alguns reis. O papa saiu vitorioso sobre Frederico II, em 1230 d.C., a quarta cabeça, mas esse reino caiu, e a mulher estava outra vez desolada. Carlos V foi coroado em 1520, quando a mulher ascendeu ao quinto reino, que foi "ferido de morte" pelos protestantes, e a mulher achou-se novamente desolada. O sexto reino foi a Áustria, que "trazia" a mulher. O sétimo reino deveria "durar um pouco de tempo", e isso se cumpriu no breve apoio de Napoleão à igreja, mas depois a mulher se viu desolada pela sétima vez. O oitavo reino surgirá ainda no futuro e será uma revivificação do quinto reino, ou seja, do Império Germânico, de Carlos V, que lutará contra Cristo no Armagedom.

  Se esses intérpretes estão certos, então somos obrigados a crer que os reinos de Justiniano, Carlos Magno, Oto, o Grande, Frederico e Carlos V existiam antes de João ter a visão do Apocalipse, porque o anjo lhe disse: "Cinco caíram". Devemos também crer que o sexto reino, o austríaco, existia na época de João, pois "um existe". Por fim, devemos admitir também que o sétimo reino, o de Napoleão, seria o único a existir após os dias de João, porque esse "ainda não é vindo; e, quando vier, convém que dure um pouco de tempo".

  Esses fatos comunicados pelo anjo são incompatíveis com a teoria acima e com muitas outras especulações em torno da besta. Mais uma vez, a Bíblia contradiz a ideia de que a oitava cabeça é o reino redivivo de Carlos V, porque o oitavo reino é uma revivificação de um dos cinco reinos que "caíram" antes dos dias de João, ou seja, antes do antigo Império Romano, que governava o mundo nos dias de João, enquanto Carlos V reinou cerca de catorze séculos após a época do apóstolo. Se for assim, os dez reis que entregarão o seu poder à besta por 42 meses — 1.260 dias literais ou três anos e meio — irão surgir do antigo Império Romano e formar os reinos de onde o Anticristo irá ascender, cujo reino se tornará imediatamente o oitavo. A Bíblia não se preocupa com os reinos surgidos entre a Roma antiga e a restaurada.

O principal argumento dessa escola reside no fato de que a mulher monta cada cabeça em sucessão, por isso, já que ela só veio a existir depois de João, as sete cabeças também devem ser posteriores ao apóstolo. Isso seria lógico, se fosse verdade que ela monta cada cabeça, mas não é. A mulher está assentada sobre uma cabeça apenas no sentido de que elas pertencem à besta, o símbolo do oitavo reino, sobre o qual ela irá de fato se sentar. Em Ap 17.1, ela está assentada "sobre muitas águas", e Ap 17.15 explica que são muitas nações, as quais, por sua vez, constituem "a besta de cor escarlate [...] que a traz, a qual tem sete cabeças e dez chifres" (Ap 17.3, 7). Quando ela se senta sobre a besta, que tem sete cabeças, está assentada também sobre todas as cabeças, que irão compor a estrutura do oitavo reino. Jesus Cristo não está mostrando a João que tanto a mulher quanto os animais existiram por toda a extensão dos sete reinos. Ele está revelando o fato de que a besta será o oitavo reino de uma série de oito reinos em toda a extensão dos tempos dos gentios (Ap 17.11); que a mulher é um grande sistema religioso com sede na Babilônia; que ela irá dominar os dez futuros reinos da Roma restaurada após o arrebatamento da igreja e durante a primeira metade da Semana, enquanto o oitavo reino é formado pelo Anticristo (Ap 17.1, 3, 7, 12-17). Ele está mostrando a João o que irá acontecer após o Arrebatamento, quando as "coisas que depois destas devem acontecer" serão cumpridas, não um único detalhe do que acontecerá entre a Grande Prostituta e a besta antes do Arrebatamento.

Os dez chifres sobre o dragão não são coroados, apenas os

da besta. Isso revela que o Diabo dará a ela poder sobre os dez reis da Roma restaurada para o Anticristo, o qual irá reger esses reinos nos últimos três anos e meio desse período (Ap 13.2, 5; 17.8-17; 2Ts 2.8-12; Dn 8.24; 11.38). Nem a besta como o oitavo reino, nem o seu rei, o Anticristo, existiram ao longo desses sete reinos. Os dez reis do sétimo reino e o Anticristo do oitavo reino, bem como o domínio dos dez reis pela Prostituta e a destruição desta pelos dez reis e pelo Anticristo, são "coisas" que se cumprirão no futuro, após o arrebatamento da igreja, a menos que os dez reinos sejam formados antes do Arrebatamento. Não podemos ter certeza sobre esse último ponto, pois o Arrebatamento pode ocorrer a qualquer momento, sem a ocorrência de nenhum sinal ou do cumprimento de alguma profecia. Poderá acontecer antes ou após a formação dos dez reinos, sendo a única limitação que deverá ocorrer antes da revelação do Anticristo e da Septuagésima Semana de Daniel 9.27, como já vimos.

1. O fato de o dragão e a besta, no futuro, empreenderem todos os esforços para destruir Israel parece provar que o Egito, a Assíria e os outros cinco reinos são as sete cabeças. Essa será a última e definitiva investida do dragão para realizar o seu propósito de destruir Israel, que começou com os sete reinos, os únicos mencionados na Bíblia como visados para os propósitos do dragão ao longo dessa linhagem.
2. O fato de o barro, o ferro, o bronze, a prata e o ouro da estátua serem destruídos no retorno de Cristo mostra que os elementos de todos esses reinos, simbolizados por esses metais (Dn 2), serão inerentes à besta, que "vai à perdição", ou seja, será destruída. A destruição deles em conjunto é ainda comprovada pela destruição da besta e suas sete cabeças e dez chifres, simultaneamente, por Cristo em sua segunda vinda. Com base nesses fatos, podemos concluir também que as sete cabeças do símbolo representam Egito,

Assíria, Babilônia, Medo-Pérsia, Grécia, Roma e Roma restaurada, todos necessários para traçar o curso até a ascensão da besta — o oitavo reino, governado pelo Anticristo — e do espírito do abismo, pois são os únicos reinos que se harmonizam com a revelação da besta e suas cabeças.
3. O "nome de blasfêmia" identifica as sete cabeças e a própria besta. Em Ap 13.1, lemos: "... e, sobre as cabeças, um nome [nomes] de blasfêmia". Em Ap 17.3, constatamos que a própria besta "estava cheia de nomes de blasfêmia". Esses dois versículos mostram que os oito reinos foram e serão reinos blasfemos ou controlados por reis blasfemos. Pode-se ver facilmente na história bíblica a atitude blasfema do Egito, da Assíria, da Babilônia, da Medo-Pérsia, da Grécia e de Roma, e na profecia é vista a mesma característica na futura Roma restaurada e nos reinos gregos redivivos. Praticamente, todos os reis dos seis reinos passados assumiram o título de Deus e foram adorados como se fossem Deus. Isso está de acordo com a história da adoração religiosa e política desses reinos. (Para ler uma profecia sobre esse aspecto na vida do Anticristo, veja Ap 13.5, 6; Dn 7.9, 11, 20, 25; 11.36; 2Ts 2.4.)

CAPÍTULO TRINTA E QUATRO

OS SETE MONTES-REINOS E ISRAEL

Os sete reinos, representados pelas sete cabeças da besta e pelo dragão, são sete reinos coexistentes com Israel desde a fundação deste até o advento da besta, o oitavo reino. Eles não só são mencionados com Israel como seus opressores, mas a existência de cada um dos sete, bem como do oitavo reino, sem exceção, é anunciada para os últimos dias, em conexão com Israel. Isso nos ajuda a entender melhor como os sete reis estarão presentes no oitavo quanto ao território e aos povos.

I. O PRIMEIRO MONTE-REINO E ISRAEL

O Egito foi o primeiro reino mundial a oprimir Israel nos "tempos dos gentios", período que teve início com a história de Israel no Egito e continuou até a vinda do Messias.

As palavras "Egito" e "egípcios" são encontradas na Bíblia cerca de 731 vezes, e em todas as ocorrências, praticamente, há uma conexão com Israel. Mesmo até o estabelecimento de Roma, o Egito ainda era o pior inimigo de Israel, com períodos intermitentes de trégua. A seguir, apresentamos os principais pontos da história e da profecia contra o Egito e Israel.

1. O Egito foi o local da multiplicação e da primeira opressão de Israel (Gn 15.13, 14; Gn 37—Êx 15).
2. O Egito é mencionado nos tempos de Salomão, seiscentos anos após o Êxodo (1Rs 3.1-3; 9.16; 11.1-40; 12.1-33).

3. O Egito foi usado para castigar Judá na época de Roboão (1Rs 14).
4. O Egito invadiu Judá logo depois (2Cr 14.9-12; 16.7-9).
5. Israel e Judá confiaram no Egito e lhe pediram socorro quando foram oprimidos por outras nações (2Rs 17; 18.21; Is 30 e 31).
6. O Egito invadiu Judá outra vez (2Rs 23.28-37).
7. O Egito foi mais uma vez o refúgio dos israelitas (2Rs 25.25, 26).
8. Em Ez 29—32, é profetizada a queda do Egito por causa da opressão a Israel. Nesses capítulos, há várias referências aos últimos dias (Ez 29.5, 6, 21; 30.2, 3).
9. O Egito estará presente no reino do Anticristo (Dn 11.42, 43). Será uma das quatro divisões da Grécia e um dos dez reinos da Roma restaurada nos últimos dias (Dn 7.24; 8.21-25).
10. O Egito estará no Milênio com Israel (Is 11.11-16; 19.23-25; 27.12, 13; Zc 10.10, 11; 14.18, 19).

II. O SEGUNDO MONTE-REINO E ISRAEL

A Assíria foi o segundo reino mundial a oprimir Israel nos "tempos dos gentios". Fundada nos dias de Ninrode (Gn 10.8-12), foi um reino insignificante durante os 1.300 anos em que Deus usou o Egito para castigar Israel. As palavras "Assíria" e "assírios" são encontradas cerca de 141 vezes na Bíblia, quase sempre em conexão com Israel. Os seguintes pontos da história e da profecia resumem a relação entre a Assíria e Israel na Bíblia, tanto no passado quanto no futuro:

1. A Assíria aparece pela primeira vez oprimindo Israel no reinado de Menaém, quando Israel foi posto em trabalhos forçados (2Rs 15.16-20).
2. A Assíria mais tarde invadiu Israel (2Rs 15; 1Cr 5).
3. A Assíria invadiu Israel outra vez (2Rs 16; Is 7).

4. A Assíria firmou uma aliança com Judá, contra Israel (2Rs 16).
5. A Assíria invadiu Judá após a queda de Israel (2Rs 18 e 19).
6. Em seguida, vieram as guerras pela supremacia entre Egito e Assíria. Durante esse tempo, Judá caiu outra vez nas mãos do Egito (2Rs 23.28—24.7). A Assíria oprimiu Israel e Judá cerca de 175 anos.
7. Nas profecias sobre a queda da Assíria por causa de sua opressão a Israel, há muitas referências a ela como um inimigo de Israel nos últimos dias (Is 10.20-27; 14.25; 31.4-9; Mq 5.5, 6). Veja o capítulo 20, seção 7, item (2).
8. Na segunda vinda de Cristo, Israel será reunido a partir da Assíria (Is 11.10-16; 27.12, 13; Zc 10.10, 11; Mt 24.31).
9. A Assíria será abençoada com Israel no Milênio (Is 11.16; 19.23-25). Assim, vemos a Assíria e a besta, o oitavo reino, quanto ao território e aos povos.

III. O TERCEIRO MONTE-REINO E ISRAEL

A Babilônia foi o terceiro reino mundial a oprimir Israel nos "tempos dos gentios". É o primeiro reino mencionado em conexão com os "tempos dos gentios", em Daniel, embora o Egito e a Assíria tenham oprimido Israel antes disso. Os pontos a seguir resumem a história e a profecia acerca desse reino em conexão com Israel, no passado e no futuro.

1. A Babilônia, como um reino submisso à Assíria, ajudou-a em certos momentos contra Israel e Judá (2Rs 17.24-30, 2Cr 33.11).
2. Foi profetizado que a Babilônia capturaria Judá (2Rs 20).
3. A Babilônia foi escolhida por Deus para castigar Judá (1Cr 9; Jr 25 e 28).
4. Judá permaneceu cativo setenta anos na Babilônia (Jr 25.9-14).
5. A Babilônia foi punida depois disso (Jr 25.9-14; Dn 5).

6. A Babilônia, como reino opressor de Israel, é simbolizada em Daniel 2 e 7 como "a cabeça de ouro" e "um leão".
7. A Babilônia estará submissa ao Anticristo na segunda vinda de Cristo, que dará início ao "dia do Senhor". (Para obter uma explicação completa sobre a Babilônia no futuro, veja o capítulo 37.)

IV. O QUARTO MONTE-REINO E ISRAEL

A Medo-Pérsia foi o quarto reino mundial a oprimir Israel nos "tempos dos gentios". É o segundo registrado no livro de Daniel e ajudou a Babilônia a derrubar a Assíria. Quando Deus terminou com a Babilônia em seu propósito para com Israel, Ele escolheu esse reino como sucessor da Babilônia, para continuar lidando com Israel e libertá-lo do cativeiro. Os gentílicos "medos" e "persas" são usados apenas 58 vezes na Bíblia, mas é óbvio que esse reino é uma das cabeças da besta. Os pontos principais que resumem a história e a profecia desse reino em conexão com Israel, no passado e no futuro, são os seguintes:

1. No cativeiro das dez tribos, alguns medos povoaram as cidades da terra de Israel (2Rs 17.6; 18.11).
2. Os medos são mencionados como o instrumento de castigo da Babilônia, por causa do tratamento desta a Israel (Is 13.17), profecia que se cumpriu mais de duzentos anos depois (Dn 5).
3. A Medo-Pérsia é simbolizada em Daniel 2 pelo "peito e braços de prata", em Dn 7 por "um urso" e em Dn 8 por "um carneiro". Também é mencionada em Dn 10.13, 14, 20, 21 como um reino governado por príncipes satânicos. Em Dn 11.1, 2, o anjo revela a Daniel quantos reis ainda governariam a Pérsia antes da ascensão do "rei valente" (Alexandre, o Grande) ao reino da Grécia (Dn 11.3).
4. Ciro, o persa, é citado como aquele que libertaria Israel da Babilônia e emitiria um decreto para a reconstrução do

Templo e da cidade (Is 44.28—45.1), profecia que se cumpriu mais de duzentos anos depois (2Cr 36.10-23; Ed 1.1-8).
5. Cambises, filho de Ciro, suspendeu as obras do templo e da cidade, e Israel mais uma vez foi oprimido por esse reino (Ed 4—6).
6. O rei Dario I da história profana ratificou o decreto de Ciro, e as obras do templo e da cidade foram retomadas. Com isso, Israel sentiu-se encorajado (Ed 6).
7. Artaxerxes permitiu que Esdras retornasse com outros cativos (Ed 7.1—9.9).
8. Neemias foi enviado com outros cativos para restaurar a cidade completamente (Ne 1—13).
9. O livro de Ester registra as perseguições a Israel na Pérsia.
10. A Pérsia é citada como submissa ao Anticristo e como um dos opressores de Israel nos últimos dias (Ez 38.5,8-23; 39.1-28). O fato de a besta ter a boca "como a de leão" e os pés "como os de um urso", animais que em Daniel simbolizavam a Babilônia e a Medo-Pérsia, mostra que ambos serão governados pelo Anticristo nos últimos dias.

V. O QUINTO MONTE-REINO E ISRAEL

A Grécia foi o quinto reino mundial a oprimir Israel nos "tempos dos gentios". É o terceiro mencionado no livro de Daniel e tem uma relação tríplice com Israel: a primeira, sob o antigo Império Grego; a segunda, sob as quatro divisões do antigo Império Grego; a terceira sob o Império Grego redivivo.

1. Consideremos primeiramente Israel sob o antigo Império Grego. A Grécia era o reino existente entre o encerramento do cânon do Antigo Testamento e a ascensão de Roma, por isso é mencionada no Antigo Testamento, porém doze vezes sob outros nomes. Há muitas profecias concernentes à Grécia em Daniel e Apocalipse, porém não a mencionam pelo nome.

1. Há dezenas de referências à opressão que Israel sofreu sob esse reino e duas de suas divisões nos livros apócrifos do Antigo Testamento (1Macabeus 1.1-10; 6.2; 8.9; 2Macabeus 4.1-15, 36; 6.1; 9.15; 11.2; 13.2 etc.).
2. É simbolizado na estátua como um reino "de metal [bronze], o qual terá domínio sobre toda a terra", inclusive Israel (Dn 2.39). Isso se cumpriu na Grécia mais de 250 anos após essa visão.
3. É simbolizado também por um "leopardo" com "quatro cabeças", que representavam o próprio reino e suas quatro futuras divisões, duas das quais oprimiram Israel (Dn 7.6).
4. É simbolizado ainda por um "bode" com "uma ponta [chifre] notável entre os olhos" (Dn 8.5-9, 20-25; 11.1-3). Quando o "chifre notável" foi quebrado (morte de Alexandre) "quatro [reis] também notáveis" surgiram em seu lugar. Isso se refere à divisão do vasto império de Alexandre em quatro partes chefiadas por seus quatro melhores generais, dois dos quais oprimiram Israel.

1. Vamos agora considerar Israel sob as divisões do Império Grego. Duas das quatro divisões da Grécia — Síria e Egito — compreendem uma parte muito importante da profecia. Basta mencionar apenas essas duas, pois são as únicas relacionadas com Israel. Antes de ser loteado, o antigo Império Grego nunca perseguiu Israel abertamente, como fizeram essas duas divisões. Alexandre fez da Palestina parte de seu império, mas depois de sua morte ela se tornou uma espécie de Estado-tampão entre o Egito, sob os ptolomeus no Sul, e a Síria, sob os selêucidas no Norte. Essas duas divisões, segundo a profecia em Dn 11 e 12, iriam perseguir Israel naquela época e nos últimos dias. Em Dn 11.5-34, temos a continuação da profecia sobre essas duas divisões, que cobrem uns 150 anos de sua história, de cerca de 312 a 165 a.C., começando com os reinados de Ptolomeu I, rei do Egito, e Seleuco I, rei da Síria, e terminando com Antíoco

Epifânio, o rei sírio dessa profecia, que cumpriu Dn 11.21-34 e é um prenúncio do futuro rei sírio, o Anticristo.

O objetivo da profecia sobre essas duas linhagens reais é mostrar de qual das quatro divisões da Grécia virá o Anticristo. Depois de continuar com a história de Antíoco Epifânio (Dn 11.21-34), o profeta salta para os últimos dias e nos mostra o trabalho do Anticristo. Daniel, ao prosseguir com o registro das guerras entre Egito e Síria nos últimos dias, afirma que o rei do Norte lutará contra o rei do Sul, e o rei do sul atacará o rei do Norte, mas o rei do Norte — o Anticristo — será o vencedor (Dn 11.40-45). Ele derrotará o Egito e muitos outros países e oprimirá Israel nos últimos dias, como veremos a seguir.

Na passagem de Dn 11.35-45, alguns tentam inserir um terceiro rei na profecia para ensinar que o Anticristo não é o rei do Norte, ou seja, da Síria, mas que o rei da Grécia ou o rei da Turquia irá derrubar tanto o rei do Norte, a Síria, quanto o rei do Sul, o Egito. Então perguntamos: por que inserir um terceiro rei na profecia quando o profeta está se referindo apenas a duas divisões da Grécia, Síria e Egito, nesses versículos? O profeta não inseriu um terceiro rei nessa passagem, ou pelo menos não temos qualquer indicação disso. Se o profeta viu um terceiro rei na visão, mas mencionou apenas os reis da Síria e do Egito nos versículos anteriores, ele por certo deixaria isso bem claro. Com que propósito ele iria tratar de duas divisões surgidas séculos antes do Anticristo e depois saltar para os tempos do fim e retratar as mesmas divisões em combate nos últimos dias, se não fosse para identificar definitivamente a divisão da qual virá o Anticristo? A Grécia e a Turquia não são mencionadas uma única vez em todo o capítulo, por isso temos de entender a profecia como faríamos naturalmente, sem a inserção de um terceiro rei. A passagem será mais bem entendida se considerarmos que a Síria e o Egito irão guerrear nos últimos dias, como fizeram no passado, e que a Síria vencerá o Egito. Isso implica que o

Anticristo virá da Síria, pois ele é o assunto de toda a passagem de Dn 11.35—12.13, como já vimos.

1. Quanto a Israel sob o Império Grego redivivo e o Anticristo, as passagens a seguir referem-se a esse reino e à perseguição a Israel pelo Anticristo. Em Dn 8.8, 9, 17-26, temos as quatro divisões gregas existindo nos últimos dias ou "no fim do tempo" e "no fim de seu reinado [...] se levantará um rei, feroz de cara [...]. E se fortalecerá, mas não pelo seu próprio poder [2Ts 2.8, 9; Ap 13.2]; [...] e destruirá os fortes e o povo santo [Israel] [...] e se levantará contra o príncipe dos príncipes, mas, sem mão, será quebrado" (Dn 7.11; Ap 19.11-21; Is 11.4; 2Ts 1.7-10; 2.8, 9). Não há dúvida de que se trata de uma referência ao Anticristo e à perseguição que promoverá contra Israel na Grécia rediviva (veja também Dn 7.17-27; 9.26, 27; 11.35-45; 12.1-13; Ez 38 e 39; Zc 9.7-13; 12.4-14; 13.1-9; 14.1-9; Ap 12.6, 14-17; 13.1-18). A linguagem e o tempo de seu cumprimento expressos nessas passagens provam isso. Os primeiros cinco montes-reinos são as cinco cabeças da besta que "caíram" antes da época de João. O quinto monte-reino é a cabeça que foi "ferida de morte, e a sua chaga mortal foi curada" ou o reino redivivo que será o oitavo reino.

VI. O SEXTO MONTE-REINO E ISRAEL

Roma foi o sexto reino mundial a oprimir Israel nos "tempos dos gentios" e o quarto mencionado em Daniel. Esse é o reino simbolizado na besta pela cabeça "que era" na época de João. Referem-se a esse reino as seguintes profecias:

1. Em Dn 2.31-45, o Império Romano é visto como o "quarto reino [...] forte como ferro". Ele sucedeu ao Egito, Assíria, Babilônia, Medo-Pérsia e Grécia como opressor de Israel e a favor do propósito de Deus na Terra. As pernas de ferro

da estátua representam as divisões oriental e ocidental desse reino.
2. Em Dn 7.7-27, o reino é visto como o "quarto animal, terrível e espantoso e muito forte, [...] e tinha dez pontas [...] [e] eis que entre eles subiu outra ponta pequena". Essa passagem será explicada no próximo capítulo.
3. Em Dn 9.26, 27, há outra alusão a Roma como o destruidor de Jerusalém e do Templo, citada por Jesus em Mt 24.1-3 e Lc 21.20-24 e cumprida no ano 70, quando Tito, um general romano, marchou contra Jerusalém com 100 mil homens e, após quatro meses de cerco, destruiu completamente a cidade e o Templo. Ele matou um milhão de judeus e levou 97 mil cativos. Vinte anos antes, Roma havia atacado Jerusalém e matado 30 mil judeus. Quatro anos antes disso, Tito, com 66 mil homens, enfrentou o exército judeu, matou 40 mil e subjugou a Galileia. Milhares de outros judeus morreram de várias maneiras. Mais uma vez, no ano 135 d.C., os judeus se rebelaram, 580 mil foram mortos e a Palestina ficou totalmente desolada. Os judeus foram proibidos de entrar naquela terra outra vez. Desde aquela época até em anos recentes, havia poucos judeus ali.

VII. O SÉTIMO MONTE-REINO E ISRAEL

O Império Romano restaurado é o único dos sete reinos que surgirá no futuro. Será um perseguidor implacável de Israel sob a liderança da Grande Prostituta, que governará os dez reinos da Roma restaurada até a metade da Semana. A Babilônia Mística, a Grande Prostituta, tentará suprimir qualquer religião que não seja a sua e matará os santos de Jesus até beber o sangue deles durante os primeiros três anos e meio da Semana. Há muitas passagens que revelam a perseguição aos cristãos e a Israel pela Grande Prostituta e os dez reis antes de o Anticristo receber plenos poderes sobre eles (Mt 24.4-13; Mc 13.4-13; Ap 6.9-11; 17.3-6). O Anticristo continuará a perseguição aos cristãos e quebrará a sua aliança de sete anos com Israel, determinado a exterminá-los da face da Terra (Dn 7.21, 22; 8.24, 25; 9.27; 12.1, 7; Mt 24.15-31; Ap 7.9-17; 13.1-18; 14.11-13; 15.2; 20.4-6). O sétimo reino, como uma versão alterada de reinos do antigo Império Romano, será estudado a seguir.

CAPÍTULO TRINTA E CINCO

OS DEZ CHIFRES E A PRÓPRIA BESTA

O quarto animal será o quarto reino na terra [desde os tempos de Daniel até a vinda de Cristo], o qual será diferente de todos os reinos; e devorará toda a terra, e a pisará aos pés, e a fará em pedaços. E, quanto às dez pontas, daquele mesmo reino se levantarão dez reis; e depois deles se levantará outro, o qual será diferente dos primeiros [dez]e abaterá a três reis [dentre os dez, que são as outras três divisões da Grécia, além da Síria, de onde virá o Anticristo] (Dn 7.23, 24).

E os dez chifres que viste são dez reis, que ainda não receberam o reino, mas receberão o poder como reis por uma hora, juntamente com a besta. Estes têm um mesmo intento e entregarão o seu poder e autoridade à besta. Estes combaterão contra o Cordeiro, e o Cordeiro os vencerá, porque é o Senhor dos senhores e o Rei dos reis; vencerão os que estão com ele, chamados, eleitos e fiéis. E disse-me: As águas que viste, onde se assenta a prostituta, são povos, e multidões, e nações, e línguas. E os dez chifres que viste na besta são os que aborrecerão a prostituta, e a porão desolada e nua, e comerão a sua carne, e a queimarão no fogo. Porque Deus tem posto em seu coração que cumpram o seu intento, e tenham uma mesma ideia, e que deem à besta o seu reino, até que se cumpram as palavras de Deus (Ap 17.12-17; veja também Dn 2.40-45; 7.7-27; 8.8, 9, 17-25; 9.26, 27; 11.1-45; 12.1-13; Ap 12.3; 13.1-3; 17.8-11; 19.11-21).

Os pontos a seguir tratam da Roma restaurada, composta por dez reinos, a sétima cabeça da besta.

I. OS DEZ CHIFRES: O SÉTIMO REINO OU A ROMA RESTAURADA

1. Roma será revivificada? Caso afirmativo, de que forma ela deverá existir? As citações acima provam que jamais haverá um Império Romano redivivo como um único império governado por um homem, como na Roma antiga, e sim dez governos separados que se formarão no território de Roma como a sétima cabeça da besta. E seria mais bem definido como Império Romano restaurado. Os seguintes fatos provam que Roma existirá na forma de dez reinos nos últimos dias, antes da revelação de Cristo e do Anticristo. Eles ainda existirão quando ambos aparecerem e serão derrubados por eles, primeiro pelo Anticristo e, em seguida, por Cristo.

1. Em Dn 2.40-45, temos a primeira imagem de Roma nas duas pernas de ferro e os dez dedos de ferro e de barro da estátua. Roma não existiu ainda em reinos separados, como no símbolo dos dez dedos dos pés, por isso terá de existir como tal, para que toda a profecia se cumpra. Roma já existiu como um reino, no entanto, simbolizada pelos membros inferiores, as pernas unindo-se ao corpo. Roma também já existiu na forma de dois reinos, simbolizadas pelas duas pernas de ferro, que representam as divisões oriental e ocidental do império. A época da existência dos dez reinos é estabelecida nesta declaração: "Nos dias desses reis, o Deus do céu levantará um reino que não será jamais destruído". Deus ainda não estabeleceu o seu reino nem o fará até a vinda de Seu Filho, Jesus Cristo, que reinará para sempre (Is 9.6, 7; Ap 11.15). Isso prova que, no momento da Segunda Vinda, Roma estará existindo outra vez, numa forma diferente: em dez reinos que sucederão a antiga Roma, assim

como esta sucedeu às cinco primeiras cabeças ou reinos. Os dez dedos dos pés nas duas pernas representam dez reinos provenientes das divisões oriental e ocidental de Roma, cinco de uma e cinco de outra. A expressão "o reino" é usada duas vezes nessa passagem e mostra a unidade dos dez reinos em algum tipo de federação.
2. Dn 7.7-27 mostra que de Roma sairão dez reinos que existirão ao mesmo tempo, como os dez reis acima. Uma profecia acrescentada aqui diz que "outra ponta pequena", chamada "animal" em Dn 7.11, surgirá "entre elas" e arrancará outras três. Esse pequeno chifre continuará até que venha o "ancião de dias". O julgamento estará a cargo dos santos do Altíssimo, e chegará o momento em que os santos tomarão posse do reino. Esses fatos estão relacionados com a segunda vinda de Cristo, que virá para destruir o Anticristo e os dez reis e estabelecer o seu reino, e provam que os dez reis e o décimo primeiro rei estarão existindo na época do Segundo Advento. Os dez reis entregarão os seus reinos ao décimo primeiro rei, ou seja, a besta, e juntos irão destruir a Grande Prostituta na metade da Semana. Três anos e meio depois, irão lutar contra Cristo no Armagedom (Ap 17.12-17). A besta de Dn 7.11 será morta da mesma forma que a de Ap 19.20. Assim, vemos que Roma será restaurada e existirá na forma de dez reinos separados. Alguns acreditam que os dez reis já existiram em sucessão, como as sete cabeças, mas não é isso que se está dizendo deles ou das cabeças. Os pontos seguintes irão provar que os dez dedos e os dez chifres de Dn 2 e 7 devem ser os dez chifres e os dez reis de Ap 12, 13 e 17 e que todos estarão existindo na segunda vinda de Cristo e serão destruídos nesse momento.

1. O número é o mesmo (Dn 2.40-45; 7.7-27; Ap 12.3, 13.1; 17.12).
2. Todos eles irão coexistir e lutar com Cristo em sua segunda

vinda (Dn 2.34, 35, 44, 45; 7.8-14, 21-27; Ap 17.14; 19.17-21).
3. Todos eles existirão após o "quarto reino" ou Roma, como uma versão modificada desse reino (Dn 2.40-45; 7.7, 8, 23, 24; Ap 17.12-14).
4. Todos eles estarão ligados ao mesmo animal, ao mesmo tempo (Dn 7.8, 11, 21-27; Ap 17.8-17; 19.11-21).
5. A besta, o chifre pequeno, será um indivíduo, tanto quanto qualquer um dos dez chifres, e surgirá "entre eles", de acordo com os dois livros. Os dois relatos, portanto, tratam da mesma coisa (Dn 7.8-24; Ap 17.12-17).
6. Todos eles estarão submissos à mesma besta (Dn 7.23, 24; Ap 13.1-10; 17.12-17).
7. Todos estarão coexistindo no momento em que Deus estabelecer o seu reino, que lhes sucederá imediatamente (Dn 2.40-45; 7.7-27; Ap 17.12-17; 19.11-21). Se eles existissem como uma sucessão de dez reinos, então teriam surgido um de cada vez, como cada um dos quatro animais, e Daniel não os teria visto subir e existir ao mesmo tempo na cabeça do animal "terrível" (Dn 7.7, 8). A ascensão do chifre pequeno do meio deles seria impossível se apenas um existisse na época, nem poderia o chifre pequeno derrubar três deles se não existissem ao mesmo tempo. O chifre pequeno de Dn 7.7-11, 23-27 existirá ao mesmo tempo que os dez chifres e em conexão com eles, e irão durar o mesmo tempo que a besta, como provam estas passagens: Ap 13.1-8; 17.8-17; 19.11-21.
8. O "quarto reino" de Dn 2 e 7 é a sexta cabeça de Ap 17, e os dez chifres em ambas as passagens se sucedem a ele, de modo que devem ser os mesmos. A sétima cabeça de Ap 17 e os dez chifres são a mesma coisa. Os dez chifres de Dn 7 serão o reino que virá após Roma e será formado dentro dela. É o único reino mencionado como futuro, além do chifre pequeno e seu reino composto por dez reinos. O único reino, além da besta, que Ap 17 aponta como futuro,

com relação aos dias de João, é a sétima cabeça, que existirá por um curto espaço de tempo e logo irá se entregar à besta. Uma vez que os dez reis existem ao mesmo tempo em ambos os livros, e uma vez que irão formar o reino que sucederá à antiga Roma, imediatamente anterior à besta, se sujeitar a esta para ajudar na formação do oitavo reino e lutar pela besta contra Cristo, eles devem ser os mesmos.

9. Os dez reis, em ambos os livros, reinarão antes e depois do surgimento da besta, o chifre pequeno. Antes dela, o reinado deles será diferente. Antes da ascensão da besta, eles irão controlar os próprios reinos, mas depois que ela vier estarão sujeitos à suprema vontade dela. Eles dominarão o sétimo reino, e ela dominará o oitavo. Portanto, os dez chifres são os mesmos em ambos os livros.

Assim, vemos que Roma será restaurada e existirá na forma de dez reinos distintos. Em seguida, o Anticristo emergirá dos dez reinos e em três anos e meio conquistará os dez reis e estabelecerá o oitavo reino, composto por esses dez reinos e talvez por algumas divisões do antigo Império Grego, que nunca esteve sob a jurisdição romana. O Anticristo surgirá da Síria e derrubará as outras três divisões gregas, que perfaziam quatro dos dez reinos da Roma restaurada, e assim fará reviver o Império Grego e unirá os territórios da Grécia e de Roma sob o oitavo reino. O Império Romano restaurado será composto de dez reinos ao longo de sua curta existência, enquanto o Império Grego redivivo será formado não só pelos mesmos dez reinos, mas também por outros que irá anexar aos seus domínios durante a sua curta existência, como veremos a seguir.

1. Quando Roma será restaurada? Os dez reinos serão formados num futuro próximo, porém a data específica não é conhecida. Roma será restaurada e existirá na forma de dez reinos antes da ascensão do Anticristo, pois ele surgirá "entre deles" e "depois deles" (Dn 7.7, 8, 24).
2. Por quanto tempo a Roma restaurada existirá? Ela existirá

como a sétima cabeça por um curto período de tempo, cuja duração exata não é conhecida, porque não se sabe quanto tempo antes da Septuagésima Semana ela será restaurada. Ao que parece, o Anticristo surgirá e começará a conquistar os dez reinos logo após a restauração. A guerra continuará na primeira metade da Semana até que o Anticristo obtenha poder total sobre os dez reinos para assim formar o seu reino — a Grécia rediviva.

3. Como Roma será restaurada? Os dez reinos se formarão por meio de guerras e acordos. Devemos considerar que todos os dez reinos surgirão no território da antiga Roma (Dn 7.19-27). De modo geral, podemos dizer que o Egito, a primeira cabeça, era o menor dos sete montes-reinos em território, que se estendia do Egito até a Síria. A Assíria, a segunda cabeça, estendia-se do Egito até a Armênia e abrangia parte da Ásia Menor, toda a Babilônia e os países da Média e da Pérsia. A Babilônia, a terceira cabeça, abrangia o Egito e todos os territórios sírios à margem ocidental do Tigre. A Medo-Pérsia, a quarta cabeça, dominava um território maior que o de qualquer uma das cabeças anteriores, estendendo-se do rio Indo, a leste, até parte da Trácia e da Macedônia, a oeste, e dos mares Cáspio e Negro, no norte, abrangendo todo o Egito e parte do norte da África. A Grécia, a quinta cabeça, conquistou todo o território Medo-Persa e o anexou à Grécia, Macedônia e Trácia, tornando-se o maior território dentre as cinco primeiras cabeças da besta. Roma, a sexta cabeça, reinou sobre todo o território da Grécia, exceto os países a leste do mar Cáspio e do golfo Pérsico, e ampliou essa vasta possessão ocidental até o Atlântico, a partir do norte da África, ao sul, até o Reno e o Danúbio, rios do norte, e algumas regiões ao norte do Danúbio, absorvendo a Dácia e incluindo a Inglaterra. Portanto, é desse território que veremos surgir os dez reinos. O reino do Anticristo, que será o oitavo, sucederá a esses dez reinos e abrangerá não

só todo esse território, mas também as possessões gregas do Extremo Oriente e todos os países de fora do antigo Império Romano que os dez reinos estiverem controlando.

Em 1948, data em que este livro foi escrito, foram contados nada menos que 26 Estados independentes dentro dos limites do antigo Império Romano: Inglaterra, Holanda, Bélgica, Luxemburgo, França, Suíça, Espanha, Portugal, Itália, Áustria, Hungria, Iugoslávia, Romênia, Bulgária, Albânia, Grécia, Turquia, Síria, Líbano, Irã, Iraque, Marrocos, Argélia, Tunísia, Líbia e Egito. Embora tenha sido governado pelo antigo Império Romano, Israel não deve ser considerado parte dos futuros dez reinos. Isso fica claro pelo fato de que o reino sírio fará um pacto de sete anos com ele para garantir a sua paz e segurança como Estado independente (Dn 9.27). A Transjordânia também não fará parte dos dez reinos, porque ela protegerá Israel do Anticristo quando este quebrar o pacto de sete anos com Israel e os judeus tiverem de fugir para o deserto, como vimos no capítulo 16.

Para que a profecia se cumpra, os países nomeados acima terão de ser reduzidos a dez reinos, ou pelo menos dez reinos terão de ser formados nos limites desse território, que pertenceu ao antigo Império Romano, no cumprimento final de Dn 7.7, 8, 23, 24; 8.8, 9, 20-25; 9.26, 27; 11.36-45; Ap 12.3; 13.1-3; 17.8-17.

Uma coisa é clara: Grécia, Turquia, Síria e Egito serão quatro desses dez reinos, a fim de cumprir Dn 8 e 11, pois o Anticristo surgirá de uma dessas quatro divisões gregas originais nos momentos finais desse reino e para revivificar o antigo Império Grego. Outra coisa também é clara: a Palestina irá recuperar a sua independência e se tornar uma pátria judaica para cumprir Ez 22.17-22; 37.1—39.29; Dn 7.26, 27; 11.40—12.7; Jl 3; Mq 5.1-15; Zc 12.4—14.21; Ap 11.1, 2 etc. A Palestina não será um dos dez reinos, pois não era uma das quatro divisões da Grécia, e sim um estado-tampão entre a Síria e o Egito, como revelado nas guerras da Síria e do Egito, como já vimos.

No entanto, uma coisa não foi definitivamente esclarecida: se os dez reinos terão de desistir de todos os territórios situados fora dos limites do antigo Império Romano, que os Estados independentes de hoje controlam. Se eles serão separados ou não dos dez reinos na formação definitiva da Roma restaurada, é algo que não se sabe. A única coisa necessária é que os dez reinos sejam formados dentro de Roma. É perda de tempo especular sobre como esses territórios se tornarão dez reinos, por isso não vamos fazê-lo. De modo geral, podemos afirmar que haverá cinco reinos da divisão oriental e cinco da divisão ocidental de Roma para cumprir a profecia dos dez dedos, cinco em cada pé. Isso é o que podemos dizer, se quisermos apoiar todas as nossas afirmações nas Escritura.

II. A PRÓPRIA BESTA: O OITAVO REINO

Como vimos no capítulo 33, as sete cabeças e os dez chifres da besta diferem da própria besta. A besta é o oitavo reino de uma sucessão de potências mundiais, desde o início de Israel como nação no Egito até o Segundo Advento, quando então Israel será resgatado, no final dos "tempos dos gentios". O oitavo reino, o da besta, será governado por um ser pessoal, visível, mortal e humano — o Anticristo — e por um anjo pessoal, invisível e imortal — o príncipe da Grécia. Como também já vimos, o príncipe da Grécia será liberado do abismo na época dos dez reinos e levará o Anticristo humano a assumir o poder sobre as quatro divisões gregas originais e a revivificar o Império Grego, que "não era" na época de João, porém existira antes dos dias do apóstolo e será o oitavo reino por ocasião do Segundo Advento.

O Império Grego redivivo engolirá os dez reinos do Império Romano restaurado na primeira metade da Semana e até o final da última metade da Semana abarcará os países "do Oriente e do Norte" dos dez reinos. Mas antes que o Anticristo vá mais longe em suas conquistas, ele será derrotado por Cristo em Jerusalém (Zc 14). Assim, o reino do Anticristo será a maior de todas as oito potências mundiais gentias, porém estará muito longe de conquistar todo o mundo, da mesma forma que todos os outros antes dele.

IRÁ A RÚSSIA, O ANTICRISTO OU CRISTO GOVERNAR O MUNDO INTEIRO?

Com os fatos acima em mente, pode-se dizer com segurança que o atual esforço da Rússia para governar o mundo inteiro será frustrado fim no devido tempo. O comunismo jamais governará o mundo como um todo, nem qualquer outro "ismo". Nenhum homem na Terra se tornará um ditador mundial antes de Cristo vir reinar. O Anticristo chegará mais perto disso do que ninguém, mas antes mesmo que conquiste toda a Ásia, Europa e África, ele terá o seu fim, e ninguém irá ajudá-lo (Dn 11.45; Zc 14). Jesus Cristo será o primeiro ditador ou governante mundial de fato. Ele será o único a trazer paz e prosperidade universais, não o Anticristo. Antes dessa paz e dessa prosperidade, algumas guerras acontecerão para cumprir a profecia.

HAVERÁ PELO MENOS MAIS TRÊS GUERRAS EUROPEIAS ANTES DA SEGUNDA VINDA

1. A primeira guerra será para formar os dez reinos. Vinte e seis Estados não poderão ser reduzidos a dez por outro método. Os Estados soberanos não têm o hábito de desistir sem luta. Pelo menos é o que se pode dizer daqueles que existem hoje dentro dos limites do antigo Império Romano. Há muita discussão atualmente sobre possíveis Estados Unidos da Europa, mas podemos estar biblicamente seguros de que se trata de mera especulação. Jamais haverá uma coisa como os Dez Reinos da Europa, pois aqueles dez reinos irão se formar em territórios de três continentes: Europa, Ásia e África.

Temos visto a tolice de se conjecturar sobre como e por quem certas profecias serão cumpridas, por isso é melhor não especular a respeito de como ou quem irá formar os dez reinos. Milhares de estudiosos da profecia durante a Primeira e a Segunda Guerras Mundiais tinham certeza de que essas guerras iriam cumprir o que eles chamavam "Império Romano redivivo", mas em ambas as ocasiões provou-se o erro. É o suficiente dizer com um definitivo "assim diz o Senhor" que os dez reinos serão eventualmente formados dentro, não fora, do Império Romano. Esse será o próximo passo no cumprimento definitivo da agenda profética, exceto o arrebatamento da igreja. Uma guerra é necessária para formar os dez reinos pelo fato de que pelo menos 26 Estados precisam ser trazidos para o domínio dos dez reinos (Dn 7.24).

Quando os dez reinos forem formados, eles irão existir como reinos independentes e serão governados por dez reis durante "um pouco de tempo", antes de o Anticristo surgir para fazer guerra a eles a fim de obter poder sobre os dez (Ap 17.10). Se esse curto período é o mesmo "pouco tempo" de Ap 12.12, eles serão reinos independentes durante cerca de três anos e meio apenas (Ap 11.2; 12.6, 14; 13.5).

1. *Depois* que os dez reinos forem formados, e *por si só*, o Anticristo surgirá dentre eles e em sua ascensão ao poder derrubará três desses reinos (Dn 7.7, 8, 24). Essa será outra guerra, e ocupará o Anticristo por três anos e meio, pelo menos, ou seja, a primeira metade da Semana. Para obter poder sobre os dez reinos, o Anticristo derrubará três deles, e isso fará com que os outros se submetam a ele.
2. A terceira guerra acontecerá na última metade da Semana entre os dez reinos submissos ao Anticristo e os países do "Oriente e do Norte" dos dez reinos, para cumprir Dn 11.44. Essa guerra será travada até o fim da Semana, quando o Anticristo terá conquistado os países do Oriente e do Norte. Em seguida, ele se tornará o príncipe e chefe de Meseque e Tubal (Ez 38 e 39) e comandará os dez reinos, os países recém-conquistados do Oriente e do Norte e as outras nações que se aliaram a ele pelo ministério dos três espíritos

imundos na batalha contra Jerusalém, os judeus e, especialmente, Cristo no Armagedom. O Anticristo, portanto, será derrotado antes que consiga tomar Jerusalém inteira, quanto mais o restante do mundo (Zc 14.1-21).

AS TRÊS DERROTAS DA RÚSSIA

A Rússia sofrerá três derrotas no cumprimento da profecia:

1. A Rússia terá de ser derrotada na formação dos dez reinos, porque precisa perder o seu domínio sobre a Hungria, a Romênia e a Bulgária, bem como outras regiões do antigo Império Romano que controla atualmente (esse controle diz respeito ao ano de 1948). Ela mesma nunca foi parte do antigo Império Romano, e assim não poderá ser um dos dez reinos que serão formados ali para cumprir a profecia, mas exerce controle sobre alguns países situados nesse território (Dn 2.40-45; 7.7, 8, 23, 24; Ap 17.12-14). Como é inconcebível que a Rússia ceda esses domínios sem ir à guerra, deve-se esperar uma guerra que envolva Europa, Ásia e África e resulte na derrota da Rússia e na formação desses dez reinos.
2. A Rússia voltará a ser derrotada depois que o Anticristo surgir de um dos dez reinos (após um curto espaço de tempo como Estados independentes), quando ele derrotar três dos dez reinos num período de três anos e meio, fazendo com que os outros seis se submetam a ele sem lutar mais (Dn 7.8-24; Ap 17.12-17). Eclodirá então a guerra dos dez reinos dominados pelo Anticristo contra a Alemanha, a Rússia e os países "do Oriente e do Norte" dos dez reinos, que irá durar cerca de três anos e meio (Dn 11.44). Nessa guerra, a Rússia e seus aliados serão vencidos, e o Anticristo em seguida se tornará o governante da Rússia também. Ele então agirá para unir os seus dez reinos, os países recém-conquistadas do Oriente e do Norte e as outras nações que, embora não tenham sido conquistadas, irão cooperar com ele graças ao

ministério dos três espíritos imundos, a fim de que empreendam um esforço conjunto contra os judeus, de modo a exterminá-los (Ez 38 e 39; Zc 14). Estando metade de Jerusalém tomada e os judeus quase destruídos, Cristo e os exércitos do céu aparecerão de repente nas nuvens para exterminar os exércitos da terra numa batalha de um dia e em seguida estabelecer um reino no mundo para sempre (Zc 14; Mt 24.27-31; 25.31-46; 2Ts 1.7-10; 2.8-12; Jd 14; Ap 19.11-21; 20.1-7).

Portanto, o Anticristo será o príncipe e chefe de Meseque, Tubal e a Gogue (Ez 38 e 39) por havê-los conquistado, não porque virá da Rússia. Essa é a guerra que, segundo alguns estudiosos, terá lugar na Palestina antes da batalha do Armagedom, mas estão enganados nesse ponto, porque antes disso os dez reinos deverão ser formados e conquistados pelo Anticristo, que virá da Síria, para então a guerra com a Rússia acontecer. Essa guerra não será travada na Palestina, mas nos países "do Oriente e do Norte" dos dez reinos (Dn 11.44), e em seguida ocorrerá a invasão da Palestina sob o comando do Anticristo, no fim dos tempos, como demonstram as passagens anteriores.

1. A Rússia será derrotada finalmente por Jesus Cristo e os exércitos do céu e de Judá, em Jerusalém (Zc 14.14; Ez 38 e 39; Ap 19.11-21). Nesse tempo, a Rússia estará sob o controle do Anticristo — não será a nação líder no Armagedom. Essa guerra será travada na Palestina, não nos países "do Oriente e do Norte" dos dez reinos como a guerra mencionada no ponto 2 acima (Ez 38 e 39; Zc 14). A Rússia, portanto, não irá cumprir muitas das previsões de alguns estudiosos. Na verdade, o Anticristo, da Síria, cumprirá muitas das profecias a que eles se referem, e a Rússia será apenas um dos muitos aliados do Anticristo depois que ele a conquistar, na segunda guerra mencionada acima.

NÃO HAVERÁ PAZ MUNDIAL NEM PROSPERIDADE SOB O GOVERNO DO ANTICRISTO

Assim, a velha teoria de que o Anticristo será um homem que irá milagrosamente estabelecer a paz e a prosperidade mundiais não é bíblica. Ele será um homem de guerra desde o seu surgimento até ser destruído no Armagedom. A única paz que ele irá fazer será com os judeus, durante sete anos, para violar o acordo na metade desse período, "e, por causa da tranquilidade [paz], destruirá muitos" judeus, mas entre os gentios a guerra será contínua (Dn 8.25; 9.27).

QUE PARTICIPAÇÃO AS AMÉRICAS TERÃO NESSAS GUERRAS?

A participação das Américas nas guerras dos últimos dias não é conhecida, por isso vamos deixar a questão com os especuladores da profecia, pois muitos deles parecem ser capazes de extrair mais coisas do que a Bíblia não diz do que daquilo que ela diz. O motivo de algumas nações não serem mencionadas nesses acontecimentos é definitivamente o fato de se situarem muito longe da terra dos judeus, onde se concentram essas profecias.

DOIS REINOS FUTUROS – NÃO APENAS UM

1. O primeiro futuro império mundial será o sétimo reino dos capítulos 34 e 35. Será o império de dez reinos formados dentro do território do antigo Império Romano (Dn 7.8-24; Ap 17.12-17). Irá durar "pouco tempo", até o Anticristo surgir para estabelecer o oitavo e último reino nos "tempos dos gentios".

2. O segundo e último futuro império mundial da humanidade serão os mesmos dez reinos da seção anterior, exceto que os dez reis deixarão de ser independentes do Anticristo. Eles irão se submeter a ele e estarão sob a autoridade dele nos últimos três anos e meio desse período (Dn. 7.7, 8, 19-24; 8.9-25; Ap 13.1-5; 17.9-17). Esse último império irá durar apenas 42 meses (Ap 13.5), ou 1.260 dias (Ap 11.2; 12.6), ou

"um tempo, e tempos, e metade de um tempo" (Ap 12.14; Dn 7.25; 12.7). Durante esses 42 meses é que a futura "grande tribulação" seguirá o seu curso, e muitos cristãos — pessoas que irão se converter depois do Arrebatamento — serão mortos (Ap 7.9-17; 12.1 -17; 15.2-3; 20.4-6). Será esse também "o tempo de angústia para Jacó", quando Israel irá experimentar durante três anos e meio o maior sofrimento pelo qual uma nação já passou ou passará (Jr 30.1-11; Dn 7.25, 8.24; 9.27; 11.40-45; 12.1, 7; Zc 13.9; Mt 24.15-31; Ap 11.1-11; 12.6; 14—17; 15.2, 3; 20.4-6).

A besta será o oitavo e último dos oito reinos de Ap 17.9-17 — o último esforço de Satanás para destruir Israel e derrotar a Deus, a Cristo e ao Espírito Santo, que irão assumir os reinos deste mundo (Ap 11.15; Dn 7.18, 27). Assim, a besta não será uma das sete cabeças ou um dos dez chifres, e sim o sucessor de todas essas cabeças e chifres. O oitavo e último reino do homem será destruído num único dia e abrirá caminho para o reino eterno de Deus na Terra, que poderíamos chamar "o nono império mundial" (Dn 2.44, 45; 7.18, 22, 27; 8.24-27; Zc 14; Mt 25.31-46; Ap 11.15; 20.1-10; 22.4, 5).

Isso não quer dizer que o Reino de Deus será estabelecido pela primeira vez após os oito impérios anteriores, e sim que será implantado na Terra outra vez, depois que a rebelião existente desde os dias de Lúcifer e Adão for extinta. Se considerarmos o período pré-adâmico a primeira dispensação e adicionarmos as sete dispensações da raça de Adão, que se encerrarão com o Milênio, pode-se dizer que esse nono reino será a nona e última dispensação de homens e anjos na Terra, e será eterna (Ap 21 e 22).

CAPÍTULO TRINTA E SEIS

OS "TEMPOS DOS GENTIOS"
Lc 21.24; Rm 11.25

I. O SIGNIFICADO DA PALAVRA "GENTIOS"

No Antigo Testamento, a palavra "gentios" provém do hebraico *goy* e significa "nação estrangeira", "não israelita". É utilizada 30 vezes. No Novo Testamento, deriva de *hellen* e significa "grego", "pessoa de língua grega", "não judeu" (usada 2 vezes), e de *ethnos*, que significa "raça", "tribo", "pagão", "nação", "povo" ou "não israelita". É traduzida por "nação" 61 vezes, por "povo" 2 vezes e por "pagãos" 5 vezes.

II. A ORIGEM DAS DIFERENTES NAÇÕES

O Dilúvio pôs fim às diferentes famílias da Terra. Os habitantes da Terra hoje descendem dos três filhos de Noé: Sem, Cam e Jafé, como registram Gn 10 e 1Cr 1. Antes de Abraão, havia uma única raça, e todos falavam o mesmo idioma. Na confusão de línguas, Deus espalhou a humanidade mundo afora. Os homens começaram a se dividir em nações, cada uma com territórios e governantes próprios. A partir da chamada de Abraão, Deus começou a fazer a distinção entre certas famílias. A raça de Abraão tornou-se a escolhida, por meio da qual Deus planejou evangelizar as demais nações. Passaram a existir duas classes de pessoas nas Escrituras: os hebreus, — israelitas ou judeus — e os não israelitas, chamados "gentios". Quando a igreja do Novo Testamento foi fundada, as Escrituras passaram a considerar três classes: os judeus, os gentios e a igreja, que é composta de judeus e gentios (1Co 10.31, 32).

III. O QUE SIGNIFICAM OS "TEMPOS DOS GENTIOS"?

Os "tempos dos gentios" (Lc 21.24) referem-se ao período que vai do início da história de Israel até a segunda vinda de Cristo, durante o qual Israel tem sido oprimido pelos gentios, com maior ou menor intensidade. Não deve ser entendido em conexão com qualquer tomada de Jerusalém ou com a salvação dos gentios, mas em conexão com as opressões de Israel, em sua terra ou não. Se o termo for entendido apenas em conexão com Israel em sua terra, então os tempos dos gentios não poderiam incluir as épocas de Nabucodonosor e de Tito (desde o ano 70 d. C. até os nossos dias), porque os judeus não estavam em sua terra a maior parte desse tempo. Conclui-se, portanto, que a expressão implica o período a partir da primeira opressão de Israel pelos gentios até a última, em sua terra ou não.

Os "tempos dos gentios" significa o mesmo que a "plenitude dos gentios", mencionada em Rm 11.25. Ambos terminam ao mesmo tempo. A "plenitude dos gentios" não pode se referir ao fim da salvação dos gentios, porque eles serão salvos durante toda a Tribulação e no Milênio (At 2.16-21; Rm 10; Ap 6.9-11; 7.9-17; 15.2-4; 20.4-6; Is 2.2-4; 52.7; 66.19-24).

IV. A DURAÇÃO DOS "TEMPOS DOS GENTIOS"

Aceita-se geralmente que a duração dos "tempos dos gentios" será de 2.520 anos, mas isso já foi refutado no capítulo 1, seção VIII, item 1.

A contagem de 2.500 a 2.600 anos de Daniel até os nossos dias não é prova de que esse período seja de 2.520 anos. Nem o fato de Daniel ter retratado a opressão gentílica de sua época comprova a duração de 2.520 anos. O que Daniel fez foi profetizar os acontecimentos desde a sua época até a vinda de Cristo. Ele não poderia ter previsto a opressão dos gentios a Israel antes de sua época, porque isso já era história. A duração dos "tempos dos gentios" é muito maior que 2.520 anos.

Uma vez que Israel foi oprimido pelo Egito muito mais tempo do que pela Babilônia; que a Assíria levou dez tribos para o cativeiro antes de a Babilônia levar duas tribos; que nenhuma passagem bíblica afirma que os "tempos dos gentios" começaram com a Babilônia ou que Daniel viu os "tempos dos gentios" em sua totalidade, iremos naturalmente incluir os dois primeiros reinos dos oito de Ap 17 nos "tempos dos gentios", pois eles também oprimiram Israel, tanto quanto qualquer outra potência gentílica.

V. QUANDO COMEÇAM E TERMINAM OS "TEMPOS DOS GENTIOS"?

João, em Patmos, mostra toda a extensão dos "tempos dos gentios". O dragão e besta de Apocalipse possuem sete cabeças e dez chifres. É explicado que as sete cabeças e a própria besta são oito potências mundiais que oprimiram Israel desde a escravidão no Egito até a segunda vinda de Cristo, como comprovado no capítulo 34. Os "tempos dos gentios" começaram com a opressão a Israel no Egito, continuarão até o reino do Anticristo e terminarão com a segunda vinda de Cristo. Se o termo se refere ao período da história de Israel em que a nação foi oprimida pelos gentios, então devemos partir da primeira opressão a Israel, no Egito, e esquecer a questão das datas e o elemento tempo em conexão com o assunto. Esses tempos terminarão com a última opressão dos gentios a Israel.

As Escrituras deixam claro que os "tempos dos gentios" terminarão com o segundo Advento, quando Cristo vier à Terra para estabelecer o seu reino, não numa data definida por um homem (Dn 2.44, 45; 7.13, 14, 18-27; 8.20-25; Zc 14.1-21; Is 9.6, 7; Lc 21.24; Rm 11.25; Ap 11.1, 2; 11.15; 19.11-21; 20.1-10). Em Ap 11.1, 2, temos o fato de que Jerusalém será pisada nos últimos 42 meses dessa era, ou seja, durante os últimos três anos e meio do reinado do Anticristo sobre as nações da antiga Roma. Se isso for verdade, os "tempos dos gentios" devem terminar no final dos 42 meses. Eles não podem acabar antes do fim da Septuagésima Semana de Daniel, que ainda não começou. Esse período se estenderá no mínimo por mais sete anos, e então poderá acabar. Quantos anos ainda se passarão antes de a Semana começar e o Anticristo ser revelado não se sabe, por isso qualquer definição de datas ou especulação é sem valor. A duração total dos "tempos dos gentios" será superior a 3.800 anos se somarmos os impérios Babilônico, Medo-Persa, Grego e os impérios romanos e continuarmos até os dois futuros impérios, a Roma restaurada e a Grécia rediviva.

CAPÍTULO TRINTA E SETE

A BABILÔNIA LITERAL

Ap 18.1-24

A palavra "Babilônia" é usada 283 vezes na Bíblia, quase sempre em conexão com Israel (veja o capítulo 34, seção III). Apenas uma vez é usada num símbolo, em Ap 17.5. Muitos argumentos podem ser apresentados para provar que a Babilônia será reconstruída e existirá como uma cidade literal nos últimos dias. Os que não concordam também podem apresentar argumentos, porém há uma lacuna vital em tudo isso — um texto definitivo da Bíblia nesse sentido. Os principais argumentos dos estudiosos modernos são: a Babilônia foi destruída, como indicam as profecias do Antigo Testamento, e permanece em ruínas até hoje; a Babilônia de Ap 18 é a mesma de Ap 17, que não é uma cidade literal.

A primeira linha de argumentação é incompleta, pois não prova que seja impossível a Babilônia ser reconstruída e destruída outra vez. Quanto à segunda linha de argumentação, é certo que a Babilônia de Ap 17 não é uma cidade literal, mas isso não prova que a Babilônia de Ap 18 seja a mesma que a de Ap 17 ou ainda que a Babilônia não possa ser reconstruída e destruída novamente. Há de ser a destruição de uma cidade literal chamada Babilônia sob a sétima taça (Ap 16.19), pois nenhum terremoto poderia destruir um sistema religioso. Todas as outras cidades destruídas sob essa taça são literais. Então por que a Babilônia não seria? Temos o firme fundamento da Palavra de Deus para crer na reconstrução da Babilônia, na terra de Sinar.

30 PROVAS BÍBLICAS DE QUE A BABILÔNIA SERÁ RECONSTRUÍDA

1. A Babilônia será destruída, assim como Deus destruiu Sodoma e Gomorra (Is 13.19; Jr 50.40). Isso ainda não se cumpriu.
2. A Babilônia não será mais habitada após a sua queda definitiva (Is 13.19, 20; Jr 50.39, 40; 51.29, 37, 43).
3. Os árabes não irão morar ali dessa vez (Is 13.20).
4. Não haverá pastores ali (Is 13.20).
5. A queda definitiva será imediatamente seguida de bênçãos sobre Israel (Is 13.6-17; 14.1-7; Jr 50.4-7,17-20, 33-35; Ap 18—20).
6. As pedras da Babilônia não seriam mais usadas para fins de construção outra vez (Jr 51.26). Elas estão sendo usadas hoje para construir.
7. A Babilônia deverá existir no futuro "dia do Senhor" (Is 13.6-13; Ap 16.17-21; 18.1-24; 19.1-3).
8. A Babilônia será destruída de forma sobrenatural sob a sétima taça e na segunda vinda de Cristo, ou seja, no "dia do Senhor" (Is 13.6-13; Jr 50.40; 51.8; Ap 16.17-21; 18.8, 10, 17, 19, 21).
9. A Babilônia será destruída no final da "grande tribulação", quando os planetas forem afetados (Is 13.9-13; Mt 24.29-31; Ap 16.17-21).
10. A Babilônia ficará totalmente desolada, e todos os pecadores serão destruídos com ela para sempre (Is 13.9, 19-22; Jr 50.3, 23, 39, 40; 51.26, 29, 37, 43; Ap 18.19, 21-24; 19.3).
11. A Babilônia será destruída no momento em que o mundo for punido por seus pecados, no Segundo Advento (Is 13.11; Ap 18.1-24).

12. A Babilônia será destruída quando Cristo vier com os exércitos do céu para lutar no Armagedom (Is 13.1-5, 11-13; 14.5, 25-27; Ap 16.17-21; 18.8; 19.1-3, 11-21).
13. O lugar da Babilônia será numa das aberturas do inferno na Terra, onde os homens verão os ímpios queimando em eterno sofrimento — assim, o lugar da primeira e da última grande apostasia contra Deus, bem como de todos os rebeldes de todos os tempos serão eternos monumentos da ira de Deus (Is 14.9-17; 66.22-24; Ap 19.3).
14. Será um local desolado, um lugar infernal habitado pelas criaturas selvagens do deserto (Is 13.21, 22).
15. A Babilônia será destruída no dia da restauração final de Israel e de sua bênção, no Segundo Advento (Is 13.12; 14.1-8; Jr 50.4-7,19, 20; 51.50; Ap 18.17-19).
16. Israel governará os seus opressores no dia da destruição final da Babilônia (Is 14.1-4).
17. A geração de Israel que ingressar no Milênio cantará hinos triunfantes sobre o futuro rei da Babilônia, o Anticristo, que os perseguia (Is 14.3-27).
18. A Babilônia será destruída "num momento", "numa hora" (Is 13.19; Jr 50.40; 51.8; Ap 18.8, 10, 17, 19).
19. A Babilônia será um centro comercial mundial após o arrebatamento da igreja (Ap 4—22 se cumprirá após as igrejas; Zc 5.5-11; Ap 18.3-19). Os trinta itens de comércio mencionados aqui não podem ser simbólicos.
20. A Babilônia voltará a ser um centro político mundial (Ap 18.3-10).
21. A Babilônia voltará a ser um centro religioso mundial (Ap 18.2-10).
22. O misticismo da Babilônia dos últimos dias enganará a maior parte do mundo (Ap 18.23; 2Ts 2.9-15).
23. As ordens para o martírio dos santos durante a "grande tribulação" partirão dessa cidade (Ap 18.24).
24. A Babilônia será incendiada (Ap 18.8-10,18; 19.3).
25. A Babilônia será destruída por um terremoto (Ap 16.17-21).

26. A Babilônia será destruída com violência (Ap 18.21).
27. A Babilônia não será mais encontrada depois de sua destruição (Ap 18.21).
28. A Babilônia afundará na terra (Jr 51.62-64; Ap 18.21).
29. A Babilônia será destruída por Deus, não pelo homem (Ap 18.20).
30. À destruição da Babilônia se seguirá o reino milenar de Cristo (Ap 19 e 20).

Nenhuma dessas passagens foi plenamente cumprida. A leitura de vários textos bíblicos deixa claro que se trata de um cumprimento nos últimos dias acerca da Babilônia e de Israel, no "dia do Senhor", como estes: Is 13.6, 9-14,19-22; 14.1-27; Jr 50.4-20; 51.5-10. Essas declarações nunca foram cumpridas literalmente e devem ser previsões verdadeiras. E quando serão cumpridas, senão em harmonia com os acontecimentos de Ap 6.1—19.21, durante a futura Tribulação?

Em Zc 5.5-11, temos uma profecia sobre a reconstrução da Babilônia. O profeta vê um efa (medida usada na Bíblia, cerca de 22 litros) que "saía", e no meio dele havia uma mulher chamada "impiedade". Um talento de chumbo (cerca de 71 quilos) também foi levantado, para que o profeta o visse, e lançado de volta ao efa. Tanto o talento quanto a mulher ("impiedade") estavam no efa. Havia uma pedra ou peso de chumbo sobre a boca do efa além do talento dentro dele. O efa, o talento, a mulher e a tampa foram transportados por "duas mulheres" que tinham asas como de cegonha (uma ave imunda), e o vento de suas asas as sustentava e levou junto o efa. O profeta perguntou: "Para onde levam estas o efa?". A resposta foi: "Para lhe [à mulher no efa] edificarem uma casa na terra de Sinar [Babilônia, Gn 10.10; 11.2; 14.1, 9; Js 7.21; Is 11.11; Dn 1.2], e, estando ela [a casa] acabada, ele será posto [estabelecido] ali em seu próprio lugar [base estável]".

Os símbolos aqui são claros e se referem ao tempo futuro. Eles não podem se referir à destruição da Babilônia porque toda a ideia é de restauração. Na época dessa profecia, a Babilônia havia sido tomada pelos medos, mas não destruída. Então ela se refere a uma restauração que ocorrerá no futuro, pois a Babilônia ainda não foi restaurada desde aquela época até hoje. O efa simboliza o comércio que "sairá" por toda a terra, como no versículo 3. O chumbo representa o volume da riqueza movimentada nos negócios. A mulher é identificada como a "impiedade", que deriva da palavra hebraica *rasha*, que significa "perversidade da natureza decaída do homem inquieto manifesta em toda a ilegalidade e descontrole" (Jó 3.17; Is 57.20, 21). A casa simboliza a restauração da Babilônia literal como o centro desse comércio ilegal e do tráfico das nações em Sinar. As asas da cegonha e o vento nas asas representam a ação rápida dos poderes sobrenaturais na restauração da Babilônia como centro de comércio mundial.

Trata-se da preparação para o julgamento final e repentino de Ap 18 e de outras profecias da Bíblia e faz com que as duas mulheres simbolizem os poderes infernais que causam a condição de maldade na vida humana. Isso corresponde ao poder sobrenatural de Satanás na vida do Anticristo, do falso profeta e de outros homens nos últimos dias, que ansiará por um lugar onde nenhuma restrição à sua maldade seja possível. Uma coisa sabemos dessa passagem, ou seja, que o tema é a reconstrução da Babilônia em Sinar como sede das atividades ilegais do homem nos tempos do fim. E, se isso é verdade, então a Babilônia é sem dúvida o lugar que Satanás escolheu como centro de suas atividades nos últimos dias, de modo que possa operar com vantagem contra Jerusalém e os judeus.

Uma breve história da Babilônia revelará que ela nunca foi destruída da forma indicada em ambos os Testamentos e que o seu estado atual foi causado por contínua negligência e pela persistente decadência ao longo dos séculos. Assim, provaremos que ela será reconstruída e depois destruída para cumprir essas profecias, que apontam para uma destruição repentina, provocada pelo próprio Deus nos últimos dias.

A antiga Babilônia, capital de Hamurábi e seus sucessores, foi parcialmente destruída por Senaqueribe, rei da Assíria, que atacou Jerusalém (Is 37—39). Esar-Hadom a reconstruiu, mas durante a revolta de seu filho mais velho na Babilônia contra a Assíria, foi novamente capturada por Assurbanipal. Esteve sob o Império Assírio até que esse reino caiu. A Babilônia foi libertada na época por Nabopolassar. Após a morte dele, Nabucodonosor reconstruiu a cidade e fez dela a maior do Oriente. Foi então que a Babilônia atingiu a sua maior fama.

Os medos e os persas tomaram a cidade ao final de setenta anos de glória (Dn 5) e fizeram dela a sua cidade real. Ela enfrentou vários cercos a partir daí, por causa de sua rebelião contra os persas, e sofreu muito até ser conquistada por Alexandre, o Grande, e se tornar uma importante cidade de seu reino. Alguns historiadores afirmam que, quando Selêucia foi construída na Caldeia por Selêucida, rei da Síria e da Babilônia, depois que o império de Alexandre foi dividido, ele obrigou o povo a deixar a Babilônia e se mudar para a nova cidade. No entanto, a história da Babilônia não acaba aí, porque alguns textos cuneiformes da época dos selêucidas mostram que ela era ainda uma grande cidade. Nos pontos em que os historiadores discordam entre si e as fontes de informação inexistem, podemos confiar na Bíblia e na história judaica. No tempo dos apóstolos, a Babilônia era um centro populoso, como 1Pe 5.13 indica com clareza. Quinhentos anos depois de Cristo, as academias judaicas existentes ali produziram o *Talmude babilônico*. Enfim, a profecia sobre a destruição final e completa da Babilônia ainda não se cumpriu, como deixam evidente as seguintes passagens: Is 13.19-22; Jr 50.3, 13, 39-46; 51.26, 29, 37, 43; Ap 14.8; 16.19; 18.1-24.

A Babilônia foi restaurada várias vezes desde a época de Ninrode até a sua última desolação, e todas as vezes na mesma vizinhança, mas não exatamente no mesmo lugar, como em tempos mais remotos. Por que não seria assim no futuro? Existe agora uma cidade chamada Hillah, construída ao sul das ruínas da Babilônia, que foram saqueadas para a sua edificação — isso estaria em contradição com as Escrituras, se a Babilônia já estivesse destruída de forma definitiva (Jr 51.26). Hillah situa-se num maravilhoso cinturão agrícola e está se tornando mais produtiva a cada ano, em virtude da restauração do antigo sistema de irrigação babilônico. Possui grandes centros comerciais e é hoje um grande mercado de grãos. Está construída em ambas as margens do Eufrates e, em 1948 quando este livro foi escrito, tinha uma população de 263 mil habitantes. Hillah pode se estender para o norte, de modo a ocupar o local da antiga Babilônia. Ou seja, é possível que uma nova área da cidade seja planejada e, a Babilônia, restaurada totalmente em seu sítio original. Além disso, a cidade pode se tornar grande o bastante para absorver Hillah e muitos quilômetros do território ao redor. É tão fácil entender isso quanto compreender como qualquer outra cidade pode ser construída, e isso por si só já atende aos requisitos das Escrituras.

O JULGAMENTO DA BABILÔNIA LITERAL

Em Ap 18, temos uma revelação mais completa e detalhada da destruição da Babilônia literal do que em todas as profecias anteriores. No Antigo Testamento, temos as profecias sobre a Babilônia no futuro misturadas com as de seu julgamento antigo pelos medos, enquanto aqui temos apenas a profecia do futuro em detalhe mostrando sua desgraça, a causa, o tempo, e o resto. A seguir estão os pontos principais deste capítulo:

A ACUSAÇÃO CONTRA A BABILÔNIA LITERAL

E, depois destas coisas, vi descer do céu outro anjo, que tinha grande poder, e a terra foi iluminada com a sua glória. E clamou fortemente com grande voz, dizendo: Caiu! Caiu a grande Babilônia e se tornou morada de demônios, e abrigo de todo espírito imundo, e refúgio de toda ave imunda e aborrecível! Porque todas as nações beberam do vinho da ira da sua prostituição. Os reis da terra se prostituíram com ela. E os mercadores da terra se enriqueceram com a abundância de suas delícias (Ap 18.1 – 3).

O capítulo começa assim: "E, depois destas coisas...". Depois de que coisas? Obviamente, as coisas concernentes à explicação sobre a Prostituta (a Babilônia Mística) e a besta de Ap 17.1-18. Ap 17 é uma revelação completa em si mesma antes de a Babilônia literal ser considerada em detalhes. Ela é mencionada apenas como atingida pela sétima taça (Ap 14.8; 16.19). Isso constitui prova suficiente de que essa Babilônia é diferente da Babilônia de Ap 17 e que a revelação a respeito daquela é concluída em Ap 17.18. Ap 18 é uma continuação da sétima taça (Ap 16.17-21), interrompida pelo capítulo parentético sobre a Babilônia Mística.

O motivo da queda da Babilônia é revelado aqui. Ela "se tornou morada [só aqui e em Ef 2.22] de demônios, e abrigo [prisão, Ap 2.10; 20.7] de todo espírito imundo, e refúgio de toda ave imunda e aborrecível". Isso retrata a Babilônia como sede do mundo dos demônios e centro de toda maldade. Além disso, ela agirá como prostituta e induzirá todas as nações se embriagar com o vinho com o qual ela mesma se embebedou, de modo que eles participarão da ira contra a prostituição com a qual ela comunga. Os reis da Terra se prostituirão com ela e se tornarão cúmplices de seus pecados, e os mercadores da Terra irão enriquecer com a abundância de suas delícias. Assim, temos a Babilônia como uma cidade literal, cujos habitantes em geral são ocultistas, com um estilo de vida imundo e desprezível, que chega às profundezas da degradação e estão sujeitos à possessão demoníaca, de modo que nenhum Deus verdadeiro e justo poderá tolerar tal maneira de viver.

O fato de que essa cidade viverá luxuosamente e cometerá fornicação com reis e nações, como a Babilônia de Ap 17, não é prova de que existe apenas uma Babilônia. Não podem duas instituições diferentes, uma religiosa e outra comercial, cometer atos ilícitos com nações e reis? A Babilônia será a morada de demônios e irá inspirar os homens a viver da maneira relatada em Ap 9.20, 21; 13.4, 12-18; 14.8-11; 16.2, 9. Sem dúvida, a adoração ao Demônio será tão comum quanto na África, e a adoração a imagens tão normais quanto na Roma pagã, pois os homens apóstatas sofrerão o juízo de Deus. A Babilônia literal pode cometer fornicação espiritual, como demonstra Jr 51.7, muito antes de a Babilônia Mística ser mencionada (veja também Ap 14.8).

O VEREDICTO CONTRA A BABILÔNIA LITERAL

E ouvi outra voz do céu, que dizia: Sai dela, povo meu, para que não sejas participante dos seus pecados e para que não incorras nas suas pragas. Porque já os seus pecados se acumularam até ao céu, e Deus se lembrou das iniquidades dela. Tornai-lhe a dar como ela vos tem dado e retribuí-lhe em dobro conforme as suas obras; no cálice em que vos deu de beber, dai-lhe a ela em dobro. Quanto ela se glorificou e em delícias esteve, foi-lhe outro tanto de tormento e pranto, porque diz em seu coração: Estou assentada como rainha, não sou viúva e não verei o pranto. Portanto, num dia virão as suas pragas: a morte, e o pranto, e a fome; e será queimada no fogo, porque é forte o Senhor Deus, que a julga (Ap 18.4-8).

Essa passagem é falada por uma voz diferente da que se ouve nos quatro primeiros versículos. Talvez seja a voz de Deus, pois ele se refere a alguns habitantes da cidade como "povo meu". A ordem de Deus ao povo para que saiam da Babilônia é a mesma de Jr 50.4-9; 51.5-8, 45. O propósito de saírem da cidade é que eles não podem participar dos pecados e das pragas dela. A palavra para "pecados" significa, sempre em sentido moral, não cumprir a lei prescrita. Isso mostra a terrível corrupção dos costumes na Babilônia.

As pragas serão enviadas por esse motivo, pois a iniquidade dela chegará até Deus, que se lembrará dela e lhe retribuirá em dobro os pecados que ela cometeu e o tratamento que dispensou ao povo dEle. Compare as frases "acumularam até ao céu" e "se lembrou das iniquidades dela" com Gn 18.20, 21 e Ap 16.19. Deus diz que ela precisa receber dupla paga, pelo que fez aos outros. De acordo com os textos gregos, a palavra "vos", em Ap

18.6, deve ser omitida e a palavra "outros" adicionada. Isso significa simplesmente a compensação integral de acordo com os pecados dela.

O copo da destruição, que ela deu de beber a outros, agora será dado a ela, e a medida do luxo e da glória em que viveu lhe reverterá em tormento e tristeza (Jr 51.24; Is 47.8-11). É por causa dessas coisas que Deus enumera pragas correspondentes às sua exaltação e luxúria. Serão para ela morte em vez de vida; luto em vez de exaltação como rainha, de não viuvez e de ausência de pranto; fome em vez de iguarias; fogo em vez de obras.

Esse veredicto será o único, como se percebe claramente pelo seu estilo de vida e orgulho. As pragas "num dia virão". O verbo para "vir" aqui é o mesmo de 2Pe 3.10 e significa "de repente". Indicando, assim, a forma de sua destruição. A rapidez e a abrangência da destruição e o desaparecimento da Babilônia da face da Terra são as características proeminentes desta profecia e provam que esse julgamento ainda não se realizou e que não foram cumpridas as seguintes passagens: Is 13.19-22; Jr 50.13, 39, 40; 51.29, 37, 43 etc. Isso prova também que Deus é o único que executa o juízo e que este difere totalmente do julgamento da Babilônia de Ap 17.14-17, que é levado a cabo pelos reis da Terra, como já vimos.

LAMENTAÇÃO PELA DESTRUIÇÃO DA BABILÔNIA LITERAL

A lamentação pela destruição da Babilônia será feita em três ambientes, o que mostra a grandeza e a universalidade de seu comércio, a sua influência e a centralização da luxúria (Ap 18.9-19).

NO AMBIENTE GOVERNAMENTAL

E os reis da terra, que se prostituíram com ela e viveram em delícias, a chorarão e sobre ela prantearão, quando virem a fumaça do seu incêndio. Estarão de longe pelo temor do seu tormento, dizendo: Ai! Ai daquela grande Babilônia, aquela forte cidade! Pois numa hora veio o seu juízo (Ap 18.9, 10).

Que contraste com a destruição da Babilônia e seus efeitos em Ap 17.16, 17! Essa linguagem é bastante literal para que alguém se confunda e faz referência a nada menos que uma cidade física, pois os seus habitantes, e também outros, irão lamentar a sua destruição. Os reis serão os instrumentos usados na destruição da Babilônia Mística e extravasarão livremente a sua ira contra ela. Se não houvesse outra prova de que há duas Babilônias, essa já seria suficiente. Os reis que se prostituíram e viveram o luxo da Babilônia literal até o momento de sua destruição, como vimos em outro capítulo, irão se cansar de Babilônia Mística antes de sua destruição e se alegrarão com a sua queda. Mas aqui certamente é uma cidade literal, pois o seu incêndio será visível a todos nas vizinhanças, pois irão "vê-la" queimando (Ap 18.9-19). As pessoas ficarão "de longe". Essa expressão vem do grego *apo* e denota movimento vindo da superfície de um objeto, e isso indica que eles irão fugir da cidade durante o grande terremoto da sétima taça (Ap 16.17-21). O medo que sentirão será por causa de sua fuga apressada diante da destruição que a cidade sofrerá nas mãos de Deus. A perda será tão grande que, em seu estado frenético, eles irão chorar: "Ai! Ai daquela grande Babilônia, aquela forte cidade! Pois numa hora veio o seu juízo". Será um julgamento incontestavelmente sobrenatural, tanto que eles irão reconhecê-lo como proveniente de Deus — outra prova, portanto, de que não se trata da mesma destruição da Babilônia Mística pela besta e os dez reis (Ap 17.14-17).

NO AMBIENTE COMERCIAL

E sobre ela choram e lamentam os mercadores da terra, porque ninguém mais compra as suas mercadorias: mercadorias de ouro, e de prata, e de pedras preciosas, e de pérolas, e de linho fino, e de púrpura, e de seda, e de escarlata; e toda madeira odorífera, e todo vaso de marfim, e todo vaso de madeira preciosíssima, de bronze e de ferro, e de mármore; e cinamomo, e cardamomo, e perfume, e mirra, e incenso, e vinho, e azeite, e flor de farinha, e trigo, e cavalgaduras, e ovelhas; e mercadorias de cavalos, e de carros, e de corpos e de almas de homens. E o fruto do desejo da tua alma foi-se de ti, e todas as coisas gostosas e excelentes se foram de ti, e não mais as acharás. Os mercadores destas coisas, que com elas se enriqueceram, estarão de longe, pelo temor do seu tormento, chorando, e lamentando, e dizendo: Ai! Ai daquela grande cidade, que estava vestida de linho fino, de púrpura, de escarlata, adornada com ouro e pedras preciosas e pérolas! Porque numa hora foram assoladas tantas riquezas (Ap 18.11-16).

Essa passagem mostra os mercadores da terra chorando pela destruição da cidade, porque haviam enriquecido fazendo negócios com ela. Na destruição dessa Babilônia, eles fazem praticamente a mesma afirmação que os reis fizeram na outra, apenas num sentido diferente. É apresentada uma lista de trinta tipos de mercadorias vendidas e compradas na Babilônia nessa época. A lista é constituída principalmente de luxos, como em Ap 18.3. É explicado aqui que as roupas são as riquezas que existiam na cidade. Isso mostra ainda que ela será um grande centro comercial dos dez reinos governados pelo Anticristo. É razoável pensar que esse centro esteja localizado em Sinar. Ele se configura como encruzilhada do mundo e sem dúvida irá se tornar um grande centro de comércio do mundo, onde muitas nações poderão reunir os seus recursos e concentrar os seus negócios. A ideia da fusão não é novidade. Logo grande parte do mundo comercial e financeiro estará interligada, de alguma forma, e isso exigirá uma centralização. E, quando isso acontecer, a cidade não estará muito longe. Os comerciantes também perceberão que o julgamento da Babilônia é divino. Isso pode se referir apenas a uma cidade literal, pois nenhum sistema religioso irá controlar os mercados do Velho Mundo, como fará o Anticristo e seu reino nos últimos dias (Ap 18.11-18; Dn 8.25; 11.38, 39, 43).

NO AMBIENTE MARÍTIMO

E todo piloto, e todo o que navega em naus, e todo marinheiro, e todos os que negociam no mar se puseram de longe. E, vendo a fumaça do seu incêndio, clamaram, dizendo: Que cidade é semelhante a esta grande cidade? E lançaram pó sobre a cabeça e clamaram, chorando, e lamentando, e dizendo: Ai! Ai daquela grande cidade, na qual todos os que tinham naus no mar se enriqueceram em razão da sua opulência! Porque numa hora foi assolada (Ap 18.17-19).

Assim, os três ambientes, ao perceber que o repentino juízo veio do céu, irão lamentar a destruição da Babilônia literal e chorar: "Ai! Ai daquela grande cidade". Todos a verão queimar e chorarão, porque as suas riquezas viraram nada "numa hora", como diz Ap 18.10, 17, 19; Is 47.11; Jr 50.26; 51.8. Essas e todas as outras passagens apontam para uma cidade física e sua destruição. A linguagem é tão simples e literal que não pode ser aplicada a outra coisa. Se a cidade fosse um sistema, então iria apenas acumular riquezas, em vez de estabelecer uma base para que outros enriqueçam por meio dela. O lamento de todos será pela destruição de tais riquezas, não de algumas vidas ou de um sistema.

ALEGRIA PELA DESTRUIÇÃO DA BABILÔNIA LITERAL

Alegra-te sobre ela, ó céu, e vós, santos apóstolos e profetas, porque já Deus julgou a vossa causa quanto a ela (Ap 18.20).

Aqui temos uma ordem para que todo o mundo celestial se alegre com a destruição da Babilônia. A leitura literal do versículo torna-o mais claro: "Alegra-te sobre ela, ó céu, e ainda os santos, e ainda os apóstolos, e ainda os profetas; pois Deus concluiu o vosso juízo sobre ela" (cf. Ap 18.24). Isso significa que os anjos, a humanidade redimida e todas as criaturas do céu terão sancionado esse juízo particular de Deus sobre a Babilônia e se alegrarão porque ter feito isso na justiça dEle próprio. Isso não significa que essa Babilônia existiu ao longo de todas as eras e perseguiu todos os santos e que Deus a está julgando por isso, pois há outros habitantes do céu que não foram redimidos que serão vingados por causa da perseguição de uma Babilônia na Terra.

OS MOTIVOS DA COMPLETA DESTRUIÇÃO DA BABILÔNIA LITERAL

E um forte anjo levantou uma pedra como uma grande mó e lançou-a no mar, dizendo: Com igual ímpeto será lançada Babilônia, aquela grande cidade, e não será jamais achada. E em ti não se ouvirá mais a voz de harpistas, e de músicos, e de flauteiros, e de trombeteiros, e nenhum artífice de arte alguma se achará mais em ti; e ruído de mó em ti se não ouvirá mais; e luz de candeia não mais luzirá em ti, e voz de esposo e de esposa não mais em ti se ouvirá; porque os teus mercadores eram os grandes da terra; porque todas as nações foram enganadas pelas tuas feitiçarias. E nela se achou o sangue dos profetas, e dos santos, e de todos os que foram mortos na terra (Ap 18.21-24).

A violência da destruição da Babilônia é retratada pela primeira vez. Ela será abatida com tal ímpeto que não existirá mais, fato ilustrado por um anjo que toma uma pedra, como uma grande mó, e a lança no mar, de modo que não é mais vista. A frase "não se achará mais" é usada seis vezes. É uma expressão que mostra a absoluta veracidade da declaração, bem como a destruição total da cidade. Isso corresponde às várias passagens do Antigo Testamento sobre a destruição da Babilônia e mostra que, depois de reconstruída e destruída sob a sétima taça, estará totalmente arruinada e desolada para sempre.

OS DIFERENTES MOTIVOS DA QUEDA DA BABILÔNIA

1. Seu orgulho (Is 13.19; 14.4; Jr 50.29-34; Ap 18.7, 8).
2. Sua opressão a Israel (Is 13.1; 14.2-22; Jr 51.24, 25).
3. Seus prazeres, pecados e luxo (Is 47.8-11; Ap 18.3-19).
4. Seus feitiços (Is 47.12, 13; Ap 18.23).
5. Sua adoração a ídolos (Jr 50.2; 51.47; Ap 13.14; 16.2).
6. Sua prostituição (Ap 14.8; 18.3, 9).
7. Seu intercurso com os demônios (Ap 18.2).

8. Sua perseguição aos santos (Ap 18.6, 24).

Ap 18.24 parece indicar que a Babilônia já existia desde o início da raça humana, pois nela se encontram todas as pessoas que foram mortas na Terra. Não se deve entender que esse seja o significado, todavia, pois a Babilônia foi fundada mais de 2 mil anos após a morte de Abel. Sabemos que essas pessoas não foram todas mortas na Babilônia. Nem poderiam ser, seja a Babilônia um sistema religioso ou comercial. Também não quer dizer que os mortos por essa Babilônia são os mesmos santos assassinados pela Babilônia Mística, pois ambas as Babilônias são culpadas da morte de santos. Esse versículo deve ser entendido de acordo com o mesmo princípio que Jesus usou ao pronunciar o seu julgamento sobre os fariseus, quando disse que eles eram piores que todas as gerações anteriores, mas se orgulhavam de ser melhores (Mt 23.29-36). Isso mostra que a Babilônia sediará a concentração final de martírios e reinados de terror. Portanto, a sua destruição consumará a ira de Deus, sob a sétima taça.

CAPÍTULO TRINTA E OITO

AS BODAS DO CORDEIRO

Ap 19.1-10 (passagem parentética)

E, depois destas coisas, ouvi no céu como que uma grande voz de uma grande multidão, que dizia: Aleluia! Salvação, e glória, e honra, e poder pertencem ao Senhor, nosso Deus, porque verdadeiros e justos são os seus juízos, pois julgou a grande prostituta, que havia corrompido a terra com a sua prostituição, e das mãos dela vingou o sangue dos seus servos. E outra vez disseram: Aleluia! E a fumaça dela sobe para todo o sempre. E os vinte e quatro anciãos e os quatro animais prostraram-se e adoraram a Deus, assentado no trono, dizendo: Amém! Aleluia! E saiu uma voz do trono, que dizia: Louvai o nosso Deus, vós, todos os seus servos, e vós que o temeis, tanto pequenos como grandes. E ouvi como que a voz de uma grande multidão, e como que a voz de muitas águas, e como que a voz de grandes trovões, que dizia: Aleluia! Pois já o Senhor, Deus Todo-Poderoso, reina. Regozijemo-nos, e alegremo-nos, e demos-lhe glória, porque vindas são as bodas do Cordeiro, e já a sua esposa se aprontou. E foi-lhe dado que se vestisse de linho fino, puro e resplandecente; porque o linho fino são as justiças dos santos. E disse-me: Escreve: Bem-aventurados aqueles que são chamados à ceia das bodas do Cordeiro. E disse-me: Estas são as verdadeiras palavras de Deus. E eu lancei-me a seus pés para o adorar, mas ele disse-me: Olha, não faças tal; sou teu conservo e de teus irmãos que têm o testemunho de Jesus; adora a Deus; porque o testemunho de Jesus é o espírito de profecia (Ap 19.1-10).

Essa passagem geralmente é considerada parentética, e é mesmo o caso, por isso está inserida após os julgamentos das taças, mas será cumprida no céu depois que todos os santos da Tribulação e as duas testemunhas forem arrebatados, no final da Semana. O retorno de Cristo acontecerá durante a sétima taça ou logo após, e as Bodas do Cordeiro ocorrerão antes que Ele venha, por isso a passagem deve ser parentética, para explicar o que acontece no céu pouco antes de Cristo voltar à Terra com os santos. É claro que essas multidões no céu estarão dando glória a Deus por Ele ter julgado a Grande Prostituta, e a fumaça da destruição da Babilônia literal sobe nesse momento.

Essa prostituta não pode ser a mesma de Ap 17, pois será destruída três anos e meio antes desse acontecimento, e a sua fumaça não poderia estar subindo nesse momento. Então esse julgamento também será executado pelo próprio Deus, que vingará o sangue de seus servos. Essa alegria, portanto, decorre da obediência à ordem de Ap 18.20, que convoca todos os habitantes do céu "e vós, santos apóstolos e profetas", para alegrar-se com o seu julgamento. A fumaça subirá a Deus "para todo o sempre", expressão usada catorze vezes nesse livro. Isso corresponde às desolações eternas da Babilônia literal em Is 13.19-22; Jr 50.13, 23, 39, 40; 51.26, 37, 62. Esse pode ser o único lugar onde o lago de fogo eterno será visível para os moradores da nova terra, depois do Milênio (Is 66.22-24; Ap 14.9-11).

Em seguida, temos uma menção aos anciãos e às criaturas viventes em adoração a Deus. Essa é a última vez que eles são vistos em Apocalipse. Então uma voz do trono diz: "Louvai o nosso Deus, vós, todos os seus servos, e vós que o temeis, tanto pequenos como grandes". Depois disso, é ouvida uma grande multidão, com a voz como de muitas águas e trovões poderosos, que diz: "Aleluia! Pois já o Senhor, Deus Todo-Poderoso, reina" (veja o capítulo 2, seção V). Em seguida, o anjo mostra a João as Bodas do Cordeiro, enquanto em Ap 21.9 ele lhe mostra "a esposa, a mulher do Cordeiro".

"Já a sua esposa se aprontou" mostra que houve certos preparativos até ela estar pronta. Isso parece claro, se considerarmos a sua túnica branca, que são as obras justas dos santos. É impossível descrever as Bodas do Cordeiro, porque não temos nenhuma descrição dela.

A palavra grega para "casamento" significa "festa de casamento", e isso prova que a ceia será tão literal e real quanto qualquer uma que presenciamos na Terra (cf. Mt 22.2; 25.10). A magnitude dessas bodas não precisa incomodar o leitor, "porque para Deus todas as coisas são possíveis". E, se podemos conceber milhares de pessoas comendo aqui na Terra em algum banquete, não é difícil entender como inúmeros grupos, da mesma forma, se banquetearão no céu. (Para um estudo sobre a noiva de Cristo, veja o capítulo 45.)

Quando João viu essas coisas, prostrou-se para adorar o anjo, como faria para adorar a Deus, mas foi imediatamente impedido de fazê-lo. Foi-lhe dito que o anjo também era um redimido e conservo de João e dos irmãos dele que tinham o testemunho de Jesus, que é o espírito de profecia. As palavras "testemunho" e "profecia" são as mesmas de Ap 1.2, 3 (veja o capítulo 2, seções de 7 a 9).

NENHUMA CEIA NOS ARES

A teoria muitas vezes repetida de que as Bodas do Cordeiro acontecerão nos ares — onde Cristo se encontrará com os seus santos no Arrebatamento (1Ts 4.16, 17) —, não no céu, que Ele permanecerá nos ares e que a ceia irá durar de três e meio a sete anos, não é bíblica. Em primeiro lugar, não há chão no espaço onde pousar e realizar um banquete.

É claro que a ceia terá lugar no céu (Ap 19.1-11) e que Cristo, depois de reunir os santos nos ares, voltará imediatamente para lá com eles, a fim de apresentá-los ao Pai (Jo 14.1-3; 1Ts 3.13). A ceia no céu é comprovada ainda pelo fato de que, após as

Bodas do Cordeiro, Cristo virá do céu com os seus santos (Ap 19.11), para a sua segunda vinda (Zc 14.5; Jd 14, 15; Ap 19.11-21). Como no Arrebatamento, eles não se demorarão nos ares, mas virão à Terra para libertar Israel e estabelecer aqui um reino que permanecerá para sempre.

CAPÍTULO TRINTA E NOVE

A SEGUNDA VINDA DE CRISTO

E vi o céu aberto, e eis um cavalo branco. O que estava assentado sobre ele chama-se Fiel e Verdadeiro e julga e peleja com justiça. E os seus olhos eram como chama de fogo; e sobre a sua cabeça havia muitos diademas; e tinha um nome escrito que ninguém sabia, senão ele mesmo. E estava vestido de uma veste salpicada de sangue, e o nome pelo qual se chama é a Palavra de Deus. E seguiam-no os exércitos que há no céu em cavalos brancos e vestidos de linho fino, branco e puro. E da sua boca saía uma aguda espada, para ferir com ela as nações; e ele as regerá com vara de ferro e ele mesmo é o que pisa o lagar do vinho do furor e da ira do Deus Todo-Poderoso. E na veste e na sua coxa tem escrito este nome: Rei dos Reis e Senhor dos Senhores (Ap 19.11-16).

A segunda vinda de Cristo é o principal tema de Apocalipse. (Veja o capítulo 2, ponto V.) Vamos indicar sucintamente aqui os fatos sobre o assunto como se encontram nesta passagem.

1. Ele vem do céu (Ap 19.11, 14; cf. Mt 24.29-31; 2Ts 1.7; Dn 7.13, 14).
2. Ele chega num cavalo branco, Ap 19.11.
3. Sua aparência é um pouco semelhante à da primeira visão (Ap 1.12-18). Cinco das oito características de Cristo de que tratamos no capítulo 3 são enumeradas aqui outra vez (Ap 19.12, 13).

4. Seus títulos e nomes são: "Fiel", "Verdadeiro", "Palavra de Deus" e "Rei dos Reis e Senhor dos Senhores", além de um nome que ninguém conhece, senão Ele mesmo (Ap 19.11-16).
5. Ele vem com autoridade e com o propósito de julgar e fazer guerra às nações (Is 11.4; 49.2), pisá-las na ferocidade do lagar da ira do Deus todo-poderoso (Is 63.3; Ap 14.17-20; 19.15) e governar (apascentar) com vara de ferro (Sl 2.9; cf. Ap 2.27; 12.5, Sl 149.7-9).
6. Ele comanda os exércitos do céu, que o seguirão em cavalos brancos, vestidos de linho branco e puro, que é a justiça dos santos (Ap 19.14).

Esses seis pontos resumem a vinda gloriosa de Cristo com os seus santos e anjos para derrotar o dragão, a besta e o falso profeta e seus exércitos, libertar Israel e estabelecer um reino de justiça na Terra. Não haverá espetáculo mais glorioso ou mais belo: todos os exércitos do céu, vestidos de branco imaculado e em perfeita ordem e hierarquia, seguindo a Cristo em cavalos brancos, ansiosos por lutar e vingar-se dos inimigos de Deus. (Sobre os cavalos espirituais do céu, veja a seção "A guerra no céu", no capítulo 19.)

Nas páginas a seguir faremos um breve estudo sobre a Segunda Vinda, conforme registram outras passagens das Escrituras.

1. A SEGUNDA VINDA DE CRISTO

1. O testemunho dos profetas do Antigo Testamento: Enoque (Gn 5.21-24; Jd 14, 15); Jacó (Gn 49.10); Balaão (Nm 24.7, 17-19); Isaías (Is 59.20; 63.1-5); Jeremias (Jr 23.5, 6; 25.30-33); Ezequiel (Ez 34.23-29; 37.17-28; 43.7); Daniel (Dn 2.44, 45; 7.13, 14); Oseias (Os 2.18-23; 3.4, 5); Joel (Jl 2.28—3.21); Amós (Am 5.15-21); Miqueias (Mq 1.3, 4; 2.12, 13; 4.1—5.7); Naum (Na 1.5, 6); Habacuque (Hc 2.13, 14); Sofonias (Sf 1.14-18; 3.8, 9); Ageu (Ag 2.6, 7, 21-23); Zacarias

(Zc 2.10-13; 3.8; 6.12, 13; 8.3-23; 12.4-14; 13.1-9; 14.1-21); Malaquias (Ml 3.1—4.5) etc.
2. O testemunho dos profetas do Novo Testamento: Jesus (Mt 16.27; 24.1—25.46; Lc 17.22-37; 21.1-33); Pedro (At 3.21; 2Pe 1.16; 3.3-9); Paulo (Rm 11.26, 27; 2Ts 1.7-10; 2.1-8; Hb 9.28); João (Ap 1.7; 19.11-21); Judas (Jd 1.14, 15).
3. A ceia do Senhor a declara: Lc 22.19; 1Co 11.26.
4. Os anjos a declaram: At 1.10, 11; cf. Lc 1.26-35; 2.8-18.
5. No Antigo Testamento, há muitas referências à segunda vinda de Cristo, tanto quanto à primeira. Nos 260 capítulos do Novo Testamento, o assunto é referido cerca de trezentas vezes. Cada vez que alguém repete a oração do pai-nosso, ele está orando pela vinda do Senhor. Quase todos os livros, em ambos os Testamentos, direta ou indiretamente registram a sua segunda vinda.

2. ALGUMAS TEORIAS SOBRE A SEGUNDA VINDA

1. Que Ele espiritualmente desceu no dia de Pentecostes. Essa teoria não é verdadeira, pois todo o Novo Testamento foi escrito depois daquele dia e todos os escritores sagrados escreveram sobre uma futura vinda de Cristo. Jesus, ao falar do Espírito Santo, disse que seria *outro* Consolador, não a segunda vinda dEle mesmo (Jo 14.16, 17, 26; 15.26, 27; 16.7-16).
2. Que o Senhor vem na conversão do pecador. Isso não é possível, porque na conversão não há vinda literal do pecador a Jesus nem vinda literal vinda de Jesus ao pecador. É tão somente uma obra espiritual no coração do pecador que se arrepende.
3. Que a morte é a vinda do Senhor. Isso seria absurdo, pois 3 almas morrem a cada dois segundos; 90 a cada minuto; 5.400 por hora; 129.600 por dia; 907.200 por semana; 47.304.000 por ano. (Estatísticas do ano de 1948.)
4. Que a sua vinda ocorreu na destruição de Jerusalém, no ano 70 d.C. Essa teoria é falaciosa, pois na sua vinda Ele irá

restaurar Jerusalém, e não destruir a cidade (Zc 14.1-15; Lc 21.24).
5. Que a sua vinda é a pregação do evangelho. Isso não é correto, pois a pregação do evangelho ocorre há séculos, enquanto a sua vinda acontecerá de repente (Mt 24.27-51; 2Ts 1.7-10).
6. Que todas as profecias sobre a sua vinda devem ser interpretadas espiritualmente, pois não há vinda literal. Isso praticamente destrói a veracidade da Palavra de Deus e torna-a sem efeito, como a crença dos judeus que espiritualizaram as profecias da primeira vinda, literalmente cumprida (Lc 1.31). Se esse versículo foi literalmente cumprido na primeira vinda de Cristo, então Lc 1.32, 33, que diz respeito à segunda vinda, também deverá se cumprir literalmente. Trata-se de uma grosseira perversão das Escrituras que transforma um significado literal na mensagem equivocada de uma vinda puramente espiritual. Esse erro será prontamente percebido pelo leitor mediante a leitura das passagens sobre o assunto, mencionadas acima.

3. O TEMPO DA SEGUNDA VINDA

Mesmo que nos últimos anos alguns tenham se esforçado em vão para estabelecer um tempo definido para a segunda vinda de Cristo, sem conseguir, isso não elimina a sua realidade nem aspecto algum desse assunto glorioso, pois fomos alertados pelo próprio Jesus contra tais hipóteses relacionadas à sua data (Mt 24.32-51; 25.13).

Embora não seja possível fixar o dia nem a hora da segunda vinda de Cristo, podemos distingui-la e concluir com toda certeza de que será um acontecimento pré-milenar, não pós-milenar. Ou seja, Ele virá antes, não após os mil anos de seu reinado na Terra (Ap 20.1-7). A teoria do pós-milenarismo é perigosa porque faz do homem e suas obras um substituto da obra de Deus. A teoria é que o homem irá inaugurar o Milênio por esforço próprio e protegerá a própria felicidade sem a graça de Deus. Essa escola de interpretação acredita que a igreja organizada irá prosperar e alargar os seus domínios até que o mundo inteiro seja convertido e assim estabelecerá o Milênio, quando na realidade a igreja está mais distante dessa realização hoje do que no tempo dos apóstolos. Essa teoria diz ainda que Cristo não poderá ou não desejará voltar à Terra enquanto ela se mostrar pecaminosa e que o mundo, depois de convertido, convidará a Cristo para retornar e reinar aqui. Esse não é o ensinamento das Escrituras, sem dúvida alguma. O propósito da atual dispensação não é a conversão do mundo, pois ele não irá crer. É o chamado de um povo para servir como reis e sacerdotes com Cristo durante o Milênio e para sempre (Ap 1.5, 6; 5.9, 10; 20.4; 22.5). As passagens mencionadas na seção 1 não se harmonizam com a ideia de um mundo convertido ou com essa concepção da vinda de Cristo.

4. RAZÕES PARA UMA SEGUNDA VINDA PRÉ-MILENAR

1. O Anticristo, que é reconhecido por todas as vertentes como pré-milenar, será destruído pelo esplendor da vinda de Cristo (Ap 19.11-21; 2Ts 2.8). Isso estabelece a Segunda Vinda como pré-milenar.
2. A segunda vinda de Cristo ocorrerá "logo depois da aflição daqueles dias" (Mt 24.27-31). A Tribulação terá lugar pouco antes do Milênio (Mt 24.15-31; Zc 14).
3. Quando Cristo vier, Ele irá separar o joio do trigo, mas como o Milênio será depois disso, ele deve regressar um pouco antes (Mt 13.40-43).
4. As mesmas condições verificadas nos dias de Ló e Noé existirão quando Cristo vier (Mt 24.37-51; Lc 17.22-37, 2Tm 3; 4.1-3; 2Pe 3.2-5). Essas passagens não estão em harmonia com o pós-milenarismo.
5. O reino milenar será literal, não uma simples exaltação da igreja ou a continuação de um mundo convertido (Ap 5.9, 10; 11.15; 20.1-10; Dn 2.44, 45; 7.13, 14; Zc 14).
6. As ressurreições provam uma vinda pré-milenar: apenas os

justos serão ressuscitados antes do Milênio porque eles irão viver e reinar com Ele no Milênio. Os ímpios mortos só irão ressuscitar após o Milênio (Ap 20.1-15).
7. Depois que Cristo vier, Satanás será preso, e, se ele estará preso durante o Milênio, não poderá haver Milênio até que Cristo venha (Ap 20.1-7).
8. Os judeus serão congregados e restaurados quando Cristo vier (Mt 24.31), e, uma vez que eles estarão em processo de restauração durante o Milênio, Cristo terá de vir primeiro, antes do Milênio (Ez 36.24-28; Is 11.10-16).

Portanto, o tempo da segunda vinda de Cristo à Terra será imediatamente após a Septuagésima Semana de Daniel, no início do Milênio (Ap 19.11-21; Zc 14; Mt 24.27-31). Terá lugar no início do Dia do Senhor, como deixam claro todas as passagens em que essa expressão é encontrada. O Dia do Senhor jamais se refere ao arrebatamento da igreja, pois só começará após esse acontecimento. Paulo não orientou os primeiros cristãos a esperar o Arrebatamento da igreja, mas a aguardar o Dia do Senhor (1Ts 5.1-11; 2Ts 2.1-12).

5. OS SINAIS DA SEGUNDA VINDA DE CRISTO

Há muitos acontecimentos que ainda serão vistos como sinais e muitas profecias que ainda serão cumpridas antes da volta de Cristo à Terra. Os sinais listados a seguir não são todos, porém bastam para saber que estamos a poucos anos de sua vinda à Terra, e, se ela está próxima, quão próximo está o arrebatamento da igreja? Estamos aguardando:

1. O Império Romano restaurado e o Império Grego redivivo (Dn 2.38-44; 7.23, 24; 8.20-25; 11.35-45).
2. A revelação do Anticristo após o Império Romano restaurado e o arrebatamento da igreja, porém antes do renascimento do Império Grego, que será o reino de

Anticristo (Dn 7.7, 8, 24; 8.20-25; 9.27; 11.35-45; 2Ts 2.3-9; Ap 6.1, 2).
3. A Septuagésima Semana, ou seja, a aliança de sete anos entre o Anticristo e os "muitos" judeus (Dn 9.27), durante a qual Ap 6.1—19.21 será cumprido.
4. Reagrupamento parcial de Israel (Ez 37.12-21; 38.1—39.24).
5. Tráfego e aumento do conhecimento (Dn 12.4).
6. Todos os sinais de Mt 24 e 25; Lc 17.22-37; 21.5-33.
7. O arrebatamento da igreja (veja o capítulo 6).
8. Paz e segurança no mundo incrédulo (1Ts 5.1-9; cf. as guerras do Anticristo: Dn 7.24, 11.40-45; Ez 38 e 39).
9. Grande apostasia e condições morais terríveis (2Ts 2.3; 1Tm 4.1-5; 2Tm 3.1-13; 4.1-4; 2Pe 3.3-5).
10. Aumento da operação de poderes satânicos (2Ts 2.9-12; Ap 13.1-18; 16.13-16; Mt 24.15-26; Dn 8.20-25).
11. Grandes enganos e ilusões (2Ts 2.9-12; Ap 13).
12. Derramamento do Espírito Santo (At 2.14-21; Tg 5.7; veja outros sinais no capítulo 8, seção II).

6. COMO SERÁ A SEGUNDA VINDA DE CRISTO

Há quatro palavras gregas concernentes à maneira de sua vinda, que iremos considerar em conexão com as principais passagens em que cada uma delas ocorre.

1. *Parousia* significa "vinda pessoal", "presença imediata", "chegada", "advento", "retorno". Nessa inter-relação, a palavra é usada em Mt 24.3, 27, 37, 39; 2Ts 2.8; 2Pe 3.4. É traduzida por "vinda" em cada uma dessas passagens e refere-se à manifestação pessoal de Cristo na Terra.
2. *Phaneros* significa "brilhar", "ser evidente", "aparecer em público", "manifestar-se", "ser visto". Só é usada nesse sentido em Mt 24.30.
3. *Erchomai* significa "ir" ou "vir". É usada geralmente em relação à segunda vinda de Cristo, como em Mt 24.30, 42,

43, 48; 25.13, 19, 27, 31; Jo 21.23; At 1.11; 1Ts 5.2; Jd 14; Ap 1.7 etc.

4. *Epiphaneia* significa "advento", "aparição", "brilho", "produzir luz", "tornar-se visível". É usada em 1Tm 6.14; 2Tm 4.1, 8; Tt 2.13; Hb 9.28.

As passagens acima apresentam os seguintes fatos quanto à maneira em que Cristo voltará à Terra:

1. Ele virá "assim como o relâmpago sai do oriente e se mostra até o ocidente" (Mt 24.27). Isso faz referência à direção de onde virá até o monte das Oliveiras (Is 63.1-5; Zc 14.1-5). Também se refere à chegada de Cristo a um lugar específico no mundo, como na ocasião em que Ele foi embora.
2. Ele virá como destruição para os ímpios, como no Dilúvio (Mt 24.38-51; 25.31-46; 1Ts 5.2; 2Ts 1.7-10; 2.8; Jd 14, 15; Zc 14).
3. Ele virá em forma visível, como na ocasião em que foi embora (At 1.11; Ap 1.7).
4. Ele chegará resplandecente e em chamas (2Ts 1.7-10; 2.8; Ez 38.17-21; Ml 4.1-6).
5. Ele chegará em grande ira, para se vingar e punir os inimigos (Ap 14.14-20; 19.11-21; Jd 14; 2Ts 1.7-10).
6. Ele virá com grande glória e poder (Mt 24.27-31).
7. Ele virá com todos os seus santos e anjos (Ap 19.11-21; Zc 14.5; 2Ts 1.7-10; Jd 14, 15; Mt 24.31).
8. Ele virá com as nuvens (Ap 1.7; Dn 7.13, 14; Mt 24.27-30; Ap 19.11-21).
9. Ele virá como Juiz e Rei (Ap 19.11-21; Is 11; Zc 14; Mt 25.31-46).
10. Ele virá "como o ladrão" (1Ts 5.2-4; 2Pe 3.10; Ap 16.15). Essas são as únicas passagens onde essa expressão é utilizada em conexão com o Segundo Advento e o Dia do Senhor. Ela não é usada com referência ao Arrebatamento. Ocorre apenas outra vez na Bíblia, num aviso de julgamento à igreja de Sardes. Essa característica da vinda de Cristo — súbita e

inesperada como um ladrão — é claramente retratada em Mt 24.36, 39, 42-51; 25.13.

CAPÍTULO QUARENTA

A BATALHA DO ARMAGEDOM OU A "CEIA DO GRANDE DEUS"

A última parte de Ap 19 concentra-se na batalha do Armagedom ou na "ceia do grande Deus". A ideia de que será uma luta entre nações, como em qualquer guerra, está errada. Quando as duas últimas guerras mundiais estouraram, alguns jornais traziam manchetes em letras flamejantes: "Armagedom!"; "É o Armagedom?".

I. O LUGAR DA BATALHA DO ARMAGEDOM

A palavra "Armagedom" ocorre apenas uma vez nas Escrituras. É o nome do lugar onde será travada a maior batalha de todos os tempos. A batalha em si é mencionada diversas vezes na Bíblia. O lugar, como já vimos, é aquele onde os três espíritos imundos irão reunir as nações para a peleja (Ap 16.13-16). Armagedom é chamado "vale de Josafá" em outras passagens, que situa o local da batalha a sudeste do monte Carmelo, na direção de Jerusalém (Jl 3).

A palavra "Armagedom" deriva de duas palavras hebraicas: *har*, que significa "uma montanha", "cadeia de montanhas" ou "região montanhosa", e *megiddo*, que significa "encontro". As duas palavras unidas (Har-Megidom) referem-se à colina de Megido, no lado sul do vale de Megido ou Esdrelom (2Cr 35.22; Zc 12.11) a sudeste de monte Carmelo. Megido foi a capital de uma região de Canaã conquistada nos tempos de Josué (Js 12.21; 17.11; Jz

1.27). Ficava na entrada de uma passagem através da cordilheira do Carmelo, na estrada principal entre a Ásia e a África, e ocupava uma posição-chave entre o Eufrates e o Nilo. Foi campo de batalha em várias épocas e de muitos povos. Tutmés III, fundador do Reino Antigo do Egito, disse: "Megido vale mais que mil cidades".

Esse lugar sem dúvida será o quartel-general do Anticristo quando ele descer do norte, depois de ter conquistado a Rússia e os países do Norte e do Leste (reinos do antigo Império Romano). Ap 16.13-16 diz: "E os congregaram [os países] no lugar que em hebreu se chama Armagedom". Ali ele irá aguardar o retorno de Cristo, que é esperado do céu para colocar os pés sobre o monte das Oliveiras e livrar Israel depois que metade da cidade de Jerusalém for tomada (Zc 14.1-5). O Diabo sabe "que já tem pouco tempo" (Ap 12.12), e também será do conhecimento do Anticristo e de outros que Cristo será esperado no final dos 1.260 dias de Ap 12.6, 14; 13.5.

De alguma forma, o Anticristo terá perdido o controle de Jerusalém na última parte da Semana. Ele irá pessoalmente comandar os seus exércitos contra os países do Norte e do Leste, e os judeus obterão o controle da cidade novamente e estarão de posse dela na hora em que o Anticristo vier do norte para destruí-los. As duas testemunhas irão ajudar o remanescente de Israel a retomar o controle da cidade por meio dos milagres que serão capazes de operar. De qualquer forma, de acordo com Zc 14, é evidente que o Anticristo retornará pelo norte com as nações reunidas contra os judeus e contra Jerusalém no momento em que Cristo voltar à Terra.

De acordo com Ez 38 e 39, também é evidente que, depois de vencer a Rússia, a Alemanha e os países do Norte e do Leste, o Anticristo retornará, vindo do norte com os países recém-conquistados, os dez reinos e outras nações aliadas, para destruir Israel e impedir que Cristo estabeleça o seu reino. Esses capítulos de Ezequiel geralmente são interpretados como uma prova de que o Anticristo virá da Rússia, porque ele é o "príncipe e chefe de Meseque e de Tubal", e descerá do norte com a Rússia, a Alemanha e outros países na direção da Palestina, mas Dn 11.44 mostra que ele conquistará os países do Norte e do Leste antes se tornar o seu príncipe e chefe e comandá-los contra os judeus.

II. O TEMPO DA BATALHA DO ARMAGEDOM

1. Nessa época, Israel estará seguro no deserto, e "Sabá, e Dedã, e os mercadores de Társis, e todos os seus leõezinhos [chamados Edom, Moabe e "primícias dos filhos de Amom", que incluem todos os chefes árabes da península Arábica, Dn 11.41; Ap 12.6, 14-17], te dirão: Vens tu vir para tomar o despojo? [...] para levar a prata e o ouro, para tomar o gado e as possessões, para saquear grande despojo?" (Ez 38.1-16).
2. Na época em que o Anticristo tiver conquistado a Rússia, a Alemanha e os países do Norte e Leste de seu império de dez reinos (Dn 11.44; Ez 38.1-16).
3. Na segunda vinda de Cristo, que irá livrar os judeus e Jerusalém dos exércitos do Anticristo (Jl 3; Zc 14; Is 63.1-6; Jd 14; 2Ts 1.7-10).
4. Logo após a Tribulação (Mt 24.29-31; 25.31-46).
5. Após as Bodas do Cordeiro (Ap 19.1-21).
6. Na época em que Satanás será amarrado por mil anos (Ap 19.11—20.3).
7. Na época em que Jerusalém estiver cercada pelos exércitos das nações e metade da cidade for tomada (Zc 14.1-15; Ap 14.14-20; 16.13-16).
8. Pouco antes do Milênio (Ap 19.11—20.3).
9. No final da presente era (Mt 13.40-43; 25.31-46).
10. Na época em que Deus estabelecer o seu reino na Terra (Dn 2.44; 7.13, 14, 18-27).
11. Quando ocorrer a primeira ressurreição (Ap 19.11—20.6).
12. No final da Septuagésima Semana de Daniel (Dn 9.27; Ap 13.5; 19.11-21).
13. Quarenta e dois meses após o Anticristo começar a governar os dez reinos (Ap 13.5; 19.11-21).

14. Quando os homens pensarem que haverá paz universal, porque o Anticristo terá conquistado grande parte do mundo (1Ts 5.1-3).
15. No início do Dia do Senhor (2Ts 2.1-12; 1Ts 5.1-3; Ap 19.11-21; 20.1-3).

III. OS COMBATENTES NO ARMAGEDOM

A batalha do Armagedom não será uma batalha normal entre duas confederações de países terrenos, como alguns ensinam. Será uma batalha entre os exércitos do céu, liderados por Cristo, e os exércitos da Terra, comandados pelo dragão, pela besta e pelo falso profeta. Do lado de Cristo estará Israel terreno (Zc 14.1-15), os anjos de Deus (Mt 25.31-45; 2Ts 1.7-10) e os santos ressuscitados de todas as épocas (Zc 14.5; Jd 14, 15; Ap 19.11-21). No lado do Anticristo, estará o Diabo e seus anjos e demônios (Ap 12.7-12; 16.13-16; Ap 20.1-3), os dez reis (Ap 17.14-17; Dn 2.44; 7.19-27), os países do Norte e do Leste dos dez reinos recentemente conquistados pelo Anticristo (Dn 11.44; Ez 38 e 39; Ap 16.12) e muitas outras nações que se aliaram ao Anticristo por meio do ministério das três rãs imundas (Ap 16.13-16; Zc 14.1-5, 16; Ez 38 e 39).

IV. O OBJETIVO DO ARMAGEDOM

O propósito de Deus será libertar Israel da destruição total pelo Anticristo e pelas muitas nações sob o seu comando (Zc 14; Is 63.1-10); punir as nações que perseguiram os judeus (Mt 25.31-46); estabelecer um reino na Terra, cujo governante será Cristo (Dn 7.13, 14; Lc 1.32); livrar o mundo de toda rebelião e restaurar o domínio de Deus sobre a Terra, como antes da Queda (1Co 15.24-29; Ef 1.10); aplicar ao ser humano mais um teste dispensacional antes de destruir todos os rebeldes na Terra e estabelecer o estado perfeito e eterno (Ef 1.10; Ap 20.1-10; 21.1—22.5; 2Pe 3.10-13). O objetivo do homem e de Satanás será impedir o plano de Deus, que consiste em assumir os governos terrestres, e evitar a própria e iminente destruição — eles serão derrotados (Ap 12.12; 19.19-21; 20.1-10; Zc 14.1-5).

V. A DURAÇÃO DO ARMAGEDOM

De acordo com Zc 14.1-14, a batalha irá durar apenas um dia: "Virá o Senhor, meu Deus, e todos os santos contigo, ó Senhor. E acontecerá, naquele dia, que não haverá preciosa luz, nem espessa escuridão. Mas será um dia conhecido do Senhor; nem dia nem noite será; e acontecerá que, no tempo da tarde, haverá luz".

VI. OS RESULTADOS DO ARMAGEDOM

1. Haverá derrota total dos exércitos da Terra e das forças espirituais de Satanás (Is 63.1-6; Ap 19.19—20.3; Ez 38 e 39).
2. Todos os imensos exércitos das nações serão destruídos, menos "a sexta parte" (Ez 39.2; Ap 19.19-21; Zc 14.1-15; Jl 3).
3. Esses exércitos irão virar carcaças, e as aves os comerão durante sete longos meses (Ez 39.4-24; Ap 19.17-21; Mt 24.27, 28, 40-42; Lc 17.34-37, Jó 39.27-30).
4. A besta e o falso profeta serão lançados no lago de fogo (Ap 19.20; Dn 7.11; 8.25; 11.45; 2Ts 2.8, 9).
5. O Diabo e alguns anjos serão lançados no abismo (Ap 20.1-7).
6. O sangue alcançará os freios dos cavalos (Ap 14.14-20; Ez 39.17-24).
7. Israel obterá livramento e será confirmado, e o reino eterno de Deus será estabelecido (Mt 25.31-46; Dn 2.44; 7.18, 23-27; Ap 11.15; Ap 20.1-10; 21.2—22.5).

MANEIRAS EM QUE OS EXÉRCITOS DO ANTICRISTO SERÃO DESTRUÍDOS

1. Pelo esplendor da vinda de Cristo (2Ts 2.8).
2. Pelos anjos (Mt 24.27-31; 2Ts 1.7-10).

3. Por todos os santos (Zc 14.5; Jd 14, 15; Ap 17.14; 19.11-21).
4. Por granizo e chuva do céu (Ez 38.22; Ap 16.21).
5. Pelos judeus (Zc 14.14).
6. Pelos soldados da besta, que matarão um aos outros (Ez 38.21; Zc 14.13).
7. Por fogo, enxofre e pestilência caídos do céu (Ez 38.22; 2Ts 1.7-10).
8. Pela deterioração da própria carne (Zc 14.12).
9. Pela vara e pela espada que sairão da boca de Cristo (Is 11.4; Ap 19.15).

VII. A "CEIA DO GRANDE DEUS"

Essa expressão é encontrada em Ap 19.17. Em Ap 16.14, é chamada "a batalha daquele grande dia do Deus Todo-poderoso". Deus preparará uma grande ceia para algumas de suas criaturas. Essa ceia está intimamente relacionada com a segunda vinda de Cristo e com a necessidade de limpar a Terra de todos os restos da batalha do Armagedom.

1. OS CONVIDADOS

"Vi um anjo que estava no sol, e clamou com grande voz, dizendo a todas as aves que voavam pelo meio do céu: Vinde e ajuntai-vos à ceia do grande Deus" (Ap 19. 17; veja também Ez 39.17-23; Mt 24.28, 40-42; Lc 17.34-37).

2. A CEIA É ANUNCIADA

"... para que comais a carne dos reis, e a carne dos tribunos, e a carne dos fortes, e a carne dos cavalos e dos que sobre eles se assentam, e a carne de todos os homens, livres e servos, pequenos e grandes" (Ap 19.18; veja também Is 34.3; Ez 39.17-23; Mt 24.28, 40-42; Lc 17.37).

3. A CEIA É REUNIDA

"Vi a besta, e os reis da terra, e os seus exércitos reunidos, para fazerem guerra àquele que estava assentado sobre o cavalo e ao seu exército" (Ap 19.19; veja também Ap 14.14-20; 16.13-16; 17.14; Ez 38 e 39; Jl 3; Zc 14; 2Ts 1.7-9; Jd 14; Is 63.1-5).

4. A CEIA É MORTA E PREPARADA

"A besta foi presa e, com ela, o falso profeta, que, diante dela, fizera os sinais com que enganou os que receberam o sinal da besta e adoraram a sua imagem. Estes dois foram lançados vivos no ardente lago de fogo e de enxofre. E os demais foram mortos com a espada que saía da boca do que estava assentado sobre o cavalo..." (Ap 19.20, 21a; veja também Is 34, 63; Ez 38 e 39; Jl 3; Zc 14; Ap 14.14-20).

5. A CEIA É COMIDA

"... e todas as aves se fartaram das suas carnes" (Ap 19.21b; veja também Ez 39.4, 17-23; Mt 24.28, Lc 17.37).

CAPÍTULO QUARENTA E UM

O MILÊNIO: OS MIL ANOS E DEPOIS DELES

Em Ap 20.1-15, temos a expulsão de Satanás da Terra, o reino milenar de Cristo e seus santos, a carreira pós-milenar e a derrocada de Satanás e o Juízo Final.

I. SATANÁS É EXPULSO DA TERRA

E vi descer do céu um anjo que tinha a chave do abismo e uma grande cadeia na sua mão. Ele prendeu o dragão, a antiga serpente, que é o diabo e Satanás, e amarrou-o por mil anos. E lançou-o no abismo, e ali o encerrou, e pôs selo sobre ele, para que mais não engane as nações, até que os mil anos se acabem. E depois importa que seja solto por um pouco de tempo (Ap 20.1-3).

Essa passagem é a continuação do relato sobre a batalha do Armagedom (Ap 19.11-21) e mostra o confinamento do dragão no abismo. Depois do Armagedom, um anjo descerá do céu com a chave do abismo. Já explicamos quem é esse anjo no comentário da quinta trombeta, no capítulo 12, e o abismo é explicado no capítulo 31. Satanás será confinado no abismo por mil anos, da mesma forma que outros espíritos já estão lá. Só será possível entender que um anjo ou um espírito pode ser imobilizado por algemas literais e lançado num local físico se admitirmos que os anjos possuem corpo e podem ser localizados e confinados em prisões físicas. Se não fosse assim, como poderia haver demônios presos no abismo agora para serem soltos sob a quinta e sexta trombetas? Como pode haver anjos em cadeias confinados no Tártaro (2Pe 2.4; Jd 6, 7)? Só reconhecendo isso é possível entender como todos os homens maus, demônios, anjos caídos e criaturas rebeldes de todos os tipos poderão ser lançados no lago de fogo para sempre (Mt 25.41; Ap 14.9-11; 19.20; 20.10-15).

Esse anjo irá "imobilizar" Satanás, dominá-lo num combate real, "prendê-lo" com uma grande cadeia e lançá-lo no abismo, onde ele ficará por mil anos. O anjo "pôs selo sobre ele", ou seja, irá lacrar literalmente o abismo a fim de mantê-lo ali, de modo que ele não possa enganar as nações até o Milênio acabar. Assim, vemos que Satanás e sua prisão são literais e que ele será imobilizado por um anjo literal com uma cadeia literal e lançado num lugar literal lacrado com um selo literal durante todo o Milênio.

Em Ap 12, vemos que o dragão e seus anjos serão expulsos do céu para a Terra na metade da Semana, onde permanecerão até a batalha do Armagedom, quando irão lutar contra Cristo e seus anjos e santos. Não somos informados se os anjos de Satanás serão lançados no abismo com ele. Pode ser que eles sejam confinados ali e soltos com ele depois do Milênio para ajudá-lo a enganar as nações outra vez.

II. O REINO MILENAR DE CRISTO E SEUS SANTOS

E vi tronos; e assentaram-se sobre eles aqueles a quem foi dado o poder de julgar. E vi as almas daqueles que foram degolados pelo testemunho de Jesus e pela palavra de Deus, e que não adoraram a besta nem a sua imagem, e não receberam o sinal na testa nem na mão; e viveram e reinaram com Cristo durante mil anos. Mas os outros mortos não reviveram, até que os mil anos se acabaram. Esta é a primeira ressurreição. Bem-aventurado e santo aquele que tem parte na primeira ressurreição; sobre estes não tem poder a segunda morte, mas serão sacerdotes de Deus e de Cristo e reinarão com ele mil anos (Ap 20.4-6).

Essa passagem mostra que os mártires da Tribulação também irão participar do reinado de Cristo no Milênio e para sempre. Se não houvesse nenhuma outra passagem da Bíblia para ensinar a doutrina do Milênio, essa seria suficiente, pois a palavra significa simplesmente "mil anos", termo repetido seis vezes nos primeiros sete versículos desse capítulo. Antes de analisar o assunto pelas Escrituras, observemos o que Ap 20 diz sobre o Milênio.

1. Satanás deve ser preso para que o Milênio comece (Ap 20.1-10). Isso sem dúvida implica o cumprimento de todos os acontecimentos de Ap 4—19. Os mil anos, portanto, não podem acontecer até que essas coisas sejam cumpridas.
2. Satanás estará preso durante o Milênio (Ap 20.3).
3. Após a prisão de Satanás, João viu "tronos" e seus ocupantes (Ap 20.4). Os ocupantes dos tronos serão os mártires da Tribulação. Eles irão reinar como reis e sacerdotes com Cristo, assim como todos os outros povos celestiais redimidos (veja o capítulo 17, teoria I, item 2).
4. Em Ap 20.5, João mostra que os mártires da Tribulação terão parte na primeira ressurreição, que ocorrerá antes do Milênio e inclui os diferentes grupos de redimidos e todos os indivíduos salvos desde Adão até a prisão de Satanás. Esse versículo também implica que os santos da Tribulação serão o último grupo de redimidos ressuscitado e transladados. A primeira ressurreição termina com o arrebatamento desse grupo e das duas testemunhas. Todas as outras passagens sobre ressurreições nas Escrituras, exceto uns poucos textos sobre o arrebatamento da igreja, falam da primeira e da segunda ressurreição como se fossem uma só e acontecessem ao mesmo tempo, porém essa e outras passagens (1Co 15.20-23, 51-58; Fp 3.10-14; 1Ts 4.13-18; 2Ts 2.1, 6-8; 2Co 5.1-6; Ef 5.26, 27; Hb 11.35; 1Jo 3.1-3) mencionam uma ressurreição dentre os mortos, a ressurreição e a transladação de todos os santos vivos e mortos antes dos mil anos. Em Ap 20.11-15, os "outros mortos" de Ap 20.4-6 — os ímpios mortos que não tiveram parte na primeira ressurreição e serão ressuscitados após

os mil anos — aparecem diante do trono branco para ser julgados. Essa será a segunda ressurreição, que inclui todos os ímpios mortos desde Adão até o final do Milênio.
5. Em seguida, uma bênção é pronunciada sobre todos os que tiveram parte na primeira ressurreição, pois "sobre estes não tem poder a segunda morte [no lago de fogo, Ap 2.11; 19.20; 20.10-15; 21.8], mas serão sacerdotes de Deus e de Cristo e reinarão com ele mil anos".
6. "Acabando-se os mil anos, Satanás será solto da sua prisão e sairá a enganar as nações que estão sobre os quatro cantos da terra, Gogue e Magogue, [...] para as ajuntar em batalha" contra Deus. Em seguida, descerá fogo do céu e devorará os seus exércitos, e o próprio Satanás será lançado no lago de fogo, onde já estarão a besta e o falso profeta, e então o Milênio terá início (Ap 19.20; 20.7-10).
7. Em seguida, os ímpios mortos serão ressuscitados, e acontecerá o Juízo Final, após o qual terá lugar a renovação da Terra e dos céus. O resultado será um novo céu e uma nova Terra, como retratado em Ap 21 e 22.

Agora, de posse desses fatos, podemos entender as muitas outras passagens bíblicas que falam do reinado do Messias, mas não distinguem o seu reinado nos primeiros mil anos de seu reino para sempre.

Além dos pensamentos de Ap 20 sobre o Milênio, relacionados acima, segue-se um breve estudo sobre o assunto.

1. DEFINIÇÃO

Essa dispensação é chamada assim porque o próprio Deus, com o Filho e o Espírito Santo, estabelecerá um governo divino na Terra sobre todas as nações, para sempre. Esse período é chamado nas Escrituras:

1. Os "mil anos" do reinado de Cristo (Ap 20.1-10).
2. A "dispensação da plenitude dos tempos" (Ef 1.10).

3. O "dia do Senhor" (Is 2.12; 13.6, 9; 34.8; Ez 30.3; Am 5.18; Jl 2.1; Sf 1.7, 8, 18; 2.2, 3; Zc 14.1-21; Ml 4; 1Ts 5.2; 2Ts 2.1-8; 2Pe 3.10).
4. "Aquele dia" (Is 2.11; 4.1-6; 19.21; 24.21; 26.1; Ez 39.22; 48.35; Os 2.18; Jl 3.18; Zc 12.8-11; 13.1; 14.1-9; Ml 3.17).
5. O "século futuro" (Mt 12.32; Mc 10.30; Lc 20.35; Ef 1.21; 2.7; 3.21; Hb 6.5).
6. O "Reino de Cristo e de Deus" (Ef 5.5; Mt 20.21; Lc 1.32, 35; 19.12-15; 22.29, 30; 23.42; 2Tm 4.1; Jo 18.28-37; 1Co 15.24-28; Dn 7.13, 14).
7. O "Reino de Deus" (Mc 14.25; Lc 19.11; 22.14-18).
8. O "Reino dos céus" (Mt 3.2; 4.17; 5.3, 10, 19, 20; 7.21; 8.11; 10.7; 13.43; 18.1-4; Lc 19.12-15).
9. A "regeneração" (Mt 19.28; Ef 1.10).
10. Os "tempos da restauração de tudo" (At 3.20, 21).
11. A "consolação de Israel" (Lc 2.25).
12. A "redenção em Jerusalém" (Lc 2.38).

2. DURAÇÃO (AP 20.1-10)

Essa dispensação durará mil anos (Ap 20.1-10). A expressão "mil anos" ocorre seis vezes nessa passagem. Embora a duração seja mencionada apenas nessa passagem, essa era é referida em todas as partes das Escrituras, como veremos. Começará com a prisão de Satanás no retorno de Cristo à Terra para restabelecer o trono de Davi e estabelecer o Reino de Deus na Terra (Mt 24.29-31; Ap 19.11—20.7). Ele irá durar até a soltura de Satanás, a última rebelião, a renovação da Terra pelo fogo e o julgamento do grande trono branco (Ap 20.11-15; 2Pe 3.8-13).

3. O INÍCIO FAVORÁVEL

O homem terá um recomeço mais favorável que em qualquer outra dispensação. Além de condições mais maravilhosas que de outras eras, o ser humano terá o Deus do céu como governante e desfrutará todos os privilégios decorrentes desse domínio. Os pontos a seguir dizem respeito ao governo divino e às bem-aventuradas condições da Terra durante o Milênio e revelará os aspectos mais favoráveis dessa dispensação.

(1) O REINO ANUNCIADO

Alianças relacionadas à Terra de Deus e firmadas com Abraão e Davi garantiam a Israel um reino terreno eterno que seria um canal de bênçãos para todas as famílias da Terra. Mas parecia que esses pactos e promessas haviam falhado quando, por volta de 1009 a.C., Israel foi dividido em dois reinos. Depois disso, Deus inspirou vários profetas, os quais insistiam em que Ele ainda mantinha as promessas que fizera a Israel no passado, mas teria de usar meios diferentes para cumpri-las e seria necessário que eles atendessem às suas justas exigências. Dezesseis desses profetas deixaram escritos concernentes à vinda de um rei e de um reino. Observe nas passagens a seguir que, por causa de sua rebelião, Israel iria para o cativeiro e seria disperso entre as nações. Então ficariam "muitos dias" sem rei, sem sacrifícios e sem o conhecimento do verdadeiro Deus. Depois disso, seriam trazidos de volta para a sua terra, mas seriam abatidos por causa da opressão dos gentios. Em seguida, o Messias, quando viesse em glória estabelecer o seu reino, iria livrá-los da mão das nações gentias (Is 1.2-9, 25-28; 2.2-5; 9.6, 7; 11.2-16; 27.12, 13; 32.1-5, 15-19; 34.1-17; 63.1-6; Jr 33.17-26; Ez 24.11-27; 36.16-38; 37.1-28; Dn 7.12-27; 8.16-27; 9.24-27; 11.36—12.13; Os 2.14-23; 3.4, 5; Jl 2.28; 3.21; Mq 4.1-13; 5.1-15; Zc 8.1—14.21; Ml 3.1—4.6; Lc 1.30-35; 21.20-24; At 15.13-17; Rm 11.25-27; Ap 1.5; 5.10; 11.15; 20.1-4). Os homens contemplavam isso através dos tempos (Hb 11; 2Sm 7; Is 9.6, 7; Ml 4; Mc 15.43; Hb 12.25-28; At 3.19-21).

(2) QUANDO O REINO SERÁ ESTABELECIDO?

1. No retorno do Rei da glória (Mt 25.31-46; Is 9.6, 7; Dn 2.44, 45; 7.13, 14; 8.18-22; Zc 14; 2Ts 1.7; Jd 14; Ap 19.11—20.7).
2. A igreja, depois de arrebatada (1Co 15.51-58; 1Ts 4.13-17), retornará com Cristo para ajudá-lo a estabelecer o reino e

reinar sobre as nações (Zc 14.1-5; Jd 14; Ap 1.4, 5; 5.10; 17.14; 19.11-21). Só após os dias da igreja é que Cristo restabelecerá a casa de Davi (At 15.13-18; Is 9.6, 7; 11.11; Os 3.4, 5; Lc 1.32-35). A igreja será arrebatada antes da revelação do Anticristo (2Ts 2.7, 8), e o Anticristo será revelado antes da segunda vinda de Cristo (2Ts 2.1-12; veja o capítulo 6). O reino, portanto, não será estabelecido até que tudo isso ocorra.

3. Após a futura Tribulação, pois Cristo não virá à Terra com os seus santos até então (Mt 24.15-31; Zc 14.1-21; Dn 12.1-13; Ap 19.11-21).

4. Após a grande apostasia e a revelação do Anticristo, porque para o Anticristo será destruído na segunda vinda de Cristo à Terra, ele deverá estar aqui quando Cristo voltar (2Ts 2.1-12; Ap 19.11-21; Dn 7.18-27; 8.16-27; 9.27; 11.36—12.13).

5. No tempo em que o Anticristo estiver destruído e Satanás amarrado por mil anos (Ap 19.11—20.7). Cristo reinará na Terra durante os mil anos em que Satanás estiver preso (Ap 5.10; 20.1-7). Durante a era da igreja e da futura Tribulação, Satanás estará solto (1Pe 5.8; Ap 12.12-17; 13.1-8; 20.1-7). O Diabo ainda está solto, por isso ainda estamos na era da igreja e continuará assim até que Cristo venha para prendê-lo.

6. Após a primeira ressurreição, pois os santos reinarão mil anos com Cristo sobre a Terra (Ap 5.9, 10; 20.1-6). Portanto, os santos terão de ser ressuscitados antes que possam reinar com ele. Vivemos hoje a era do sofrimento por Cristo, não o período de reinar com Ele (Rm 8.18; 1Co 15.20-58; 2Co 5.6; Fp 1.23; 3.20, 21; Cl 1.24; 2Tm 2.12; 3.12). Os mil anos ocorrem entre a ressurreição dos justos e a ressurreição dos ímpios (Ap 20.4-6, 11-15).

7. Na época em que o templo de Ezequiel estiver construído (Ez 40.1—43.7). O reinado de Cristo será estabelecido em Jerusalém, no templo de Ezequiel (Ez 43.7). O reino,

portanto, não pode ser estabelecido no templo até que ele seja construído (Is 9.6, 7; 52.1-8; 62.6-14; Ez 36.24-36; 41.1; 43.7; Zc 6.12, 13; 14.1-21; Mt 23.37-39; Lc 1.32-35; At 15.13-18).

8. Depois que Israel estiver reunido, vindo de todos os países (Ez 20.33-36; 36.17-38; 37.1-28; Os 3.4, 5; Dn 9.27).
9. Quando os judeus que Cristo livrou dos exércitos das nações se tornarem uma bênção para todas as famílias da Terra (Gn 12.1-3; Sl 2.6-8; Is 9.6, 7; 25.6-9; Zc 9.9-11; 14.1-21; At 15.13-18; Lc 1.32-35).
10. Nos dias dos dez reis da Roma restaurada e da Grécia rediviva (Dn 2.40-45; 7.18-28; Ap 17.8-18).
11. Depois que Ap 4—19 estiver cumprido, pois Ap 19 e 20 trata da vinda de Cristo para estabelecer o reino.

De acordo com esses fatos, o reino ainda é futuro, posterior a todos os acontecimentos acima. O próprio Cristo ensinou que o reino será um evento futuro, condicionado à sua segunda vinda, nas seguintes passagens: Mt 16.21-27; 19.28; 20.23; 23.37-39; 24.3-31; 25.31-46; 26.29, 64; At 1.6, 7; 3.19-21; Jo 14.3; Lc 9.26; 19.11-27; Ap 5.9, 10; 11.15; 20.1-7.

Os apóstolos também ensinaram que o reino estava ainda no futuro, relacionado com a segunda vinda de Cristo (At 1.7-11; 1Pe 1.7; 5.4; 2Pe 1.16; 3.3, 4; Tg 5.7; 1Jo 2.28; Jd 14; 1Tm 6.14, 15).

(3) SERÁ UM REINO TERRESTRE LITERAL?

O reino será tão terrestre e literal quanto qualquer outro que já existiu na Terra. Será o nono reino, mencionado em Daniel e Apocalipse — Egito, Assíria, Babilônia, Medo-Pérsia, Grécia, Roma, Roma restaurada, Grécia rediviva e Reino dos céus (Is 9.6, 7; Dn 2.44, 45; 7.13, 14, 17-27; Zc 14; Ap 17.8-18). Como todos os reinos anteriores são literais, esse também deve ser. Os estudos a seguir continuarão a provar que esse reino será literal e terreno.

Os adventistas do sétimo dia e outros ensinam que a Terra

estará desolada durante os mil anos e que essa Terra é o abismo, onde o Diabo ficará preso durante esse tempo. Não há uma palavra de verdade nessa teoria. O abismo é uma divisão do submundo destinada ao confinamento de certos demônios e espíritos angélicos (veja o capítulo 31, seção 4.) Os pontos a seguir comprovam pelas Escrituras que a Terra não estará desolada durante esse período.

(4) QUAL SERÁ A FORMA DE GOVERNO?

Não será monárquico, democrático ou autocrático, mas uma forma teocrática de governo, ou seja, Deus reinará por meio dos seguintes elementos:

1. Jesus Cristo, o seu Filho unigênito (2Sm 7; Sl 2; 89.35-37; Is 2.2-4; 4.2, 3; 9.6, 7; 11.1-15; 16.5; 24.23; 32.1-4; 40.9, 10; 42.1-4; 52.7; Jr 23.5-8; Ez 43.7; Dn 2.44, 45; 7.13,14; Mq 4; 5.1-7; Zc 6.12, 13; 14.1-21; Mt 25.31-46; Lc 1.32-35; Ap 11.15; 20.1-10).
2. Davi, rei de Israel (Jr 30.9; Ez 34.24; 37.24-28; Os 3.4, 5).
3. Os apóstolos e todos os santos de Adão até o Milênio, ou seja, os que fizeram parte da primeira ressurreição (Sl 149.5-9; Dn 7.18-27; Mt 19.28; 1Co 4.8; 6.2; Ef 2.7; 2Tm 2.12; Hb 11; Rm 8.17; 2Ts 1.4-7; Ap 1.6; 2.26, 27; 5.9, 10; 11.15; 12.5; 20.4-6; 22.5). Todos os santos serão julgados e recompensados de acordo com as obras realizadas por meio do corpo, e serão distribuídos locais de regência conforme o galardão, não de acordo com o grupo de remidos do qual faziam parte ou da época em que foram resgatados. Essa é a única base verdadeira e justa para as recompensas. Se um santo do Novo Testamento for recompensado e receber um lugar de maior destaque no reino que um santo do Antigo Testamento, com base apenas no fato de ter sido resgatado numa era diferente, isso seria injusto. Mas cada um será recompensado "conforme as suas obras", independentemente da época em que foi resgatado. Assim,

Deus não poderá ser acusado de cometer injustiça ou de fazer acepção de pessoas. Cabe a cada um fazer o bem, em qualquer época, e se provar fiel em seu teste particular. Pelas passagens do ponto B acima, ficamos sabendo que Davi terá uma regência maior que a de qualquer um dos apóstolos. Ele será rei sobre todo o Israel, sob a autoridade de Cristo, enquanto os apóstolos governarão apenas uma tribo cada um.

Alguns santos do Antigo Testamento fizeram mais para Deus e tinham mais poder que a média dos santos do Novo Testamento. Tome um seguidor normal de Cristo hoje e compare a vida e as obras dele com as de Enoque, Abraão, Moisés, Elias, e assim por diante. Deveriam ser dadas a algum crente do Novo Testamento recompensa e responsabilidade maiores no reino eterno que a esses homens, só porque ele foi salvo numa época diferente? Veja Pv 24.12; Sl 62.12; Jr 31.16; Rm 14.12; 2Co 5.10, 11; 1Co 3.11-15; Tg 2.21-25; Ap 14.12; 20.12-15; 22.12. Certas classes não terão parte no reinando de Cristo (Mt 18.1-13; Lc 9.62; 14.27; Jo 3.3-5; Rm 8.9; 1Co 6.9, 10; Gl 5.19-21; Ef 5.5; 2Tm 2.12; Hb 12.14; 1Jo 3.10; Ap 20.15).

(5) ONDE SERÁ A SEDE DO GOVERNO?

Jerusalém, reconstruída e restaurada para uma glória maior que qualquer outra do passado, será a sede do governo, a capital mundial e o centro de culto para sempre (1Cr 23.25; 2Cr 33.4-7; Sl 48.8; Is 2.2-4; 11.11—12.6; Jr 17.25; Ez 34.1-31; 43.7; Jl 3.17, 20; Mq 4.7; Zc 8.3-23; 14.1-21; At 15.1-18).

(6) QUAL SERÁ A EXTENSÃO DO REINO?

Será o mundo inteiro e irá se desenvolver em todos os aspectos, como todos os outros reinos, exceto que não haverá pecado nem rebelião (Is 9.6, 7; 11.9; Sl 72.8; 97.9; Dn 7.13, 14; Mq 4.1-3; Zc 9.10; 14.1-21; Ap 11.15).

(7) QUEM SERÁ E QUEM NÃO SERÁ SÚDITO DO REINO?

Várias classes de pessoas serão excluídas do reino (Mt 5.20; 13.49, 50; 24.45-51; 25.25-28, 31-46; Ap 14.9-12). Todas as nações hoje existentes na Terra e que estarão existindo quando Cristo vier continuarão como tais no reino, para todo o sempre. "Todos os povos, nações e línguas o [servirão]; o seu domínio é um domínio eterno, que não passará, e o seu reino, o único que não será destruído" (Dn 7.13, 14, 18, 22-27; Is 9.6, 7; Zc 14.1-21; Lc 1.32-35; Ap 11.15).

Após a batalha do Armagedom e o julgamento das nações, no retorno de Cristo, muita gente de todas as nações que restaram subirá de ano em ano para adorar o Senhor dos Exércitos e celebrar a Festa dos Tabernáculos. São essas pessoas que povoarão a Terra durante o Milênio e para sempre (Is 2.1, 2; Zc 14.16-21; Mt 25.31-46; Ap 11.15; 20.1-10).

A organização Testemunhas de Jeová ensina que a expiação de Cristo foi apenas para Adão; que um homem só pode fazer expiação por um único homem; que todos os filhos de Adão permanecerão mortos até o Milênio, quando serão ressuscitados para ter uma segunda chance; que todos os que não aceitarem a Deus nesse segundo tempo da graça serão aniquilados.

Esse é um dos ensinos mais errôneos e sem base bíblica que existem, pois nega o cerne do evangelho. Jesus morreu por todos os homens, como está comprovado em Mt 1.21; 26.29; Lc 24.47; Jo 1.12-16; 3.5, 16-19; 6.37-40; 14.6; At 2.38; 4.12; Rm 1.16; 5.6-11, 15-21; 6.23; 8.1-4, 32; 2Co 5.14-21; Ef 1.7; Cl 1.14, 20-22; Hb 1.3; 2.9, 10; 9.11-28; 10.4-22, 29; 1Pe 1.18-23; 1Jo 1.7.

O que há em todas essas passagens que faz o Deus justo perdoar cada homem que hoje se arrepende e crê no evangelho? O único sacrifício de Cristo por todos os homens de todos os tempos, não só por Adão! Se um homem só pudesse expiar os pecados de um único homem, então Deus teria de morrer separadamente a favor de cada homem que já nasceu para resgatá-lo. Assim, teria de fazer o que Ele fez em Cristo inúmeras vezes. Tal ideia é absurda. Se os homens terão outra chance no

Milênio, a base de sua reconciliação deverá ser a mesma de agora. Desse modo, o ensino de que Cristo só é capaz de morrer por um único homem é conflitante com a ideia de que os homens terão uma segunda chance no Milênio, pois como eles serão salvos, a menos que Cristo morra separadamente a favor de cada indivíduo, já que, segundo eles, essa é a doutrina da expiação?

A Bíblia ensina que todos os mortos justos serão ressuscitados antes do Milênio, e os ímpios mortos, depois (Ap 20.4-15). Como poderia o ímpio ressuscitar e receber uma segunda chance no Milênio, se ele só ressuscitará depois do Milênio? Em lugar algum a Bíblia ensina que haverá uma segunda chance. Essas ideias contradizem as Escrituras, pois "aos homens está ordenado morrerem uma vez, vindo, depois disso, o juízo" (Hb 9.27), não "depois disso uma segunda chance" — ou a aniquilação, se falharem outra vez. A Bíblia não ensina a aniquilação de homem algum. Os homens, durante a sua vida natural, terão centenas de chances de se acertar com Deus e, se não o fizerem, serão extirpados "sem que haja cura" (Pv 29.1).

Portanto, está claro que os súditos do reino milenar não serão os ímpios mortos ressuscitados para uma nova vida, e sim as nações naturais que existirem sobre a Terra por ocasião da vinda de Cristo com os santos para estabelecer o seu reino (Is 2.1-4; 11.11; 66.17-21; Zc 14.16).

(8) HAVERÁ LEIS PARA OS SÚDITOS DO REINO?

Haverá leis nesse reino, como em qualquer outro reino, para os mesmos fins. Existem leis até no céu e em todo o Universo. Antes de cair, Adão recebeu leis para guardar. Se os homens terão leis para obedecer por toda a eternidade depois que a humanidade for redimida da Queda, por que não durante o Milênio? Mesmo que não houvesse pecadores durante o Milênio, Deus criaria leis para tornar conhecida a sua vontade aos seus súditos. São necessárias certas leis que governem o livre-arbítrio, ou não haveria necessidade de liberdade para escolher entre o certo e o errado. A própria natureza do livre-arbítrio exige a lei e a revelação, a fim de ser esclarecida a vontade específica do Criador e de se oferecer algo que permita o exercício dessa vontade.

Esse reino será terreno e literal e envolverá assuntos terrenos, e muitos irão se rebelar no coração contra a regra de Cristo e manifestarão a sua rebeldia na primeira chance que tiverem — quando o Diabo for solto do abismo, no final do Milênio (Ap 20.1-10). Todos os que "nasceram de novo", foram batizados no Espírito Santo e mantiveram a comunhão com Deus durante os mil anos não irão se juntarão a Satanás em rebeldia nesse momento. As seguintes passagens deixam claro que haverá pecadores aqui durante o Milênio: Is 2.2-4; 9.6, 7; 11.3-5; 16.5; 65.20; Sl 2.6-9; Mq 4.3; Zc 14.16-21; 1Co 15.24-28; Ap 20.7-10.

Muitos não salvos serão autorizados a viver no Milênio porque, apesar de obedecerem às leis exteriores do governo, no íntimo estarão revoltados contra o sistema. No entanto, muitos serão executados ao longo do Milênio por terem cometido pecados dignos de morte (Is 11.3-5; 16.5; 65.20). Serão esses rebeldes de coração que irão se manifestar contra Deus na primeira oportunidade, quando o Diabo for solto. Leis serão necessárias para governar os povos durante esse tempo, ou não haveria base para julgamentos nem poderia haver transgressão para julgar.

(9) QUE LEIS HAVERÁ?

Leis de Deus que revelam a sua vontade em detalhes, como as que foram entregues por Moisés e por Jesus Cristo, serão as leis do reino. Isso inclui as leis do Antigo e do Novo Testamentos. As leis exteriores, é claro, serão as únicas aplicadas ao homem. Leis exteriores jamais poderiam governar os desejos do livre-arbítrio. Isso é algo evidente, com base em Is 2.2-4; Mq 4.2; Ez 40.1—48.35. Pelos livros da Lei em si, também se percebe que a lei de Moisés voltará a ser eficaz durante o Milênio e para sempre.

Os escritores dessas passagens só conheciam a lei de Moisés, então ao escrever, quando mencionam a "lei", talvez tivessem em mente a lei mosaica. A Lei revelou o plano governamental de Deus em detalhes, e aquelas leis foram suficientes para governar o homem natural, independentemente de sua atitude para com as coisas espirituais. Irá Deus governar a humanidade no futuro por alguma medida de sua vontade revelada, como está escrito na Lei? Quando Deus outorgou a Lei a Moisés, fez isso em termos eternos, para enfatizar que a Lei era eterna e deveria ser observada por Israel e por todas as nações para sempre. Nem Israel nem nação alguma cumpriu a Lei, porém ela foi dada a fim de que fosse seguida para sempre. Se Deus pretendia que eles a obedecessem perpetuamente, será assim no futuro. É o que comprovaremos nos estudos a seguir.

Além dessas leis exteriores e naturais para o homem natural no reino, haverá leis para governar o homem espiritual, isto é, aquele que desejar as coisas espirituais e a vida no Espírito. Esse tipo de homem terá de obedecer às leis externas, tanto quanto aquele que rejeita as coisas espirituais. Este, enquanto obedecer às leis exteriores, não será punido, porque não quebrou lei alguma. O mesmo se aplica a qualquer governo hoje. Um homem não tem de aceitar as coisas espirituais para escapar das garras da lei. Ele pode ser rebelde no que concerne às coisas espirituais, mas enquanto seguir as leis exteriores não será condenado por ela. No entanto, o homem que aceita a Cristo como seu Salvador e anda no Espírito deve também obedecer às leis exteriores. Além de andar de acordo com as leis do governo, ele irá se orientar pelas leis de Cristo (Mt 5—7 etc.).

Nas leis de Cristo que regem o homem espiritual existem aquelas que o homem natural não é obrigado a observar. Por exemplo, a lei sobre o adultério afeta todos os homens, mas "qualquer que atentar numa mulher para a cobiçar já em seu coração cometeu adultério com ela" (Mt 5.27-30), e o pecado pode matar o homem espiritual, afastá-lo de Deus e torná-lo espiritualmente morto, mas isso não afetaria o rebelde contra as coisas espirituais, porque ele já está morto espiritualmente.

(10) QUEM IRÁ EXECUTAR ESSAS LEIS?

Cristo e os santos glorificados feitos reis e sacerdotes irão executar essas leis para sempre. Veja as passagens citadas na seção (4).

(11) ONDE AS DIFERENTES NAÇÕES ESTARÃO SITUADAS?

As nações dos gentios talvez se mantenham nos mesmos lugares de hoje, exceto as que vivem na terra prometida como possessão perpétua a Abraão e à sua descendência. Esse território começa no mar Mediterrâneo, a oeste, na direção do rio Eufrates, a leste, e abrange toda a península Arábica e os países do deserto no sul e no leste da Palestina (Gn 15.14-18; 17.6-19; Êx 32.13; Lv 25.23-34; Dt 4.40; Js 14.9, 2Cr 20.7; Is 60.21; Jr 25.5; Ez 47.13-23).

(12) COMO A "POSSESSÃO PERPÉTUA" SERÁ DIVIDIDA?

A terra da promessa será dividida em largas faixas na direção leste-oeste. Haverá doze grandes faixas, uma para cada tribo. A porção de Dã estará no extremo norte, a de Gade no extremo sul e as demais tribos no espaço entre ambas. As porções de Judá e Benjamim farão parte da "oferta santa", uma porção de terra de 60 milhas quadradas (cerca de 155 km2) divididas em três partes: 24 x 60 milhas ao norte, para os levitas; 24 x 60 no centro, para os sacerdotes; 12 x 60 ao sul da cidade de Jerusalém com os seus arrabaldes e campos de cultivo (veja o nosso mapa *The Plan of the Ages* [O plano das eras]). A cidade em si terá 12 milhas quadradas (cerca de 31 km2) e será uma miniatura da nova Jerusalém (Ez 48.1-35).

(13) OS JUDEUS TERÃO UM TEMPLO DURANTE O MILÊNIO?

Sim. Ele estará localizado na porção dos sacerdotes. O templo e suas cercanias, chamadas "santuário" (Ez 45.1-4), serão de uma milha quadrada (cerca de 2,5 km2; Ez 40.1—45.14). Esse templo não será aquele construído nos últimos dias, antes da segunda vinda de Cristo, no qual o Anticristo irá se assentar durante os últimos três anos e meio da era da graça (Mt 24.15-22; 2Ts 2.4; Ap 11.1, 2), porque ele será destruído na segunda vinda de Cristo. O templo milenar será construído pelo próprio Cristo depois que Ele estabelecer o seu reino na terra (Zc 6.12, 13). Será o lugar do trono terrestre de Cristo para sempre (Ez 43.7).

(14) O RIO DO TEMPLO MILENAR

Será um rio literal que fluirá desse templo para o leste, descendo do lado sul do altar. Então mudará de direção e correrá através de Jerusalém para o sul. Imediatamente ao sul da cidade, ele se dividirá, metade fluindo para o oeste, até o mar Mediterrâneo, e metade correndo para o leste, até o mar Morto. O mar Morto será curado, de tal modo que multidões de peixes viverão nele (Ez 47.1-12; Zc 14.8). Quando Cristo puser os pés sobre o monte das Oliveiras, haverá um grande terremoto, e toda a geografia do país será alterada (Zc 14.4, 5). O mar Morto se erguerá, e a vazão irá purificar as suas águas estagnadas, represadas durante séculos. Os charcos em volta fornecerão sal. Haverá também árvores de ambos os lados do rio, cujas folhas nunca irão desaparecer, nem o fruto se esgotará. As árvores produzirão novos frutos conforme o mês, os quais servirão de alimento e preservação da vida natural para as nações. Esse rio não é o da nova Jerusalém, porque esta só descerá para a nova terra, após o Milênio (Ap 22.1-5), como veremos no capítulo 45.

(15) HAVERÁ SACERDOTES NO TEMPLO MILENAR?

Haverá sacerdotes terrestres no templo futuro, assim como houve no primeiro templo (Ez 43.19-27; 44.9-31). Os levitas que se extraviaram com as dez tribos do Reino do Norte não estarão autorizados a realizar as tarefas mais sagradas, mas irão servir em outras áreas, isto é, os seus descendentes estarão envolvidos na futura adoração realizada no templo. Os filhos de Zadoque, o qual se manteve fiel à casa de Davi, estarão incumbidos das tarefas mais sagradas (Ez 43.19-27; 44.9-31; veja 1Rs 1.39; 2Sm 8.17; 15.24; 20.25).

O sacerdócio da lei de Moisés era eterno (Êx 29.9; 40.15; Nm 25.11-13; 1Cr 23.13). Isso parece entrar em conflito com Hb 7.11-28, onde o escritor fala de uma mudança na Lei e no antigo sacerdócio. Mas não há conflito algum. No que concerne à abordagem e ao caminho da salvação e da mediação com Deus, houve de fato uma mudança. Os homens sob a Lei tinham de recorrer aos sacerdotes e oferecer certos sacrifícios como sinal de sua fé, mas Cristo, a nossa Páscoa, foi sacrificado uma vez por todas a nosso favor, e agora podemos nos aproximar de Deus individualmente, no momento que desejarmos. Mas haverá sacerdócio terreno e ofertas nas futuras eras para os povos da terra — não para a salvação, pois o sangue de touros e bodes não tira pecados, mesmo quando oferecido em sacrifício, e sim como um memorial ou forma de demonstrar que acreditam no que foi feito a favor deles por meio de Cristo.

Não há dúvida de que Deus pretende ter um templo, um sacerdócio terrestre, sacrifícios e festivais no futuro, pois foi o que Ele revelou a Ezequiel (Ez 40—48) e prometeu a Israel quando lhes outorgou preceitos a serem observados em todas as suas gerações, para sempre, como veremos a seguir. Esses ritos exteriores não substituem a presente salvação individual nem os meios de nos aproximarmos de Deus, mas serão aplicados aos povos da terra para satisfazer o instinto natural do homem por algo exterior na religião.

(16) HAVERÁ OFERTAS NO FUTURO TEMPLO?

Todas as ofertas mencionadas na Lei deveriam ser observadas por Israel para sempre, como comprovam as seguintes declarações da Lei, encontradas de duas a oito vezes num único capítulo:

"... isto será estatuto perpétuo";
"... estatuto perpétuo é pelas vossas gerações".
"... isto vos será por estatuto perpétuo".

"... por estatuto perpétuo".
"... por concerto perpétuo".

Há muitas outras declarações semelhantes em conexão com as ofertas e festas da Lei que só podem ser tomadas no sentido literal. Essas ofertas são definitivamente mencionadas como presentes no futuro templo descrito por Ezequiel, que será o lugar onde Cristo reinará no meio dos filhos de Israel para sempre (Ez 43.7). As ofertas encontradas nos capítulos milenares de Ezequiel são:

1. Holocaustos (Ez 43.24-27; 45.17-25; 46.1-24; cf. Lv 7.16).
2. Oferta pelo pecado (Ez 43.19-23; 45.17-25; 46.1-24; cf. Lv 4.14-21).
3. Oferta de alimentos (Ez 45.17-25; 46.1-24; cf. Lv 6.14-23).
4. Expiação da culpa (Ez 46.20; cf. Lv 7.1-10; 14.12).
5. Oferta de paz (Ez 43.27; 45.17; 46.1-24; cf. Lv 7.11-38).

Para alguns, não parece razoável que os antigos sacrifícios e a lei cerimonial sejam estabelecidos no Milênio e para sempre, mas quando consideramos que judeus e gentios nunca conseguiram guardar a Lei em seu verdadeiro sentido, no coração, nem mesmo externamente, isso não nos parece inadmissível. Essas ordenanças não serão meios de salvação, como também não o eram nos tempos do Antigo Testamento (Hb 9.12-15; 11.4). Elas servirão como memoriais, num significado mais profundo do que quando serviam como tipos, no Antigo Testamento. Hoje observamos a ceia do Senhor e o batismo em água de uma forma espiritual profunda, mesmo assim são meros ritos exteriores de uma realidade. Nenhum dos dois livra a alma do pecado, mas constituem atos de obediência e possuem um significado verdadeiro, se observados da maneira correta. Um deles é o símbolo externo do que foi forjado no coração, e o outro, um memorial da obra consumada no Calvário por nós. Cristo irá observar a ceia do Senhor quando vier (Lc 22.16). Ezequiel descreve essas coisas como "estatuto perpétuo e contínuo" (Ez 46.14; veja também Êx 12.14, 24; 27.21; 28.43; 30.21; Lv 6.13,

18, 22; 7.34-36; 10.9-15; 16.29-31; 17.1-7; 23.14, 21, 31, 41; 24.3; Nm 10.8; 18.8; 25.13; 28.3, 6, 10, 15, 23, 24, 31; 29.11, 16, 19, 22, 25, 28, 31, 34, 38 etc.).

(17) AS FESTAS DE JEOVÁ SERÃO OBSERVADAS NO MILÊNIO?

Quase todas as festas do Senhor são mencionadas em Ezequiel e Zacarias como mantidas no tempo do reinado do Messias. São elas:

1. Páscoa (Ez 45.21; cf. Lv 23; Êx 12, 1Co 5.7).
2. Pães Asmos (Ez 45.21; cf. Lv 23; 1Co 5.8).
3. Primícias (Ez 44.30; cf. Lv 23; 1Co 15.23).
4. Pentecostes ou Semanas (Ez 46.9; cf. Lv 23; At 2.1).
5. Trombetas (Ez 44.5; 45.17; cf. Lv 23; 1Co 15.52; 1Ts 4.16; Mt 24.31).
6. Dia da Expiação (Ez 45 e 46; cf. Lv 23; Hb 8—10).
7. Tabernáculos (Ez 45.25; Zc 14.16-21; cf. Lv 23).

Além dessas ofertas e festas, os sábados, as luas novas, "todos os estatutos da Casa do Senhor", "todas as suas leis" e "todas as solenidades da casa de Israel" serão observados no Milênio e até mesmo na nova Terra, para sempre (Ez 44.5; 45.17; 46.1-3; Is 66.22-24).

(18) QUAIS SERÃO AS CONDIÇÕES ESPIRITUAIS DO MILÊNIO?

1. O Espírito derramado (Jl 2.28-32; Is 32.15; Ez 36.25-27). Embora as profecias de Joel e de outros profetas sobre o derramamento do Espírito (chamado "batismo no Espírito" em At 1.4, 5; 2.1-16; etc.) tenham se cumprido de forma parcial no dia de Pentecostes e na igreja primitiva (At 2.1-16; 2.38, 39; 9.17; 10.44-48; 11.14-18; 19.1-6), elas serão plenamente cumpridas *nesses* últimos dias (At 2.38, 39). Mais uma vez, não será totalmente cumprida até o Milênio. Ou

seja, o que foi recebido pela igreja primitiva está sendo recebido hoje e será recebido de maneira mais poderosa por toda a eternidade, depois que o Messias vier trazer a religião universal, paz e prosperidade para todas as nações (Dn 7.13, 14, 18-27; Ap 11.15; 20.1—21.13.
2. Conhecimento Universal (Is 11.9; Hc 2.14; Zc 8.22, 23). Haverá conhecimento universal para que todos entendam os caminhos do Senhor e decidam se querem andar neles ou não. Nem todos irão andar nos caminhos espirituais de Deus, como já vimos nas seções (8), (9) e (10). Todos podem ver que uma grande mudança será necessária para que isso aconteça. Existem no mundo hoje apenas cerca de 682,4 milhões de cristãos professos dentre quase 2 bilhões de pessoas.[1] Quantos cristãos realmente "nascidos de novo" estão entre esses professos seguidores de Cristo? Se tivéssemos as informações reais, veríamos que a percentagem seria muito pequena, pois "nem todo o que me diz: Senhor, Senhor! entrará no Reino dos céus, mas aquele que faz a vontade de meu Pai, que está nos céus" (Mt 7.21). Para alguém se chamar verdadeiro seguidor de Cristo ou "cristão", é preciso "nascer de novo", ser "nova criatura" em Cristo e viver uma vida consistente de santidade (Jo 3.1-8; 2Co 5.17; Rm 12.1; Hb 12.14; Tg 4.4; 1Jo 2.15-17; 3.8-10).
3. Missionários judeus (Is 2.2-4; 40.9; 52.7; 61.6; 66.18-21; Zc 8.23). Os judeus serão os missionários do evangelho e sacerdotes da Lei durante essa era e para sempre. Pela primeira vez, irão realmente realizar o plano de Deus conforme proposto no chamado de Abraão, quando Ele prometeu fazer da descendência do patriarca uma bênção para todas as nações. O programa missionário será levado a efeito por eles da mesma forma em que é realizado hoje, com a ressalva de que será uma iniciativa governamental, não o empreendimento de algumas pequenas sociedades.

Esse programa missionário universal exigirá a cooperação de

todos os órgãos governamentais e de notícias e das diversas organizações, bem como o estabelecimento de igrejas e escolas em todas as localidades e muitas outras coisas, demasiado numerosas para mencionar neste trabalho.

1. Religião universal (Ml 1.11; Zc 14.16-21; Is 2.2-4; Jl 2.28-31; Jr 31.31-36). Será o resultado da pregação do evangelho e do anúncio da salvação até os confins da Terra. Servir a Deus e ao Senhor Jesus Cristo se tornará algo corriqueiro, por isso não demorará até que essa religião universal se estabeleça. Todos irão à igreja e terão uma Bíblia em seu idioma. Cada comunidade será como os dias do céu sobre a Terra.
2. A glória de Deus será manifestada continuamente (Is 4.4-6; Ez 43.1-5). A nuvem de glória será vista para sempre sobre o templo do Milênio quando o Messias reinar. Ela deixou o templo pouco antes dos cativeiros (Ez 11.22-25) e não retornará até que a nação seja totalmente restaurada sob governo do Messias, que irá construir o futuro templo para essa glória (Zc 6.11,12).
3. Salvação para todos (Jl 2.32; At 2.16-21; Is 2.2-4; 11.9; 52.7; Hb 8—10). No entanto, ela irá beneficiar apenas os que se arrependerem e a aceitarem como ela é hoje.
4. Cura divina para todos (Is 32.1-5; 33.24; 35.3-6; 53.5; Mt 8.17). Deus dará início a um movimento de cura, como fez com Israel à saída do Egito. Ele curava a todos, de modo que não havia uma pessoa debilitada em suas tribos (Sl 105.37; 107.20).

(19) QUAIS SERÃO AS CONDIÇÕES DE VIDA DURANTE O MILÊNIO?

1. Satanás será preso, por isso não haverá tentador (Ap 20.1-10; Is 24.21; 25.7).
2. Paz universal (Is 2.4; 9.6, 7; Mq 4.3, 4). Isso significa que não haverá impostos para grandes exércitos e marinhas. "[Os povos] converterão as suas espadas em enxadões e as suas

lanças, em foices; não levantará espada nação contra nação, nem aprenderão mais a guerrear". Os preconceitos de classe e os males nacionais serão esquecidos por causa da grande mudança que ocorrerá quando todas as nações se voltarem para Deus depois de ouvir o evangelho. Reavivamentos espirituais ocorrerão em todas as terras, e muitos povos se tornarão um no serviço ao grande Rei. As conversas universais não irão girar em torno de guerras, tratados, armamentos, crises, religiões, formas de governo ou de qualquer tema comum de hoje em dia, mas todos os povos estarão plenamente satisfeitos com a paz e a prosperidade e não terão motivo para falar desses assuntos, e sim da bondade de Deus e das maravilhas de seu reinado (Ml 1.11).
3. Prosperidade universal (Is 65.24; Mq 4.4, 5). Não haverá fundos de caridade levantados a cada ano, nem desemprego, nem pobreza. Os bilhões gastos hoje em tabaco, bebidas, doenças, hospitais, cosméticos, crime, diversões mundanas e em muitas outras coisas serão revertidos para suprir a todos com abundância. Os investimentos estarão seguros, e não haverá mais derrocadas financeiras atrapalhando os negócios por toda a eternidade. O Deus de todos fará prosperar qualquer empreendimento legítimo, e todos poderão ser bem-sucedidos na vida, em todos os aspectos.
4. Sistema financeiro (Ml 3.7-12). O dízimo era o sistema antes da Lei (Gn 14.20; 28.22), durante a Lei (Lv 27.30-33; Nm 18.21; Ne 10.37; 13.10-12; Pv 3.9, 10) e desde então (Mt 23.23; Rm 2.22; 1Co 9.7-18; 16.1-3; Hb 7). Por isso, o mesmo sistema sem dúvida será usado no governo de Cristo, nos próximos tempos. Haverá abundância de dinheiro, resultante de um sistema que equilibrará os orçamentos pessoais e dará abundância a todos. Não haverá corrupção na política, porque Cristo e os santos glorificados reinarão em verdadeira justiça e santidade (Is 32.1-5). Eles não precisam de salários, uma vez que serão donos do Universo, e todas as coisas serão deles. O dinheiro que qualquer um

deles tomar para uso pessoal será entregue aos missionários terrestres e aos servos do governo. Não haverá necessidade de impostos especiais sobre automóveis, gasolina, produtos alimentícios ou qualquer outra coisa. Se esse sistema financeiro fosse praticado pelos governos de hoje, todos os problemas financeiros estariam resolvidos, especialmente se tivessem um programa de evangelização mundial. Então Deus iria abençoar esse empreendimento e fazê-los prosperar além da concepção humana. O governo de Cristo será o primeiro a dar o exemplo nessa direção, como será constatado nos séculos vindouros.

5. Justiça plena para todos (Is 9.6, 7; 11.3-5; 65.20; 57.15; 66.1, 2; Mt 5—7). As ondas de criminalidade serão coisa do passado. Não haverá influência política, organizacional, pessoal ou eclesiástica naquele dia. O Senhor e seus santos glorificados julgarão todos os homens e assim garantirão a justiça para todos, igualmente. Se alguém cometer um pecado digno de morte, será imediatamente julgado e executado. Não haverá mil recursos para prolongar o julgamento ou impedir a execução. A Lei será aplicada ao pé da letra, como deveria ser hoje.

6. A vida humana será prolongada (Is 65.20; Zc 8.4; Lc 1.33). A vida do ser humano será prolongada até mil anos, e os que não se rebelarem unindo-se a Satanás contra Deus no final do Milênio poderão viver para sempre, como veremos no próximo capítulo.

7. Aumento da luz (Is 30.26; 60.18-22). A luz do Sol será aumentada sete vezes, e a luz do luar será como a luz do Sol hoje.

8. Mudanças no reino animal (Is 11.6-8; 65.17-25; Rm 8.18-23). Os animais terão a sua natureza transformada. Não haverá mais criaturas ferozes ou venenosas. As coisas serão como no jardim do Éden antes da maldição, à exceção da serpente, que ainda será amaldiçoada (Gn 3.14; Is 65.25).

9. Terra restaurada (Is 35.1-10; 55.12, 13; Ez 36.8-12; Jl

2.18-27; 3.17-21; Am 9.13-15). Todas as terras serão restauradas a uma beleza maravilhosa e serão fecundas, exceto o local da Babilônia e talvez uns centros de rebelião contra Deus, para servir de lições objetivas às gerações vindouras acerca da ira de Deus contra o pecado (Is 34; 13.17-22; Jr 50 e 51). A Terra só será totalmente restaurada à sua condição original depois do Milênio (Rm 8.18-23; Ap 21.22; 2Pe 3).

10. O amor e a justiça irão prevalecer (Is 9.6, 7; 11.5; 32.1-5; 65.17-25). Os gentios irão amar os judeus, que serão cabeça das nações (Dt 28.1-14).

Esses fatos mais que suficientes para provar que a sétima e última dispensação terá um início mais favorável e será uma era melhor que qualquer outra que já tivemos. Serão, de fato, dias do céu sobre a Terra (Dt 11.21).

4. O TESTE (SL 2; AP 5.10; 11.15; 20.1-10)

O teste do homem nessa dispensação será obedecer às leis do governo divino, a Cristo e aos santos glorificados para assim moldar seu caráter em harmonia com Deus, pelo Espírito Santo e pelo poder do evangelho.

5. O PROPÓSITO DE DEUS NESSA DISPENSAÇÃO

1. Colocar toda rebelião e todos os inimigos debaixo dos pés de Cristo, para que Deus seja tudo e todos, como antes da rebelião (1Co 15.24-28; Hb 2.7-9; Ef 1.10).
2. Cumprir as alianças eternas firmadas com Abraão (Gn 12; 13; 15; 17), Isaque (Gn 26), Jacó (Gn 28.13), Davi (2Sm 7) e outros.
3. Vindicar e vingar a Cristo e seus santos (Mt 26.63-66; Rm 12.19; Sl 2; Is 63; Ap 1.7; 6.9-11; 19.1-10; 1Pe 1.10, 11; 2Tm 4.7, 8; Rm 8.17-21).
4. Restaurar Israel, livrá-lo das nações e fazer dele cabeça de

todas as nações para sempre (At 15.13-17; Mt 24.31; Is 11.11; Ez 20.33-44; 38; 39; Dt 28).
5. Exaltar os santos de todos os tempos com capacidade régia ou sacerdotal, de acordo com as promessas e com as suas obras (Rm 8.17-21; 14.10, 11; 2Co 5.10; Fp 3.20, 21; Cl 3.4; 1Pe 1.10-13; 5.1, 4; Ap 1.5; 2.26; 5.10; 11.18; 12.5; 20.4-6; 1Co 6).
6. Fazer convergir para Cristo todas as coisas, no céu e na Terra (Ef 1.10), e restaurar todas as coisas, como antes da rebelião (At 3.20, 21; 1Co 15.24-28).
7. Julgar as nações com justiça e devolver a terra aos seus legítimos proprietários (Is 2.2-4; 11.1-11; Mt 25.31-46; Dn 7.9-27; 1Co 6).
8. Implantar um governo justo e eterno na Terra, como planejado originariamente (Is 9.6, 7; 11.1-9; 42.1-5; Dn 2.44, 45; 7.13-27; Lc 1.32-35; Ap 11.15; 19.11-16; 20.1-10).
9. Cumprir dezenas de profecias sobre o reinado do Messias (Dn 9.24; At 3.20, 21; 1Pe 1.10-13).

6. OS MEIOS PARA ALCANÇAR ESSE PROPÓSITO

Deus enviará o seu Filho Jesus Cristo com anjos poderosos e todos os santos ressuscitados e glorificados do céu para acabar com toda a rebelião na Terra, submeter todos os rebeldes a julgamento e concluir as relações dispensacionais entre Deus e os homens, de modo que toda maldição seja removida e o reino de Deus se estabeleça de forma permanente sobre a Terra, como no início (Mt 24.29-31; 25.31-46; 2Ts 1.7-10; Ap 19.11-21; 20.1-10).

III. CARREIRA PÓS-MILENAR E DERROCADA DE SATANÁS

E, acabando-se os mil anos, Satanás será solto da sua prisão e sairá a enganar as nações que estão sobre os quatro cantos da terra, Gogue e Magogue, cujo número é como a areia do mar, para as ajuntar em batalha. E subiram sobre a largura da terra e cercaram o arraial dos santos e a cidade amada; mas desceu fogo do céu e os devorou. E o diabo, que os enganava, foi lançado no lago de fogo e enxofre, onde está a besta e o falso profeta; e de dia e de noite serão atormentados para todo o sempre (Ap 20.7-10).

Essa passagem já foi discutida até certo ponto. Ela dispensa explicações e, com as passagens acerca do Milênio citadas anteriormente, mostra que Cristo irá reinar sobre a terra e que Satanás será lançado da Terra para o abismo.

Depois que Satanás for solto, ele percorrerá todas as nações do mundo para enganá-las e as induzirá ao erro de crer que podem destronar a Cristo e derrubar o seu reino. A palavra para "enganar" é *planao*, que significa "provocar desvio" ou "extraviar-se". É utilizada para indicar erro doutrinário ou fraude religiosa. Isso explica como Satanás enganará os homens e para que finalidade. Nesse período, milhões de seres humanos naturais terão cerca de mil anos na Terra para aceitar a Cristo como Salvador e Deus como Pai, participar da salvação e ter o Espírito Santo em sua vida, como acontece hoje. Todavia, eles irão desprezar isso e se manter em inimizade contra Deus, retendo a sua natureza adâmica caída, que é naturalmente corrupta e sujeita a Satanás. Assim, quando virem surgir uma oportunidade para derrubar a Cristo e seu reino, com a possibilidade de viver em liberdade e pecado sem restrições, irão aceitar a proposta e se esforçar por ela nesse curto período de tempo.

Satanás pode e encontrará uma infinidade de homens dispostos a ajudá-lo a derrubar o reino, então irá conduzi-los na batalha contra os santos em Jerusalém. Esses povos serão numerosos como areia do mar. A expressão "Gogue e Magogue" refere-se aos gentios que se rebelarão nesse momento. A destruição de Gogue e Magogue (Ez 38 e 39) é pré-milenar, mas a destruição desses exércitos vindos do Oriente e do Ocidente é pós-milenar.

Em sua marcha contra a cidade e contra o reino, descerá fogo do Deus e os devorará, e o Diabo, que os enganava, será lançado no lago de fogo, onde já estarão a besta e o falso profeta, presos desde a batalha do Armagedom, antes do Milênio. Esse é um argumento irrefutável para a eternidade do inferno. A besta e o falso profeta já estarão ali por mil anos sem serem queimados e sem perspectivas de que isso aconteça, pois serão atormentados dia e noite para todo o sempre. Isso encerra a história de Satanás, da besta, do falso profeta e de todos os ímpios rebeldes da Terra.

[1] Em 1948. [Nota do editor.]

CAPÍTULO QUARENTA E DOIS

O JULGAMENTO DO GRANDE TRONO BRANCO

E vi um grande trono branco e o que estava assentado sobre ele, de cuja presença fugiu a terra e o céu, e não se achou lugar para eles. E vi os mortos, grandes e pequenos, que estavam diante do trono, e abriram-se os livros. E abriu-se outro livro, que é o da vida. E os mortos foram julgados pelas coisas que estavam escritas nos livros, segundo as suas obras. E deu o mar os mortos que nele havia; e a morte e o inferno deram os mortos que neles havia; e foram julgados cada um segundo as suas obras. E a morte e o inferno foram lançados no lago de fogo. Esta é a segunda morte. E aquele que não foi achado escrito no livro da vida foi lançado no lago de fogo (Ap 20.11-15).

Essa passagem será cumprida depois do Milênio e da revolta de Satanás. Imediatamente após os acontecimentos acima, João viu um grande trono branco ocupado por Deus, de cuja presença a terra e o céu fugiram. É sem dúvida o mesmo trono visto por todo o livro. Aqui é a única passagem em que há uma descrição do trono. Deus, o ocupante do trono, é descrito antes, mas não o trono.

A palavra grega para "face" é *prosopon*, que significa "aparência", "aspecto", "semblante", "superfície", "visão frontal", "aparência externa", "rosto" e "pessoa". É utilizada nove vezes em Apocalipse e é a única palavra traduzida por "face", singular e plural. Isso mostra que Deus tem corpo real e aparência exterior, como provam as passagens em que essa palavra é utilizada (Ap 4.7; 6.16;

7.11; 9.7; 10.l; 11.16; 12.14; 22.4). Essa evidência é reforçada pelo uso da palavra no restante do Novo Testamento, onde ela aparece 48 vezes, sempre significando presença corporal, rostos reais ou aparência externa em conexão com esse tema. A Terra e o céu que fogem serão analisados no próximo capítulo.

O fato de Cristo e seu trono não serem mencionados aqui não implica necessariamente que estejam ausentes. Tanto Cristo quanto o Pai estarão presentes e terão parte no Juízo Final. Em seus variados aspectos, esse julgamento pode ser entendido a partir dos seguintes fatos das Escrituras:

I. OS JUÍZES

1. Deus, o Pai, é mencionado como juiz (Hb 12.23, 24; 13.4; Ap 6.10; At 17.30, 31).
2. Deus, o Filho, é mencionado como juiz (Jo 5.19-27; At 10.42; 17.30, 31; 2Tm 4.8; Ap 19.11).
3. Tanto o Pai quanto o Filho julgarão (2Tm 4.1).
4. Deus, o Pai, julgará com o Filho (At 17.31; Rm 2.16).
5. Deus, o Pai, decretará, e o Filho executará (Jo 5.22-27; Rm 1.32—2.5).

II. OS CASOS QUE SERÃO JULGADOS

1. Os homens maus de toda a raça humana, exceto a besta, o falso profeta, as nações bodes, o joio, e outros serão os casos julgados (At 17.31; Rm 3.6; Ap 20.11-15). Parece claro que os que passaram pelo julgamento das nações não serão julgados no Juízo Final (Mt 13.30, 39-43, 49, 50; 24.51; 25.30, 41, 46; Ap 14.9-11; 19.20, 21; 20.10). A sentença deles terá sido pronunciada mil anos antes do Juízo Final, por isso não precisarão ser julgados outra vez. Aqui serão julgados os mortos — não haverá mortos no julgamento das nações.
2. Os anjos "que pecaram" e agora estão presos no Tártaro também sairão de seu longo confinamento para serem julgados no Juízo Final (2Pe 2.4; Jd 6, 7).

III. O MOMENTO DO JUÍZO FINAL

Esse julgamento acontecerá depois do Milênio e da condenação de Satanás ao lago de fogo (Ap 20.7-15). É chamado *Dia* do Juízo, por isso deve haver um tempo definido para ele (Mt 10.15; 11.24; 12.36; At 17.31; 2Pe 2.4; Jd 6, 7).

IV. O LUGAR DO JULGAMENTO

O julgamento ocorrerá diante do grande trono branco de Deus e ainda será no céu, pois o trono não virá para a Terra antes da renovação desta pelo fogo, ou seja, só virá depois que o novo céu e a nova Terra estiverem concluídos (Ap 21.1-5). Parece haver uma comprovação adicional em 2Pe 3.7, onde se diz que a renovação da Terra ocorrerá na época do Juízo Final. Parece que esse fato também é retratado ao mesmo tempo que o Juízo Final em Ap 20.11.

V. O PROPÓSITO DO JULGAMENTO

1. Dar a cada homem um julgamento antes de sua condenação e punição, especialmente nesse caso, que envolve o destino eterno de almas imortais.
2. Julgar os "segredos dos homens" (Rm 2.16).
3. Julgar "toda palavra ociosa" (Mt 12.36).
4. Julgar todas as obras, pensamentos, ações e pecados do homem (1Tm 5.24, 1Pe 1.17; Ap 20.12, 13).

VI. A BASE DO JULGAMENTO

1. A consciência (Rm 2.12-16).
2. A Lei (Rm 2:12-16; Ap 20.11-15).
3. O evangelho (Rm 2.12-16; Jo 12.47, 48; Ap 20.11-15).
4. O Livro da Vida (Ap 20.11-15).

O homem que passar por tal julgamento não terá desculpa ou crítica alguma à sentença proferida, seja ela qual for, pois, em certo sentido, ele será o juiz de si próprio. A manifestação real de sua incapacidade de viver de acordo com a consciência, a Lei ou o evangelho, o fato de seus pecados e más ações serem como montanhas diante dele e a ausência de seu nome no Livro da Vida irão condená-lo automaticamente.

Os "livros" mencionados em Ap 20.12 não se referem a registros escritos de homens mantidos por um anjo em livros, pois não temos conhecimento de sua existência nas Escrituras. Trata-se, portanto, da Palavra de Deus, que irá julgar o homem naquele dia. O Livro da Vida é mencionado nas seguintes passagens: Êx 32.32, 33; Dn 12.1; Lc 10.20; Fp 4.3; Ap 3.5; 13.8; 17.8; 20.12,15; 21.27; 22.19. Refere-se ao livro que registra o nome de cada pessoa que entrará na vida. Ele sozinho será suficiente para condenar alguém.

Entre os "mortos" julgados aqui não se incluem os anjos, pois aqueles são os ocupantes da "morte" e do "inferno". Isso prova que o Hades, o inferno presente e temporário, é diferente do lago de fogo e do inferno eterno. O pecador é enviado para o Hades a fim de aguardar ali o seu julgamento para o lago de fogo, assim como o criminoso é posto na cadeia antes de ser julgado e enviado para a penitenciária. O pecador é culpado enquanto estiver no Hades, embora não esteja formalmente condenado antes do Juízo Final. Por isso, ele sofre calor tanto no Hades quanto no lago de fogo (Lc 16.19-31).

VII. A NATUREZA DO JULGAMENTO

Será conduzido com justiça e retidão em cada caso (Sl 9.8; Mt 7.2; 2Tm 4.8; 1Pe 2.23).

VIII. O RESULTADO DO JULGAMENTO

1. Se o nome de alguém não for encontrado escrito no Livro da Vida, ele será lançado no lago de fogo. O Hades é o lugar atual das almas dos mortos ímpios e jamais indica o túmulo onde é posto o corpo humano. É um lugar de consciência, onde os homens estarão em tormento até a ressurreição (Gn 42.38; Nm 16.30-33; Dt 32.22; 2Sm 22.6; Sl 55.15; 116.3; Is

14.9; Lc 16.19-31; Ef 4.7-11 etc.). A palavra nunca aparece no plural. Jamais um corpo irá parar ali, pois não está localizado na superfície da terra. O homem não poderá cavar nem construir um, tampouco tocá-lo ou vê-lo. O hebraico *queber* e *mnaymion*, o seu equivalente grego no Novo Testamento, são os termos traduzidos por "sepultura" e "sepulcro" e correspondem ao lugar para onde vai o corpo na morte.
2. Graus de punição serão os resultados desse julgamento, assim como os graus de recompensa determinados no julgamento dos santos, no tribunal de Cristo (Mt 7.2; 10.15; 11.22-24; 12.41-45; 23.12-14; Mc 6.11; Lc 10.14; 11.31, 32; Ap 20.11-15). O inferno, no que concerne ao tormento por fogo, será igual para todos os perdidos, assim como o céu, no que concerne à felicidade e ao conforto, será igual para todos os redimidos. Os graus de castigo virão através do tormento da consciência e do conhecimento interior dos atos cometidos, que irão corroer os perdidos mais profundamente à medida que a eternidade avança. Será o oposto exato das recompensas dos santos, que serão cada vez maiores em glória e esplendor nos tempos vindouros.

IX. A EXTENSÃO DO JULGAMENTO

A sentença proferida sobre cada indivíduo será eterna. Os mesmos termos usados para descrever a eternidade de Deus descrevem a eternidade do inferno, por isso, se uma é eterna, a outra também deve ser (Is 66.22-24; Mt 5.22, 29, 30; 10.28; 13.42, 50; 18.9; 23.15, 33; 24.51; 25.30, 41-46; Mc 9.43-47; Lc 12.5; Hb 6.2; 10.26-31; Ap 14.9-11; 19.20; 20.10-15; 21.8). É notório que em Mt 25.41, 46 as palavras traduzidas por "eterno", que mostram tanto a eternidade de felicidade quanto a de tormento, derivam de uma palavra grega, *aionion*, que não significa outra coisa senão "para sempre". Portanto, uma vez que a vida será eterna, a punição deverá ser também, pois a mesma palavra grega é usada.

CAPÍTULO QUARENTA E TRÊS

A RENOVAÇÃO DA TERRA PELO FOGO

O tema da renovação da Terra, às vezes, é mal compreendido, como qualquer outro assunto da Bíblia. As ideias predominantes de que o mundo está chegando ao fim; que a vinda de Cristo põe fim a todas as coisas na Terra; que o céu e a Terra atuais serão aniquilados e deixarão de existir; que o novo céu e a nova Terra não existiam antes; que todos os homens serão glorificados; que ninguém existirá em estado natural depois do Milênio; que passaremos a eternidade no céu; que homens e animais não irão se multiplicar e continuar na Terra para sempre são todas estranhas à Bíblia, como iremos demonstrar nos estudos que se seguem. Agora, antes de estudar o novo céu e nova Terra, as condições eternas e os povos que viverão sobre a Terra, iremos determinar como o céu e a Terra serão purificados pelo fogo, do qual sairão novos ou renovados, como retratados em Ap 21 e 22; Is 65.17; 66.22-24; 2Pe 3.10-13.

A única maneira consistente de chegar a um entendimento sobre qualquer tema na Bíblia é reunir todas as passagens bíblicas sobre o assunto e harmonizar os textos aparentemente difíceis, sem importar quão inconsistentes possam parecer à nossa mente finita. Até que tenhamos procedido assim, seja qual for o assunto, é desaconselhável falar com autoridade ou julgar a pesquisa alheia. Depois de ter feito isso com o assunto em questão, concluímos o seguinte:

1. O tempo da renovação da Terra e dos elementos será após o Milênio, a batalha de Gogue e Magogue e o lançamento de Satanás no lago de fogo e durante o julgamento do grande trono branco (2Pe 3.7). O texto de Pedro indica ainda que o Juízo Final terá lugar no céu, onde o trono de Deus está e permanecerá até depois da renovação. Em seguida, o trono descerá para a nova Terra, com a Cidade Santa, a fim de estar para sempre com a humanidade.
2. O céu e a Terra atuais não deixarão de existir. Essa ideia é o resultado de uma leitura superficial de 2Pe 3.10-13; Ap 20.11; 21.1. Isso não é ensinado nessas passagens, como deixa evidente o estudo das palavras e expressões nelas contidas em harmonia com outras passagens mais esclarecedoras sobre o assunto.

1. A leitura de 2Pe 3.10-13 não transmite a ideia de que o céu e a Terra atuais serão aniquilados. De fato, o fogo não provoca a inexistência de coisa alguma. Ele pode mudar algo de uma condição para outra ou renovar e purificar, conforme o caso. Pedro está dizendo que haverá uma renovação da terra pelo fogo e que essa renovação não irá extinguir a Terra mais que a destruição do mundo pela água no princípio.

Ele revela ainda três períodos definidos da Terra. Primeiro: o "mundo [*kosmos*] de então", anterior a Adão (veja o nosso livro *God's Plan for Man*, lição 7), que foi destruído e cuja destruição afetou os céus e a Terra. Segundo: a restauração do *kosmos*, dos céus e da terra "que agora existem" desde os seis dias de Gn 1.3—2.25. Terceiro: a renovação do céu e da Terra atuais, que resultarão no novo céu e na nova Terra, ou seja, o estado perfeito e eterno e a continuação de toda a vida neles para sempre. O *kosmos*, portanto, não será destruído pelo fogo no futuro, assim como o *kosmos* (sistema social) não o foi pela água, no princípio.

Esses fatos por si só provam que os céus e a Terra "que agora existem" jamais deixarão de existir: serão apenas modificados pelo fogo e existirão num estado renovado, em que habitará a justiça. Isso é comprovado pelo estudo das diferentes palavras encontradas nessa passagem. O texto não afirma que o *kosmos* está reservado para a renovação, apenas a terra e os "elementos", ou as partes necessárias, como deixam claro outras passagens, que consideraremos a seguir.

Essa renovação encerrará o Dia do Senhor e dará início ao Dia de Deus (2Pe 3.10-13), "em que [no Dia do Senhor] os céus [...] se desfarão". O verbo "desfazer-se" (ARC) deriva da palavra grega *parerchomai*, que significa "ir de" ou "ir para longe de", no sentido de partir de uma condição para outra. Ela nunca significa a cessação da existência. É usada mais de 75 vezes nos seguintes casos: passagem do tempo (Mt 7.28; 9.10; 11.1; 13.53; 19.1 etc.); acontecimentos que ainda irão suceder (Mt 24.6; Lc 21.7; Jo 14.29); infalibilidade da Palavra de Deus, para mostrar que é mais fácil o céu e terra serem alterados que a Palavra de Deus falhar (Mt 5.18; 24.34, 35; Mc 13.31; Lc 16.17; 21.32, 33); pessoas que passam por determinados lugares (Mc 6.48; Lc 18.37); para denotar negligência (Lc 11.42; 15.29); chegada de alguém (Lc 12.37; 17.7). Assim, vemos por seus vários usos que essa palavra nunca transmite a ideia de inexistência. Da maneira em que é utilizada em 2Pe 3.10, significa passar de um estado para outro, como expressa Hb 1.12; 12.27, 28. Essa mudança acontecerá com "grande estrondo".

"... e os elementos, ardendo, se fundirão" (2Pe 3.10, 12). A palavra para "elementos" nesses dois versículos é *stoicheion*, que significa "coisa ordenada", "arranjo", "elemento", "princípio" ou "rudimento" e se refere aos princípios fundamentais da questão envolvida. É usada em referência ao princípio do pecado e do atual sistema mundial, bem como à natureza pecaminosa, a germes de doenças e a espíritos que levam os homens a se corromper em Gl 4.3, 9; Cl 2.8, 20; 2Pe 3.10, 12. O significado também inclui as coisas feitas pelo homem que devem ser destruídas antes que a Terra seja purificada e liberta do atual estado de escravidão e corrupção (Rm 8.18-25).

A palavra para "fundir-se" é *luo*, que significa "perder algo", "soltar", "desamarrar", assim traduzida em Mt 21.2; Lc 19.30, 33; Jo 1.27; 11.44; At 7.33. É traduzida por "perecer" e "fundir-se" em 2Pe 3.11, 12 (ARC). Essas passagens mostram que tudo que está para acontecer com o céu e a Terra atuais nessa renovação representará para eles o livramento da presente servidão para um novo estado, como expressa Rm 8.21-23. Essa libertação será efetuada por meio de intenso calor, que é o melhor método de renovação e purificação conhecido pelo homem. Se o verbo "desfazer-se" nessa passagem significasse "cessação da existência", como geralmente se conclui, por que não lhe dar o mesmo significado em Sl 75.3; Is 14.31; 24.19; 34.4; 2Co 5.1? Pode-se perceber, com base nessas passagens, que a ideia não é essa. A mesma palavra expressa ainda a ideia da "mudança" do céu e da Terra atuais para um novo e melhor estado, onde tudo será bom e digno da presença de Deus entre os homens para sempre.

"A terra e as obras que nela há se queimarão" (2Pe 3.10). A palavra para "obras" é *ergon* e significa "trabalho", "labuta", "ação", "obra" e "atos" dos homens. Refere-se tanto a obras religiosas quanto às de outro tipo. A palavra para "queimar-se" é *katakaio* e significa "queimar até o chão" e "consumir totalmente pelo fogo". Também faz referência a coisas realizadas pelo homem na Terra que não serão permitidas na nova Terra nem no estado perfeito e eterno. Elas serão queimadas inteiramente.

Esses fatos são esclarecidos nos versículos seguintes: "Havendo, pois, de perecer ['soltar-se'] todas estas coisas, [...] os céus, ardendo, se desfarão ['desamarrarão'], e os elementos [coisas pecaminosas do atual sistema mundial], ardendo, se fundirão [do grego *teko*, 'liquefazer' ou 'derreter'; não é a mesma palavra grega traduzida acima por 'desfazer-se']". Essa passagem é simples de entender quando consideramos que ela registra apenas o ato de livrar o céu e a Terra de todos os efeitos da maldição e da corrupção e de tornar tudo limpo e puro para o homem e para sempre. O resultado de tudo isso será o cumprimento das promessas feitas ao homem de "novos céus e nova terra, em que habita a justiça".

1. Ap 20.11 é muitas vezes mal interpretado, como se significasse que a Terra e os céus que temos agora deixarão de existir, mas a passagem não ensina isso. O significado de *pheugo*, traduzida por "fugir", é "fugir para longe", "afastar-se", "desaparecer". Essa palavra é utilizada tanto em sentido figurado quanto literal. Com base em Ap 6.14 e 16.20, podemos depreender que o seu uso aqui é figurativo. Se interpretarmos Ap 20.11 literalmente, como querem alguns, devemos presumir o desaparecimento dos céus e de toda ilha e montanha sob o sexto selo e sob a sétima taça. Mas isso não é possível, pois todos são eternos, como se prova a seguir: ilhas (Sl 72.8-10,17; 97.1-6; Is 42.1-4; 8-12; 51.5; 60.9; 66.18-24); montanhas (Gn 49.26; Sl 125.1; Is 42.10-12; 52.7; Na 1.15; Hc 3.6); Terra (Sl 78.69; 104.5; Ec 1.4); céu (Sl 89.29; 119.89).

Exemplos de linguagem figurada relacionados com essas coisas podem ser vistos em Sl 18.7; 60.2; 68.8; Is 44.23; 54.10; 55.12; 64.1-3. É figurada, portanto, a linguagem concernente aos acontecimentos de Ap 6.14; 16.20; 20.11. Ela explica o abalo dos céus e da Terra no momento da ira de Deus, antes e depois do Milênio. Ap 20.11 retrata a mesma renovação da Terra que 2Pe 3. O céu e a Terra reais são retratados como se tivessem morrido e não se achasse lugar para eles, mas a linguagem figurada apenas expressa desse modo a renovação deles e a remoção das coisas que Deus irá destruir antes que sejam feitas as mudanças.

1. Ap 21.1 também é mal interpretado, como se ensinasse que o céu e a Terra atuais deixarão de existir. O correto entendimento baseia-se no sentido da palavra "novo". A palavra grega utilizada aqui é *kainos*, que significa "renovação" ou "novo", especialmente no frescor e no feitio, mas nunca novo na existência. Está em oposição direta ao

termo *neos*, que significa "novo em existência". Um contraste entre as duas palavras gregas é encontrado em Mt 9.16: "Deita-se vinho novo [*neos*, vinho de fabricação recente] em odres novos [*kainos*, odres restaurados ou reabastecidos], e ambos se conservam". Esse mesmo contraste pode ser visto sempre que as duas palavras são utilizadas (compare Mt 13.52; 26.28, 29; 27.60; Mc 1.27; 14.25; 16.17; 2Co 3.6; 5.17; Gl 6.15; Ef 2.15; 4.24; Hb 8.8; 13; 2Pe 3.13; Ap 2.17; 3.12; 5.9; 14.3; 21.1, 2, 5 [*kainos* (no sentido de renovado, novo ou fresco)] com 1Co 5.7; Cl 3.10; Hb 12.24 [*neos*, (no sentido de pouca idade/recente)]). Assim, a expressão "novo céu e nova Terra" (2Pe 3.13; Ap 21.1) refere-se ao céu e à Terra de hoje com novo feitio, renovado e livre da antiga maldição. O termo *khaw-dawsh*, do Antigo Testamento, usado em Is 65.17 e 66.22 para indicar também o novo céu e a nova Terra, significa o mesmo que *kainos* em grego. Isso simplifica o significado da doutrina de renovação citada em Pedro.

1. As Escrituras revelam ainda a extensão dessa renovação e mostram que muitas coisas não serão desfeitas pelo fogo. Só as coisas que não forem modificadas no início do Milênio serão renovadas pelo fogo no final. No próximo capítulo, iremos listar as coisas que permanecerão na Terra para sempre depois dessa renovação. Não há uma passagem na Bíblia que mostre a extinção de todas criaturas vivas de Deus.

No entanto, dezenas de passagens ensinam que elas continuarão existindo eternamente. Isso é o que requer a aliança eterna com "toda carne", de Gn 9. Teria Deus a intenção de criar o homem e os animais na Terra por alguns milhares de anos apenas, para depois destruí-los por completo? Essa ideia anula o plano eterno de Deus e o propósito de suas relações dispensacionais, que é livrar a Terra de toda rebelião e colocar o homem na Terra para que ele possa repovoá-la, como Adão deveria ter feito antes de cair. "Toda a criação", isto é, o que foi criado por Deus na era adâmica, permanecerá para sempre, e tudo que acontecerá é o seu livramento da atual escravidão e corrupção para a liberdade da glória e a manifestação dos filhos de Deus (Rm 8.18-25).

O reino milenar, com os seus estágios de atividade, exceto a maldição e seus efeitos, durará para sempre e não será queimado pelo fogo da renovação. As muitas passagens bíblicas sobre o Milênio citadas anteriormente provam que a cidade literal de Jerusalém, o templo e outros são todos eternos. Em Hb 12.26-28, temos a confirmação definitiva de que algumas coisas precisam ser destruídas e removidas, enquanto outras deverão "permanecer". O texto afirma ainda que iremos receber "um Reino que não pode ser abalado". Esses versículos se referem às coisas que não serão removidas não só na renovação da Terra, mas também antes da renovação, pois receberemos um reino no início dos mil anos e reinaremos por toda a eternidade. Mesmo com a renovação, esse reino continuará, com os seus povos, leis, sistemas governamentais e apetrechos materiais (Is 9.6, 7; Dn 7.18-27; Lc 1.32-33; Ap 11.15).

Em Hb 1.10-12, temos outra declaração no sentido de que tudo que está para acontecer com o céu e a Terra é uma "mudança", não uma aniquilação. Podemos conceber que Deus envie o seu Filho a esta Terra para acabar com toda a rebelião e, mil anos depois da obra consumada, destrua a Terra e tudo o que nela existe? Está nas mãos de Deus pôr fim ao que precisa ser destruído, e isso sem dúvida deve ser deixado a cargo dEle, pois Ele nunca falha nem comete erros e tem no coração o maior interesse pelas suas criaturas. Não irá a natureza dos animais mudar no início do Milênio, e não serão muitas outras coisas totalmente restauradas? Não poderia Deus então destruir algumas coisas pelo fogo na Terra e deixar outras intactas?

O Deus que fez isso com os três jovens hebreus e com a sarça ardente sem dúvida pode fazê-lo com toda a criação, e as coisas que restarem não terão sequer o cheiro de queimado nelas. "O nosso Deus é um fogo consumidor" e pode fazer qualquer coisa, quer entendamos, quer não. Podemos ter certeza de que o Juiz de toda a Terra fará justiça, e nem mesmo o seu servo mais humilde precisa temer a sua augusta presença. Na rebelião de Satanás e de toda a humanidade sobre a Terra (Ap 20.7-10), o fogo consumirá os rebeldes, mas o acampamento dos santos, na Jerusalém terrena, permanecerá intocado, e aqueles que não se rebelarem terão o privilégio de continuar na Terra e exercer domínio sobre ela, como fazia Adão antes de cair.

CAPÍTULO QUARENTA E QUATRO

O ESTADO PERFEITO E ETERNO

Sob esse título, consideraremos os dois últimos capítulos de Apocalipse e discorreremos sobre o novo céu, a nova Terra, a nova Jerusalém, os novos povos, as novas condições da Terra, o novo templo, a nova luz, o novo paraíso e a conclusão do livro. Desenvolvemos os seguintes ensinos das Escrituras concernentes às coisas das eras vindouras.

O NOVO CÉU E A NOVA TERRA

Ap 21.1—22.5

E vi um novo céu e uma nova terra. Porque já o primeiro céu e a primeira terra passaram, e o mar já não existe (Ap 21.1).

O novo céu e a nova Terra são o resultado da renovação pelo fogo. A destruição completa de toda a maldade e da antiga ordem das coisas sob maldição irá fazê-los novos em frescor e feitio. Essa destruição irá eliminar pela última vez em toda a eternidade o que estiver marcado pelo pecado e pela rebelião nas criaturas nesse momento. A velha ordem das coisas passará, no mesmo sentido de que todas as coisas velhas passarão e tudo se fará novo na regeneração (2Co 5.17). A mesma palavra grega — *kainos*, que significa "renovar" — é usada em ambas as passagens, como explicamos no capítulo anterior. Desse ponto em diante, são mostradas a João apenas as coisas que pertencem à nova ordem, após a maldição ter sido removida. Todos os estudos a seguir devem ser entendidos sob essa luz. Antes de estudar as coisas relativas ao novo céu e à nova Terra nesses capítulos, iremos observar as afirmações de outras três passagens onde ambos são mencionados.

1. Os "céus novos e nova Terra" (Is 65.17-19).
   1. Deverão ser criados ou trazidos à existência no novo estado.
   2. A nova humanidade será convocada a alegrar-se "perpetuamente" ou, como diz o *Targum caldeu*, "no mundo de mundos", ou seja, no mundo mais glorioso.
   3. Deus iria criar "para Jerusalém alegria e para o seu povo, gozo". Isso mostra que as mesmas pessoas que receberam Jerusalém como possessão eterna estarão lá na nova Terra, do contrário não poderiam se alegrar "perpetuamente". Mostra também que a própria Jerusalém terrestre estará na nova Terra. Afirma-se claramente que ela existirá para sempre (2Cr 33.4; Jr 17.25; Ez 43.7).
   4. Deus irá alegrar-se na cidade eterna de Jerusalém e em seu povo, e o choro e o clamor não serão mais ouvidos na cidade. Essa é uma prova adicional da eternidade da Jerusalém terrena e do povo da Terra, pois o próprio Deus virá para a Terra com a nova Jerusalém, quando as lágrimas dos povos terrestres serão enxugadas (Ap 21.1-5).
   1. Em Is 66.22-24, Deus novamente garante que Israel será um povo terrestre eterno, e, enquanto "os céus novos e terra nova" existirem, estas coisas também permanecerão:
   1. "Assim há de estar a vossa [de Israel] posteridade e o vosso nome". A palavra hebraica para "posteridade" é *zera*, que significa "semente", "fruto", "planta" "posteridade". É a única palavra traduzida por "semente" no Antigo Testamento, exceto em Jl 1.17. É usada 273 vezes no Antigo Testamento e em todos os casos de semente natural, seja a semente lançada no solo, seja a descendência do homem natural (Is 59.21). Isso significa que Israel, como povo imperecível, existirá

para sempre, assim como Adão deveria existir. Naturalmente, se isso vale para Israel, também se aplica a todos os outros povos, como veremos. E a semente de Israel não é a única coisa que permanecerá eternamente: o seu nome, que é sempre usado em conexão com a vida terrestre, também continuará.

2. Haverá festas da Lua Nova e sábados nos cultos de "toda a carne" diante de Deus para sempre. Os únicos sábados e luas novas relacionados com a adoração que conhecemos são aqueles revelados na lei de Moisés. Isso comprova a observância eterna dessa lei, como vimos no estudo sobre o Milênio. A palavra hebraica para "carne" é *basar*, que significa "carne", "pele", "nudez", "corpo". É utilizada 252 vezes e sempre significa a carne da vida animal. Isso prova que os povos mencionados aqui serão pessoas naturais, como as de hoje.

3. Os povos ("toda a carne") "sairão e verão os corpos mortos dos homens que prevaricaram contra mim; porque o seu verme nunca morrerá, nem o seu fogo se apagará; e serão um horror para toda a carne". Esse é um retrato das pessoas no tormento eterno e indica que parte do lago de fogo será visível aos povos naturais da Terra naquele tempo, como um monumento eterno da ira de Deus contra o pecado. Esse espetáculo servirá de lição aos homens naturais da Terra para sempre, como forma de mostrar que é possível direcionar a vontade humana para o caminho certo e se manter fiel a Deus (veja Ap 14.9-11).

1. A terceira passagem a mencionar o novo céu e a nova Terra é 2Pe 3.10-13. Nesse texto, aprendemos que a "justiça" habitará para sempre no novo estado, uma referência aos atos corretos dos novos povos das futuras eras.

A única outra passagem a mencionar o novo céu e nova Terra são os capítulos em questão. O único pensamento que não mencionamos antes é a afirmação: "O mar já não existe". O significado disso muitas vezes é interpretado como ausência de água na superfície da Terra, mas essa não é a ideia, como depreendemos de muitas outras passagens da Bíblia. De acordo com esse pensamento, os grandes oceanos, que cobrem cerca de três quartos da Terra, não existirão mais e haverá, em vez disso, uma abundância de rios, lagos e pequenos mares para sempre. A comprovação de que haverá águas sobre a Terra provém das seguintes passagens, que mencionam ilhas e águas na Terra como fronteiras eternas do território de Israel: Sl 72.8-10, 17; 97.1-6; Is 42.1-4, 8-18; Mt 5.5; 60.21; 66.18-24; Ez 47.8—48.35; Zc 9.10; 14.8. Não poderia haver ilhas nem mares para as fronteiras se tais não existissem depois do Milênio. Outra razão pela qual alguns mares serão eternos é que eles foram criados por Deus no início para o seu prazer e designados para a eternidade (Jr 5.22; 31.35, 36; Sl 146.6; Pv 8.29; At 4.24; 14.15; Ap 10.6; 14.7). A água será necessária para cumprir Gn 8.22; Is 35; Am 5.8; 9.6 (veja também Jó 38.4-16, 22-30; Sl 104.5-11, 25-28).

OS NOVOS POVOS E AS NOVAS CONDIÇÕES

E ouvi uma grande voz do céu, que dizia: Eis aqui o tabernáculo de Deus com os homens, pois com eles habitará, e eles serão o seu povo, e o mesmo Deus estará com eles e será o seu Deus. E Deus limpará de seus olhos toda lágrima, e não haverá mais morte, nem pranto, nem clamor, nem dor, porque já as primeiras coisas são passadas. E o que estava assentado sobre o trono disse: Eis que faço novas todas as coisas. E disse-me: Escreve, porque estas palavras são verdadeiras e fiéis. E disse-me mais: Está cumprido; Eu sou o Alfa e o Ômega, o Princípio e o Fim. A quem quer que tiver sede, de graça lhe darei da fonte da água da vida. Quem vencer herdará todas as coisas, e eu serei seu Deus, e ele será meu filho. Mas, quanto aos tímidos, e aos incrédulos, e aos abomináveis, e aos homicidas, e aos fornicadores, e aos feiticeiros, e aos idólatras e a todos os mentirosos, a sua parte será no lago que arde com fogo e enxofre, o que é a segunda morte (Ap 21.3-8).

Em conexão com essa passagem, os pontos a seguir comprovam que os novos povos e as novas condições serão tão naturais e terrenas quanto hoje, com a diferença de que todas as coisas serão feitas imperecíveis e novas em feitio, justiça e santidade para sempre, não mais sob a maldição do presente estado pecaminoso.

1. As citações acima são as declarações de dois seres: um fala "do céu", enquanto o outro fala "do trono". Uma voz parece ser a de Cristo, e a outra é a voz de Deus, que está assentado sobre o trono. As declarações das duas vozes são:

1. A voz do céu (Ap 21.3, 4).

1. "Eis aqui o tabernáculo de Deus com os homens". Esse tabernáculo é físico, literal, como comprovado no capítulo 24. Ele descerá do céu com a nova Jerusalém, e estará na cidade, como veremos adiante. A preposição "com" deriva da palavra grega *meta* e significa "no meio", "entre" (Mt 26.58; Mc 1.13) ou "na companhia de" (Mt 9.15; 2Ts 1.7; Ap 14.13). Isso prova a conexão com os homens naturais da Terra, pois os homens glorificados estarão com Deus antes disso por mil anos.

Isso mostra também que Deus descerá até os homens terrenos, não que eles irão até Deus, como os povos glorificados. Esses homens são os que irão sobreviver ao Milênio sem se rebelar contra o reino na revolta dos homens naturais liderados por Satanás, em Gogue e Magogue. Então eles, em vez de se tornar um povo glorificado, simplesmente permanecerão em estado natural, porém imperecível, como Deus pretendia que fosse o homem quando o criou. A Queda não causou em Deus uma mudança em seu propósito eterno para com o homem, e aquEle que não pode ser derrotado transformou-a em bênção mediante o plano de reunir pessoas celestiais tiradas da raça humana para reinar sobre os povos resgatados da Queda e de seus efeitos após o Milênio. A queda do homem simplesmente atrasou o propósito de Deus, mas com o atraso Deus ganhou mais do que teria obtido de outra forma.

1. "[Deus] com eles habitará, e eles serão o seu povo, e o mesmo Deus estará com eles e será o seu Deus". A palavra "habitar" indica que Deus é o tabernáculo entre os homens, no meio deles, como em Jo 1.14; Ap 7.15; 12.12; 13.6. O pensamento é que Deus, o Pai, estará em forma visível diante dos homens, como o cumprimento final do "Emanuel, Deus conosco" (Sl 68.16-18; Is 7.14; Zc 2.10, 11; 8.3; Mt 1.23; Ap 22.5). Essas passagens, especialmente a última, não permitem a ideia de uma habitação invisível, como se pode constatar. Os homens com quem Deus habitará serão o seu povo, e Ele estará no meio deles e será o seu Deus. A palavra para "povo" está no plural, o que implica todos os povos e todas as nações, como em Ap 21.24.

2. O próprio Deus, o Pai, habitando entre todos os povos, "limpará de seus olhos toda lágrima". Essa frase é uma citação de Is 25.8, onde a palavra para "limpar" significa "riscar", "esfregar", "apagar", "abolir" e, por fim, "enxugar". A palavra grega nessa passagem significa "tirar mancha", "eliminar", ou "enxugar limpando". Isso será feito pela remoção das coisas que causam lágrimas de tristeza e arrependimento (Ap 7.17; 21.4). Nada indica que aqui não haverá lágrimas de alegria, pois Deus não irá destruir a faculdade criada para derramar lágrimas, da mesma forma que não eliminará outras faculdades do corpo humano.

3. "Deus limpará de seus olhos toda lágrima, e não haverá mais morte, nem pranto, nem clamor, nem dor, porque já as primeiras coisas são passadas". As coisas passadas causavam a dor, assim, depois que não existirem mais, também não haverá mais lágrimas de tristeza. Essas coisas são efeitos do pecado e suas penalidades. Mas depois que elas forem removidas da raça humana, a maldição e o pecado não

alcançarão a raça eterna. Essas coisas ainda existirão, mas apenas no lago de fogo, que é a segunda morte, onde a dor, a tristeza, as lágrimas de remorso, o choro e o ranger de dentes continuarão através dos tempos.

Os homens naturais herdarão a Terra em cumprimento de Êx 32.13; Sl 25.13; 37.9-11, 22, 29, 34; 69.36; 82.8; Is 60.21; Mt 5.5; 25.34. A morte é o fruto e a penalidade do pecado, e o Diabo tem usado as leis do pecado e da morte para governar a raça humana, mas ambas serão extintas e se tornarão ineficazes após o Milênio, após a condenação do executor dessas leis ao lago de fogo (Gn 2.17; Rm 5.12-14; 8.2; 1Co 15.24-28; Hb 2.14; Ap 1.18; 20.10-15). Assim, as condições da nova Terra serão ajustadas à perfeição, para o bem e perpetuidade da raça adâmica. Embora os seres humanos não morram na nova Terra, os animais continuarão a morrer e a ser sacrificados, como nos tempos da lei de Moisés, conforme vimos no estudo do Milênio e veremos a seguir.

1. A voz de Deus, que está assentado sobre o trono (Ap 21.5-8).

1. "Eis que faço novas todas as coisas". A palavra "novas" é a mesma de Ap 21.1 e mais uma prova de que nem todas as coisas serão extintas, mas apenas renovadas, por que elas não podem deixar de existir e igualmente serem feitas novas.
2. Para enfatizar a veracidade e a literalidade dessas coisas, Deus diz a João: "Escreve [veja o capítulo 23, seção V], porque estas palavras são verdadeiras [do grego *alethinos*, "verdadeira", "real", "substancial", em contraste com o que é fictício, irreal, obscuro ou simbólico, Jo 6.32; 15.1] e fiéis [do grego *pistos*, "algo a ser crido", "fiel", "seguro", "confiável", 2Co 1.18]".
3. "Está cumprido; Eu sou o Alfa e o Ômega, o Princípio e o Fim [veja o capítulo 2, seção V]. A quem quer que tiver sede, de graça lhe darei da fonte da água da vida. Quem vencer herdará todas as coisas, e eu serei seu Deus, e ele

será meu filho. Mas, quanto aos tímidos [Mt 8.26; Mc 4.40] e aos incrédulos [infiéis], e aos abomináveis [Rm 2.22], e aos homicidas, e aos fornicadores, e aos feiticeiros [usuários de drogas e intercâmbio com os espíritos maus, Gl 5.20; Ap 9.21; 18.23; 21.8; 22.15], e aos idólatras e a todos os mentirosos, a sua parte será no lago que arde com fogo e enxofre, o que é a segunda morte". Essas declarações, bem como Ap 21.27 e 22.6-21, que consideraremos mais tarde, são exortações que podem ser aplicadas à vida de qualquer pessoa na atual dispensação. Compare com a lista de males sob a sexta trombeta, no capítulo 12.

1. Haverá gerações eternas dos povos naturais (Gn 9.12; 13.15; 17.7, 19; Êx 3.15; 12.14, 42; 27.21; 30.8, 21; 31.16; 40.15; Lv 3.17; 6.18; 10.9; 17.7; 23.14, 21, 31, 41; 24.3; 25.30; Nm 10.8; 15.15; 18.23; Dt 5.29; 12.28; 28.46; 29.29; 2Sm 7.24-26; 1Cr 23.25; Sl 12.7; 45.17; 72.5; 79.13; 89.4; 100.5; 102.12, 24; 106.31; 119.90; 135.13; 145.13; 146.10; Is 51.8; 59.21; Jr 31.35, 36; 32.38-40; Ez 37.24-28; Lc 1.55; Lm 5.19; Dn 4.3, 34; Jl 3.20). Além de todas essas passagens, que são tão simples quanto as lemos e querem dizer apenas o que dizem, há três passagens que falam de "mil gerações" (Dt 7.9; 1Cr 16.15; Sl 105.8), um hebraísmo para "gerações perpétuas", como expressa Gn 9.12. Em Sl 90.10, temos a vida do homem limitada de setenta a oitenta anos. Se as "mil gerações" forem calculadas sobre essa base, devemos ter a continuação da raça humana por 70 mil a 80 mil anos. Isso é tão difícil de conceber quanto a ideia das gerações eternas, e onde temos alguma informação de que elas irão cessar após esse longo período? A palavra "geração" (singular e plural) é usada 213 vezes na Bíblia e em todos os casos, exceto em Gn 2.4, se refere a gerações naturais de homens e sua posteridade se multiplicando na Terra. As referências nos pontos a seguir são tão claras quantos as citadas acima e não precisam de interpretação. Embora muitas delas tenham

sido procrastinadas até que o tempo do arrependimento e da restauração dos povos que falharam após as promessas, nenhuma delas foi ou será anulada.

2. Sacerdócio eterno e natural da semente de Arão (Êx 29.9; 40.15; Nm 25.11-13; 1Cr 23.13). Isso não seria possível se a sua descendência não fosse natural e eterna.
3. Queima de incenso eternamente no altar (Êx 30.8; 2Cr 2.4).
4. Concertos eternos (Gn 9.16; 17.7, 19; Êx 31.16; Lv 24.8; Nm 18.19; 2Sm 23.5; 1Cr 16.17; Sl 105.10; 111.5, 9; Is 55.3; 61.8; Jr 32.40; Jr 50.4, 5; Ez 16.60; 37.26). Tal não poderia ser se as partes dos concertos não fossem eternas.
5. Sacrifícios e ofertas eternos (Êx 30.8-18; Lv 3.17; 6.18-23; 7.34-38; 10.15; 16.29-34; 24.5-9; Nm 18.8-11,19-23; 19.10; 2Cr 2.4; Ez 46.14).
6. A Terra eterna da promessa feita a Abraão e sua posteridade eterna (Gn 13.15; 17.6-8; 48.4; Êx 32.13; Lv 25.23, 30, 34; Dt 4.40; Js 14.9; 2Cr 20.7; Is 60.21; Jr 25.5). Essas passagens não podem ser aplicadas aos santos celestiais, porque eles herdarão todas as coisas e reinarão sobre esses povos.
7. Festivais eternos (Êx 12.14, 17, 24; Lv 23.14, 21; 2Cr 2.4; Zc 14.16-21).
8. Luz eternamente no santuário (Êx 27.20, 21; Lv 24.2-4). Cerimoniais de adoração serão executados no templo eterno, como vimos no capítulo 41.
9. Vestes sacerdotais sobre sacerdotes naturais (Êx 28.43).
10. Purificações cerimoniais eternas (Êx 30.17-21; Nm 19.21).
11. Luas novas e sábados (Êx 31.16, 17; Lv 16.31; 2Cr 2.4; Is 66.22-24).
12. Plantio e colheita, frio e calor, verão e inverno enquanto a Terra durar (Gn 8.22; Sl 104.5; Ec 1.4). Certamente, os santos glorificados não serão os únicos a arar, semear, colher e desfrutar o produto de tais esforços.
13. Vida natural eterna dos homens e multiplicação dos animais (Gn 9.9-17). Os animais serão usados nos sacrifícios e oferendas, como já mencionamos. Deus não faria tal pacto

com os homens e as criaturas vivas se eles não fossem eternos.
14. A linhagem natural, o trono e o reino de Davi são todos eternos e serão governados por Cristo, o Filho de Deus, para sempre (2Sm 7.11-17, 24-29; 22.51; 23.5; 1Rs 2.45; 9.3-5; 1Cr 17.7-15, 22-27; 22.10; 28.4-9; 2Cr 13.5; 21.7; Sl 89.3, 4, 35-37; 145.13; Is 9.6, 7; Ez 43.7-9; Dn 2.44, 45; 7.13, 14, 18-27; Mq 4.7; Lc 1.32-35; Hb 1.8; 12.28; Ap 11.15; 22.5).

Para outras coisas eternas, veja também Gn 17.13; Lv 6.12, 13; 10.9; 17.7; 24.5-9; Nm 10.8; 15.15; 18.20-24; 1Cr 15.2; Js 4.7, 19-24; 2Rs 17.37; Sl 125.1; Is 45.17; 51.6-11; 54.8; 55.13; 56.5; 60.15, 19, 20.

Em todas essas passagens, são usadas as expressões "eterno", "para sempre", "perpétuo" e outras. As mesmas palavras são usadas com relação à eternidade de Deus, por isso, se Ele é eterno, aquelas coisas também são. Não temos o direito forçar o significado de coisa alguma, apenas o que é dito, a menos que algo no próprio texto ou em outra passagem indique o contrário. Qualquer outro uso dessas palavras que não em sentido eterno é sempre claro na própria passagem. Quando usadas dispensacionalmente, respeitam-se as nuanças de cada caso.

Deus reconheceu a possível perpetuidade da raça no pecado quando afastou Adão da árvore da vida para que ele não comesse dela e vivesse para sempre em estado pecaminoso natural. Assim, qual o propósito da árvore da vida na nova Terra, a não ser a preservação da vida natural (Ap 22.1, 2)? A vida corporal eterna dos santos celestiais não irá depender de tais árvores, porque eles terão um corpo imortal.

Alguns podem objetar ao fato de tomarmos as Escrituras tão literalmente, mas não encontramos nada que autorize o contrário. Outros questionam a aparente impossibilidade de a Terra suportar tantas gerações se multiplicando, e se recusam a crer nisso. Mas estaria Deus, que criou todas as coisas, tão limitado agora em poder a ponto de ser incapaz de fazer cumprir o que Ele predisse? Deus poderá facilmente cuidar das gerações futuras, quando necessário, povoando outros planetas ou ampliando este. Depreendemos de Sl 8 que o homem deve ter domínio sobre todas as obras das mãos de Deus. Isso inclui os planetas. Parece lógico, portanto, crer que na restauração futura, quando o homem entrar em plena posse de seus direitos, ele terá acesso a esses planetas, que são parte da obra de Deus.

Após a restauração, será possível que imensas multidões de pessoas vivam na Terra. Mesmo agora, no Japão, cerca de três quintos da terra arável é de propriedade de pequenos camponeses que sustentam a família cultivando um acre, mais ou menos (estatística de 1948). Quanto maiores serão as possibilidades quando a terra estiver livre da maldição e houver grande abundância!

Talvez seja interessante mostrar alguns cálculos relacionados com a superfície da terra e a quantidade de pessoas que ela pode acolher. Afirma-se que a área total da terra é de 510 milhões de quilômetros quadrados. Há um milhão de quilômetros quadrados de lagos e rios, sem contar, é claro, a área dos oceanos. Admitindo-se que não haverá oceanos na nova Terra, vamos supor que os mares, rios e lagos ocupem 12 milhões de quilômetros quadrados e que 5,8 milhões de quilômetros quadrados serão necessários para receber a nova Jerusalém. Isso deixa 492,2 milhões de quilômetros quadrados para o homem e suas atividades. Se um acre for dado a cada pessoa, haverá espaço para cerca de 121,5 bilhões de pessoas na Terra!

Ainda com respeito a esse assunto, pode-se afirmar que, na restauração os homens não irão se multiplicar sobre a Terra tão rápido quanto antigamente. Gn 3.16 deixa claro que com a maldição veio a concepção multiplicada. Quando a Terra e tudo que nela há estiverem livres da presente escravidão, esse aspecto da maldição será banido com o resto, e a condição normal será restaurada.

CAPÍTULO QUARENTA E CINCO

A NOIVA DE CRISTO

Iremos estudar por toda a Escritura os diferentes aspectos da realidade a respeito a Cidade Nova, os seus nomes, origem, preparação, localização, aparência externa, paredes, medidas, materiais, ruas, edifícios, iluminação e sistema de água, habitantes, tráfego, alimentos, fundações, restrições e governantes. Tudo isso prova que se trata de uma cidade literal, não do símbolo de um grupo de pessoas.

1. OS NOMES DA CIDADE

E eu, João, vi a Santa Cidade, a nova Jerusalém, que de Deus descia do céu, adereçada como uma esposa ataviada para o seu marido. [...] E veio um dos sete anjos que tinham as sete taças cheias das últimas sete pragas e falou comigo, dizendo: Vem, mostrar-te-ei a esposa, a mulher do Cordeiro. E levou-me em espírito a um grande e alto monte e mostrou-me a grande cidade, a santa Jerusalém, que de Deus descia do céu (Ap 21.2, 9, 10).

1. Nova Jerusalém (Ap 3.12; 21.2). A palavra grega para "nova" é a mesma de Ap 21.1. A ideia aqui, no entanto, não é que a cidade tenha sido pecaminosa e corrupta e precise de uma regeneração ou renovação pelo fogo, como a terra e os céus. A palavra que significa "frescor" ou "novo em feitio" aplica-se às coisas eternas que não precisam de renovação, bem como para as que precisam. Tudo na presença eterna de

Deus é mantido como novo por essa presença. Deus pode conservar tudo novo, bem como fazer tudo novo. Essa palavra não mostra que a cidade seja nova em idade, mas que mantém o frescor. Tem se mantido assim desde que ela foi inaugurada.

A idade real da cidade é desconhecida, mas possivelmente foi inaugurada com os céus e a Terra no princípio, porque agora é a localização do trono de Deus, que foi estabelecido ali desde que os céus foram criados (Sl 11.4; 93.2; 103.19; Is 6.1; 66.1; Ap 4.2-10; 5.1-13; 7.9-17; 8.3; 22.1-3). Ela já existia nos dias de Abraão, pois Deus prometeu a cidade a ele e todos os santos do Antigo Testamento (Hb 11.9-11, 14-16).

A palavra "Jerusalém" ocorre cerca de 810 vezes na Bíblia e é sempre o nome de uma cidade literal, como deixa claro cada passagem em que ela aparece. Nunca é um símbolo ou uma figura de linguagem. Deus nunca usa algo que não existe para retratar aspectos da realidade. Se não há uma cidade no céu, então Deus usou uma cidade irreal para ensinar uma verdade, mas estamos confiantes de que Ele não fez isso. Por que utilizar a palavra "nova" com relação à cidade e por que não há uma explicação ou mesmo uma insinuação de que se trata de um símbolo, se não formos crer numa cidade celestial literal?

1. A Cidade Santa (Ap 21.2; 22.19). Aqui ela é chamada "cidade" com o qualificativo "santa". O adjetivo "santo" é usado centenas de vezes na Bíblia para mostrar o caráter de coisas reais, mas nunca para retratar o caráter de um símbolo. Várias vezes ele é usado em conexão com a Jerusalém terrena, então por que não entender que a visão é de uma cidade celestial literal? Em Ap 22.19, Deus promete tirar da cidade cada homem que não viveu de maneira fiel a Ele nesta vida e de acordo com esse livro. O termo "Cidade Santa", na última passagem, não está relacionado com símbolos, mas com coisas literais, como essa profecia e o Livro da Vida. Se

a cidade é simbólica, então as outras coisas também são, pois o mesmo adjetivo é aplicado a todas elas.

Não deve ser difícil imaginar uma cidade literal no céu, quando sabemos que o próprio céu é um lugar literal com habitantes reais e as condições de vida necessárias a esses habitantes. As palavras "cidade" e "cidades" ocorrem mais de 1.300 vezes nas Escrituras, e nunca de maneira simbólica. Em Ap 17.18, vimos que a Grande Prostituta é chamada "cidade" e também constatamos que essa cidade é literal: será a sede da Prostituta que irá dominar as nações do mundo até a metade da Semana (veja o capítulo 29, seção 6).

1. A noiva, a "esposa" do Cordeiro (Ap 21.2, 9). Essa expressão tem levado muitos intérpretes a entendê-la como um símbolo da igreja. Mas o motivo de tal expressão não ser compreendida, em vista da descrição literal simples de uma cidade celestial real, não está claro para nós. Não há uma única indicação de que essa cidade seja um símbolo. Não deveria haver algo definitivo que identificasse a cidade como simbólica além de uma simples descrição como essa? Está implícito, se não declarado, nessa descrição que se trata de uma cidade celestial literal e de povos redimidos reais. Não pode haver uma cidade onde apenas os edifícios sejam materiais nem pode haver uma cidade apenas com pessoas, sem edifícios físicos nos quais possam viver. Ambos são necessários para compor uma cidade. Depois de terem sido mostrados a João os santos redimidos de todos os tempos, ele viu também uma cidade material, onde os santos habitarão para sempre. Por isso, a cidade é inseparável de seus habitantes e pode ser chamada "a esposa, a mulher do Cordeiro", como é o caso da Jerusalém terrestre e de Israel em diversas passagens do Antigo Testamento, nas quais Deus muitas vezes se refere a Jerusalém nos mesmos termos em que se dirige à família escolhida de Israel.

A Prostituta é chamada "a grande cidade que reina sobre os reis da terra" (Ap 17.18). Já provamos que a Prostituta é a religião falsa, e a cidade, a sua sede e que ambas são inseparáveis e vistas na visão. Ela é chamada "a grande cidade" para que a sua identidade seja conhecida. Também aqui a revelação das "coisas que depois destas devem acontecer" não estaria completa sem a descida da cidade literal — Jerusalém, a morada de todos os santos de todos os tempos, que trará o tabernáculo de Deus com os homens para estar com eles eternamente. Veja Mt 12.25, Mc 3.25 e Lc 11.17, onde as palavras "cidade" e "casa" são utilizadas em relação aos habitantes de uma cidade ou de uma casa.

A NOIVA DE CRISTO É COMPOSTA APENAS DA IGREJA DO NOVO TESTAMENTO?

Muitos creem que a noiva de Cristo é composta apenas dos santos do Novo Testamento, mas isso não pode ser verdade, como veremos a seguir, com base em Hb 11.8-16, 40. Essa passagem mostra que a todos os santos do Antigo Testamento, desde Abel, foi prometida a mesma cidade, como aos santos do Novo Testamento. Por isso, todos os santos de todos os tempos devem ser a noiva de Cristo (Ap 21.9).

Por esse motivo, não é bíblico um grupo de redimidos afirmar que é a noiva de Cristo. A igreja fará parte da noiva, como todos os outros grupos de redimidos, mas dizer que a igreja ou qualquer grupo de redimidos seja a noiva é como chamar uma igreja local, ou qualquer pessoa, ou qualquer bairro de uma cidade pelo nome da cidade da qual apenas fazem parte. Quem vive em Nova York é apenas parte da cidade, e o mesmo ocorre com a santa Jerusalém. Qualquer pessoa ou grupo de pessoas que vá viver nessa cidade será parte da noiva, como qualquer outro de seus habitantes. Uma vez que todos os santos de todos os tempos irão morar na nova Jerusalém, todos eles compõem a noiva, não apenas um grupo seleto, como ensinam alguns. Para uma prova de que a igreja é um "homem", não uma mulher, uma noiva, uma senhora ou algo assim, veja o capítulo 7, seção 9. Por isso, não é correto dizer que a igreja é a noiva de Cristo. A noiva é uma cidade, não a igreja, como Ap 21.9 deixa claro.

A IGREJA DO NOVO TESTAMENTO ESTÁ CASADA COM CRISTO?

A crença comum é que Israel esteve casado com Deus por todos os dias do Antigo Testamento, mas que a igreja agora não está casada com Deus e não estará até as futuras Bodas Cordeiro (Ap 19.1-10). Isso é inconsistente, pois se Israel era casado com Deus nos dias do Antigo Testamento por causa da aliança entre ambos, a igreja do Novo Testamento também está casada com Deus no tempo presente, pois a base é a mesma. Na verdade, qualquer pessoa com quem Deus tenha feito uma aliança, em qualquer época, pode ser considerada casada com Ele. O Novo Testamento afirma definitivamente que a igreja atual está casada com Deus, ou seja, unida a Ele agora no mesmo sentido em que Israel estava nos tempos do Antigo Testamento. Observe as seguintes provas do Novo Testamento:

1. Jesus disse que era "o noivo" dos discípulos que estavam com Ele durante o seu ministério terreno (Mt 9.15; Mc 2.19, 20). Esses discípulos foram os primeiros a fazer parte da igreja. O que Jesus estava querendo dizer, se Ele não era o noivo? Sem dúvida, Ele sabia o que chamar a si mesmo. Se Ele era o noivo dos primeiros membros do grupo dos "chamados para fora" nessa época, então é também o noivo dos membros mais recentes desse grupo. A palavra grega para "noivo" é *numphios*, que significa "jovem casado" ou "homem recém-casado". Cada passagem em que essa palavra é usada comprova isso (Mt 9.15; 25.1-10; Mc 2.19, 20; Lc 5.34, 35; Jo 2.9; 3.29; Ap 18.23).
2. João Batista disse que Cristo era o noivo (Jo 3.29). A noiva de Cristo será composta de pessoas da nova criação em Cristo. Os santos do Antigo Testamento não fizeram parte da nova criação até o advento de Cristo, pois Ele é a cabeça da nova criação e o "primogênito" de toda criatura (Rm 8.28, 29; Cl

1.15-18; Hb 12.23). Seus pecados não haviam sido expiados e não poderiam ter sido legalmente apagados até que a Nova Aliança fosse firmada (Rm 3.25; Hb 9.15). João pertencia à antiga ordem das coisas e foi apenas um precursor e arauto da cabeça da nova criação, e a salvação dele estava sobre a mesma base que a dos santos do Antigo Testamento, que consistia de um crédito: Deus os abençoou pela fé no que seria realizado na cruz. Seu novo nascimento dependia de Cristo, finalmente, pagar a dívida deles. Todos os santos do Antigo Testamento passaram a ser parte da nova criação depois que Cristo fez expiação por eles. Portanto, como membros da nova criação depois de Cristo, os santos do Antigo Testamento se tornarão membros da futura noiva de Cristo, tanto quanto os santos do Novo Testamento (Hb 11.8-16, 40).

Acredita-se geralmente que João não é membro da noiva de Cristo porque ele alegou ser "amigo" do noivo. Nenhuma declaração em Jo 3.29, porém, diz que ele não podia se tornar membro da noiva de Cristo depois que os santos do Antigo Testamento passassem a fazer parte da nova criação. João apenas reconhece que pertencia à antiga ordem das coisas e que ao declarar isso ainda não era legalmente parte da nova criação, apenas pela fé. Tornou-se legalmente parte dela quando Cristo morreu. Se João não podia se tornar membro da futura noiva de Cristo por se considerar "amigo" do noivo, sobre a mesma base poderíamos provar que os santos do Novo Testamento também não podiam, uma vez que eles também são chamados "amigos" do noivo, no mesmo sentido que João (Lc 12.4; Jo 11.11; Jo 15.13-15). Abraão é chamado "amigo" de Deus (2Cr 20.7; Is 41.8; Tg 2.23) e "pai de todos os que creem" (Rm 4.11-16; Gl 3.7-9), portanto, se os seus filhos na fé são membros da noiva de Cristo, ele também deve ser (Hb 11.8-16, 40).

1. É definitivamente afirmado em Hb 11.40 que os santos do Antigo Testamento não serão aperfeiçoados sem os santos

do Novo Testamento. Isso implica que ambos serão tornados perfeitos juntamente. Esse texto sem dúvida ensina que ambas as classes de pessoas irão finalmente se unir numa grande família celestial como membros da noiva de Cristo.

2. Os santos do Antigo Testamento foram todos unidos a Deus pelos termos da Nova Aliança (Rm 3.25; Hb 9.15) e salvos pelo sangue do Novo Testamento, o mesmo pelo qual os santos da igreja foram salvos. O que os torna diferentes dos santos do Novo Testamento? Sem dúvida, o simples fato de viverem em outra era não faz diferença. Se Israel era casado com Deus porque havia um pacto entre eles, por que a igreja não estaria agora casada com Deus pela aliança que Cristo fez com crentes desta era? Não estamos agora em relação de aliança com Deus, assim como Israel no Antigo Testamento? E, se isso é verdade, então estamos casados com Deus tanto quanto Israel estava. Que estamos numa relação de aliança agora, podemos depreender de Mt 26.28; Lc 22.20; 1Co 11.17-30; 2Co 3.1-18; Hb 7.22; 8.1—10.38; 12.24.

3. Paulo diz aos judeus de Roma que, se eles estavam mortos para a Lei, por meio do Corpo de Cristo, e vivificados nos termos da Nova Aliança, então eles estavam casados com Jesus Cristo (Rm 1.7-10). Essa união com Cristo ocorre no presente, não no futuro.

4. Jesus, em Ap 22.16, 17, após a sua ascensão ao céu, reconheceu que os crentes na Terra já eram a sua noiva. Se isso não é verdade, como a noiva diz: "Vem! [...] tome de graça da água da vida"? Essa noiva estava na Terra convidando todos à salvação. Se isso não se refere aos crentes agora e em cada geração, a quem se refere? A palavra grega para "noiva" é *numphe*, que significa "jovem casada" ou "mulher recém-casada". Assim, fica estabelecido sem sombra de dúvida que os crentes atuais já são casados com Deus sob os termos da Nova Aliança, da mesma forma que Israel sob a Antiga Aliança.

5. Paulo usa o a figura do casamento entre um homem e uma mulher para ensinar a relação entre Cristo e sua igreja em 2Co 11.2; 1Co 12.12-28; Ef 4.12-16; 5.21-33. Paulo evidentemente sabia o que estava fazendo.
6. O Novo Testamento fala de crentes "ajuntados" agora ao Senhor (1Co 6.16, 17). Alguns homens dos tempos do Antigo Testamento também estavam "ajuntados" a Deus, por isso se eram casados com Ele. Então por que os santos do Novo Testamento não estariam casados com Deus, como Israel estava (Is 56.6; Jr 50.5)?

Outros argumentos bíblicos poderiam ser inseridos, mas esses são suficientes para provar que os santos do Novo Testamento estão casados com Deus agora. A seguir, iremos examinar as poucas passagens usadas para ensinar que eles não estão casados com Deus agora, mas serão no futuro, nas Bodas do Cordeiro.

1. A primeira passagem é 2Co 11.1, 2. O apóstolo diz aos coríntios que prometeu a eles a um marido, para que pudesse apresentá-los como uma virgem pura a Cristo. Isso, em vez de se referir a toda a noiva de Cristo, diz respeito aos próprios convertidos de Paulo. Ele estava zeloso de seus convertidos e desejava que eles permanecessem fiéis a Cristo para que pudesse apresentá-los sem culpa diante de Deus. Esse é o mesmo desejo visto em 1Ts 2.19: "Qual é a nossa esperança, ou gozo, ou coroa de glória? Porventura, não o sois vós [os convertidos de Paulo] também diante de nosso Senhor Jesus Cristo em sua vinda?". Paulo não tem a intenção de ensinar, em 2Co 11, que ele é o único encarregado de todo o Corpo de Cristo, para apresentá-lo ao Senhor. Pelo contrário, ele ensina em Ef 5 que Cristo foi o único a apresentar a igreja a si mesmo.

A palavra grega para "desposado" aqui é *harmodzo*, que significa "juntar-se numa verdadeira relação de casamento". Em vez de ensinar que o crente ainda não está casado com Cristo e com

Deus, ele afirma estar unido a Cristo num relacionamento conjugal.

1. A segunda passagem usada para ensinar que a igreja ainda não está casada com Cristo é Ap 19.1-10. Nesse texto, temos as futuras Bodas do Cordeiro, no céu, após o arrebatamento da igreja. Argumenta-se que, se o Cordeiro vai se casar no futuro, Ele não é casado agora, e é evidente que, se a igreja está casada com Cristo agora e João retrata um casamento futuro, existe algo de errado. Alguns tentaram explicar esse casamento em conexão com Israel, mas isso é um erro, como já vimos. Não temos de crer nisso para harmonizar os fatos — o crente casado com Cristo agora e também no futuro. Parece que, seja lá a quem a passagem se refira como "sua esposa", ela já é sua antes das Bodas do Cordeiro. Isso está em perfeita harmonia com o que foi dito sobre a relação entre Cristo e todos os crentes de todas as épocas, que serão glorificados e feitos pessoas celestiais. Vamos agora citar a *The International Standard Bible Encyclopedia* para ilustrar como se pode dizer que o crente está casado com Deus agora e ainda estará unido a Ele na cerimônia final, no futuro, nas Bodas do Cordeiro.

"O noivado, entre os antigos hebreus, era de natureza mais formal e muito mais consolidado que o compromisso como temos hoje. Na verdade, era considerado parte da transação de casamento, o qual era a etapa mais obrigatória. Entre os árabes de hoje, é a única cerimônia legal relacionada com o casamento". Gn 24.58-60 parece preservar um exemplo de uma fórmula antiga de bênção para a ocasião. A sua característica principal era o dote (*mohar*), que era pago aos pais, não à noiva. Podia assumir a forma de serviço (Gn 29; 1Sm 18.25). É costume na Síria hoje, depois que ambas as famílias aprovam um casamento arranjado e todas as preliminares financeiras são resolvidas, haver uma cerimônia de noivado. Consiste na aceitação, diante de testemunhas, dos termos do casamento contratado. Em seguida, a bênção de Deus é solenemente proferida sobre a união, que é então homologada, mas só será consumada provavelmente alguns meses ou até alguns anos depois.

"Um costume semelhante prevalece na China e no Japão, em alguns casos bastante opressivo. O casamento pode ser arranjado pelos pais na infância de ambas as partes, mas a formalidade do noivado não acontece até o casamento ser considerado razoavelmente certo e mensuravelmente próximo. Um intervalo longo entre o noivado e o casamento era considerado indesejável por muitas razões, embora às vezes necessário, para que o noivo pudesse prestar o serviço estipulado ou pagar o preço — digamos, um ou dois anos, ou, como no caso de Jacó, podia ser de sete anos. Os nubentes assumiam legalmente a condição de um casal, e a infidelidade era 'adultério' (Dt 22.23; Mt 1.19)".

Para saber sobre a cerimônia de casamento, veja o capítulo 8. Após essa cerimônia, que não estava ligada a nenhuma formalidade religiosa, seguiam-se as bodas. O casamento era consumado pela entrada dos noivos na "câmara", que era seguida pela ceia mencionada acima. As Bodas do Cordeiro consistem na consumação da união entre Deus e todos os santos celestiais e glorificados de todas as eras. Elas jamais poderiam se referir a duas uniões entre Cristo e o crente.

As passagens acima são as únicas que poderiam ser usadas para ensinar essa teoria, exceto alguns acontecimentos históricos do Antigo Testamento que nem são dignos de consideração aqui, tendo-se em vista as muitas passagens bastante claras sobre o assunto.

Portanto, conclui-se que os santos do Antigo e do Novo Testamento e todos os que têm parte na primeira ressurreição irão morar na nova Jerusalém e que a cidade e seus habitantes glorificados são chamados "a esposa, a mulher do Cordeiro" (Ap 21.2, 9). Assim, é apropriado considerar cada indivíduo ou grupo de redimidos membros da noiva definitiva de Cristo (Jo 14.1-3; Hb 11.8-16, 40; 13.14; Ap 3.12). Não é apropriado referir-se a qualquer indivíduo ou grupo de qualquer era como a única noiva de Cristo. Embora existam diferentes grupos de salvos em diferentes épocas, no final todos irão se tornar um, como a noiva definitiva de Cristo (Ap 21.9). Assim como nenhuma igreja local ou indivíduo pode ser considerado a cidade de que faz parte, a igreja do Novo Testamento não pode ser sozinha a noiva de Cristo. Ela é apenas parte noiva. Como vimos no capítulo 7, seção 9, a igreja é comparada a um homem, não a uma mulher. Pronomes masculinos são usados para a igreja, e a igreja não é a cidade, mas será parte dela, que é a noiva, a esposa do Cordeiro.

1. O tabernáculo de Deus (Ap 13.6; 15.5; 21.3). Esse assunto já foi analisado na seção1, item (1) A do capítulo anterior e nos capítulos 9 e 24.
2. A grande cidade, a santa Jerusalém (Ap 21.10). Depois de dizer a João que iria lhe mostrar "a esposa, a mulher do Cordeiro", o anjo levou-o para longe, "em espírito" (veja o capítulo 2, seção VI), a um grande e alto monte, e mostrou-lhe "a grande cidade, a santa Jerusalém, que de Deus descia do céu". Então, explicou os detalhes da cidade — literal, porque não podia ser um símbolo dos povos redimidos, pois quem pode interpretar todos esses detalhes em relação a um grupo de pessoas? E, se isso é impossível, segue-se que a passagem é a descrição detalhada de uma cidade literal, como é evidente. Nessa descrição, a palavra "cidade" é usada várias vezes, como veremos no estudo detalhado a seguir.
3. A Jerusalém celestial (Hb 12.22). A palavra grega *epouranies* significa simplesmente "celestial", "que está acima do céu", "celeste", "no céu", "no alto" (Mt 18.23; Jo 3.12; Ef 1.3, 20, etc.). Não se pode dizer, é claro, que Paulo nessa passagem esteja falando simbolicamente da igreja quando menciona a Jerusalém celestial. A palavra "celestial" nas seguintes passagens mostra o contraste entre o terreno e as coisas do céu: 1Co 15.48, 49; Ef 1.3, 20; 2.6; 3.10, Hb 3.1; 6.4; 8.5; 9.23; 11.16; Gl 4.25, 26. Em cada uma delas, as coisas celestiais são tão reais e verdadeiras quanto as coisas terrenas. Temos

ainda a pátria celestial e a cidade celestial, e ambas são tão reais e físicas quanto os países e as cidades terrenos (Hb 11.16; 13.14; Gl 4.25, 26). Em Hb 12.22, Paulo diz que os crentes chegaram não a uma montanha terrena acesa em fogo, mas ao monte celestial, Sião, a cidade do Deus vivo, a Jerusalém celestial. Essa afirmação certamente seria esquisita, se os crentes fossem a Jerusalém celestial.

Gl 4.25, 26 menciona a Jerusalém "que é de cima", em contraste com a Jerusalém terrena. Paulo aqui fala da Jerusalém que já está lá em cima no momento em que ele escreve. Isso não poderia ser dito da igreja, pois ela ainda não está lá em cima. O texto declara também que a Jerusalém de cima é livre e mãe de todos nós. Se fosse uma referência à igreja, teríamos de presumir que a igreja estava no céu naquele momento e que era a mãe de todos os santos. Portanto, segue-se que a cidade "de cima" não é a igreja, e sim uma cidade literal, cujo Deus e governante é a fonte de todos os santos.

2. A PROCEDÊNCIA DA NOVA JERUSALÉM

Ap 3.12; 21.2, 10; Jo 14.1-3; Gl 4.26; Hb 9.11; 11.10-16; 12.22

Essas passagens mostram que a nova Jerusalém foi preparada por Deus e virá do céu para a Terra a fim de ser a cidade eterna e morada para Deus e de seu povo celestial.

3. A PREPARAÇÃO DA NOVA JERUSALÉM

Ap 21.2; Jo 14.1-3; Hb 11.10-16; 13.14

Analisaremos essas passagens pela ordem.

1. Em Ap 21.2, temos a declaração de que a cidade foi preparada e construída. Sempre houve um propósito em tudo que Deus já preparou. A palavra "preparado" significa "estar pronto, preparado ou providenciado". O significado em Ap 21.2 é que a nova Jerusalém está preparada como uma noiva se preparou para o marido. E para que ela se

preparou, senão para a morada dos santos celestiais e para que o tabernáculo de Deus pudesse estar entre os homens da Terra ao longo de todas as eras (Ap 21.3)?
2. Em Jo 14.1-3, temos a promessa definitiva de que Jesus iria para o céu a fim de preparar um lugar para os santos, composto por "muitas moradas". Se os santos são a nova Jerusalém, então Cristo estaria indo preparar os santos por si mesmos. A palavra grega para "moradas" é *mone*, que significa "residência", "domicílio", "mansão", e mostra claramente o pensamento de Cristo. Essas moradas estão na "casa de meu Pai". O Pai, portanto, tem uma casa. A palavra "casa" é usada 1.650 vezes na Bíblia. As palavras hebraicas e gregas para esse termo significam "uma casa", numa grande variedade de aplicações e significados. Quando uma família ou grupo familiar é a referência, a sua habitação literal é sempre subentendida; quando a morada literal é a referência, subentende-se a família ou grupo familiar. O mesmo se aplica a qualquer cidade ou país. Não pode haver uma casa sem um lugar para morar.

Assim também com a nova Jerusalém: veem-se a cidade e seus habitantes, mas a cidade está em evidência na visão, enquanto os seus habitantes são subentendidos. A palavra "casa" é usada 197 vezes no Novo Testamento. Apenas 27 vezes se refere a uma família, e nesses casos é sempre distinta do edifício. Mesmo nessas 27 referências, o edifício é mencionado. Em todas as outras ocorrências, o edifício em si é a ideia principal. E, se Jesus dá a entender que o Pai tinha uma casa, por que ela não seria literal? Se Deus tem um trono, este deve estar situado em algum local, como já vimos. Se Jesus irá se sentar num trono terreno na Jerusalém terrena, e esse trono estará no templo milenar e eterno (Ez 43.7); e, se os santos glorificados irão se sentar em tronos para julgar as pessoas naturais do planeta, esses tronos por certo serão colocados em algum edifício terreno, de modo que as pessoas que comparecerem diante deles possam ser julgadas. Se isso é concebível para o Milênio na Terra com Cristo e os santos glorificados, por que não conceber as "moradas" como edifícios literais no céu que virão para a nova Terra? Jesus, para evitar qualquer mal-entendido com respeito a essa declaração tão simples, acrescentou: "Se não fosse assim, eu vo-lo teria dito, pois vou preparar-vos lugar. E, se eu for e vos preparar lugar, virei outra vez e vos levarei para mim mesmo, para que, onde eu estiver, estejais vós também". Seguramente, Cristo não estava designando os santos como "lugares" e "moradas". Ele estava indo para prepará-los para os santos.

A palavra "preparar" não significa que Cristo está construindo um lugar para os santos, como se eles estivessem enviando o material ou que o tamanho das diferentes mansões dependesse de quanto material — e de que tipo — enviassem durante esta vida. As moradas já estão construídas. Isso foi feito muito antes de Cristo ter falado delas aos discípulos. A ideia é que Ele irá preparar um lugar para eles nas moradas que já existem na casa do Pai. Veja o uso do verbo "preparar" em Mt 20.23; 22.4; 25.34; 26.17; 1Co 2.9; 2Tm 2.21; Ap 8.6; 9.7,15; 12.6; 16.12.

Não existe aqui a ideia de criação ou início de existência, mas de arranjo ou preparo de algo que já existe. Essas moradas talvez tenham sido ocupadas pelos anjos caídos. Qualquer que seja o caso, sabemos que elas estão lá, se cremos que a Bíblia quer dizer apenas o que diz. As diferenças nas recompensas dos santos não estão relacionadas com as moradas que possuirão, e sim com responsabilidades e cargos no reino eterno de Cristo na Terra e em todo o Universo.

1. Em Hb 11.10-16 e 13.14, temos outras referências à preparação da cidade e às pessoas para quem ela está sendo preparada. Em Hb 13.14, temos a ideia de que se trata de uma cidade "permanente" ou eterna, que ainda está por vir, no que concerne aos santos. Paulo aqui classifica-se entre as pessoas que não têm uma cidade permanente aqui na Terra, mas que estão buscando a cidade futura. Isso mostra

claramente que o apóstolo e os primeiros santos aguardavam a cidade que estava por vir e não deixa dúvidas, em nenhuma passagem na qual é mencionada, se ela é literal ou não. Eles criam numa cidade material, tanto quanto qualquer outra aqui, como deixam claro as afirmações a seu respeito. Ou estaria Paulo tentando expressar nessa passagem a ideia de que não temos aqui uma igreja permanente e que buscamos uma igreja futura? Ele estaria dizendo exatamente isso, se a cidade fosse a igreja.

Em Hb 11.10-16, somos informados de que Abraão peregrinou em terra alheia e teve a promessa de uma cidade e de uma país que há de vir. Não sabemos quando Deus lhe deu a revelação sobre essa cidade, mas temos conhecimento de que ele cria nas coisas que Deus lhe dizia e, pela fé, "esperava a cidade que tem fundamentos [Ap 21.14-20], da qual o artífice e construtor é Deus".

A palavra para "construtor" é *technites*, que significa "arquiteto", "planejador" ou "artesão" (At 19.24, 38; Ap 18.22). Essa palavra deriva da raiz *tekton*, traduzida por "carpinteiro", e significa "edificador" ou "construtor" (Mt 13.55; Mc 6.3). A palavra para "artífice" é *demiourgos*, que aparece apenas aqui, mas era utilizada pelos gnósticos, por Platão e por outros para indicar o Criador do mundo. Tudo isso prova que a cidade é literal, foi planejada e construída por Deus e tem fundamentos, como todas as outras cidades.

Paulo acrescenta: "Todos estes [inclusive todos os heróis da fé do Antigo Testamento] morreram na fé sem terem recebido as promessas [da semente, da cidade etc.], mas, vendo-as de longe, e crendo nelas, e abraçando-as, confessaram que eram estrangeiros e peregrinos na terra. Porque os que isso dizem claramente mostram que buscam uma pátria. E se, na verdade [eles, que procuram uma casa melhor e real], se lembrassem [exercitassem a memória ou o desejo] daquela de onde haviam saído, teriam oportunidade de tornar. Mas, agora [não tendo nenhum desejo de voltar], desejam uma melhor, isto é, a celestial [um país no céu]. Pelo que [pois preferem o país de Deus e do céu ao país terreno] também Deus não se envergonha deles, de se chamar seu Deus, porque já lhes preparou uma cidade".

No grego, o artigo definido aparece antes de "cidade" em ambos os versículos (Hb 11.10, 16) e mostra uma cidade específica que Deus preparou para aqueles que renunciaram a esta terra e buscam uma pátria melhor, isto é, a celestial. Que linguagem poderia ser mais simples para descrever uma cidade futura? Nenhuma passagem acerca da cidade pode ser entendida como um símbolo do povo redimido. Em todos os casos, são os santos que estão olhando para a cidade. E, como poderiam olhar para uma cidade e ser a própria cidade ou estar simbolizados nela? Temos ainda uma evidência de que essa cidade foi provavelmente preparada antes do tempo de Abel e que ele também olhou para ela, assim como todos os santos de todas as épocas. Seria possível então que todos esses santos estivessem procurando em si mesmos a cidade que há de vir? De modo algum!

4. O LOCAL DEFINITIVO (ETERNO) DA NOVA JERUSALÉM

Ap 3.12; 21.2, 10

A localização atual, de acordo com essas passagens, é no céu. Está lá desde que foi criada por Deus para a morada de seres eternos. Essas passagens também mostram a cidade descendo "do céu" e "de Deus". Sua localização eterna será na Terra, não no ar, como alguns creem. Qual seria a base para uma cidade suspensa no ar? O significado natural da descida do céu nada mais é do que a sua vinda para a Terra, salvo indicação contrária. O fato de que as nações dos homens sobre a Terra lhe trarão glória e honra mostra que ela estará situada na Terra (Ap 21.24-26; 22.1-5). Ela virá para a Terra depois do Milênio, imediatamente após a renovação da Terra e o início do estado perfeito e eterno, pois a Terra será renovada antes que a cidade desça do céu, de Deus. Outra razão para a cidade ser literal é que Ap 3.12 diz que os santos terão o nome da cidade escrito neles, e isso seria impossível se eles fossem a cidade.

5. A APARÊNCIA EXTERNA DA NOVA JERUSALÉM

E tinha a glória de Deus. A sua luz era semelhante a uma pedra preciosíssima, como a pedra de jaspe, como o cristal resplandecente (Ap 21.11).

Deus, que está sentado no trono, como se vê em todo o livro, é retratado em Ap 4.3 como semelhante à pedra de jaspe (veja o capítulo 9, seção 2.) Isso nos ajuda a entender a luz da cidade e sua aparência externa, que irradia a glória de Deus (cf. 1Tm 6.16; 1Jo 1.5-7).

6. O MURO, AS PORTAS E OS FUNDAMENTOS DA NOVA JERUSALÉM

E tinha um grande e alto muro com doze portas, e, nas portas, doze anjos, e nomes escritos sobre elas, que são os nomes das doze tribos de Israel. Da banda do levante, tinha três portas; da banda do norte, três portas; da banda do sul, três portas; da banda do poente, três portas. E o muro da cidade tinha doze fundamentos e, neles, os nomes dos doze apóstolos do Cordeiro.

E aquele que falava comigo tinha uma cana de ouro para medir a cidade, e as suas portas, e o seu muro. E a cidade estava situada em quadrado; e o seu comprimento era tanto como a sua largura. E mediu a cidade com a cana até doze mil estádios; e o seu comprimento, largura e altura eram iguais. E mediu o seu muro, de cento e quarenta e quatro côvados, conforme a medida de homem, que é a de um anjo. E a fábrica do seu muro era de jaspe, e a cidade, de ouro puro, semelhante a vidro puro (Ap 21.12-18).

O muro da cidade é grande e alto e tem três portas em cada um dos quatro lados. É o mesmo tipo de construção que se vê na Jerusalém terrena e eterna, construída no início do Milênio (Ez 48.30-35). João e Ezequiel escreveram inspirados pelo Espírito Santo, e as descrições referem-se a duas cidades diferentes. Ambas serão cidades eternas literais. Já comprovamos na seção

"Onde será a sede do governo?"do capítulo 41, que a cidade terrena é eterna. E que a cidade celestial também é eterna, não há dúvida. A distância entre os locais de ambas não é informada, mas poderão estar na mesma região da Terra. Não haverá grandes oceanos como agora, então haverá espaço suficiente.

Os santos glorificados irão ocupar a nova Jerusalém por ocasião do arrebatamento, antes do Milênio. A Jerusalém terrestre será a capital do reino de Cristo e a cidade de Israel terrestre durante todo esse período e continuará como tal por toda a eternidade. A cidade terrestre será uma miniatura da cidade celestial. Cristo e os santos glorificados que governarem os povos da Terra durante o Milênio terão tronos em lugares designados no planeta, e não serão removidos nem mesmo depois que a nova Jerusalém descer para a Terra. A nova Jerusalém será a morada dos santos, mas os seus tronos estarão em diferentes locais da Terra. Cristo terá um trono terreno e eterno no templo milenar e eterno (Ez 43.7). Ele também terá outro trono, o celestial, na nova Jerusalém, na companhia de Deus, o Pai.

As doze portas do muro têm os nomes das doze tribos dos filhos de Israel. Em Ez 48.30-35, lemos os nomes que estão nas portas da Jerusalém terrena, e os mesmos nomes sem dúvida estão nas portas da nova Jerusalém. Doze anjos cuidarão das portas, o que difere da concepção popular segundo a qual Pedro será o porteiro do céu na nova Jerusalém.

O muro da cidade tem doze fundamentos, e neles estão os nomes dos doze apóstolos do Cordeiro. A presença dos nomes das doze tribos e dos doze apóstolos nas portas e fundações da cidade mostra ainda que os santos de todas as épocas irão habitar a cidade, não apenas os santos da igreja do Novo Testamento. O décimo segundo apóstolo será Matias, que foi escolhido no lugar de Judas e sobre o qual Deus pôs o seu selo (At 1.15-26). O escritor de Atos, inspirado pelo Espírito Santo, afirma muito tempo depois dessa decisão que Matias "foi contado com os onze apóstolos". Paulo também menciona os doze apóstolos como testemunhas da ressurreição e afirma que ele próprio não era um dos Doze (1Co 15.1-9).

7. AS MEDIDAS DA NOVA JERUSALÉM

E aquele que falava comigo tinha uma cana de ouro para medir a cidade, e as suas portas, e o seu muro. E a cidade estava situada em quadrado; e o seu comprimento era tanto como a sua largura. E mediu a cidade com a cana até doze mil estádios; e o seu comprimento, largura e altura eram iguais. E mediu o seu muro, de cento e quarenta e quatro côvados, conforme a medida de homem, que é a de um anjo (Ap 21.15-17).

O anjo tem uma "cana de ouro" com a qual pretende medir a cidade, as portas e o muro. Uma cana de medir tem cerca de 3,80 metros de comprimento (Ez 40.5; 41.8; 43.13). De todas as cidades, essa é a mais importante e a maior em tamanho. Tem a forma quadrangular, e o seu comprimento, largura e altura são iguais: 12 mil estádios ou 2.400 quilômetros, aproximadamente. Para concebê-la como um cubo, devemos visualizar a cidade oca, como uma caixa vazia, medindo cerca de 14 bilhões de quilômetros cúbicos, com as moradas construídas nas partes inferior e superior do cubo ou divididas em andares, como vemos em nossos prédios de apartamentos, com moradas em cada andar. Das duas opções, a última parece a mais provável, se a cidade for um cubo. No entanto, é mais provável que a cidade não seja um cubo ou um corpo sólido com seis lados iguais. Não há nenhuma declaração nessa passagem que ensine tal coisa.

As frases "o seu comprimento, largura e altura eram iguais" e "a cidade estava situada em quadrado" serão mais bem compreendidas se presumirmos que a base da cidade se encontra sobre a terra e tem os quatro lados iguais e que a partir da base as suas torres atingem um pico, como o de uma montanha, com altura igual ao comprimento da cidade. A cidade, como uma montanha e seu pico, teria cerca de 10,5 milhões de quilômetros quadrados. Se concebermos as moradas divididas em andares, ficará evidente que bilhões de pessoas poderão viver numa cidade assim.

Há razões suficientes nessa passagem para se concluir que a cidade não é um cubo, mas algo como o pico de uma montanha, com moradas por toda a cidade.

1. Essa é a ideia mais razoável e lógica sobre a cidade e está em perfeita harmonia com os termos simples da descrição.
2. O muro da cidade é de 144 côvados. Se um côvado mede 45 centímetros, então o muro tem apenas 70 metros de altura, aproximadamente. Um muro com essa medida ao lado de um cubo gigantesco parece totalmente fora de lugar. Qual a vantagem de um muro tão baixo, se a cidade é um cubo de 2.400 quilômetros de altura? Se a cidade fosse um cubo, por certo haveria uma parede externa como parte do cubo, e o muro seria desnecessário. Mas, se presumirmos que as torres da cidade, a partir da base, atingem um pico 2.400 quilômetros de altura, o muro ao redor da cidade sem dúvida seria útil. Outras razões serão dadas a seguir.

8. OS MATERIAIS DA NOVA JERUSALÉM

E a fábrica do seu muro era de jaspe, e a cidade, de ouro puro, semelhante a vidro puro. E os fundamentos do muro da cidade estavam adornados de toda pedra preciosa. O primeiro fundamento era jaspe; o segundo, safira; o terceiro, calcedônia; o quarto, esmeralda; o quinto, sardônica; o sexto, sárdio; o sétimo, crisólito; o oitavo, berilo; o nono, topázio; o décimo, crisópraso; o undécimo, jacinto; o duodécimo, ametista. E as doze portas eram doze pérolas: cada uma das portas era uma pérola; e a praça [rua] da cidade, de ouro puro, como vidro transparente (Ap 21.18-21).

9. AS RUAS DA NOVA JERUSALÉM

A palavra grego *plateia* significa "avenida" ou "rua". O número singular aqui não indica que há apenas uma rua ("praça", ARC) na cidade, da mesma forma que em Ap 11.8. A mesma palavra é traduzida por "ruas" em Mt 6.5; 12.19; Lc 10.10; 13.26; 14.21; At 5.15. Há ruas e moradas na cidade, e outros edifícios também. Há pelo menos doze grandes avenidas que cortam a cidade através das doze portas, como se depreende de Ap 21.12, 13, 21, 24-26. As ruas da cidade são pavimentadas com ouro transparente, um material estranho para nós, o mesmo de que são feitos os edifícios da cidade.

10. O TEMPLO DA NOVA JERUSALÉM

E nela não vi templo, porque o seu templo é o Senhor, Deus Todo-Poderoso, e o Cordeiro (Ap 21.22).

Veja o significado e o uso da palavra *naos* ("templo") e de outros termos na seção "O tabernáculo celestial" do capítulo 24, onde provamos que o templo da nova Jerusalém não é literal. A ideia aqui é que Deus e o Cordeiro serão o santuário para todos os povos do estado eterno, em vez de um templo sem a presença pessoal de Deus e do Cordeiro como objetos de culto, como sempre foi o caso na Terra. Em Ap 3.12, a promessa ao vencedor é que ele terá autoridade no templo de Deus e não sairá mais dele, prova de que ainda haverá um templo na cidade quando ela vier para a Terra. Para o mesmo templo literal da cidade visto como um templo eterno, veja também Ap 7.15; 11.19; 14.15, 17; 15.5, 8; 16.1, 17.

11. A LUZ DA NOVA JERUSALÉM

E a cidade não necessita de sol nem de lua, para que nela resplandeçam, porque a glória de Deus a tem alumiado, e o Cordeiro é a sua lâmpada. [...] E as suas portas não se fecharão de dia, porque ali não haverá noite (Ap 21.23, 25).

E ali não haverá mais noite, e não necessitarão de lâmpada nem de luz do sol, porque o Senhor Deus os alumia, e reinarão para todo o sempre (Ap 22.5).

A luz da cidade irá superar a luminosidade do Sol, da Lua e das estrelas. Já vimos que a luz do Sol será aumentada sete vezes e que a luz da Lua será como a luz do Sol durante o Milênio (Is 30.26). E, se a glória de Deus supera a nova luz do Sol e da Lua, temos algo maravilhoso, além das palavras. Essas passagens não ensinam que o Sol e a Lua deixarão de brilhar, mas que nessa cidade em particular eles não serão necessários, pois haverá uma luz mais potente. Essas passagens também não ensinam que não haverá mais noite no resto do mundo, pois por toda a eternidade o Sol e a Lua continuarão a brilhar, dia e noite (Gn 8.22; Sl 89.2, 3, 29, 35-37).

Em outras partes da Terra, haverá necessidade da luz do Sol e da Lua, como nunca antes. Essa luz provavelmente irá irradiar do trono de Deus e do Cordeiro, que estarão sobre o pináculo da cidade iluminando toda a cidade lá embaixo. Isso parece ainda outra prova de que a cidade não é um cubo: não seria possível iluminá-la do topo, pois a luz seria bloqueada pelos andares intermediários. Está além da capacidade humana imaginar quão maravilhosa será a luz da glória de Deus brilhando numa cidade de ouro transparente adornada com todos os tipos de pedras preciosas e pérolas. Essa é apenas uma das muitas coisas que Deus tem preparado para aqueles que o amam (1Co 2.9-13).

12. O TRÁFEGO DA NOVA JERUSALÉM

E as nações andarão à sua luz, e os reis da terra trarão para ela a sua glória e honra. E as suas portas não se fecharão de dia, porque ali não haverá noite. E a ela trarão a glória e honra das nações. E não entrará nela coisa alguma que contamine e cometa abominação e mentira, mas só os que estão inscritos no livro da vida do Cordeiro (Ap 21.24-27).

As nações dos homens naturais ainda estarão divididas em nações e povos espalhados pela nova Terra para plantar, colher, construir, multiplicar e repovoá-la. Irão se movimentar à luz da nova Jerusalém e entrar e sair pelas portas da cidade, as quais nunca se fecharão no dia eterno. Isso constitui outra prova de que os homens ainda estarão em estado natural e serão os súditos do reino eterno governado por Deus e os santos para sempre.

Eles serão as nações ovelhas que entrarão no Milênio e na nova Terra, depois de serem expurgados de sua natureza pecaminosa e rebelde (veja Mt 25.31-46). Eles terão reis naturais acima deles, conhecidos como "os reis da terra", além dos santos glorificados. Esses reis e povos trarão glória e honra à cidade regularmente, que talvez consistam no fruto da terra e na maravilhosa glória que Adão desfrutava quando caiu. Embora essas nações entrem na Nova Cidade, jamais entrará nela algo pecaminoso. Apenas aqueles cujos nomes estão escritos no Livro da Vida do Cordeiro poderão entrar.

13. A ÁGUA DA NOVA JERUSALÉM

... porque o Cordeiro que está no meio do trono os apascentará e lhes servirá de guia para as fontes das águas da vida; e Deus limpará de seus olhos toda lágrima (Ap 7.17).

E mostrou-me o rio puro da água da vida, claro como cristal, que procedia do trono de Deus e do Cordeiro (Ap 22.1).

Haverá abundância de água na cidade: doze rios, como provaremos na seção 14, e as fontes das águas da vida. As águas serão claras como cristal, rios e fontes de vida. Se a cidade é como uma montanha e seu pico, com os tronos no topo, os rios terão um fluxo gradual de 2.400 quilômetros do topo até a base da cidade, onde irão fluir para alguma parte da Terra. A expressão "águas da vida" não significa que elas produzem vida eterna. São águas vivas simplesmente no sentido de que fluem do santuário terrestre, como o rio (Ez 47.1-12; Zc 14.8).

14. A COMIDA DA NOVA JERUSALÉM

No meio da sua praça e de uma e da outra banda do rio, estava a árvore da vida, que produz doze frutos, dando seu fruto de mês em mês, e as folhas da árvore são para a saúde das nações (Ap 22.2).

Essa passagem parece ensinar que no meio de cada uma das doze ruas e em ambos os lados dos rios há árvores da vida. Do retrato dessa avenida ("praça") única, concluímos que em cada uma das doze grandes avenidas que partem do trono para as doze grandes portas na base da cidade haverá um rio de água viva fluindo no meio dela, com árvores da vida de cada lado. Isso é coerente com a grandeza da cidade. Seria plausível haver apenas uma rua, um rio e uma árvore da vida, num único lado da cidade, passando por apenas uma das portas, sem ruas, rios e árvores da vida nos outros três lados e nas outras portas?

Será que todas as nações irão comer de uma única árvore? Deve-se ter em mente que João não está apresentando uma descrição detalhada da cidade toda, apenas detalhes suficientes para nos dar uma ideia de sua grandeza e beleza. A mesma linguagem referente à "rua" (singular) é aplicada ao "rio". Se há doze ruas, então é possível que haja doze rios, e essa é a lógica, pois a cidade é um cubo ou como uma montanha, e um único rio não se harmoniza com o restante da descrição. Os outros três lados têm portões e ruas, e, uma vez que o "rio" é inseparável da "rua", então há doze ruas e deve haver doze rios. A palavra para "rio" é traduzida no plural em Ap 8.10; 16.4 (cf. plural de "fonte" em Ap 7.17; 14.7; 16.4). Existirão ainda, sem dúvida, muitas outras ruas numa cidade tão grande.

As árvores da vida produzirão doze tipos de frutos, de acordo com os meses, ou seja, a cada mês um tipo diferente de fruto. Não será uma mistura de doze tipos de frutos doze vezes por ano. As folhas das árvores servirão para preservar a vida natural das próximas gerações, não para a cura de doenças, pois não haverá mais pecado, dor ou qualquer maldição nessa era futura. Assim, as árvores e os rios da provisão divina serão para o prazer e a vida de todos os povos. O fruto das árvores também será para o prazer dos habitantes da nova Jerusalém, como prometido ao vencedor (Ap 2.7; 22.14), e também das nações. As folhas são a provisão de Deus para a preservação da vida natural e a saúde eterna. Além desses frutos, os moradores da cidade comerão "maná escondido" (Ap 2.17) e outros alimentos (Lc 22.16, 18, 30; Ap 19.1-10; Sl 78.25 etc.).

15. OS GOVERNANTES DA NOVA JERUSALÉM

E ali nunca mais haverá maldição contra alguém; e nela estará o trono de Deus e do Cordeiro, e os seus servos o servirão. E verão o seu rosto, e na sua testa estará o seu nome. E ali não haverá mais noite, e não necessitarão de lâmpada nem de luz do sol, porque o Senhor Deus os alumia, e reinarão para todo o sempre (Ap 22.3-5).

Essa passagem conclui a visão do novo céu, da nova Terra, da Jerusalém celestial e do estado perfeito e eterno. Temos aqui a afirmação de que os servos de Deus reinarão para todo o sempre no novo estado. A cidade será o centro do Universo, da qual Deus irá reinar. Essa passagem, pelo menos, deixa claro que os servos de Deus verão a sua face e que o nome dEle estará na testa deles. Isso é o cumprimento da promessa ao vencedor (Ap 3.12). Os santos glorificados são os servos mencionados aqui. Eles reinarão para sempre com Deus e com Cristo depois que todos os inimigos foram derrotados.

A ETERNIDADE É APENAS A CONTINUAÇÃO DO TEMPO

A concepção popular é que, num certo ponto, o tempo deixará de existir, e a eternidade começará. Mas o fato é que já estamos na eternidade, porque a eternidade é a extensão do tempo para sempre. Jamais haverá uma época em que não haverá tempo. A palavra "tempo" significa "duração infinita ou a sua medida; uma determinada parcela de duração". A palavra "eternidade" significa "duração infinita ou hora". O tempo é normalmente contrastado com a eternidade. Isso pode ser aplicado às coisas que têm um começo, mas não às coisas que não têm fim. Os céus e a Terra e todas as coisas que neles existem, como originariamente criados, são eternos. Desde a criação dessas coisas, a eternidade tem sido dividida em tempos e estações, dias e noites, meses e anos, idades e períodos, e Deus sempre reconhece isso em sua Palavra. Os homens geralmente pensam na eternidade como o começo na próxima vida ou da vida no novo céu e na nova Terra, mas isso não é verdade. Quando eles ingressarem na próxima vida e no céu e na Terra renovados, não haverá nenhuma alteração no tempo ou na eternidade. Eles permanecerão os mesmos. A alteração será efetuada nos homens, no céu e na Terra, na medida em que caminham para um novo estado, eterno e imutável. A Bíblia ensina que os tempos e as estações, o dia e a noite, verão e inverno nunca cessarão, porque essas coisas são reguladas pelo Sol, pela Lua e pelas estrelas, que são eternos (Gn 1.14-18; 8.22; Sl 89.29, 35-37; Ap 4.8; 7.15; 14.11; 20.10).

A Bíblia não ensina que o tempo deixará de existir. Esse erro foi provocado pela má tradução e interpretação errônea de duas passagens das Escrituras. A primeira é Ap 10.6: em vez de se ler "o tempo não mais existirá", deve-se ler "não haverá mais demora". Não se pode dizer que o tempo não existirá, pois logo depois dessa declaração seguem-se três anos e meio da Tribulação, e depois Cristo virá à Terra para reinar mil anos antes que a suposta eternidade comece. A segunda passagem é Ap 21.23. Por uma interpretação errônea, deduziu-se que não haverá noite na nova Terra, mas a passagem se refere à Cidade Santa, não à Terra. Não haverá noite na Cidade Santa, mas haverá no resto da Terra, como provam as passagens acima.

NÃO HAVERÁ ESTADO PERFEITO ANTES DA NOVA TERRA

Alguns estudiosos da Bíblia ensinam que antes da nova Terra haverá outra era dispensacional, chamada "o estado perfeito", que terá 33 mil anos de duração. Essa teoria baseia-se na expressão "mil gerações". De acordo com esses intérpretes, uma geração dura 33 anos, a duração média da vida hoje.[1] Naturalmente, se a expressão "mil gerações" indicasse uma época futura, e uma geração fosse de 33 anos, esses 33 anos seriam 33 mil anos.

Todavia, essa expressão não indica uma futura era dispensacional de 33 mil anos. Trata-se de um hebraísmo para as gerações eternas, como já vimos no capítulo 44, seção "Os novos povos e as novas condições". Se a expressão indicasse outro período de estágio para o homem, não haveria como provar os

33 mil anos de duração. Seria um período muito mais longo, pois a média de vida nos tempos bíblicos era bem superior a 33 anos, dependendo do período. Antes do Dilúvio, a vida média era de 900 anos. Se interpretarmos "mil gerações" à luz dessa realidade, essa era futura duraria mais de 900 mil anos. Desde o Dilúvio até os nossos dias, o tempo de uma geração tem variado de 600 a 33 anos (Gn 11.10-32). Então qual geração exatamente teria autoridade para determinar a extensão da tal era advogada por esses estudiosos?

Essa teoria não é um ensino das Escrituras, como facilmente se percebe pelos estudos dos três últimos capítulos. A Bíblia ensina que a era perfeita é aquela que começa com o novo céu e a nova Terra, depois do Milênio, e é eterna, como já comprovamos à exaustão. Não há menção de outra era entre o Milênio e a nova Terra, em nenhuma passagem da Bíblia. Os últimos capítulos de Apocalipse nos informam das eras futuras que existirão. São elas: o Milênio (Ap 20) e o novo estado perfeito e eterno (Ap 21 e 22).

A CONCLUSÃO DO APOCALIPSE

Em Ap 22.6-21, temos a conclusão do livro, que inclui a confirmação de suas verdades, um exemplo de um erro comum na adoração, as últimas instruções, a última promessa e um oração.

1. A CONFIRMAÇÃO DE APOCALIPSE

E disse-me: Estas palavras são fiéis e verdadeiras. O Senhor, o Deus dos santos profetas, enviou o seu anjo, para mostrar aos seus servos as coisas que em breve hão de acontecer. Eis que presto venho. Bem-aventurado aquele que guarda as palavras da profecia deste livro (Ap 22.6, 7).

2. UM ERRO COMUM NA ADORAÇÃO

E eu, João, sou aquele que vi e ouvi estas coisas. E, havendo-as ouvido e visto, prostrei-me aos pés do anjo que mas mostrava para o adorar. E disse-me: Olha, não faças tal, porque eu sou conservo teu e de teus irmãos, os profetas, e dos que guardam as palavras deste livro. Adora a Deus (Ap 22.8, 9).

3. AS ÚLTIMAS INSTRUÇÕES AOS "SEUS SERVOS"

E disse-me: Não seles as palavras da profecia deste livro, porque próximo está o tempo. Quem é injusto faça injustiça ainda; e quem está sujo suje-se ainda; e quem é justo faça justiça ainda; e quem é santo seja santificado ainda.

E eis que cedo venho, e o meu galardão está comigo para dar a cada um segundo a sua obra. Eu sou o Alfa e o Ômega, o Princípio e o Fim, o Primeiro e o Derradeiro. Bem-aventurados aqueles que lavam as suas vestiduras no sangue do Cordeiro, para que tenham direito à árvore da vida e possam entrar na cidade pelas portas. Ficarão de fora os cães e os feiticeiros, e os que se prostituem, e os homicidas, e os idólatras, e qualquer que ama e comete a mentira.

Eu, Jesus, enviei o meu anjo, para vos testificar estas coisas nas igrejas. Eu sou a Raiz e a Geração de Davi, a resplandecente Estrela da manhã.

E o Espírito e a esposa dizem: Vem! E quem ouve diga: Vem! E quem tem sede venha; e quem quiser tome de graça da água da vida.

Porque eu testifico a todo aquele que ouvir as palavras da profecia deste livro que, se alguém lhes acrescentar alguma coisa, Deus fará vir sobre ele as pragas que estão escritas neste livro; e, se alguém tirar quaisquer palavras do livro desta profecia, Deus tirará a sua parte da árvore da vida e da Cidade Santa, que estão escritas neste livro (Ap 22.10-19).

4. A ÚLTIMA PROMESSA E A ÚLTIMA ORAÇÃO NO LIVRO E NA BÍBLIA

Aquele que testifica estas coisas diz: Certamente, cedo venho. Amém! Ora, vem, Senhor Jesus!

A graça de nosso Senhor Jesus Cristo seja com todos vós. Amém! (Ap 22.20, 21).

[1] Em 1948. [Nota do editor.]

www.ingramcontent.com/pod-product-compliance
Lightning Source LLC
Chambersburg PA
CBHW071134300426
44113CB00009B/968